KB201185

헬라어
원문번역

요한복음 요한1,2,3서
계시록

헬라어원문번역
(요한복음 요한1,2,3서 계시록)

저자 박길봉
발행인 지종엽
발행처 비블리아
초판 1쇄 인쇄 2022. 3. 15.
출판신고 제2006-000034호(2006. 6. 13)
서울 강북구 수유동 554-89 B01호
TEL 010-2320-5291
ISBN 979-11-968805-9-0

머리말

예수께서는 이 어두움의 세상에 속하는 자들에게 말하기를,
"너희는 내가 <u>어디서</u> 와서 <u>어디로</u> 가는지를 알지 못한다."1) 라고 하신다.
인간이 이 땅에 태어나, 한 번쯤은 생각하고픈 말이다.

요한은 이 땅의 인간에게 <u>하나님의 뜻</u>을 말해 주고 있다.
그는 예수님 곁에 가장 가까이에서 예수님의 사역을 눈여겨보며,
요한의 복음서, 요한의 1,2,3서, 계시록을 통해
하나님의 **뜻**(thelema) 즉 하나님의 **계획**을 밝히고 있는 것이다,
다시 말해, 그는 그것을 그리스도 예수로써 밝히니,
즉 <u>요한의 복음서</u>에서 빛의 육신으로 오신 예수님을,
<u>요한의 1,2,3서</u>에서 약속의 성령으로 오신 예수님을,
<u>계시록</u>에서 다시 오실 어린양 예수님을 증언하고 있다.
예수님이 감람산에서 승천 후, 그 당시 초기 교회들은 예루살렘을 중심
으로 예수님의 목격자들이 기록한 작은 <u>쪽지 복음서</u>2) 들을 갖고 있었다,
그때 마태, 마가, 누가 세 사람은 초기 지역교회들에 산재되어 있는
쪽지복음의 내용들을 저자의 관점에서 각각의 복음서(마태복음, 마가
복음, 누가복음)를 편집하여 서술하였다.

<u>마태</u>는 직업이 세리이지만 출신이 레위인으로서 유대인의 사고방식을
가지고 예수님의 출생 배경을 서술하였고, 또 예수님의 행적을 사건

---

1) (요8:14) 예수께서 대답하여 그들에게 말하기를, "비록 내가 나 자신에 관하여
   증거 할지라도, 나의 증거는 사실이다, 왜냐하면 나는 내가 <u>어디서</u> 왔다가
   <u>어디로</u> 가는지를 알기 때문이다, 그러나 너희는 내가 <u>어디서</u> 와서 <u>어디로</u>
   가는지를 알지 못한다.
2) ☞ (눅1:2): 처음부터 그 말씀(logos)의 목격자들이요 일꾼들이 된 자들이
   우리에게 <u>전하여 준 것</u>과 같이,

발생에 따라 주제별로 편집하여 서술하였다.

요한 마가는 예루살렘에서 부와 지위를 가진 마리아의 아들[3])이며,
바나바가 그의 삼촌[4])이었다.

초기 예루살렘 교회는 마가가 제공한 장소에 베드로와 함께 모였고,
그는 바울의 1차 전도여행에 바나바와 함께 동참하였다.

그는 예수님의 12사도에는 포함되지는 않지만 베드로와 함께 생활을
하며 그의 영향을 많이 받아 마가의 복음서를 편집 서술하였다.

누가는 직업이 의사이며, 헬라인 개종자로 사도 바울을 만나 전도여행
에 바울과 항상 함께 하며 그를 도왔다.

그는 바울의 사역 초기에 바나바와 함께 일했고, 안디옥 교회에 있었다,
그런즉 누가는 이방인의 관점에서 편집 서술하고 있는 것이다.

그러나 요한의 복음서는 다른 세 공관복음서,
곧 마태의 복음서, 마가의 복음서, 누가의 복음서와 달리,
요한이 눈여겨 본 사실을 근거하여 직접 서술한 것이다.

특히 그는 예수님과 함께 생활하면서 예수님의 행적들을 주제에 맞게
깨달아 아는 것을 설명하고 해석하며 기록한 것이다.

세베대의 아들 요한은 갈릴리의 부유한 가문 출신이고 사도 야고보와
형제지간이며, 그 당시 예수님이 가장 사랑하는 그 제자이기에 항상
예수님 곁에 있었다.

또한 그는 초기 예루살렘에서 교회를 일으키는데, 중요한 역할을 한

---

3) ☞ (행12:12): 그때 그가 깨달아 알은 후, 그는 마르코로 별명이 붙은 요한의
   어머니, 마리아의 집에 갔다, 그때 그곳에 많은 자들이 함께 모여 기도하고
   있었다.

4) ☞ (골4:10): 아리스타코 나와 함께 갇힌 자와 마르코 바나바의 조카가 너희에게
   문안한다,

갈릴리 출신 베드로, 야고보, 요한, 이 세 사람들 중에 한 사람이었다.
그때 초기 예루살렘 중심의 교회 시대에, 그는 사도들과 예언자들의
활동이 왕성하여 하나님의 교회가 확장되어가고 있을 쯤에는,
요한의 활동이 성경 기록에 특별히 나타나 보이지 않지만,
1세기 말, 초기 사도들의 활동이 희미할 무렵,
요한의 복음서, 요한의 1,2,3서, 계시록을 써서 지역 교회에 보내주었다.
다시 말해, 바로 그때에 그는 지역 교회 성도들에게 그리스도의 복음
으로 하나님의 **비밀** 곧 하나님의 **계획**을 자세히 알려주는 것이다.

그런즉 요한은 첫째 요한의 복음서를 통해 이 어두움의 세상에 생명의
빛으로 온 하나님의 아들을 증언하며, 처음 하나님의 계획을 드러내기
시작하고,

둘째 요한의 1,2,3서를 통해 빛 가운데 있는 성도들이 세상 어두움의
영들을 **이기며** 의로움의 삶으로 살아야 하는 지를 말하고,

셋째 계시록을 통해서, 하나님이 예수 그리스도에게 준 계시를 예수께
서 환상으로 보여주고 음성으로 들려주는 대로,
요한 자신이 기록하여 일곱 교회에게 보내주어, 정해진 날에 어린 양
예수님이 이 땅에 오셔서, 하나님의 **뜻** 곧 하나님의 **계획**이 어떻게 끝마
치게 되는 지를 말한다.
다시 말해, 요한은 계시록을 통해 하나님으로부터 부름 받은 성도에게
영의 세계를 보여주며,
영의 활동이 어떻게 진행되어 이루어지고,
또 어린 양 예수님이 이 땅에 오시면,
악한 영(사탄, 마귀, 귀신)들이 영원한 불못에 던져지는 것을 말한다.

결론적으로, 그리스도의 성도로 부름 받은 우리는,
기록된 요한복음, 요한 1,2,3서, 계시록을 통해,
빛으로 존재하는 생명의 그리스도 예수로 말미암아
영광의 빛의 모습으로 변화 되어(**요한복음**),
성령으로 말미암아 빛 가운데 의로움의 삶을 살아가며(**요한1,2,3서**),
다시 오실 어린 양 예수님을 소망으로 바라보는 것이다(**계시록**).
하나님이 이 땅에서 비천한 자를 불러주어,
세상의 어두움 속에서 빛으로 오신 아들을 통해
하나님의 계획을 깨달아 알게 하고,
하나님의 뜻이 기록된 헬라어 성경을 우리말로 번역하게 하심에,
하나님께 감사와, 찬양을 올려 드립니다.

또한 이번 번역서가 출간되기까지 하나님의 은혜의 손길을 통해,
편집으로 도와주신 지종엽 목사님께,
교정으로 도와주신 하늘빛 교회 정영자 권사님께 감사의 말씀드립니다.

일러두기

1. 원문 번역: 헬라어 성경 스테판노스 사본의 본문을 근거하여
   번역하였다.

2. 정관사: 정관사 호(ὁ)를 '그'로 표현하였다.
   대명사: 대명사는 인칭대명사 지시대명사를 그대로 표현하였고,
   　　　　문맥상 그 내용이 불분명해 보일 때, 괄호를 사용해
   　　　　지칭명사를 표시하였다.
   　　　　예: (요1:9) 그 세상으로 와서 모든 사람에게 빛으로 비추는
   　　　　실제로 존재하는 빛이 있었으니,
   　　　　(요1:10) 그(빛)가 그 세상에 있었고,

3. 고유명사: 가능한 헬라어 발음을 살려 우리말 표기로 사용하였다.
   　　　　그러나 우리말 성경에 친숙한 고유명사는 그대로
   　　　　사용하였다. (예: 스돔→소돔, 빌람→발람).

4. 헬라어(θεος)를 하나님으로 번역하였다.

5. 원문의 의미 단락은 번역자의 의미 분류에 따라 ◑ 으로 표시하였다.

6. 접속사 카이(και)와 데(δε)를 생략하지 않고 문맥에 따라 번역하였다.
   (예: 그리고, 그러나, 그때, 그런즉, 즉, 또한, 그런데 등).

7. 감탄사를 원문 그대로 나타내어 문장의 생동감을 살렸다.
   (예: 자!, 보라!).

8. 우리 말에 없는 뜻은 외래어로 표기 하였다.
   예: 마고스(magos, 동방박사), 프라이토리온(praitorion, 관저),
   　　디아스포라(diaspora, 흐터진 유대인).

9. 밑줄 긋기의 예.
   강조, 고유명사, 우리말 여러 어절을 헬라어 한 단어로 쓰일 경우.
   그리스도에는 밑줄 그어 표기 하였다.
   예: 다윗, 아브라함, 바빌론, 유대, 베들레헴,
   　　그리스도(Christos), 굳게 붙잡아라(krateo),
   　　나타나 보이다(phaneroo),

십자가에 못 박다(stauroo), 어두워지게 될 것이고(skotizo),
철저히 깨끗하게 하여(diakatharizo),
물속에 침례를 주고 있었다(baptizo)
인식할 수 있을 것이기(dunamai noieo).

10. 번역에 사용된 표기.

　예) 글로 써라(grapho,**명**),　명 : 명령형.
　　　죄(hamartia,**복**),　복 : 복수형.
　　　그 어두움(skotia,**여**),　여 : 여성명사.
　　　있었던 바(eimi,**미**),　미 : 미완료 시제.
　　　들어 왔던 바(akouo,**완**),　완 : 완료 시제.
　　　글로 쓰는 것(grapho,**현**),　현 : 현제 시제.
　　　바로 그가 구원될 것이다(sozo,**래**),　래 : 미래 시제.
　　　글 쓴 적이 있은 것(grapho,**과**),　과 : 부정 과거 시제.
　　　태어난 것(gennao,**완,수**),　완,수 : 완료 수동 시제.
　　　일하시니(ergazomai,**중,수,디**),　완,수,디 : 완료,수동, 디포넌트.
　　　구원되고(sozo,**완,수,분**),　완,수,분 : 완료, 수동, 분사.
　　　너희는 은혜(charis)로(**여**),　여 : 여격.
　　　그 생명(zoe)이 속한(**소**),　소 : 소유격.

12. 헬라어의 영문자 표기.

a(α), b(β), g(γ), d(δ), e(ε), z(ζ), h(ε), th(θ), i(ι), k(κ), l(λ), m(μ),
n(ν), x(ξ), o(ο), p(π), r(ρ), s(σ), t(τ), u(υ), f(φ), ch(χ), ps(ψ), w(ω).

헬라문자 표기.
(마1:1) 예수 그리스도 다윗의 자손(υιος) 아브라함의
　　　　자손(υιος)의 출생(γένεσις)의 책(βιβλος) 이다.◗
(마1:2) 아브라함은 그 이삭을 낳고(γεννάω),
　　　　이삭은 그 야곱을 낳고(γεννάω),
　　　　야곱은 그 유다와 그의 형제(ἀδελφός)들을 낳았다
　　　　(γεννάω),

영문자 표기.
(마1:1) 예수 그리스도 다윗의 자손(huios) 아브라함의
　　　　자손(huios)의 출생(genesis)의 책(biblos) 이다.◗

(마1:2) 아브라함은 그 이삭을 낳고(gennao),
         이삭은 그 야곱을 낳고(gennao),
         야곱은 그 유다와 그의 형제(adelphos)들을 낳았다(gennao),

13. ( )은 문맥 상 보충하여 삽입한 것입니다.

14. 헬라어 어순의 특징.
    헬라어는 동급 의미의 단어가 나란히 쓰인다.
    중심 의미의 단어가 먼저 쓰고 수식적인 의미의 단어를 그 다음에
    쓴다.
    예: 예수 그리스도 다윗의 자손(huios) 아브라함의 자손.
        요셉 그녀의 남편은, 헤롯 그 왕의 날(hemera, 복)에,
        너 베들레헴 유대의 땅(ge)아.
        바울, 하나님의 뜻(thelema)으로 말미암아
        예수 그리스도의 부름 받은(kletos) 사도,
        소스테네 그 형제는.
        바울 예수 그리스도의 사도와, 티모데 그 형제는.

15. 인용 부호
    " '   〈   〉 ' "

16. 각주는 각 장에서 중요성을 갖고 있는 낱말 중심으로
    붙였고, 또 구약 인용문에서도 붙였다.

차 례

■ 요한복음

요한복음

요한복음 1장

1:1 처음(arche)[5])에(en) 그 **말씀**(logos)이 있었고(eimi,미),
또한 그 **말씀**(logos)이 그 하나님(theos)을 향하여 함께(pros)
있었으니(eimi,미),
그때 그 **말씀**(logos)이 하나님(theos)이었다(eimi,미).

1:2 처음(arche)에(en) 바로 그(**말씀**)가 그 하나님(theos)을 향하여 함께(pros)
있었다(eimi,미).

1:3 그(**말씀**)를 통해서(dia) 만물(pas)들이 생겨났으니(ginomai),
그때 생겨난(ginomai) 어느 하나도 그(**말씀**)가 없이 생겨난 것(ginomai)
이 없다.

1:4 그(**말씀**) 안에(en) **생명**(zoe)이 있었으니(eimi,미),
그때 그 생명(zoe)은 사람(anthropos)들의 빛(phos)이었다(eimi,미).

1:5 이제 그 빛(phos)이 그 어두움(skotia,여) 속에(en) 빛으로 빛난다
(phaino,현)[6]), 그러나 그 어두움(skotia,여)이 그것(빛)을 기꺼이 받아
들이지(katalambano,과)[7]) 않았다.◖

1:6 하나님에게서(para) 보내진(apostello) 한 사람(anthropos)이 있었으니,
곧 그의 이름은 요한이었다.

1:7 바로 그자는 증언(marturia)을 위하여(eis) 왔으니(erchomai),
즉 그가 그 빛(phos)에 관하여 증언하기(martureo) 위해서 이었고,
모든 자들이 그(요한)를 통해서 (그 빛을) 믿어지게 하기(pisteuo)
위해서 이었다.

---

5) 아르케(ἀρχή : 처음, 시작; 통치). 같은 표현 ⇒ (마19:4,8), (눅1:2,20:20),
(막1:1,10:6,13:8,19), (요1:1,6:64,8:44,15:27,16:4), (요일1:1,2:7,13,14,24,3:8,11).
6) 파이노(φαίνω : 빛나다, 등불이 빛나다, 빛으로 보이게 하다). 같은 표현 ⇒
(마1:20,2:7,13,19,6:5,16,13:26,23:27,24:27), (막14:64,16:9), (눅9:8,24:11), (요1:5,5:35),
(요일2:8), (계1:16,8:12,18:23,21:23).
7) 카타람바로(καταλαμβάνω : 철저히 붙잡다). 같은 표현 ⇒ (막9:18), (요1:5,8:3,12:35),
(행4:13,10:34,25:25), (롬9:30), (고전9:24), (엡3:18), (빌3:12), (살전5:4).

16

1:8 곧 그는 바로 그 빛(phos)이 아니라, 오직 그 빛(phos)에 관하여(peri) 증언하기(martureo)위해서 이었다.◐

1:9 그 세상(kosmos)으로(eis) 와서 모든 사람(anthropos)에게 빛으로 비추는 (photizo)8) 실제로 존재하는(alethinos)9) 빛(phos)이 있었으니(eimi, 미),

1:10 그(빛)가 그 세상(kosmos)에(en) 있었고(eimi, 미),
그 세상(kosmos)은 그(빛)를 통해서(dia) 생겨났으나(ginomai),
그러나 그 세상(kosmos)이 그(빛)를 깨달아 알지(ginosko) 못했다.

1:11 곧 그(빛)가 그 자신에 속하는 자(idios)10)들에게(eis) 왔으나(erchomai),
그 자신에 속하는 자(idios)들이 그(빛)를 기꺼이 받아 드리지 (paralambano) 않았다.

1:12 그런데 그(빛)를 받아들이는 자(lamabano)는 누구든지, 그들에게
그(빛)가 권세(exousia)11) 곧 생겨날(ginomai) 하나님의 자녀(teknon, 복)
을 주었으니, 즉 그(빛)의 이름이(eis) 믿어지는 자(pisteuo)들에게
이다,

1:13 그때 그들은, 혈통(haima)으로(ek)나 또는 육신(sarx)의 뜻(thelema)12)
으로(ek)나 또는 사람(aner)의 뜻(thelema)으로(ek) 낳은 것(gennao, 수)
이 아니라, 오직 하나님(theos)으로부터(ek) 낳은 것이다(gennao, 수).

1:14 그런데 그 말씀(logos)이 육신(sarx)이 되어(ginomai) 우리 안에(en)
거주하니(skenoo, 장막)13), 이제 우리가 그(말씀)의 영광(doxa)14)을

---

8) 포티조(φωτίζω : 빛으로 비추다). 같은 표현 ⇒ (눅11:36), (요1:9), (고전4:5),
(엡1:18,3:9), (딤후1:10), (히6:4,10:32), (계18:1,21:23,22:5).
9) 알레디노스(ἀληθινός : 진짜의, 실제로 존재하는). 같은 표현 ⇒ (요1:9,4:23,37,6:32,
7:28,8:16,15:1,17:3,19:35), (요일2:8,5:20), (계3:7,14,6:10,15:3,16:7,19:2,9,11,21:5,22:6).
10) ☞ 이디오스(ἴδιος: 자신의, 자신에 속하는). 같은 표현 ⇒ (요1:11,13:1).
11) 엑수시아(ἐξουσία : 권세, 통치력). ☞ 엑세스티(ἔξεστί : 가능하게 하다, 허용되다)
의 명사. 같은 표현 ⇒ (마7:29,10:1,28:18), (막1:22,3:15,6:7), (눅4:32,36,9:1,10:19),
(요1:12,5:27,10:18,17:2,19:10), (행1:7,8:19), (고전9:4), (고후10:8,13:10), (살후3:9).
12) 델레마(θέλημα : 하기 원함, 뜻, 의향). ☞ 델로(θέλω: 바라다, 원하다)의 명사.
같은 표현 ⇒ (마6:10,7:21,12:50,18:14,21:31,26:42), (막3:35), (눅22:42),
(요1:13,4:34,5:30,6:39,7:17,9:31).
13) 스케노오(σκηνόω : 장막에 거주하다).
같은 표현 ⇒ (요1:14), (고후12:9), (계7:15,12:12,13:6,21:3).

17

눈여겨보는 것이었다(theaomai),
(다시 말해), 우리가 은혜(charis) 즉 진리(aletheia)[15]로(소) 가득 찬
(pleres), 아버지의 유일하게 태어난 이(monogenes)[16]의 영광(doxa)을
(눈여겨보는 것이었다).

1:15 요한이 그(유일하게 태어난 이)에 관하여 증언하며 외쳐(krazo, 완),
말하기를, "바로 이이는 내가 말한 의 이었다.
곧 내 뒤에 오시는 의는 내 앞에 계신다(ginomai),
왜냐하면(hoti) 그는 나보다 먼저(protos) 계셨기 때문이다."고
하였다.

1:16 그때 우리 모두가 그(유일하게 태어난 이)의 충만함(pleroma)에서(ek)
(그를) 취하니(lambano), 즉 그것(충만)은 (세상의) 은혜(charis)와
대비되는(anti) 은혜(charis) 이었다,

1:17 왜냐하면(hoti) 그 율법(nomos)은 모세를 통해서(dia) 주어졌으나,
그 은혜(charis) 즉 그 진리(aletheia)는 예수 그리스도(christos)[17]를
통해서(dia) 생겨났기(ginomai) 때문이다.

1:18 이제까지 어느 누구도 하나님을 보지(horao) 못한다,
단지 그 아버지의 가슴(kolpos)에게로(eis) 있는 그 유일하게 태어난
(monogenes) 아들(huios), 바로 그(예수 그리스도)가 (그 아버지를) 상세히
잘 알게 하였다(exegeomai)[18]. ◖

1:19 그리고 마침 그 유대인들이 예루살렘에서(ek) 제사장들 즉 레위인
들을 요한에게 '네가 누구냐?'고 묻기(erotao) 위해 보내었을 때,

---

14) 독사(δόξα : 영광, 광채, 영화). ☞ 도케오(δοκέω : 생각하여 추정하다, 간주하다).
같은 표현 ⇒ (요1:14,2:11,5:41,44,7:18,8:50,54,9:24,11:4,40,12:41,43,17:5,22,24).

15) 진리(ἀλήθεια : 진리). 같은 표현 ⇒ (요1:14,17,3:21,4:23,24,5:33,8:32,40,44,45,46,
14:6,17,15:26,16:7,13,17:17,19,18:37,38), (요일1:6,8,2:4,21,3:18,19,4:6,5:7), (요이1:1,2,3),
(요삼1:3,4,8,12).

16) 모노게네스(μόνογενής : 혼자, 유일하게 태어난, 독생한).
같은 표현 ⇒ (눅7:12,8:42,9:38), (요1:14,18,3:16,18), (히11:17), (요일4:9).

17) 크리스토스(χριστός : 기름부음 받은 자). ☞ 그리오(χρίω : 기름 붓다)에서 유래.
같은 표현 ⇒ (마1:1,16,17,18,2:4,11:2,16:16), (막1:1,8:29), (눅2:11,26,3:15,4:41,9:20),
(요1:17,20,25,41,3:28,4:25).

18) 엑세게오마이(ἐξηγέομαι : 상세히 말하다, 계시하다, 나타내다, 소개하다,
나타내 주다). 같은 표현 ⇒ (눅24:35), (요1:18), (행10:8,15:12,14,21:19).

18

이것이 그 요한의 증언(marturia) 이니,

1:20 그때 그가 시인하고(homologeo)[19], 부인하지(arneomai) 않았다,
즉 그가 시인하기를(homologeo),
"나는 그 그리스도(Christos)가 아니다."고 하니,

1:21 그러자 그들이 그에게 묻기를(erotao),
"그러면 무엇이냐? 네가 엘리야냐?"라고 하니,
그때 그가 말하기를, "나는 아니다."고 하자,
그러면 "네가 그 예언자냐?"고 하니,
또한 그가 대답하기를, "아니다."고 하는 것이다.

1:22 그러므로 그들이 그에게 말하기를,
"네가 누구냐? 우리를 보낸 자(pempo)들에게 대답하게 하라,
당신은 당신 자신에 관해서 무엇이라 말하느냐?"고 하니,

1:23 그가 말하기를(phemi, 생각을 알리다),
"나는, 이사야 그 예언자가 말한 것과 같이,
그 광야에서 '주의 길을 곧게 하라(euthuno).'[20]고
외치는 자(boao)의 한 소리(phone) 이다."고 하는 것이다,

1:24 그때 그들은 그 바리새인들에게서(ek) 보내진 자(apostello)들이었다,

1:25 그러자 그들이 그에게 물으며(erotao), 그에게 말하기를,
"그러면 만일 네가 그 그리스도(Christos)도 아니요,
또한 엘리야도 아니요, 그 예언자도 아니면,
어찌하여 네가 물속에 침례를 주느냐(baptizo)[21]?"고 하니,

1:26 그 요한이 그들에게 대답하여, 말하기를,
"나는 물(hudor)로 인하여(en) 물속에 침례를 주지만(baptizo),
그러나 너희의 가운데(mesos) 너희가 알지(oida) 못하는 한 사람이
서 있으니(histemi),

---

19) 호모로게오(ὁμολογέω : 고백하다, 시인하다, 공언하다). 같은 표현 ⇒
(마7:23,10:32,14:7), (눅12:8), (요1:20,9:22), (행23:8,24:14), (롬10:9,10), (딤전6:12),
(딛1:16), (히11:13,13:15), (요일1:9,4:2,15), (계3:5).
20) ☞ (사40:3).
21) 밥티조(βαπτίζω : 침례를 베풀다, 침례하다).
같은 표현 ⇒ (요1:25,26,28,31,33,3:22,23,26,4:1,2,10:40).

1:27 곧 그는 내 뒤에 오시는 <u>의</u> 이지만,
    그때 그는 내 앞에 계시었다(ginomai),
    나는 그의 신의 가죽 끈 풀기도 감당하지(axios) 못한다."고
    하는 것이다.

1:28 이런 일들은 그 요단강의 건너편 베다바라에서 일어났으니,
    바로 그곳에서 <u>요한</u>이 물속에 침례를 주고 있었다(baptizo).◗

1:29 그 다음 날, 그 <u>요한</u>이 그 <u>예수</u>께서 자신을 향해(pros) 오는 것을
    <u>눈으로 보고</u>(blepo), 말하기를,
    "보라! 그 세상(kosmos)의 죄(hamartia)22)를 <u>지고 가는</u>(airo)
    그 하나님의 <u>어린 양</u>(amnos)23).

1:30 바로 이<u>의</u>가 내가 말한 <u>의</u> 이니, 곧 내 뒤에(opiso) 한 사람(aner)이
    오지만, 그때 그는 나 보다 앞서 계시었다(ginomai),
    왜냐하면(hoti) 그는 나 보다 먼저(protos) 계시었기 때문이다.

1:31 심지어 나도 그를 알지(oida) 못하였다,
    그러나 그가 그 <u>이스라엘</u>에 빛으로 밝히 나타나 보여 지도록
    (phaneroo)24) 하기 위해, 곧 이런 일로 말미암아(dia)
    내가 온 것이다(erchomai),
    그런즉 내가 그 물로 인하여(en) 물속에 침례를 주었다(baptizo)."
    하고,

1:32 또 <u>요한</u>이 증언하며(martureo), 말하기를,
    "내가 하늘에서(ek) 그 영(pneuma)이 비둘기와 같이 내려오는 것
    (katabaino)을 눈여겨보니(theaomai,완),
    그때 그 영(pneuma)이 그(예수)의 위에 머물렀다(meno),

1:33 심지어 나도 그를 알지(oida) 못했으나, 그러나 물(hudor)로 인하여

---

22) 하마르티아(ἁμαρτία : 죄). 같은 표현 ⇒ (요1:29,8:21,24,34,46,9:41,15:22,24,16:8,9,
    19:11,20:23), (요일1:7,8,9,2:2,12,3:4,5,8,9,4:10,5:16,17), (계1:5,18:4,5).
23) 암노스(ἀμνός : 어린 양). 같은 표현 ⇒ (요1:29,36), (행8:32), (벧전1:19).
    ☞ 아렌(ἀρήν :어린 양) ⇒ (눅10:3),
    아르니온(ἀρνίον :어린 양) ⇒ (요21:15), (계5:6,6:16,7:14,22:1,3).
24) 파네로오(φανερόω : 빛으로 밝게 나타내 보여주다; 계시하다).
    ☞ 파네로스(φανερός : 잘 보이는, 명백한). 같은 표현 ⇒
    (요1:31,2:11,3:21,7:4,9:3,17:6,21:1,14), (요일1:2,2:19,28,3:2,5,8,4:9), (계3:18,15:4).

20

(en) 물속에 침례를 주도록(baptizo), 나를 보낸 분(pempo), 바로 그분이 나에게 말하기를, '네가 그 영(pneuma)이 누구에게 이든지 내려와서(katabaino) 그의 위에 머무는 것(meno)을 보면(horao), 바로 그가 성령(pneuma hagios)[25]으로 인하여(en) 물속에 침례 주는 이(baptizo)이다.' "라고 하는 것이다.

1:34 그리고 내가 보고(horao), 증언하기를(martureo),
"이이가 그 하나님의 아들이다."고 하였다.◗

1:35 그 다음날 다시, 그 요한과 그의 제자들 중 두 명이 서 있었다
(histemi),

1:36 그때 그(요한)가 그 예수께서 걸어 다니는 것(peripateo)을
자세히 눈여겨보고(emblepo)[26] 말하기를,
"보라! 그 하나님의 어린 양(amnos)이다."고 하니,

1:37 그러자 그 두 제자들이 그가 말하는 것(laleo)을 듣고,
그 예수께 좇아갔다(akoloutheo)[27].

1:38 그때 그 예수께서 돌아서서(strepho) 그들이 좇아오는 것(akoloutheo)
을 눈여겨보고(theaomai) 그들에게 말하기를,
"너희가 무엇을 찾느냐(zeteo)?"고 하니,
그러자 그들(두 제자)이 그에게 말하기를,
"랍비(rhabbi)여, 당신은 어디에 머무십니까(meno)?"라고 하였다,
랍비를 번역하면(hermeneuo)[28] 선생이다.

1:39 그(예수)가 그들에게 말하기를,
"너희는 와서(erchomai), 보라(horao)."고 하는 것이다,
그러자 그들이 가서 그가 머무는 곳(meno)을 보고(horao),

---

25) 프뉴마 하기오스(πνευμα άγιος : 성령). ☞ 요한복음 안에서.
   같은 표현 ⇒ (요1:33,7:39,14:26,20:22).
26) 엠블레포(εμβλέπω : 자세히 눈 여겨 보다, 깊이 생각하다). 같은 표현 ⇒
   (마6:26,19:26), (막8:25,10:21,27,14:67), (눅20:17,22:61), (요1:36,42), (행1:11,22:11).
27) 아코루데오(άκολουθέω : 좇아가다, 따르다). 같은 표현 ⇒
   (요1:37,38,40,43,10:4,5,27,11:31,12:26,13:36,37,18:15,20:6,21:19,20,22).
28) 헤르메뉴오(ερμηνεύω : 번역하다, 설명하다). 같은 표현 ⇒ (요1:38,42,9:7), (히7:2).
   ☞ 헤르메니아(ερμηνια : 번역, 통역, 해석)의 동사.
   같은 표현 ⇒ (고전12:10, 14:26).

바로 그 날(hemera) 그들이 그(예수)와 함께(para) 머물렀다(meno),
그때 시점(hora)이 제 십 시쯤 이었다.

1:40 요한에게서 말을 듣고(akouo) 그(예수)에게 좇아간(akolutheo)
두 명 중(ek) 한명은 안드레 시몬 베드로의 형제이었다.

1:41 그(안드레)가 제일 먼저(protos) 자신의 형제 시몬을 발견하고(heurisko)
그에게 말하기를,
"우리가 그 메시야를 발견하였다(heurisko)."고 하였다,
그때 그것(메시야)은 번역하면(methermeneuo) 그 그리스도(Christos)
이었다.

1:42 그러자 그(안드레)가 그 예수에게로(pros) 그(시몬)를 데려가니(ago),
그때 그 예수께서 그를 자세히 눈여겨보고(emblepo) 말하기를,
"네가 시몬 요나의 아들이다, 너는 케파스29)로 불릴 것이다
(kaleo)."고 하는 것이다,
그때 그것(케파스)은 번역하면(hermeneuo) 베드로(Petros)이다.◑

1:43 그 다음날, 그 예수께서는 그 갈릴리로 가려고 하였다
(thelo exerchomai),
그때 그가 필립을 찾아내어(heurisko, 발견하다), 그에게 말하기를,
"너는 나를 좇아오라(akolutheo)."고 하는 것이다,

1:44 그때 그 필립은 안드레와 베드로의 성읍(polis)에 속하는(ek)
벳새다 출신(apo) 이었다.

1:45 필립이 그 나다나엘을 발견하고(heurisko) 그에게 말하기를,
"모세가 그 율법에서 기록하고 그 예언자들도 기록한 이
곧 나사렛 출신 예수 요셉의 아들을, 우리가 찾아내었다(heurisko)."
라고 하니,

1:46 그러자 나다나엘이 그에게 말하기를,
"나사렛에서(ek) 무슨 선한 자(agathos)가 있을 수 있느냐
(dunamai eimi)?"고 하니,
필립이 그에게 말하기를,
"너는 와서(erchomai), 보라(horao)."고 하였다,

---

29) 케파스(Κηφας : 아람어 케파, 곧 반석의 음역).

22

1:47 그 예수께서 그 나다나엘이 자신에게(pros) 오는 것을 보고(horao),
   그에 관해(peri) 말하기를,
   "보라! 진실로 그자 속에는 간사한 것(dolos,계략)30)이 없는
   이스라엘 사람이다."라고 하는 것이다,

1:48 나다나엘이 그에게 말하기를,
   "당신은 어떻게 나를 잘 아십니까(ginosko)?" 하니,
   그 예수께서 대답하여 그에게 말하기를,
   "필립이 너를 소리 내어 부르기(phoneo) 전에, 곧 네가 그 무화과
   나무(suke) 아래에 있을 때, 내가 보았다(horao)."라고 하는 것이다,

1:49 나다나엘이 그에게 대답하여 말하기를,
   "랍비(rhabbi)여, 당신은 그 하나님의 아들이십니다,
   당신은 그 이스라엘의 왕이십니다."라고 하니,

1:50 예수께서 대답하여, 그에게 말하기를,
   "내가 너에게, '그 무화과나무(suke) 아래서 너를 보았다.'고
   말하므로, 네가 믿어지게 되느냐(pisteuo)?
   네가 이 일들 보다 더 큰 일(meizon,더 위대한)들을 볼 것이다
   (horao)."고 하고,

1:51 또 그에게 말하기를, "진실로(amen), 진실로, 내가 너희에게 말하니,
   '지금부터 너희가, 그 하늘이 열리고(anoigo) 그 하나님의 천사
   (anggelos)들이 그 인자(ho huios tou anthropou) 위에 오르내리는 것
   (anabaino katabaino)을 볼 것이다(harao).' "라고 하는 것이다.

---

30) 돌로스(δόλος : 계략, 기만, 올가미). 같은 표현 ⇒ (마26:4), (막7:22,14:1), (요1:47),
   (행13:10), (롬1:29), (고후12:16), (살전2:3), (벧전2:1,22), (계14:5).

요한복음 2장

2:1 그리고 그 셋째 날(hemera) 그 갈릴리의 카나에, 혼인잔치(gamos)[31])가 있어(ginomai), 그때 그곳에 그 예수의 어머니도 있었다.

2:2 마침 심지어 그 예수와 그의 제자들도 그 혼인잔치(gamos)에 초대받았다(kaleo).

2:3 그러자 포도주(oinos)가 부족하여, 그 예수의 어머니가 그에게(pros) 말하기를, "그들에게 포도주(oinos)가 없다."고 하였다,

2:4 그 예수께서 그녀에게 말하기를,
"여자(gune)여, 나와 당신에 대해, 무슨 상관이 있습니까?
나의 때(hora, 시점)가 아직 이르지(heko)[32] 아니합니다."라고 하니,

2:5 그의 어머니가 그 일하는 사람(diakonos, 집사)[33])들에게 말하기를,
"혹 그가 너희에게 무엇을 말하든지, 그것을 너희는 행하라(poieo)."
고 하였다.

2:6 그때 그곳에, 그 유대인들의 깨끗케 함(katharismos)[34])에 따라,
각각 둘 혹은 셋 메트레테스(metretes)[35])가 들어가는 돌 항아리
여섯 개가 놓여 있었다(keimai).

2:7 그 예수께서 그들에게 말하기를,
"너희는 그 항아리들을 물(hudor)로(소) 가득 채워라(gemizo)."고
하니, 그때 그들이 그것들을 아구(ano)까지 가득 채웠다(gemizo),

---

31) 가모스(γάμος : 결혼, 결혼식, 혼인잔치). 같은 표현 ⇒ (마22:2,3,4,8,9,10,11,12, 25:10), (눅12:36), (요2:1,2), (히13:4), (계19:7,9).

32) 헤코(ἥκω : 오다). 같은 표현 ⇒ (요2:4,4:47,6:37,8:42), (요일5:20), (계2:25,3:3,9,15:4,18:8).

33) 디아코노스(διάκονος : 섬기는 자). 같은 표현 ⇒ (마20:26,22:13,23:11), (막9:35,10:43), (요2:5,9,12:26).

34) 카다리스모스(καθαρισμός : 깨끗케 함, 정결).
같은 표현 ⇒ (막1:44), (눅2:22,5:14), (요2:6,3:25), (히1:3), (벧후1:9).

35) 메트레테스(μετρητής : 액체 도량 단위).

24

2:8 그러자 그가 그들에게 말하기를,
　 "너희는 지금 (그것을) 떠다가(antleo), 그 연회장(architriklinos)에게
　 가져가라(phero)."고 하는 것이다, 그때 그들이 (그것을) 가져갔다.

2:9 마침 그 연회장(architriklinos)이 그 물(hudor)로 된 포도주(oinos)를
　 맛보았을(geuomai) 때,
　 그는 그것(포도주)이 무엇으로부터 있는지 알지(oida) 못했다.
　 그러나 그 물을 퍼낸(antleo) 그 일하는 사람(diakonos,집사)들은
　 알았다(oida). 그 연회장(architriklinos)이 그 신랑(numphios)을
　 소리 내어 불러(phoneo),

2:10 그에게 말하기를, "모든 사람은 제일 먼저(proton) 그 좋은 포도주
　 (oinos)를 내놓고(tithemi), 그들이 취했을 때,
　 그때에(tote) 더 못한 것을 내놓는데, 지금까지(arti) 당신은
　 그 좋은 포도주(oinos)를 두었도다(tereo)[36]."라고 하였다.

2:11 그 갈릴리의 카나에서, 그 예수께서 그 표적(semeion,복)[37] 중
　 바로 이 처음(arche)을 행하여, 자신의 영광(doxa)[38]을 빛으로 밝히
　 나타내 보여 주었으니(phaneroo)[39],
　 그때 그 제자들이 그를(eis) 믿게 되었다(pisteuo).

2:12 이런 일 후에, 그와 그의 어머니, 그의 형제들, 그리고 그의 제자
　 들이 카퍼나움으로 내려갔으나, 그러나 여러 날(hemera,복) 동안
　 그곳에 그들이 머물지는(meno) 않았다.◑

2:13 그리고 그 유대인들의 유월(pascha)이 가까워지고 있었다,
　 그러자 그 예수께서 예루살렘으로 올라갔다(anabaino).

---

36) 테레오(τηρέω : 지켜 보존하다).
　 같은 표현 ⇒ (요2:10,8:51,52,55,9:16,12:7,14:15,21,23,24,15:10,20,17:6,11,12,15).
37) 세메이온(σημειον : 표적, 이적). ☞ 세마이노(σημαίνω : 나타내 알리다)의 명사.
　 같은 표현 ⇒ (마24:3,24,30) (막13:4,22,16:17,20), (눅2:12,21:7,11),
　 (요2:11,18,23,3:2,4:48,54,6:2,14,30,7:31,9:16,10:41,11:47,12:18,37,20:30).
38) 독사(δόξα : 영광, 광채, 영화). ☞ 도케오(δοκέω : 생각하여 추정하다, 간주하다).
　 같은 표현 ⇒ (요1:14,2:11,5:41,44,7:18,8:50,54,9:24,11:4,40,12:41,43,17:5,22,24).
39) 파네로오(φανερόω : 빛으로 밝게 나타내 보여주다, 계시하다).
　 ☞ 파네로스(φανερός : 잘 보이는, 명백한) 같은 표현 ⇒
　 (요1:31,2:11,3:21,7:4,9:3,17:6,21:1,14), (요일1:2,2:19,28,3:2,5,8,4:9), (계3:18,15:4).

2:14 마침 그가 그 성전(hieron) 안에 소(bous)와 양(probaton)과 비둘기를
    파는 자(poleo)들과 그 환전상들이 앉아 있는 것(kathemai)을 발견
    하였다(heurisko),

2:15 그러자 그가 노끈으로 채찍을 만들어, 그 성전(hieron)에서(ek)
    모든 것들 곧 그 양들과 그 소들을 내쫓고(ekballo), 또 그 환전상
    들의 잔돈(kerma)을 쏟고(ekcheo)[40], 또 그 상(trapeza,식탁)들을 엎으며
    (anastrepho),

2:16 또 그 비둘기들을 파는 자(poleo)들에게 말하기를,
    "너희는 이곳에서 이것들을 가져가라(airo), 너희는 나의 아버지의
    집(oikos)을 엠포리온(emporion,장사하는 곳)[41]의 집(oikos)으로 만들지
    말라."고 하는 것이다.

2:17 그때 그의 제자들이, '당신의 전(oikos)의 열성(zelos)이 나를 삼키리라
    (katesthio).'[42]고 기록 되어 있는 것을 생각나게 하였다(mnaomai).◑

2:18 그러므로 그 유대인들이 대답하여 그에게 말하기를,
    "네가 이런 일들을 행하니, 네가 우리에게 무슨 표적(semeion)을
    보여주겠느냐(deiknuo)?"고 하니,

2:19 그 예수께서 대답하여 그들에게 말하기를,
    "너희가 바로 이 성전(naos)을 헐라(luo).
    그러면 삼 일 만에 내가 그것(성전)을 일으킬 것이다(egeiro)."라고
    하는 것이다,

2:20 그러므로 그 유대인들이 말하기를,
    "바로 이 성전(naos)은 사십육 년 동안 세워졌다(oikodomeo),
    그런데 삼 일 만에, 네가 그것을 일으키겠느냐(egeiro)?"고 하였다,

2:21 그때 바로 그(ekeinos)는 자신의 몸(soma)의 성전(naos)에 관하여
    말하고 있었다(lego).

---

40) 엑케오(εκχέω : 붓다, 쏟아내다, 피를 흘리다). 같은 표현 ⇒ (마9:17,23:35,26:28),
    (막14:24), (눅5:37,11:50,22:20), (요2:15), (행2:17,18,33,22:20), (롬3:15,5:5), (딛3:6),
    (유1:11), (계16:1,2,17).
41) 엠포리온(εμπόριον : 장사하는 곳). ☞ 엠포로스(εμπορος : 무역상인, 장사꾼)에서
    유래, 한번 쓰임.
42) ☞ (시69:9).

26

2:22 그러므로 마침 그가 죽은 자(nekros)들로부터(ek) 깨어 일어나게
되었을(egeiro) 때, 그의 제자들은, 그가 자신들에게 이런 것을
말하였던 것을 기억하고(mnaomai), 그 성경과 그 예수가 말한
그 말(logos)이 믿어지게 되었다(pisteuo). ◑

2:23 그리고 그 유월(pascho)에 곧 그 절기(heorte)에 그가 예루살렘에
있었을 때, 많은 자들이 그가 행하였던 그의 표적(semeion)들을
눈여겨보고(theoreo) 그의 이름을 믿게 되었다(pisteuo).

2:24 그때 그 예수는 모든 자들을 잘 알기(ginosko) 때문에(dia),
그들에게 자기 자신을 의탁하지(pisteuo) 않고 있었다,

2:25 왜냐하면(hoti) 그(예수)는 그 사람에 관해 누구에게도 증거 받을
필요가 없었기 때문이었다,
왜냐하면(gar) 그는 친히 그 사람 속에 무엇이 있는지를
잘 알고 있었기(ginosko) 때문이었다. ◑

요한복음 3장

3:1 그리고 그 바리새인들에 속하는(ek), 이름이 <u>니코데모</u>, 그 유대인들
의 지도자(archon) 한 사람이 있었다.

3:2 밤에 바로 그(니코데모)가 그 예수에게로(pros) 와서(erchomai)
그에게 말하기를,
"랍비여, 우리가, 선생님(didaskalos) 당신은 하나님께로부터(apo)
오시는 줄 압니다(oida),
왜냐하면(hoti) 만약 그 하나님이 그와 함께 하지 않으면,
어느 누구도 당신이 행하는 바로 이런 표적(semeion)[43]들을
<u>행할 수</u>(dunamai poieo)가 없기 때문입니다."라고 하니,

3:3 그 예수께서 대답하여 그에게 말하기를,
"진실로, 진실로, 내가 당신에게 말하니, '만약 누구든지 위로부터
(anothen, 새롭게) <u>태어나지</u>(gennao, 수)[44] 않으면, 그는 그 하나님의
<u>나라</u>(basileia, 왕국)를 <u>볼 수</u>(dunamai horao)가 없다.' "라고 하는 것이다.

3:4 그 <u>니코데모</u>가 그에게(pros) 말하기를,
"사람이 늙으면, 그가 어떻게 <u>태어날 수 있습니까</u>(dunamai gennao)?
그가 자신의 어머니의 태(koilia, 배)에 두 번째 들어가서, 태어날 수
있습니까?"라고 하니,

3:5 그 예수께서 대답하기를, "진실로, 진실로, 내가 당신에게 말하니,
'누구든지 물(hudor) 즉 영(pneuma)으로부터(ek) <u>태어나지</u>(gennao, 수)
않으면, 그는 그 하나님의 나라(basileia, 왕국)에게로(eis) <u>들어갈 수</u>
(dunamai eiserchomai) 없다.

3:6 그 육신(sarx)으로부터(ek) <u>태어나는 것</u>(gennao, 완, 수)은 육신(sarx)이고,
그 영(pneuma)으로부터(ek) <u>태어나는 것</u>(gennao, 완, 수)은 영(pneuma)이다,

---

43) 세메이온(σημειον : 표적, 이적). ☞ 세마이노(σημαίνω : 나타내 알리다)의 명사.
같은 표현 ⇒ (마24:3,24,30) (막13:4,22,16:17,20), (눅2:12,21:7,11),
(요2:11,18,23,3:2,4:48,54,6:2,14,30,7:31,9:16,10:41,11:47,12:18,37,20:30).
44) 젠나오(γεννάω : 낳다). ☞ 위로부터 태어나다(γεννάω)
아나겐나오(ανα γεννάω : 다시 나다, 거듭나다). 같은 표현 ⇒ (벧전1:3,23).

3:7 내가 당신에게, 〈당신은 위로부터(anothen, 새롭게) 태어나야 한다 (dei gennao).〉고 말하는 것을 <u>기이히 여기지</u>(thaumazo)[45] 말라,

3:8 그 <u>영의 바람</u>(pneuma, 영)은 자신이 원하는 곳으로 부니(pneo), 그때 당신은 그것(영의 바람)의 소리(phone)를 들으나(akouo), 그러나 그것이 어디서 와서(erchomai) 어디로 가는지(hupago)를 알지(oida) 못한다, 그 영(pneuma)으로부터(ek) 태어나는(gennao, 완, 수) <u>모든 자</u>는 그와 같다.' "라고 하는 것이다.◗

3:9 <u>니코데모</u>가 대답하여 그에게 말하기를, "이런 일들이 어떻게 <u>일어날 수 있습니까</u>(dunamai ginomai)?"라고 하니,

3:10 그 <u>예수</u>께서 대답하여 그에게 말하기를, "당신은 그 이스라엘의 <u>선생님</u>(didaskalos)입니다, 당신은 <u>이런 일들</u>을 잘 알지(ginosko) 못하십니까?

3:11 진실로, 진실로, 내가 당신에게 말하니, '<u>우리</u>는 <u>아는 것</u>(oida)을 말하고(laleo), <u>보는 것</u>(horao)을 증언합니다 (martureo), 그러나 당신들은 <u>우리의 증언</u>(marturia)을 받아들이지 (lambano) 않습니다.

3:12 비록 내가 당신들에게 그 땅에 <u>속하는 것</u>(epigeios)들을 말할지라도 (epo), 당신들이 믿지 못하는데, 만약 내가 당신들에게 그 하늘에 <u>속하는 것</u>(epouranios)들을 말하면(epo), 당신들이 어떻게 믿어지겠느냐(pisteuo)?

3:13 그럼에도 불구하고, 그 하늘에서(ek) <u>내려온 자</u>(katabaino, 과) 곧 그 하늘에(en) <u>있는</u>(eimi, 현) 그 <u>인자</u>(ho huios tou anthropou) 외에 누구도 그 하늘로(eis) 올라가지(anabaino, 완) 못한다,

3:14 (다시 말해), <u>모세</u>가 그 광야에서 그 뱀(ophis)을 <u>높이 들어 올린 것</u> (hupsoo)[46]과 같이, 그 <u>인자</u>(ho huios tou anthropou)도 그와 같이

---

45) 다우마조(θαυμάζω : 기이히 여기다). 같은 표현 ⇒ (요3:7,4:27,5:20,28,7:15,21), (행2:7,3:12,4:13,7:31), (갈1:6), (살후1:10), (요일3:13), (계13:3,17:6,8).

46) 힙소오(ὑψόω : 높이다, 들어 올리다). 같은 표현 ⇒ (마11:23,23:12), (눅1:52,10:15,14:11,18:14), (요3:14,8:28,12:32,34), (행2:33,5:31,13:17), (고후11:7), (약4:10), (벧전5:6).

<u>높이 들어 올리어져야 한다</u>(dei hupsoo),

3:15 즉 그가(eis) 믿어지는(pisteuo) <u>모든 자</u>는 멸망하지(apollumi) 않고, 오직 영원한 **생명**(zoe)을 소유하기(echo) 위해서이다,

3:16 왜냐하면(gar) 그 하나님이 (세상에게) 자신의 <u>유일하게 태어난</u> (monogenes)⁴⁷⁾ **아들**(huios)을 줄 정도로, 그 세상(kosmos)을 그와 같이 사랑하였기(agapao) 때문이니, 즉 그가(eis) 믿어지는(pisteuo) <u>모든 자</u> 는 멸망하지(apollumi) 않고, 오직 영원한 **생명**을 소유하기(echo) 위해 서이다,

3:17 왜냐하면(gar) 그 하나님이 그 세상(kosmos)에 자신의 **아들**(huios)을 보내었기(apostello) 때문이니, 즉 그분이 그 세상(kosmos)을 심판하기 (krino) 위해서가 아니라, 오직 그(아들)를 통해서(dia) 그 세상(kosmos) 을 <u>구원하기</u>(sozo)⁴⁸⁾ 위해서이다,

3:18 그때 그가(eis) <u>믿어지는 자</u>(pisteuo)는 <u>심판을 받지</u>(krino) 않는다, 그러나 <u>믿어지지 않는 자</u>는 이미 <u>심판을 받고 있는 것이다</u> (krino,완,수), 왜냐하면(hoti) 그는 그 하나님의 <u>유일하게 태어난</u> (monogenes) **아들**(huios)의 이름이(eis) 믿어지지(pisteuo,완) 않기 때문 이다.

3:19 이제 이것이 그 심판(krisis)이니, 즉 그 <u>빛</u>(phos)이 그 세상(kosmos)에 오나(erchomai,완), 그 사람들이 그 빛(phos)보다 더욱 더 그 어두움 (skotos,남)을 사랑하였던 것이다(agapao,과), 왜냐하면(hoti) 그들의 행함(ergon)들이 악하였기(eimi poneros,미) 때문이다.

3:20 왜냐하면(gar) 그 <u>악한 것</u>(phaulos)⁴⁹⁾들을 행하는 자(prasso)는 누구든지 그 빛(phos)을 미워하고(miseo) 그 빛(phos)을 향해(pros) 오지 않기 때문이다, 즉 자신의 행함(ergon,복)이 책망 받아 <u>드러나 지지</u>(elengcho)⁵⁰⁾ 않게 하기 위해서이다,

---

47) 모노게네스(μόνογενής : 혼자, 유일하게 태어난, 독생한).
   같은 표현 ⇒ (눅7:12,8:42,9:38), (요1:14,18,3:16,18), (히11:17), (요일4:9).
48) 소조(σώζω : 어려운 환경에서 구원하여 원래의 상태로 회복시켜 주다,
   구원하다). 같은 표현 ⇒ (요3:17,5:34,10:9,11:12,12:27,47).
49) 파울로스(φαυλος : 악한, 비열한). 같은 표현 ⇒ (요3:20,5:29), (롬9:11), (고후5:10),
   (딛2:8), (약3:16).

30

3:21 그러나 그 <u>진리</u>(aletheia)[51])를 <u>행하는 자</u>(poieo)는 그 <u>빛</u>(phos)을 향해
(pros) <u>온다</u>(erchomai), 즉 자신의 행함(ergon,복)이 <u>빛으로 밝히 나타나</u>
<u>보여 지기</u>(phaneroo)[52]) 위해서이다,
왜냐하면(hoti) 그것들이 하나님으로 인하여(en) 행하여지기
(ergazomai) 때문이다.' "라고 하는 것이다.◖

3:22 이런 일들 후에, 그 예수와 그의 제자들이 그 <u>유대</u> 땅으로 가서
(erchomai), 그곳에서 그가 그들과 함께 잠시 <u>머물며</u>(diatribo),
<u>물속에 침례를 주고 있었다</u>(baptizo,미)[53]),

3:23 그때 심지어 <u>요한</u>도 그 <u>살렘</u>에 가까운 <u>애논</u>에서 <u>물속에 침례를</u>
<u>주고 있었으니</u>(baptizo,미),
왜냐하면(hoti) 그곳에 많은 물(hudor)이 있기 때문이었다,
그런즉 그들이 <u>가까이 와서</u>(paraginomai), <u>물속에 침례를 받고</u>
<u>있었다</u>(baptizo).

3:24 왜냐하면(gar) 그 <u>요한</u>이 아직 그 <u>옥</u>(phulake)에 <u>간히지</u>(ballo) 않았기
때문이었다.

3:25 그러므로 <u>요한</u>의 제자들에게서(ek) <u>깨끗케 함</u>(katharismos)[54])에 관한
논쟁(zetesis)이 유대인들과 더불어 일어났었다(ginomai,과),

3:26 그때 그들이 그 <u>요한</u>에게 가서 그에게 말하기를,
"<u>랍비</u>여, 당신과 함께 그 요단 강 저편에 있었던 자,
그때 당신이 증언한 자, 보소서! 바로 그가 <u>물속에 침례를 주니</u>

---

50) 엘렝코(ελέγχω : 책망하다, 드러내다, 폭로하다). 같은 표현 ⇒ (마18:15),
(눅3:19), (요3:20,8:46,16:8), (고전14:24), (엡5:11,13), (딤전5:20), (딛1:13,2:15),
(히12:5), (약2:9), (유1:15), (계3:19).
51) 진리(ἀλήθεια : 진리). 같은 표현 ⇒ (요1:14,17,3:21,4:23,24,5:33,8:32,40,44,45,46,
14:6,17,15:26,16:7,13,17:17,19,18:37,38), (요일1:6,8,2:4,21,3:18,19,4:6,5:7), (요이1:1,2,3),
(요삼1:3,4,8,12).
52) 파네로오(φανερόω : 빛으로 밝게 나타내 보여주다, 계시하다).
☞ 파네로스(φανερός : 잘 보이는, 명백한). 같은 표현 ⇒
(요1:31,2:11,3:21,7:4,9:3,17:6,21:1,14), (요일1:2,2:19,28,3:2,5,8,4:9), (계3:18,15:4).
53) 밥티조(βαπτίζω : 물속에 침례를 베풀다, 침례하다).
같은 표현 ⇒ (요1:25,26,28,31,33,3:22,23,26,4:1,2,10:40).
54) 카다리스모스(καθαρισμός : 깨끗케 함, 정결).
같은 표현 ⇒ (막1:44), (눅2:22,5:14), (요2:6,3:25), (히1:3), (벧후1:9).

31

(baptizo), 그런즉 그들 모두가 그에게로 갑니다."고 하니,

3:27 요한이 대답하여 말하기를,
"만약 그것이 그에게 그 하늘에서(ek) 주어지는 것이 아니면,
사람은 어떤 것도 취할 수(dunamai lambano) 없다.

3:28 너희는 나에 대하여, '내가 친히 말하기를,
〈나는 그 그리스도(Christos)[55]가 아니라, 바로 그의 앞에 보냄을
받았다(apostello).〉라고 한다.'고 증거 한다(martureo).

3:29 그 신부(numphe)를 얻은 자(echo)는 신랑(numphios)이다,
그때 그 신랑(numphios)의 친구(philos)는 서서, 그(신랑)의 음성을
듣고, 그 신랑(numphios)의 음성(phone)으로 인하여, 기쁨(chara)으로
기뻐하는 것이다(chairo).
그러므로 바로 나의 이 기쁨(chara)이 가득 채워지는 것이다
(pleroo).

3:30 바로 그는 마땅히 흥하여야 하고(dei auxano, 자라다),
그러나 나는 마땅히 쇠하여야 한다(dei elattoo, 보다 못하다).

3:31 위로부터(anothen, 새롭게) 오는 이는 만물 위에(apano) 계시고,
그 땅(ges)에(ek) 속한 자는 그 땅에(ek) 속하여 있고, 그 땅에(ek)
속한 것을 말한다(laleo). 곧 그 하늘에서(ek) 오는 이는 만물(pas)들
위에(apano) 계신다,

3:32 그때 그가 보고(horao) 들은(akouo) 바로 그것을, 그는 증언하는
것이다(martureo), 그러나 아무도 그의 증언(marturia)을 취하지
(lambano) 않는다.

3:33 그의 증언을 취하는 자(lambano)는 그 하나님은 실제이다(alethes)라고
(영으로) 인을 친 것이다(sphragizo, 과)[56].

3:34 왜냐하면(gar) 그 하나님이 보낸 이는 그 하나님의 말(rhema, 복)[57]을

---

55) 크리스토스(χριστός : 기름부음 받은 자). ☞ 그리오(χρίω : 기름 붓다)에서 유래.
같은 표현 ⇒ (마1:1,16,17,18,2:4,11:2,16:16), (막1:1,8:29), (눅2:11,26,3:15,4:41,9:20),
(요1:17,20,25,41,3:28,4:25).

56) 스프라기조(σφραγίζω : 인으로 새기다, 봉인하다). 같은 표현 ⇒ (마27:66),
(요3:33,6:27), (롬15:28), (고후1:22), (엡1:13,4:30), (계5:1,7:3,10:4,20:3,22:10).

말하기(laleo) 때문이다,
왜냐하면(gar) 그 하나님이 그 영(pneuma)을 한량없이 주기
때문이다.

3:35 곧 그 아버지가 그 **아들**(huios)을 사랑하여(agapao,현)58), 그의 손에
<u>모든 것들을 주니</u>(didomi,완),

3:36 그 **아들**(huios)이(eis) <u>믿어지는 자</u>(pisteuo)는 영원한 생명(zoe)을
<u>소유하는 것이다</u>(echo), 그러나 그 **아들**(huios)에게 <u>불순종하는 자</u>
(apeitheo)59)는 생명(zoe)을 보지(horao) 못하고, 오직 그 사람위에
그 하나님의 진노(orge)가 머물 것이다(meno)."라고 하였다.◗

---

57) 레마(ῥῆμα : 말, 말하여 지는 것). ☞ 레오(ῥέω : 말하여 지다)에서 유래.
   같은 표현 ⇒ (요3:34,5:47,6:63,68,8:20,47,10:21,12:47,48,14:10,15:7,17:8).
58) 아가파오(ἀγαπάω : 사랑하다). 같은 표현 ⇒ (요3:35,5:42,8:42,10:17,11:5,13:1,23,34,
   14:15,28,31,15:9,12,17:23,21:15), (요일2:10,15,3:10,11,14,18,23,4:7,11,19,20,21,5:1,2),
   (요이1:1), (요삼1:1), (계1:5,3:9,20:9).
59) 아페이데오(ἀπειθέω : 불순종 하다, 설득되지 않다). 같은 표현 ⇒ (요3:36),
   (행14:2,19:9), (롬2:8,10:21,11:30,31,15:31), (히3:18,11:31), (벧전2:8,3:1,20,4:17).

요한복음 4장

4:1 그러므로 마침 예수가 요한 보다 더 많은 제자를 삼고(poieo)
물속에 침례를 준다(baptizo)[60]고 그 바리새인들이 들은 것(akouo)을,
주님(kurios)이 잘 알았을(ginosko) 때,

4:2 비록 예수님이 친히 물속에 침례를 주지(baptizo) 않고, 오히려 그의
제자들이 (물속에 침례를 주고 있었지만),

4:3 그(주님)가 그 유대를 떠나(aphiemi)[61], 다시(palin) 그 갈릴리로(eis)
갔다(aperchomai).◖

4:4 그때 그는 그 사마리아를 거처(dia) 통과하여야 했었다(dei dierchomai).

4:5 그러므로 그가 야곱이 요셉 자신의 아들(huios)에게 준 구역(chorion)
에 가까운, 수카라고 하는 그 사마리아의 성읍(polis)에 이른다
(erchomai),

4:6 그때 그곳에 그 야곱의 우물(pege, 샘)[62]이 있었다,
그러므로 그 예수께서 그 여정으로(ek) 피곤하여(kopiao),
그 우물(pege, 샘)에(epi) 그대로 앉아 있었다(kathezomai).
때(hora)가 제 육 시쯤 이었다.

4:7 한 여자(gune)가 물(hudor)을 기르러, 그 사마리아에서(ek) 오니,
그 예수께서 그녀에게 말하기를,
"너는 나에게 마실 것(pino)을 주오."라고 하는 것이다,

4:8 왜냐하면(gar) 그의 제자들은, 음식(trophe, 복)[63]을 사려, 그 성읍으로

---

60) 밥티조(βαπτίζω : 침례를 베풀다, 침례하다).
같은 표현 ⇒ (요1:25,26,28,31,33,3:22,23,26,4:1,2,10:40).

61) 아피에미(ἀφίημι : 내보내다, 용서하다, 탕감하다, 취소하다).
☞ (ἀπο 와 ἵημι : 보내다)에서 유래. 같은 표현 ⇒ (마6:12,9:2,12:31,18:27),
(막2:5,3:28,4:12,11:25), (눅5:20,11:4,12:10,17:3,23:34), (요4:3,28,52,8:29,10:12,11:44,48,
12:7,14:18,27,16:28,32,18:8,20:23), (행8:22), (롬4:7), (약5:15), (요일1:9).

62) 페게(πηγή : 샘, 원천). 같은 표현 ⇒ (막5:29), (요4:6,14), (벤후2:17), (약3:11),
(계7:17,8:10,16:4,21:6).

34

갔기(aperchomai) 때문이었다.

4:9 그러므로 그 여자(gune) 사마리아인이 그에게 말하기를,
"유대인인 당신이 어떻게 여자 사마리아인인 나에게서(para)
마실 것(pino)을 구하십니까(aiteo)?"라고 하였다,
왜냐하면(gar) 유대인들은 사마리아인들과 관계를 가지지
(sungchromai) 않기 때문이었다.

4:10 예수께서 대답하여 그녀에게 말하기를,
"만일 네가 그 하나님의 선물수여(dorea, 수여)⁶⁴)를 알고(oida),
또 '너에게 마실 것을 달라.'고 말하는 이가 누구인지를 알면(oida),
네가 그에게 구할 것이고(aiteo),
그는 너에게 **살게 하는 물**(hudor zao)⁶⁵)을 줄 것이다(didomi)."라고
하니,

4:11 그 여자(gune)가 그에게 말하기를,
"주여, 당신은 물을 길을 그릇도 갖고 있지 않고, 또 그 우물
(phrear)⁶⁶)은 깊은데, 그러므로 당신은 어디에서 그 **살게 하는 물**
(hudor zao)을 얻겠습니까(echo)?

4:12 당신은 우리의 조상(pater) 야곱보다 위대하십니까(meizon)?
그는 우리에게 그 우물(phrear)을 주었고, 또한 그곳에서(ek)
자신과 자신의 아들들과 자신의 가축들을 마시게 하였습니다
(pino)."고 하니,

4:13 그 예수께서 대답하여 그녀에게 말하기를,
"바로 이 물(hudor)을 마시는 자는 누구든지 다시 목마를 것이다
(dipsao)⁶⁷),

---

63) 트로페(τροφή : 먹을 것, 음식). ☞ 트레포(τρέφω : 자라게 하다, 먹이다,
양육하다)의 명사. 같은 표현 ⇒ (마3:4,6:25,10:10,24:45), (눅12:23), (요4:8),
(행2:46,9:19,14:17,27:33,34,38), (히5:12,14), (약2:15).
64) 도레아(δωρεά : 선물, 하사). 같은 표현 ⇒ (요4:10), (행2:38,8:20,10:45,11:17),
(롬5:15), (고후9:15), (엡4:7), (히6:4). ☞ 도론(δωρον : 선물, 예물). 같은 표현 ⇒
(마2:11,8:4,23:18), (눅21:1), (엡2:8), (히5:1,8:3), (계11:10).
65) ☞ 살게 하는 물(생명수)(ὕδωρ ζάω).
같은 표현 ⇒ (요4:10,11,7:38), (계7:17,21:6,22:1,17).
66) 프레아르(φρέαρ : 구덩이, 우물). 같은 표현 ⇒ (눅14:5), (요4:11,12), (계9:2).

4:14 그러나 내가 그에게 줄 물을 <u>마시는 자</u>(pino)는 누구든지 영원히
목마르지(dipsao) 않을 것이다, 오히려 내가 그에게 줄 그 물(hudor)
은 그 사람 안에(en) 영원한 <u>생명</u>(zoe)에게로(eis) <u>솟아나게 하는</u>
(hallomai) 물의 <u>샘</u>(pege)68)이 될 것이다."고 하는 것이다,

4:15 그 여자(gune)가 그에게 말하기를,
"주(kurios)여, 나에게 바로 그 물(hudor)을 주소서,
내가 목마르지도(dipsao) 않고, 또 물 길러 이곳에 오지도 않게
하소서."라고 하니,

4:16 그 <u>예수</u>께서 그녀에게 말하기를,
"너는 가서(hupago), 너의 남편(aner)을 불러(phoneo), 여기로 오라
(erchomai)."고 하는 것이다,

4:17 그 여자(gune)가 대답하여 말하기를,
"나에게는 남편(aner)이 없습니다."고 하니,
그 <u>예수</u>께서 그녀에게 말하기를,
"네가 '나에게는 남편(aner)이 없다.'고 말한 것은 잘 한 것이다.

4:18 왜냐하면(gar) 너에게는 다섯 남편(aner)이 있었으나,
그러나 지금 너에게 있는 <u>자</u>도 너의 남편(aner)이 아니기
때문이다, 네가 그렇게 <u>말한 것</u>(ereo)은 사실이다(alethes)."고
하는 것이다,

4:19 그 여자(gune)가 그에게 말하기를,
"주(kurios)여, 내가 눈여겨보니(theoreo), 당신은 예언자(prophetes)
입니다.

4:20 우리 조상들은 바로 이 산(oros)에서 <u>예배하였습니다</u>(proskuneo),
그러나 당신들은 말하기를,
'<u>예배드려야 하는</u>(dei proskuneo) 장소(topos)는 예루살렘에 있다.'고
합니다." 하니,

---

67) 딥사오(διψάω : 목마르다). 같은 표현 ⇒ (요4:13,14,6:35,7:37,19:28),
(계7:16,21:6,22:17).
68) 페게(πηγή : 샘, 원천). 같은 표현 ⇒ (막5:29), (요4:6,14),
(벧후2:17), (약3:11), (계7:17,8:10,16:4,21:6).

4:21 그 예수께서 그녀에게 말하기를,
"여자(gune)여, 너는 나의 (말을) 믿어라(pisteuo),
즉 너희는 바로 이 산(oros)에서도 말고, 예루살렘에서도 말고,
그 아버지께 경배할(proskuneo) 시점(hora)이 올 것이다(erchomai),

4:22 **너희**는 너희가 알지(oida) 못하는 것을 **예배**하고(proskuneo),
우리는 우리가 아는 것(oida)을 **경배**하니(proskuneo),
왜냐하면(hoti) 그 구원(soteria)[69]은 그 유대인들에게서(ek) 나오기
때문이다.

4:23 (다시 말해), 그 진리에 속하는(alethinos)[70] 경배자(proskunetes)들이
그 아버지께 영(pneuma) 즉 진리(aletheia)[71]의 영으로(en), 경배할
(proskuneo) 시점(hora)이 올 것이니(erchomai), 곧 지금(nun)이다,
왜냐하면(gar) 아버지께서도 자신에게 경배하는(proskuneo)
바로 이런 자들을 찾기(zeteo) 때문이다.

4:24 그 하나님은 영(pneuma)이시니, 이제 그분(하나님)은 자신에게
경배하는 자(proskuneo)들은 영(pneuma) 즉 진리(aletheia)의 영으로(en)
반드시 경배하여야 한다(dei proskuneo)."고 하는 것이다,

4:25 그 여자(gune)가 그에게 말하기를,
"나는 그리스도(Christos)[72]라 하는 메시야가 오는 줄(erchomai)을
알고 있습니다(oida). 바로 그가 오시면, 그는 우리에게 모든 일들
을 자세히 알려 줄 것입니다(ananggelo)[73])."라고 하니,

4:26 그 예수께서 그녀에게 말하기를,

---

69) 소테리아(σωτηρία : 구원). 같은 표현 ⇒ (요4:22), (계7:10,12:10,19:1).
70) 알레디노스(ἀληθινός : 진짜의, 실제로 존재하는). 같은 표현 ⇒ (요1:9,4:23,37,6:32,
7:28,8:16,15:1,17:3,19:35), (요일2:8,5:20), (계3:7,14,6:10,15:3,16:7,19:2,9,11,21:5,22:6).
71) 진리(ἀλήθεια : 진리). 같은 표현 ⇒ (요1:14,17,3:21,4:23,24,5:33,8:32,40,44,45,46,
14:6,17,15:26,16:7,13,17:17,19,18:37,38), (요일1:6,8,2:4,21,3:18,19,4:6,5:7), (요이1:1,2,3),
(요삼1:3,4,8,12).
72) 크리스토스(χριστός : 기름부음 받은 자). ☞ 그리오(χρίω : 기름 붓다)에서 유래.
같은 표현 ⇒ (마1:1,16,17,18,2:4,11:2,16:16), (막1:   눅2:11,26,3:15,4:41,9:20),
(요1:17,20,25,41,3:28,4:25).
73) 아낭겔로(ἀναγγέλλω : 보고하여 알려주다). 같은 표현 ⇒ (막5:14), (요4:25,5:15,
16:13,14,15,25), (행14:27,15:4,16:38,19:18,20:20,27), (롬15:21), (고후7:7), (벧전1:12),
(요일1:5).

37

"너에게 말하는 자(laleo), **내가 그이**(ego eimi)다."고 하는 것이다. ◖

4:27 그리고 바로 이 때에 그의 제자들이 왔고, 또 그들은 예수께서 여자(gune)와 말하고 있었던 것(laleo)을 기이히 여기고 있었다 (thaumazo)74), 그렇지만, 아무도 '당신은 무엇을 찾습니까(zeteo)? 혹은 당신은 어찌하여 그녀와 말하십니까(laleo)?'라고 말하지 않았다,

4:28 그러므로 그 여자(gune)는 자기의 물동이를 버려두고(aphiemi), 그 성읍으로 떠나가서(aperchomai), 그 사람들에게 말하기를,

4:29 "너희는 와서, 나에게 내가 행한 모든 일들을 말한 사람(anthropos) 을 보아라(horao). 이이가 그 그리스도(Christos)가 아니냐?"고 하니,

4:30 그러므로 그들이 그 성읍에서(ek) 나와(exerchomai), 그에게로 가고 있었다(erchomai, 중).

4:31 그때 그 사이에 그 제자들이 그에게 요청하며(erotao), 말하기를, "랍비(rhabbi)여, 잡수소서(phago)75)."라고 하니,

4:32 그러자 그가 그들에게 말하기를, "나는 너희가 알지(oida) 못하는 먹어야 하는(phago) 일(brosis, 먹는 행위)76)을 갖고 있다."고 하는 것이다,

4:33 그러므로 그 제자들이 서로에게 말하고 있기를, "누가 그에게 먹을 것(phago)을 드렸나(phero)?"라고 하니,

4:34 그 예수께서 그들에게 말하기를, "나의 **음식물**(broma)77)은 내가 나를 보낸 분(pempo)의 뜻(thelema)78)

---

74) 다우마조(θαυμάζω : 기이히 여기다). 같은 표현 ⇒ (요3:7,4:27,5:20,28,7:15,21), (행2:7,3:12,4:13,7:31), (갈1:6), (살후1:10), (요일3:13), (계13:3,17:6,8).
75) 파고(φάγω : 먹다). ☞ 에스디오(εσθίω : 먹다)의 다른 형태). 같은 표현 ⇒ (마6:25,12:4,13:4), (막2:26,3:20), (눅4:2,7:36), (요4:31,6:5), (행9:9), (롬14:2), (고전8:8), (살후3:8), (히13:10), (약5:3), (계2:7).
76) 브로시스(βρωσισ : 먹는 것, 먹는 행위, 음식). 같은 표현 ⇒ (요4:32,6:27,55), (롬14:17), (고전8:4), (고후9:10), (골2:
77) 브로마(βρωμα : 음식물). 같은 ⇒ (마14:15), (눅3:11), (요4:34), (롬14:15,20), (고전6:13,10:3).
78) 델레마(θέλημα : 하기 원함, 뜻, 의향). ☞ 델로(θέλω: 바라다, 원하다)의 명사.

38

을 행하는 것(poieo), 즉 그분(나를 보낸 분)의 **일하심**(ergon)을 온전케
하는 것이다(teleioo)[79].

4:35 너희는 말하기를, '아직 넉 달이 있어, 그 추수(therismo)[80]가 온다.'
고 하지 않느냐? 보라! 내가 너희에게 말하노니,
'너희의 눈을 들어(epairo), 그 밭들을 눈여겨보라(theaomai),
왜냐하면(hoti) 그것(밭)들이 이미 추수(therismos)로(pros) 희어져 있기
때문이다.

4:36 그때 거두는 자(therizo)[81]가 삯(misthos)을 취한다(lambano),
(다시 말해), 영원한 생명(zoe)의(eis) 열매(karpos)를 모은다(sunago),
즉 그 씨 뿌리는 자(speiro)와 거두는 자(therizo)가 함께 기뻐하기
(chairo) 위해서이다,

4:37 왜냐하면(gar) 바로 이 말(logos) 속에, (다시 말해), '한명(allos)은
그 씨 뿌리는 자(speiro)이고, 한명(allos)은 그 거두는 자(therizo)이다.'
라는 말(logos) 속에 그 실제로 존재하는 것(alethinos)이 있기
때문이다.

4:38 나는 너희가 수고하지(kopiao)도 않은 것을 거두게(therizo) 너희를
보내었으니(apostello), 다른 자(allos)들은 수고하고(kopiao,완),
너희는 그들의 수고(kopos)에게로(eis) 들어간다(eiserchomai).' "고
하는 것이다.◗

4:39 그리고 그 여자의 말(logos)로 인하여, 곧 그녀가 '그(예수)는
자신이 행한 모든 일을 말하였다고 증거함으로 인하여,
바로 그 성읍에서 그 사마리아인들 중 많은 자들이 그를
믿게 되었다(pisteuo),

같은 표현 ⇒ (마6:10,7:21,12:50,18:14,21:31,26:42), (막3:35), (눅22:42),
(요1:13,4:34,5:30,6:39,7:17,9:31).
79) 텔레이오오(τελειόω : 온전하게 이루다, 온전하게 성취하다). 같은 표현 ⇒
(눅2:43), (요4:34,5:36,17:4,23,19:28), (행20:24), (고후12:9), (빌3:12), (히2:10,5:9,
7:19,28,9:9,10:1,14,11:40,12:23), (약2:22), (요일2:5,4:12,17,18).
80) 데리스모스(θερισμός : 추수). 같은 표현 ⇒ (마9:37,38,13:30,39), (막4:29), (눅10:2),
(요4:35), (계14:15).
81) 데리조(θερίζω : 거두다, 추수하다). 같은 표현 ⇒ (마6:26,25:24,26), (눅12:24,
19:21,22), (요4:36,37,38), (고전9:11), (고후9:6), (갈6:   약5:4), (계14:15,16).

39

4:40 그러므로 마침 그 사마리아인들이 그(예수)에게 갔을 때,
그들은 자기들과 함께(para) 머물기(meno)를 요청하니(erotao),
그때 이틀 동안 그곳에 그가 머물렀다(meno).

4:41 또한 훨씬 더 많은 자들이 그(예수)의 말(logos)로 말미암아(dia)
믿게 되었다(pisteuo).

4:42 그때 그들이 그 여자(gune)에게 말하기를,
"우리는 너의 말한 것(lalia)[82]로 인하여(dia) 더 이상 믿게 되는 것
이 아니다, 왜냐하면(gar) 우리들이 친히 듣고, 이이가 진실로
그 세상의 구원자(soter) 그 그리스도인 것을 알기(oida) 때문이다."
라고 하는 것이다.◑

4:43 그리고 그 이틀 후에, 그가 그곳에서 나가(exerchomai),
그 갈릴리로(eis) 떠나갔다(aperchomai).

4:44 왜냐하면(gar) 예수께서 친히 '예언자는 자기 자신의 고향에서
존경(time)[83]을 받지(echo) 못한다.'고 증거 하기(martureo) 때문이다.

4:45 그러므로 마침 그가 그 갈릴리에 이르렀을(erchomai) 때,
그 갈릴리인들이 그를 영접하였다(dechomai),
곧 그들은 그가 예루살렘에서 그 절기(heorte) 중에(en) 행한
모든 일들을 보았다,
왜냐하면(gar) 그때 그들도 그 절기(heorte)에 갔었기 때문이다.

4:46 그러므로 다시 그 예수께서 그 물로 포도주를 만들은 그 갈릴리
의 카나로 갔다, 그때 카퍼나움에 그 아들이 병들어 있는(astheneo)
어떤 고관(basilikos)이 있었다,

4:47 바로 그가 예수께서 그 유대에서 그 갈릴리로 오신다(heko)[84]고
듣자, 그(고관)는 그에게로 가서(aperchomai), 그에게 요청하기를
(erotao), "당신은 내려오셔서, 나의 아들을 고쳐주소서(iaomai)."라고

---

82) 랄리아(λαλιά' : 말투, 말의 형태, 이야기, 담화).
같은 표현 ⇒ (마26:73), (요4:42,8:43).

83) 티메(τιμή : 값, 존귀, 존경). 같은 표현 ⇒ (마27:6,9), (요4:44),
(행4:34,5:2,3), (롬2:7), (고전6:20,7:23).

84) 헤코(ἥκω : 오다). 같은 표현 ⇒ (요2:4,4:47,6:37,8:42),
(요일5:20), (계2:25,3:3,9,15:4,18:8).

하였다, 왜냐하면(gar) 그가 막 죽으려 하고 있었기(mello apothnesko)
때문이었다.

4:48 그러므로 그 예수께서 그에게(pros) 말하기를,
"만약 너희는 표적(semeion,복)[85] 즉 기적(teras,복)을 보지(horao)
못하면, 너희는 결코 믿지(pisteuo) 못한다."라고 하는 것이다,

4:49 그 고관(basilikos)이 그에게(pros) 말하기를,
"주(kurios)여, 내 아이(paidion)가 죽기 전에 내려오소서(katabaino)."
라고 하니,

4:50 그 예수께서 그에게 말하기를,
"너는 떠나가라(poreuomai), 네 아들은 산다(zao,현)."고 하자,
그때 그 사람(anthropos)은 예수께서 자신에게 말한 그 말(logos)이
믿어져서(pisteuo), 떠나갔다(poreuomai).

4:51 마침 그가 이미 내려가고 있을(katabaino) 때, 그의 종(doulos)들이
그를 우연히 만나(hupantao)[86], 소식을 전하며(apanggelo) 말하기를,
"당신의 아이(pais)가 산다(zao,현)."고 하였다.

4:52 그러므로 그(고관)가 그들에게서 그(아이)가 더 좋게 된 그 시점
(hora)을 물음으로 확인하였으니(pundanomai), 그때 그들이 그에게
말하기를, "어제 제 칠 시(hora)에 그 열(puretos)[87]이 그를
떠났습니다(aphiemi)."고 하였다.

4:53 그러므로 그 아비(pater)가, 그 예수께서 네 아들이 산다고 말한
바로 그 시점(hora)인 줄 깨달아 알고(ginosko), 자기 자신과
그의 온 집안(oikia)이 믿게 되었다(pisteuo).

4:54 그 예수께서 그 유대에서(ek) 그 갈릴리로 온 후,
이것이 그가 다시 행한 두 번째 표적(semeion)이었다.◑

---

85) 세메이온(σημειον : 표적, 이적). ☞ 세마이노(σημαίνω : 나타내 알리다)의 명사.
   같은 표현 ⇒ (마24:3,24,30) (막13:4,22,16:17,20), (눅2:12,21:7,11),
   (요2:11,18,23,3:2,4:48,54,6:2,14,30,7:31,9:16,10:41,11:47,12:18,37,20:30).
86) 휘판타오(ὑπαντάω : 우연히 만나다). 같은 표현 ⇒ (마8:28,28:9), (막5:2),
   (눅8:27,14:31), (요4:51,11:20,30,12:18), (행16:16).
87) 퓨레토스(πυρετός : 열, 열병). 같은 표현 ⇒ (마8:15),
   (막1:31), (눅4:38,39), (요4:52), (행28:8).

요한복음 5장

5:1 이런 일들 후에, 그 유대인들의 절기(heorte)가 있어,
그 예수께서 예루살렘으로 올라갔다(anabaino).

5:2 그때 그 예루살렘 안에는, 그 양의 시장 곁에, 히브리어로
베데스다88)로 불리는 한 연못(kolumbethra)이 있고, 그곳에 행각
다섯이 있다.

5:3 이것(행각)들 안에 병들어 있는(astheneo) 많은 무리(plethos)가
드러누워 있는데, 곧 소경들, 절름발이들, 혈기 마른 자들의 무리
가 있었다,
그때 그들은 그 물(hudor)의 움직임을 기다리고 있었다(ekdechomai).

5:4 왜냐하면(gar) 정해진 때(kairos)에 따라, 천사가 그 연못(kolumbethra)에
내려와, 그 물을 요동치게 하였기(tarasso)89) 때문이었으니,
그때 그 물(hudor)의 요동 후에 제일 먼저 들어가는 자(embaino)는
누구든지, 그가 어느 때에 질병(nosema)90)에 걸려 있든지(katecho)91)
간에, 건강하게(hugies) 되었다,

5:5 그때 그곳에 삼십팔 년 동안 그 병(astheneia)92)에 걸린 어떤 사람이
있었다,

5:6 마침 그 예수께서 이자가 드러누워 있는 것을 보고, 또 벌써 오랜

---

88) 베데스다(Βηθεσδά' : 자비의 집).
89) 타랏소(ταράσσω : 함께 뒤흔들다, 동요하다, 어지럽히다, 불안하게 하다).
   같은 표현 ⇒ (마2:3,14:26), (막6:50), (눅1:12,24:38), (요5:4,7,11:33,12:27,14:1,27),
   (행15:24,17:8), (갈1:7,5:10), (벧전3:14).
90) 노세마(νόσημα : 병, 질병). ☞ 노세오(νοσέω : 병들다), 노소스(νοσος : 병, 질병)
   에서 유래, 한번 쓰임.
91) 카테코(κατέχω : 굳게 붙잡다, 억제하다, 차지하다). 같은 표현 ⇒ (눅4:
   14:9), (요5:4), (롬1:18,7:6), (고전7:30,11:2,15:2), (고후6:10), (살전5:21), (살후2:6,7),
   (몬1:13), (히3:6,14,10:23).
92) 아스데네이아(ασθένεια : 병, 힘없음, 연약함). 같은 표현 ⇒ (마8:17),
   (눅5:15,8:2,13:11,12), (요5:5,11:4), (행28:9), (롬6:19,8:26), (고전2:3,15:43),
   (고후11:30,12:5,9,10,13:4), (히4:15,5:2,11:34).

기간 동안 그가 <u>병들은 것을 잘 알고</u>(ginosko), 그에게 말하기를,
"네가 건강하게(hugies) 되기 원하느냐(thelo)?"고 하는 것이다,

5:7 그 <u>병든 자</u>(astheneo)가 그에게 대답하기를,
"주(kurios)여, 그 물(hudor)이 요동할(tarasso) 때, 나에게 그 연못
(kolumbethra)으로 나를 넣어 줄(ballo) 사람이 없어서, 내가 가는
바로 그때에, <u>다른 자</u>(allos)가 내 앞에 내려갑니다(katabaino)."고
하니,

5:8 그 예수께서 그에게 말하기를,
"너는 일어나(egeiro), 네 침상(krabbatos)을 들고(airo), 걸어가라
(peripateo)."고 하는 것이다,

5:9 그러자 즉시 그 사람이 건강하게(hugies) 되어, 자신의 침상을
들고(airo), <u>걸어가고 있었다</u>(peripateo).
그때 바로 그 날(hemera)은 안식준수(sabbaton)이었다(eimi, 미).

5:10 그러므로 그 유대인들이 그 <u>치료된 자</u>(therapeuo)에게 말하기를,
"안식준수(sabbaton)이니, 그 침상을 <u>드는 것</u>(airo)이 너에게
합당하지(exesti)93) 않다."라고 하였다.

5:11 그가 그들에게 대답하기를,
"나를 <u>건강하게 한</u>(hugies) 바로 그가 나에게 말하기를,
'너는 너의 침상을 들고(airo), 걸어가라(peripateo).' "고 하였습니다.

5:12 그러므로 그들이 그에게 묻기를,
"너에게 '너는 너의 침상을 들고(airo), 걸어가라(peripateo).'고 말한
그 사람은 누구냐?"라고 하였다,

5:13 그때 그 <u>병 나은 자</u>(iaomai)는 그가 누구인지 알지(oida) 못하였다,
왜냐하면(gar) 그 장소에 무리(ochlos)가 있어, 그 예수께서
<u>옆으로 피했기</u> 때문이었다.

5:14 이런 일들 후에, 그 성전(hieron)에서 그 예수께서 그를 발견하고,
그에게 말하기를,

---

93) 엑세스티(ἔξεστι : 가능하다, 타당하다, 합법적이다).
   같은 표현 ⇒ (마12:2,4,10,12,14:4,19:3,20:15,22:17,27:6), (막2:24,26,3:4,6:18,10:2,12:14),
   (눅6:2,4,9,14:3,20:22), (요5:10,18:31).

"보라! 네가 건강하게(hugies) 되었으니, 너는 더 심한 <u>어떤 것</u>이 자신에게 생기지 않게, 더 이상 <u>죄를 짓지</u>(hamartano)[94] 말라."라고 하는 것이다.

5:15 그 사람이 떠나가서, 그 유대인들에게 자신을 <u>건강하게 한 이</u> (hugies)가 <u>예수</u>이었다고 알려주었다(ananggello)[95].

5:16 그때 이런 일로 말미암아, 그 유대인들이 그 예수를 박해하고 (dioko), 그를 <u>죽이려 하고 있었다</u>(zeteo apokteino), 왜냐하면(hoti) 안식준수(sabbaton)에 그가 <u>이런 일들</u>을 행하였기 때문이었다.

5:17 그러자 그 예수께서 그들에게 대답하기를, "지금까지(arti) 나의 아버지께서 일하시니(ergazomai,중,수,디), 또한 내가 일하게 된다(ergazomai,중,수,디)."라고 하는 것이다.

5:18 그러므로 이런 일로 말미암아 그 <u>유대인</u>들이 더욱 더 그(예수)를 <u>죽이려 하고 있었다</u>(zeteo apokteino), 왜냐하면(hoti) 그가 그 안식준수(sabbaton)를 <u>범하고 있을 뿐</u>(luo) 아니라, 오히려 그가 그 하나님을 심지어 자신의 아버지라고 말하여, 자기 자신을 그 하나님과 <u>동등</u>(isos)으로 하였기 때문 이었다.◑

5:19 그러므로 그 <u>예수</u>께서 대답하여 그들에게 말하기를, "진실로, 진실로, 내가 너희에게 말하노니, '만약 그 아들(huios)은 그 아버지께서 무엇 <u>행하는 것</u>(poieo)을 <u>눈으로 보지</u>(blepo) 않으면, 그는 스스로 아무것도 <u>행할 수</u>(dunamai poieo) 없다, 왜냐하면(gar) 바로 그분(아버지)이 행하는 <u>이런 일들</u>을 또한 그 아들(huios)도 그와 같이 행하기 때문이다,

5:20 그 아버지가 그 아들(huios)을 사랑하여(phileo)[96], 그(아들)에게

---

94) 하마르타노(ἁμαρτάνω : 죄를 짓다). 같은 표현 ⇒ (요5:14,8:11,9:2,3), (요일1:10,2:1,3:6,8,9,5:16,18).
95) 아낭겔로(ἀναγγέλλω : 보고하여 알려주다). 같은 표현 ⇒ (막5:14), (요4:25,5:15, 16:13,14,15,25), (행14:27,15:4,16:38,19:18,20:20,27), (롬15:21), (고후7:7), (벧전1:12), (요일1:5).

자신이 행하는 <u>모든</u> 일들을 보여주고(deiknuo), 심지어 <u>이런</u> 일들
보다 더 위대한(meizon) 일하심(ergon, 복)을 <u>보여줄 것이니</u>(deiknuo),
너희가 <u>기이히 여길 것이다</u>(thaumazo)[97],

5:21 왜냐하면(gar) 마치 그 아버지가 그 <u>죽은 자</u>(nekros)들을
<u>깨워 일으키는 것</u>(egeiro) 즉 생명을 주는 것(zoopoieo)[98]과 같이,
그와 같이 또한 그 아들(huios)도 자신이 <u>원하는 자</u>(thelo)들에게
<u>생명을 주기</u>(zoopoieo, 현) 때문이다,

5:22 왜냐하면(gar) 그 아버지는 아무도 심판하지(krino) 않고, 오직
그 아들(huios)에게 그 모든 심판(krisis)을 주기(didomi, 완) 때문이다,

5:23 즉 마치 <u>모든</u> 자들이 그 아버지를 공경하는 것(timao)과 같이,
그들이 그 아들(huios)을 공경하기(timao) 위해서 이니,
곧 그 아들(huios)을 공경하지 않는 자는 그(아들)를 보낸
그 아버지도 공경하지 않는다.'고 하는 것이다,

5:24 진실로, 진실로 내가 너희에게 말하노니,
'나의 말(logos)을 듣고 나를 <u>보낸 분</u>(pemto)이 믿어지는 자는,
영원한 생명(zoe)을 소유하는 것이다(echo),
즉 심판(krisis)에 이르지(erchomai) 않는다,
오직 그는 그 (둘째) 죽음(thanatos)[99]에서(ek) 그 생명(zoe)으로
옮기는 것이다(metabaino, 완).' 하고,

5:25 진실로, 진실로 내가 너희에게 말하노니,
'그 <u>죽은 자</u>(nekros)들이 그 하나님의 아들(huios)의 음성을 들을
(akouo) 시점(hora)이 올 것이니(erchomai), 또한 지금(nun)이다,
그런즉 <u>듣는 자</u>(akouo)들은 살 것이다(zao, 래).

---

96) 필레오(φιλέω : 가치가 있어 사랑하다, 좋아하다).
같은 표현 ⇒ (요5:20,11:3,36,12:25,15:19,16:27,20:2,21:15,16,17), (계3:19,22:15).
97) 다우마조(θαυμάζω : 기이히 여기다). 같은 표현 ⇒ (요3:7,4:27,5:20,28,7:15,21),
(행2:7,3:12,4:13,7:31), (갈1:6), (살후1:10), (요일3:13), (계13:3,17:6,8).
98) 조오포이에오(ζωοποιέω : 생명을 주다, 생명으로 소생시키다, 살리다).
같은 표현 ⇒ (요5:21,6:63), (롬4:17,8:11), (고전15:22,45), (고후3:6), (엡2:5),
(골2:13), (벧전3:18).
99) ☞ 둘째 죽음. 같은 표현 ⇒ (요5:24,8:51),
(롬6:9,21,23,7:5,10,13,24,8:6), (계2:11,20:6,14,21:8).

5:26 왜냐하면(gar) 마치 그 아버지께서 자신 안에 생명(zoe)을 <u>소유한 것</u>(echo)과 같이, 그와 같이 그분(아버지)이 심지어 그 아들(huios)에게도 그 자신 안에 가질(echo) 생명(zoe)을 주었기 때문이다.

5:27 또한 그분(아버지)은 그(아들)에게 심지어 심판(krisis)할 <u>권세</u>(exousia)[100]도 주었다,
왜냐하면(hoti) 그가 인자(ho huios tou anthropou)이기 때문이다.

5:28 그때에 너희는 그 무덤(mnemeion) 속에 있는 <u>모든 자들</u>이 그(아들)의 음성(phone)을 들을 시점(hora)이 오는(erchomai) <u>이런 일</u>[101]을 <u>기이히 여기지</u>(thaumazo) 말라.

5:29 그때 그 <u>선한 일</u>(agathos)들을 <u>행한 자</u>(poieo)들은 생명(zoe)의 <u>부활</u>(anastasis)**에게로**(eis) 나올 것이고(ekporeuomai),
그러나 그 <u>악한 일</u>(phaulos)[102]들을 <u>행한 자</u>(prasso)들은 심판(krisis)의 <u>부활</u>(anastasis)**에게로**(eis) 나올 것이다(ekporeuomai).

5:30 나는 내 스스로 어떤 것도 <u>행할 수</u>(dunamai poieo) 없다.
내가 듣는(akouo) 대로, 나는 심판하고(krino),
나의 심판(krisis)은 의롭다(dikaios),
왜냐하면(hoti) 내가 나의 뜻(thelema)[103]을 찾지(zeteo) 않고,
오직 나를 보낸 아버지의 뜻(thelema)을 찾기(zeteo) 때문이다.◗

5:31 만약 내가 나 자신에 관하여 <u>증거 하면</u>(martureo),
나의 증거(marturia)는 사실이(alethes) 아니다.

5:32 나에 관하여 <u>증거 하는 것</u>(martureo)은 <u>다른 분</u>(allos)이니,
그때 나에 관하여 증거 하는 그 증거(marturia)가 <u>사실인 줄</u>(alethes)

---

100) 엑수시아(ἐξουσία : 권세, 통치력). ☞ 엑세스티(ἔξεστί : 가능하게 하다, 허용되다)의 명사. 같은 표현 ⇒ (마7:29,10:1,28:18), (막1:22,3:15,6:7), (눅4:32,36,9:1,10:19), (요1:12,5:27,10:18,17:2,19:10), (행1:7,8:19), (고전9:4), (고후10:8,13:10), (살후3:9).

101) ☞ (요5:28,29), <u>이런 일</u>(생명의 부활, 심판의 부활) ⇒ (계20:11~15), 백 보좌 마지막 심판.

102) 파울로스(φαῦλος : 악한, 비열한). 같은 표현 ⇒ (요3:20,5:29), (롬9:11), (고후5:10), (딛2:8), (약3:16).

103) 델레마(θέλημα : 하기 원함, 뜻, 의향). ☞ 델로(θέλω : 바라다, 원하다)의 명사. 같은 표현 ⇒ (마6:10,7:21,12:50,18:14,21:31,26:42), (막3:35), (눅22:42), (요1:13,4:34,5:30,6:39,7:17,9:31).

46

나는 안다(oida).

5:33 너희가 요한에게(pro) (사람을) 보내니(apostello, 완),
그(요한)가 그 진리(aletheia)[104]로서 증언 한다(martureo, 완),

5:34 그러나 나는 사람에게서(para) 증거(marturia)를 취하지(lambano)
않는다, 오직 내가 이런 것들을 말하니,
즉 너희가 구원 되도록 하기(sozo)[105] 위해서이다.

5:35 바로 그자(요한)는 불타게 되어(kaio) 빛으로 빛나는(phaino)[106]
등불(luchnos)[107]이었다, 그때 잠시 동안 너희는 그의 빛(phos)으로
인하여 크게 기뻐하기(agalliao)를 원했다.

5:36 그러나 나는 그 요한보다 더 위대한 증거(marturia)를 갖고 있다,
왜냐하면(gar) 내가 그런 일들을 온전케 하도록(teleioo)[108]
그 아버지께서 나에게 준 **행하심**(ergon, 복) 곧 내가 행하는
바로 그 **일하심**(ergon, 복)이 나에 관하여 〈그 아버지께서 나를
보낸다(apostello, 완).〉라고 증거 하기(martureo) 때문이다.

5:37 즉 나를 보낸(pempo) 아버지께서 친히 나에 관하여(peri) 증거 하는
것이다(martureo, 완), 너희는 어느 때고 그분의 음성(phone)을 듣지
(akouo, 완) 못하고, 또 그분의 형체(eidos, 가시적)[109]를 보지(horao, 완)도
못한다.

---

104) 진리(ἀλήθεια : 진리). 같은 표현 ⇒ (요1:14,17,3:21,4:23,24,5:33,8:32,40,44,45,46,
14:6,17,15:26,16:7,13,17:17,19,18:37,38), (요일1:6,8,2:4,21,3:18,19,4:6,5:7), (요이1:1,2,3),
(요삼1:3,4,8,12).
105) 소조(σῴζω : 어려운 환경에서 구원하여 원래의 상태로 회복시켜 주다,
구원하다). 같은 표현 ⇒ (요3:17,5:34,10:9,11:12,12:27,47).
106) 파이노(φαίνω : 빛나다, 등불이 빛나다, 빛으로 보이게 하다). 같은 표현 ⇒
(마1:20,2:7,13,19,6:5,16,13:26,23:27,24:27), (막14:64,16:9), (눅9:8,24:11), (요1:5,5:35),
(요일2:8), (계1:16,8:12,18:23,21:23).
107) 뤼크노스(λύχνος : 등불, 빛). 같은 표현 ⇒ (마5:15,6:22), (막4:21),
(눅8: 요5:35), (벧후1:19), (계18:23,21:23,22:5).
108) 텔레이오오(τελειόω : 온전하게 하다, 온전하게 성취하다). 같은 표현 ⇒
(요4:34,5:36,17:4,23,19:28), (요일2:5,4:12,17,18), (히2:10,5:9,7:19,28,9:9,10:1,14,
11:40,12:23).
109) 에이도스(εἶδος : 가시적 형상, 형체, 종류). 같은 표현 ⇒ (눅3:22, 9:29), (요5:37),
(고후5:7), (살전5:22).

5:38 또한 너희는 너희 안에 머무는(meno) 그분의 말(logos)을 갖고
    있지(echo)도 않다, 왜냐하면(hoti) 바로 그분(아버지)이 보낸(apostello)
    그를, 너희가 믿지 못하기 때문이다.

5:39 너희는 그 성경(graphe,복)을 <u>자세히 살핀다</u>(ereunao)[110],
    왜냐하면(hoti) 너희가 그것(성경) 안에 영원한 생명(zoe)이 있는
    줄 생각하기(dokeo) 때문이다. 그러나 나에 관하여 <u>증거 하고 있는</u>
    <u>것</u>(martureo)들이 바로 그것(성경)이다.◗

5:40 그러나 너희가 생명(zoe)을 소유하기(echo) 위해, 너희는 나에게로
    (pros) 오기를 원치 않는다.

5:41 나는 사람들에게서(para) 영광(doxa)[111]을 취하지(lambano) 않는다,

5:42 오직 나는 너희가 너희 자신 안에 그 하나님의 사랑(agape)[112]을
    갖고 있지 않음을 잘 안다(ginosko,완).

5:43 내가 나의 아버지의 이름으로 인하여(en) 오는 것이다(erchomai,완),
    그러나 너희가 나를 취하지(lambano) 않는다.
    만약 <u>다른 자</u>(allos)가 그 자신의 이름으로(en) 오면(erchomai),
    너희는 바로 그를 <u>받아들일 것이다</u>(lambano).

5:44 너희가 서로에게서(para) 영광(doxa)을 취하므로(lambano),
    너희는 어떻게 (내가) 믿어지게 할 수 있겠느냐?
    즉 너희는 그 한분 하나님 곁에(para) 있는 그 영광(doxa)을
    찾지(zeteo) 않는다,

5:45 너희는 내가 너희를 그 아버지께 <u>고소할 것</u>(kategoreo)으로
    생각하지(dokeo) 말라, 너희를 <u>고소하는 이</u>(kategoreo)는 너희가
    <u>소망을 둔</u>(elpizo) <u>모세</u>이다.

---

110) 에류나오(ἐρευνάω : 자세히 살피다, 찾다). 같은 표현 ⇒ (요5:39,7:52), (롬8:27),
    (고전2:10), (벧전1:11), (계2:23).
111) 독사(δόξα : 영광, 광채, 영화). ☞ 도케오(δοκέω : 생각하여 추정하다, 간주하다).
    같은 표현 ⇒ (요1:14,2:11,5:41,44,7:18,8:50,54,9:24,11:4,40,12:41,43,17:5,22,24).
112) 아가파오(ἀγαπάω : 사랑하다). 같은 표현 ⇒ (요3:35,5:42,8:42,10:17,11:5,13:1,23,34,
    14:15,28,31,15:9,12,17:23,21:15), (요일2:10,15,3:10,11,14,18,23,4:7,11,19,20,21,5:1,2),
    (요이1:1), (요삼1:1), (계1:5,3:9,20:9).

5:46 왜냐하면(gar) 만일 너희가 <u>모세</u>를 믿었으면(pisteuo,미), 너희는
내가 <u>믿어졌기</u>(pisteuo,미) 때문이다,
왜냐하면(gar) 바로 그(모세)가 나에 관하여 기록하였기 때문이다.

5:47 또한 비록 너희가 바로 그(모세)의 글(grmma,복)도 믿지(pisteuo)
못하는데, 어떻게 너희가 나의 말(rhema,복)113)이 믿어지겠느냐
(pisteuo)?″고 하는 것이다.◑

---

113) 레마(ρημα : 말, 말하여 지는 것). ☞ 레오(ρéω : 말하여 지다)에서 유래.
같은 표현 ⟹ (요3:34,5:47,6:63,68,8:20,47,10:21,12:47,48,14:10,15:7,17:8).

요한복음 6장

6:1 이런 일들 후에, 그 예수께서 그 갈릴리의 바다 곧 그 디베랴(바다)
건너편으로 떠나갔다(aperchomai).

6:2 그때 많은 무리(ochlos)가 그를 좇고 있었다(akoloutheo),
왜냐하면(hoti) 그들이 그 병든 자(astheneo)들에게 행한 그의 표적
(semeion, 복)114)을 보았기(horao) 때문이었다.

6:3 그러자 그 예수께서 그 산(oros)으로 올라가서(anerchomai),
그곳에 자신의 제자들과 함께 앉아 있었다(kathemai).

6:4 그때 그 유월(pascha) 곧 그 유대인들의 절기(heorte)가
가까워 있었다.

6:5 그러므로 그 예수께서 그 눈을 들어(apairo), 많은 무리(ochlos)가
자신에게로 오는 것을 눈여겨보고(theaomai), 그 빌립에게 말하기를,
"우리가 어디에서 빵(artos, 복)을 사서(agorazo), 이자들을 먹게 하겠
느냐(phago)115)?"고 하는 것이다.

6:6 그때 그(예수)는, 그(빌립)를 시험하고자(peirazo), 이것을 말하였다.
왜냐하면(gar) 그는 자신이 무엇을 장차 행하려고 하는 지
(mello poieo)를 알기(oida) 때문이다.

6:7 빌립이 그에게 대답하기를, "그들 각자가 조금씩 취하더라도
(lambano), 그들에게는 이백 데나리온(denarion)116)의 빵(artos, 복)도
충분하지(arkeo) 않습니다."라고 하니,

6:8 그의 제자 중 한 명 곧 안드레 시몬 베드로의 형제가 그에게

---

114) 세메이온(σημειον : 표적, 이적). ☞ 세마이노(σημαίνω : 나타내 알리다)의 명사.
같은 표현 ⇒ (마24:3,24,30) (막13:4,22,16:17,20), (눅2:12,21:7,11),
(요2:11,18,23,3:2,4:48,54,6:2,14,30,7:31,9:16,10:41,11:47,12:18,37,20:30).
115) 파고(φάγω : 먹다). ☞ 에스디오(εσθίω : 먹다)의 다른 형태). 같은 표현 ⇒
(마6:25,12:4,13:4), (막2:26,3:20), (눅4:2,7:36), (요4:31,6:5), (행9:9), (롬14:2),
(고전8:8), (살후3:8), (히13:10), (약5:3), (계2:7).
116) 데나리온(δηναριον : 로마의 은전).

말하기를,

6:9 "여기에 한 소년(paidarion)이 있어, 그에게 다섯 개의 보리빵과 두 마리의 식용 물고기가 있습니다. 그러나 이것들이 <u>그렇게 많은 자들</u>에게 얼마나 되겠습니까?"라고 하니,

6:10 그러자 그 예수께서 말하기를,
"너희는 그 사람(anthropos)들을 <u>비스듬히 기대어 앉게 하라</u> (anapipto)."고 하는 것이다,
그때 그 장소에는 많은 잔디(chortos, 풀)가 있어,
그러므로 그 사람(aner)들이 <u>비스듬히 기대어 앉았으니</u>(anapipto),
곧 그 수효가 대략 오천 명쯤이었다.

6:11 그때 그 예수께서 그 빵(artos, 복)을 취하여(lambano), 감사한 (eucharisteo) 후, 그 제자들에게 <u>나눠 주었다</u>(diadidomi, 과),
그러면 그 제자들이 <u>비스듬히 기대어 앉은 자</u>(anapipto)들에게 (나눠 주었다),
또 그들은 심지어 <u>식용 물고기</u>(opsarion, 복)로도 원하였던 만큼 그와 같았다(나눠 주었다).

6:12 그러자 그들이 <u>만족케 된</u>(empiplemi) 후에,
그(예수)가 자신의 제자들에게 말하기를,
"너희는 그 남은(periseuo, 넘친) 조각들을 모아(sunago),
<u>어떤 것도 버려지지</u>(apollumi) 않게 하라."고 하는 것이다.

6:13 그러므로 그들은 (조각들을) 모아(sunago), 다섯 개의 보리빵으로(ek) 먹이고(bibrosko) 넘친(periseuo) 조각들로 <u>열두 바구니를 가득 채웠다</u> (gemizo).

6:14 그러므로 그 사람들이 그 예수께서 행한 표적(semeion, 복)을 보고 말하기를, "이이가 진실로 그 세상(kosmos)으로 오실 그 예언자 (prophetes)이다."라고 하였다,

6:15 그러므로 <u>예수</u>는 그들이 자신을 왕으로 삼기 위해, 장차 와서 <u>막 잡아채려는 것</u>(mello harpazo117))을 <u>잘 알고</u>(ginosko), 다시 혼자

---

117) 하르파조(ἁρπάζω : 빼앗다, 잡아채다). 같은 표현 ⇒ (요6:15,10:12), (고후12:2), (살전4:17), (유1:23), (계12:5).

51

그 산(oros)으로 물러갔다(anachoreo). ☽

6:16 그리고 저녁이 되었을 때,
그의 제자들은 그 바다에(epi) 내려가서(katabaino),

6:17 그 배로 올라, 그 바다 건너편 카퍼나움으로 가고 있었다(erchomai).
그러자 이미 날이 어두워 졌으나, 그 예수는 그들에게로 가지
(erchomai) 않았다.

6:18 그때 큰 바람(anemos)이 불어(pneu), 그 파도(thalassa)가 일어났다
(diegeiro).

6:19 그러므로 그들이 25 혹은 30 스타디온(stadion)¹¹⁸⁾ 쯤 노를
저어 갔을 때, 그들은 그 예수께서 그 바다 위로 걸어(peripateo)
그 배에 가까이 오는 것(ginomai)을 눈여겨보고(theoreo), 두려워하였다
(phobeo).

6:20 그때 그가 그들에게 말하기를,
"내가 그니(ego eimi), 두려워하지(phobeo) 말라."고 하는 것이다.

6:21 그러므로 그들이 그 배(ploion)로 그를 기꺼이 받아들였다(thelo
lambano), 그러자 즉시 그 배(ploion)가 그들이 가고 있었던(hupago)
그 땅(ge)에 이르렀다(ginomai). ☽

6:22 그 다음날, 그 바다 건너편에 서 있는 그 무리(ochlos)는,
그의 제자들이 올라탄 배 한 척 외에 다른 배(ploiarion)가 그곳에
없었던 것과, 그 예수께서 자신의 제자들과 함께 그 배에 오르지
않았고, 오로지 그의 제자들만 바로 그곳으로 떠나간 것
(aperchomai)을 보았다(horao),

6:23 그때 다른 배(ploiarion)들이, 그 주님께서 감사한(eucharisteo) 후
그들이 그 빵을 먹던 그 장소(topos) 가까이 디베랴에 갔다
(erchomai).

6:24 그러므로 마침 그곳에 그 무리(ochlos)가 예수도 없고 그의 제자
들도 없음을 보자(horao), 그들은 그 배(ploiarion)들에 올라(embaino)
그 예수를 찾으러(zeteo) 카퍼나움으로 갔다(erchomai).

---

118) 스타디온(σταδιον : 길이의 단위, 600 피이트).

6:25 그러자 그들이 그 바다 건너편에서 그를 발견하고(heurisko), 그에게 말하기를,
"랍비(rhabbi)여, 당신은 언제 이곳에 오셨습니까(ginomai)?"라고 하니,

6:26 그 예수께서 그들에게 대답하여 말하기를,
"진실로, 진실로 내가 너희에게 말하니,
'너희가 나를 찾는 것(zeteo)은 표적(semeion, 복)을 보아서가 아니라,
오직 그 빵을 먹고 배불렀기(chortazo) 때문이다.

6:27 너희는 썩어지는(apollumi) 그 먹을 것(brosis, 먹는 행위)[119]을 위해 일하게 되지(ergazomai) 말고,
오직 영원한 생명(zoe)에게로(eis) 머무는 그 먹을 것(brosis, 먹는 행위) 을 위해 일하게 되어라(ergazomai),
즉 그 인자(ho huios tou anthropou)가 너희에게 그것을 줄 것이다 (didomi), 왜냐하면(gar) 그 하나님 아버지가 그(인자)를 영으로 인을 쳤기(sphragizo)[120] 때문이다.'"라고 하는 것이다,

6:28 그러므로 그들이 그에게 말하기를,
"그 하나님의 일(ergon, 복)을 하게 되려면(ergazomai),
우리가 어떻게 할까요?" 하니,

6:29 그 예수께서 대답하여 그들에게 말하기를,
"이것이 그 하나님의 일(ergon)이니,
즉 너희는 바로 그분(하나님)이 보낸 자(apostello)를 믿어지게 하는 것(pisteuo)이 그 하나님의 일(ergon)이다."고 하는 것이다.

6:30 그러므로 그들이 그에게 말하기를,
"그렇다면 우리가 보고(horao) 당신을 믿어지게 하기 위해,
당신은 무슨 표적(semeion)[121]을 행할 것입니까(poieo)?
당신이 무엇으로 일하게 할 것입니까(ergazomai)?

---

119) 브로시스(βρωσισ : 먹는 것, 먹는 행위, 음식).
    같은 표현 ⇒ (요4:32,6:27,55), (롬14:17), (고전8:4), (고후9:10), (골2:16).
120) 스프라기조(σφραγίζω : 인으로 새기다, 봉인하다). 같은 표현 ⇒ (마27:66),
    (요3:33,6:27), (롬15:28), (고후1:22), (엡1:13,4:30), (계5:1,7:3,10:4,20:3,22:10).
121) 세메이온(σημειον : 표적, 이적). ☞ 세마이노(σημαίνω : 나타내 알리다)의 명사.
    같은 표현 ⇒ (마24:3,24,30) (막13:4,22,16:17,20), (눅2:12,21:7,11),
    (요2:11,18,23,3:2,4:48,54,6:2,14,30,7:31,9:16,10:41,11:47,12:18,37,20:30).

6:31 '그 하늘(ouranos)로부터(ek) 그가 빵(artos)을 주어 그들이 먹었다.'122)
고 기록되어 있는 것과 같이, 우리의 조상들은 그 광야에서
그 만나를 먹었습니다(phago)."라고 하니,

6:32 그러므로 예수께서 그들에게 말하기를,
"진실로, 진실로 내가 너희에게 말하니, '그 하늘(ouranos)로부터(ek)
모세가 너희에게 그 빵(artos)을 주는 것(didomi,완)이 아니라,
오직 그 하늘(ouranos)로부터(ek) 나의 아버지가 너희에게
그 실제로 존재하는(alethinos)123) 빵(artos)을 주는 것이다(didomi,현),

6:33 왜냐하면(gar) 그것(빵)은 그 하늘(ouranos)로부터(ek) 내려와(katabaino),
그 세상(kosmos)에 생명(zoe)을 주는(didomi) 그 하나님의 빵(artos)이기
때문이다.' "고 하는 것이다.◗

6:34 그러므로 그들이 그에게 말하기를,
"주(kurios)여, 당신은 우리에게 항상 바로 그 빵(artos)을 주십시오"
라고 하니,

6:35 그러자 그 예수께서 그들에게 말하기를,
"내가 그 생명의 빵(artos)이다,
나를 향해(pros) 오는 자(erchomai)는 결코 굶주리지(peinao)
않을 것이다,
즉(kai) 내가(eis) 믿어지는 자(pisteuo)는 항상 목마르지(dipsao)124)
않을 것이다.

6:36 또한 내가 너희에게 말하니,
'심지어 너희는 나를 보고도(horao), 또한 믿지(pisteuo) 못한다,

6:37 (그러나) 그 아버지께서 나에게 주는 모든 자는 나를 향해(pros)
올 것이고(heko)125), 나를 향해(pros) 오는 자(erchomai)는 내가

---

122) ☞ (시78:24), (느9:15).
123) 알레디노스(ἀληθινός : 진짜의, 실제로 존재하는).
같은 표현 ⇒ (요1:9,4:23,37,6:32, 7:28,8:16,15:1,17:3,19:35), (요일2:8,5:20),
(계3:7,14,6:10,15:3,16:7,19:2,9,11,21:5,22:6).
124) 딥사오(διψάω : 목마르다). 같은 표현 ⇒ (요4:13,14,6:35,7:37,19:28),
(계7:16,21:6,22:17).
125) 헤코(ἥκω : 오다). 같은 표현 ⇒ (요2:4,4:47,6:37,8:42), (요일5:20),
(계2:25,3:3,9,15:4,18:8).

결단코 밖으로 내쫓지(ekballo) 않을 것이다,

6:38 왜냐하면(hoti) 내가 그 하늘(ouranos)로부터(ek) 내려오기(katabaino, 완) 때문이다, 즉 내가 나의 뜻(thelema)126)을 행하기 위해서가 아니라, 나를 보낸 분(pempo)의 뜻(thelema)을 (행하기) 위해서이다,

6:39 이제 이것이 나를 <u>보낸 분</u>(pempo) 아버지의 뜻(thelema)이니, 즉 나에게 주는 <u>모든 자</u>(pas), 그 자를(ek) 내가 멸망케 하지(apollumi) 않고, 그 마지막(eschatos) 날에(hemera) 그 자를 <u>다시 일으키기</u> (anistemi) 위해서이다,

6:40 (다시 말해), 이것이 나를 <u>보낸 분</u>(pempo)의 뜻(thelema)이니, 즉 누구든지 그 아들을 눈여겨보고(theoreo) 그가(eis) 믿어지는 자 (pisteuo)는 영원한 <u>생명</u>(zoe)을 소유하는 것이니(echo, 현), 그러면, 그 마지막(eschatos) 날에 그를 내가 <u>다시 일으킬 것이다</u> (anistemi, 래).' "고 하는 것이다.◗

6:41 그러므로 그 <u>유대인들</u>이 그(예수)에 관하여 <u>수군거리고 있었다</u> (gonggizo), 왜냐하면(hoti) 그가 '자신이 그 하늘(ouranos)에서(ek) 내려온(katabaino, 과) 그 빵(artos)이다.'라고 말하기 때문이었다,

6:42 그때 그들이 말하기를, "이자는 우리가 그의 부모를 아는(oida) <u>예수</u> 요셉의 아들이 아니냐? 그러므로 어떻게 그는 자신이 그 하늘(ouranos)로부터(ek) 내려왔다(katabaino, 완)고 말하느냐?"고 하였다,

6:43 그러므로 그 예수께서 대답하여 그들에게 말하기를, "너희는 서로 수군거리지(gonggizo) 말라.

6:44 나를 보낸 그 아버지께서 그를 <u>끌어당기지</u>(helkuo)127) 않으면, 아무도 나를 향해(pros) 올 수(dunamai erchomai)가 없다, 그런즉 그 마지막(eschatos) 날에(hemera) (나를 향해 오는) 그를 내가 <u>다시 일으킬 것이다</u>(anistemi, 래).

---

126) 델레마(θελημα : 하기 원함, 뜻, 의향). ☞ 델로(θελω : 바라다, 원하다)의 명사. 같은 표현 ⇒ (마6:10,7:21,12:50,18:14,21:31,26:42), (막3:35), (눅22:42), (요1:13,4:34,5:30,6:39,7:17,9:31).

127) 헬퀴오(ελκυω : 끌어당기다). 같은 표현 ⇒ (요6:44,12:32,18:10,21:6,11), (행16:19,21:30), (약2:6).

6:45 그 예언자들(의 글)에 기록되어 있기를,
　　　'모든 자들이 그 하나님이 가르치는 것(didatos)을
　　　받게 될 것이다.'128)고 하였으니,
　　　그러므로 그 아버지 곁에서(para, 함께) 듣고 철저히 배운(manthano)
　　　모든 자는 나를 향해(pros) 올 것이다(erchomai),

6:46 왜냐하면(hoti) 그 하나님 곁에(para, 함께) 있은 자, 그가 그 아버지를
　　　보는 것이고(horao), 그자 외에 아무도 그 아버지를 보지(horao) 못하
　　　기 때문이다.

6:47 진실로, 진실로 내가 너희에게 말하니,
　　　'내가(eis) 믿어지는 자(pisteuo)는 영원한 생명(zoe)을 소유하는
　　　것이다(echo, 현),

6:48 내가 그 생명(zoe)의 빵(artos)이다.

6:49 너희의 조상들은 그 광야에서 그 만나를 먹었지만(phago), 죽었다
　　　(apothnesko).

6:50 이것은 그 하늘(ouranos)로부터(ek) 내려오는(katabaino, 현) 그 빵(artos)
　　　이니, 즉 그것을(ek) 먹는 자(phago)는 누구도 죽지(apothnesko) 않기
　　　위해서이다.

6:51 내가 그 하늘(ouranos)에서(ek) 내려온(katabaino, 과), 살아 있는
　　　그 빵(artos)이다, 만약 누구든지 바로 이 빵(artos)을(ek) 먹으면
　　　(phago), 그는 영원히 살 것이다(zao, 래),
　　　(다시 말해), 내가 줄 그 빵(artos)은 나의 살(sarx, 육신)이니,
　　　즉 그것(살)을 내가 그 세상(kosmos)의 생명(zoe)을 위해(huper)
　　　줄 것이다.' "고 하는 것이다.◗

6:52 그러므로 그 유대인들이 서로에게 다투며(machomai), 말하기를,
　　　"어떻게 이자가 우리에게 그 살(sarx, 육신)을 주어서 먹게 할 수
　　　있느냐(dunamai phago)?"고 하니,

6:53 그때 그 예수께서 그들에게 말하기를,
　　　"진실로, 진실로 내가 너희에게 말하니,

---

128) ☞ (사54:13).

‘만약 너희가 그 인자의 살(sarx)을 먹지(phago) 않고,
즉 그의 피흘림(haima)을 마시지(pino) 않으면,
너희는 너희 자신 안에 생명(zoe)을 소유하지(echo) 못한다.

6:54 나의 살(sarx)을 깨물어 먹는 자(trogo)129) 즉 나의 피흘림(haima)을
마시는 자(pino)가 영원한 생명(zoe)을 소유하는 것이다(echo),
그러면, 그 마지막(eschatos) 날(hemera)에
내가 그를 다시 일으킬 것이다(anistemi,래),

6:55 왜냐하면(gar) 나의 살(sarx)은 실제로(alethes) 먹을 것(brosis,먹는
행위)130), 즉 나의 피흘림(haima)은 실제로(alethes) 마실 것(posis,
마시는 행위)이기 때문이다,

6:56 나의 살(sarx)을 깨물어 먹는 자(trogo) 즉 나의 피흘림(haima)을
마시는 자(pino)가, 내 안에 머물고(meno), 또한 나도 그 사람 안에
머문다(meno),

6:57 마치 그 살아 계신 아버지께서 나를 보내어, 그 아버지로 인하여
내가 사는 것(zao)과 같이, 또한 나를 깨물어 먹는 자(trogo)
바로 그 사람도 나로 인하여 살 것이다(zao,래).

6:58 이것은 그 하늘(ouranos)로부터(ek) 내려온(katabaino,과) 그 빵(artos)
이니, 너희 조상들은 그 만나를 먹었지만(phago), 죽은 것(apothnesko)
과 같지 않다. 바로 이 빵(artos)을 깨물어 먹는 자(trogo)는 영원히
살 것이다(zao,래).’ ”고 하는 것이다,

6:59 그(예수)가, 카퍼나움에서 가르칠 때, 회당(sunagoge)에서 이런 것들
을 말하였다.◖

6:60 그러므로 그의 제자들 중 많은 자들이 듣고 말하기를,
“바로 이 말(logos)은 어렵도다(skleros,굳은; 딱딱한),
누가 이런 것을 들을 수 있겠느냐(dunamai akouo)?”고 하니,

6:61 그러자 그 예수께서, 자신의 제자들이 이런 것에 관하여

---

129) 트로고(τρώγω : 바싹 바싹 깨물어 먹다).
　　같은 표현 ⇒ (마24:38), (요6:54,56,57,58,13:18).
130) 브로시스(βρωσισ : 먹는 것, 먹는 행위, 음식).
　　같은 표현 ⇒ (요4:32,6:27,55), (롬14:17), (고전8:4), (고후9:10), (골2:16).

수군거리는 것(gonggizo)을 속으로 아시고(oida), 그들에게 말하기를, "이것이 너희를 걸려 넘어지게 하느냐(skandalizo)131)?

6:62 그렇다면, 만약 너희는 그 인자(ho huios tou anthropou)가 그 이전에 (protenon) 있었던 곳으로 올라가는 것(anabaino)을 눈여겨보면(theoreo), (너희는 어떻게 하겠느냐?)

6:63 그 영(pneuma)이 생명을 소생시키는 것이다(zoopoieo)132), 그 육신(sarx)은 아무것에도 유익하지(opheileo) 못하다, 내가 너희에게 하는(laleo) 그 말(rhema, 복)133)은 영(pneuma)이요, 즉 생명(zoe)이다.

6:64 그러나 너희 중에 믿지 못하는 어떤 자들이 있다."고 하는 것이다, 왜냐하면(gar) 처음(arche)134)부터 그 예수께서 누가 믿지(pisteuo) 못하는 자들이고, 누가 자신을 넘겨줄 자(paradidomi)인 줄을 알기 (oida) 때문이다.

6:65 또한 그(예수)가 말하기를(ereo), "이런 일로 인하여 내가 너희에게 말하니, '만약 그것이 나의 아버지로부터(ek) 그에게 주어지는 것(didomi, 완) 이 아니면, 아무도 나를 향해(pros) 올 수(dunamai erchomai) 없다.'" 라고 하는 것이다,

6:66 그때로부터 그의 제자들 중 많은 자들이 그 뒤(opiso)로 떠나가고 (aperchomai), 더 이상 그와 함께 걸어 다니지(peripateo, 살아가다) 않았다.

6:67 그러므로 그 예수께서 그 열두 명(제자들)에게도 말하기를,

---

131) 스칸달리조(σκανδαλίζω : 걸림돌에 걸려 넘어지다).
   같은 표현 ⇒ (마5:29,30,11:6,13:21,57,15:12,17:27,18:6,8,9,24:10,26:31,33),
   (막4:17,6:3,9:42,45,47,14:27,29), (눅7:23,17:2), (요6:61,16:1), (고전8:13), (고후11:29).
132) 조오포이에오(ζωοποιέω : 생명을 주다, 생명으로 소생시키다, 살리다).
   같은 표현 ⇒ (요5:21,6:63), (롬4:17,8:11), (고전15:22,45), (고후3:6), (엡2:5),
   (골2:13), (벧전3:18).
133) 레마(ρῆμα : 말, 말하여 지는 것). ☞ 레오(ῥέω : 말하여 지다)에서 유래.
   같은 표현 ⇒ (요3:34,5:47,6:63,68,8:20,47,10:21,12:47,48,14:10,15:7,17:8).
134) 아르케(ἀρχή : 처음, 시작, 통치). 같은 표현 ⇒ (마19:4,8), (눅1:2,20:20),
   (막1:1,10:6,13:8,19), (요1:1,6:64,8:44,15:27,16:4).

"심지어 너희도 떠나가려고 하느냐(thelo hupago)?"라고 하니,

6:68 그러므로 시몬 베드로가 대답하기를,
"주(kurios)여, 우리가 누구에게로(pros) 가겠습니까(aperchomai)?
당신은 영원한 생명(zoe)의 말(rhema, 복)을 갖고 있고(echo),

6:69 또 우리는 '당신이 그 그리스도 곧 그 살아계신 하나님의 아들
이다.'라는 것이 **믿어지어**(pisteuo, 완), 깨달아 압니다(ginosko, 완)."라고
하니,

6:70 그 예수께서 그들에게 대답하기를,
"내가 너희 그 열두 명을 택하지(eklegomai) 않았느냐?
그러나 너희 중에 한명은 마귀(diabolos)[135]이다."고 하는 것이다,

6:71 그때 그는 그 유다 이스카리옷인 시몬의 아들을 말하고 있었다,
왜냐하면(gar) 그 열두 명 중의 하나가 그(예수)를
장차 넘겨주려 하였기(mello paradidomi) 때문이다.◗

---

135) 디아볼로스(διάβολος : 마귀, 비방자). ☞ 디아발로(διαβάλλω : 고소하다).
같은 표현 ⇒ (마4:1,5,8,11,13:39,25:41), (눅4:2,3,13,8:12), (요6:70,8:44,13:2),
(행10:38,13:10), (요일3:8,10), (계2:10,12:9,12,20:2,10).

요한복음 7장

7:1 그리고 이런 일들 후에,
   그 예수께서 갈릴리에서 걸어 다니고 있었다(peripateo),
   왜냐하면(gar) 그는 그 유대에서 걸어 다니고 싶지(thelo peripateo)
   않았기 때문이었다,
   왜냐하면(hoti) 그 유대인들이 자신을 죽이려 찾고 있었기(zeteo)
   때문이었다.

7:2 그때 그 유대인들의 절기(heorte) 곧 초막절(skenopegia)136)이 가까이
   오고 있었다,

7:3 그러므로 그의 형제들이 그에게(pros) 말하기를,
   "당신은 이곳에서 떠나(metabaino), 그 유대로 가라(hupago),
   즉 심지어 당신의 제자들도 당신이 행하는 그 행함(ergon,복)을
   눈여겨보기(theoreo) 위해서이다.

7:4 왜냐하면(gar) 아무도 숨어(kruptos) 행하며(poieo), 자신이 밝히 드러내
   지기(parrhesia)137)를 바라지(zeteo) 않기 때문이다,
   만일 당신이 이런 일들을 행하려면(poieo),
   당신은 그 세상(kosmos)에 자기 자신을 빛으로 밝히 나타내 보여
   주어라(phaneroo)138)."고 하였다.

7:5 왜냐하면(gar) 심지어 그의 형제들도 그를 믿지 못하고 있었기
   때문이다.

7:6 그러므로 그 예수께서 그들(형제)에게 말하기를,
   "나의 정해진 때(kairos)는 아직 가까이 이르지(pareimi) 않았다,
   그러나 너희들의 정해진 때(kairos)는 항상 준비되어(hetoimos) 있다.

---

136) 스케노페기아(σκηνοπηγία : 장막을 세우는 것, 초막절). ☞ 이곳에 한번 쓰임.
137) 파르흐레시아(παρρησία : 밝히 드러냄, 담대함, 확신).
   같은 표현 ⇒ (요7:4,13,26,10:24,11:14,54,16:25,29,18:20), (요일2:28,3:21,4:17,5:14).
138) 파네로오(φανερόω : 빛으로 밝게 나타내 보여주다, 계시하다).
   ☞ 파네로스(φανερός : 잘 보이는, 명백한). 같은 표현 ⇒
   (요1:31,2:11,3:21,7:4,9:3,17:6,21:1,14), (요일1:2,2:19,28,3:2,5,8,4:9), (계3:18,15:4).

7:7 그 세상(kosmos)은 너희를 <u>미워할 수</u>(dunamai miseo) 없다,
　　오직 (세상은) 나를 미워한다(miseo),
　　왜냐하면(hoti) 내가 그것(세상)에 관하여 '그것(세상)의 행함(ergon, 복)이
　　악하다(poneros).'고 증거 하기(martureo) 때문이다.

7:8 너희(형제들)는 바로 이 절기(heorte)에 올라가라(anabaino).
　　바로 이 절기(heorte)에 나는 아직 올라가지(anabaino) 않을 것이다,
　　왜냐하면(hoti) 나의 <u>정해진 때</u>(kairos)가 아직 채워지지(pleroo, 완, 수)
　　않기 때문이다."고 하는 것이다.

7:9 그때 그(예수)는 그들에게 이런 것들을 말하고, 그 갈릴리에
　　머물렀다(meno).

7:10 그러자 마침 그의 형제들이 그 절기(heorte)에 올라간(anabaino) 후,
　　그때에(tote)야 또한 그도 그 절기(heorte)에 올라갔다(anabaino),
　　<u>드러나 보이지</u>(phaneros) 않게, 오직 숨어서(kruptos) (올라갔다).◗

7:11 그러므로 절기(heorte)의 때에(en) 그 유대인들이 그를 찾으며(zeteo),
　　말하기를, "바로 그가 어디 있느냐?"고 하였다.

7:12 그러자 그 무리(ochlos)들 중에서 많은 수군거림이 그(예수)에
　　관하여, <u>어떤 자</u>들은 실로 말하기를,
　　"그는 <u>선한 자</u>(agathos)이다."라 하고,
　　또한 <u>어떤 자</u>(allos)들은 말하기를,
　　"아니다, 오히려 그는 그 무리(ochlos)를 미혹한다(planao)[139]."라고
　　하였다.

7:13 그럼에도 불구하고, 그 유대인들의 두려움(phobos)으로 말미암아,
　　아무도 그(예수)에 관하여 <u>밝히 드러냄</u>(parrhesia)으로 말하지(laleo)
　　못했다.

7:14 그때 이미 그 절기(heorte)의 중간쯤 일 때,
　　<u>예수</u>께서 그 성전(hieron)으로 올라가(anabaino), 가르치고 있었다

---

139) 플라나오(πλανάω : 미혹하다, 죄를 지어 길을 잃게 하다). 같은 표현 ⇒
　　(마18:12,22:29,24:4,11,24), (막12:24,13:5), (요7:12), (고전6:9,15:33), (갈6:7), (딛3:3),
　　(히3:10,5:2,11:38), (약1:16), (벧전2:25), (벧후2:15), (요일2:26,3:7),
　　(계2:20,12:9,13:14,19:20,20:3,8,10).

(didasko),

7:15 그러자 그 유대인들이 기이히 여기며(thaumazo)140), 말하기를,
"이자(예수)는 글(gramma, 복)을 철저히 배운 적이(manthano) 없는데도,
어떻게 글을 아느냐(oida)?"라고 하니,

7:16 그 예수께서 그들에게 대답하여 말하기를,
"나의 가르침(didache)은 나의 것이 아니라,
나를 보낸 분(pempo)의 것이다,

7:17 만약 누구든지 그분의 뜻(thelema)141) 행하기를 원하면(thelo poieo),
그는 그 가르침(didache)142)에 관하여, 그것이 그 하나님으로부터(ek)
나오는 것인지 혹은 내가 내 자신으로부터(apo) 말하는 것(laleo)인
지를 깨달아 알 것이다(ginosko).

7:18 자기 자신으로부터 말하는 자(laleo)는 그 자신의 영광(doxa)143)을
찾는다(zeteo), 그러나 자신을 보낸 분(pempo)의 영광(doxa)을 찾는 자
(zeteo) 바로 그는 사실이고(alethes), 또 그자에게 불의(adikia)144)가
없다.

7:19 모세가 너희에게 그 율법(nomos)을 준 적이 있지 않느냐?
그러나 너희 중에(ek) 아무도 그 율법(nomos)을 행하지 않는다.
너희는 어찌하여 나를 죽이려 하느냐(zeteo apokteino)?"고 하니,

7:20 그 무리가 대답하여 말하기를,

---

140) 다우마조(θαυμάζω : 기이히 여기다). 같은 표현 ⇒ (요3:7,4:27,5:20,28,7:15,21),
(행2:7,3:12,4:13,7:31), (갈1:6), (살후1:10), (요일3:13), (계13:3,17:6,8).
141) 델레마(θέλημα : 하기 원함, 뜻, 의향). ☞ 델로(θέλω : 바라다, 원하다)의 명사.
같은 표현 ⇒ (마6:10,7:21,12:50,18:14,21:31,26:42), (막3:35), (눅22:42),
(요1:13,4:34,5:30,6:39,7:17,9:31).
142) 디다케(διδαχή : 가르침). 같은 표현 ⇒ (마7:28,16:12), (막1:22,27,11:18,12:38),
(요7:17), (행2:42,5:28,13:12,17:19), (롬6:17,16:17), (고전14:6,26), (딤후4:2), (딛1:9),
(히6:2,13:9), (요이1:9), (계2:
143) 독사(δόξα : 영광, 광채, 영화). ☞ 도케오(δοκέω : 생각하여 추정하다, 간주하다).
같은 표현 ⇒ (요1:14,2:11,5:41,44,7:18,8:50,54,9:24,11:4,40,12:41,43,17:5,22,24).
144) 아디키아(ἀδικία : 불의, 부정한 행위). ☞ 아디케오(ἀδικέω : 잘못 행하다,
부당하게 행하다, 해를 입히다). 같은 표현 ⇒ (눅13:27,16:8,9,18:6), (요7:18),
(행1:18,8:23), (롬1:18,29,2:8,3:5,6:13,9:14), (고전13:6), (고후12:13), (살후2:10,12),
(딤후2:19), (히8:12), (약3:6), (벧후2:13,15), (요일1:9,5:17).

"당신은 귀신(daimonion)145)이 들렸다(echo).
누가 당신을 죽이려 하느냐(zeteo apokteino)?"고 하였다,

7:21 그 예수께서 대답하여 그들에게 말하기를,
"내가 한 가지 일하심(ergon)을 행하였더니,
너희 모두가 기이히 여긴다(thaumazo).

7:22 이런 일(안식준수)에도 불구하고, 모세가 너희에게 할례(peritome)를
준 적이 있지 않느냐? 왜냐하면(hoti) 그것(할례)이 그 모세로부터
(ek) 오지 않고, 그 조상들로부터(ek) 왔기 때문이다,
이제 안식준수(sabbaton)에도 너희는 사람에게 할례를 준다
(peritemno).

7:23 사람이 모세의 율법을 범하지(luo,풀어 놓이다) 않으려고,
비록 안식준수(sabbaton)에도 할례(peritome)를 받거든(lambano),
안식준수(sabbaton)에 내가 한 사람을 온전히 건강하게(hugies)
행하였다고 해서, 너희가 나에게 노여워하느냐(cholao)?

7:24 너희는 외모(opsis,얼굴)에 따라(kata) 판단하지(krino) 말라,
오직 너희는 그 의로운(dikaios) 판단(krisis)에 따라 판단하라(krino)."
고 하는 것이다.◑

7:25 그러므로 그 예루살렘 사람들 중 어떤 자들이 말하기를(lego),
"이자는 그들이 죽이려고 하는 자(zeteo apokteino)가 아니냐?

7:26 그때 보라! 그가 밝히 드러냄(parrhesia)으로 말한다(laleo),
그러나 그들이 그에게 어떤 것도 말하지(lego) 않는다.
혹 그 지도자(archon)들이 실제로(alethos) 이자가 그 그리스도
(Christos)인 줄을 깨달아 알았나(ginosko)?

7:27 그러나 우리는 그가 어디에서 오는지를 안다(oida),
그때 그 그리스도(Christos)는, 마침 그가 올 때, 아무도
그(그 그리스도)가 어디에서 오는지 잘 알지(ginosko) 못한다."라고
하였다,

---

145) 다이모니온(δαιμόνιον : 귀신). ☞ 다이몬(δαίμων : 귀신)의 형용사, 지소사.
같은 표현 ⇒ (마7:22,9:33,34,10:8,11:18,12:24,27,28,17:18),
(요7:20,8:48,49,52,10:20,21).

7:28 그러므로 그 예수께서 그 성전(hieron)에서 소리 질러(krazo)
　　 가르치며, 말하기를,
　　 "너희는 '나를 안다(oida), 즉 내가 어디에서 오는 줄 안다(oida).'고
　　 하나, 나는 나 스스로로부터(apo) 오는 것(erchomai,완)이 아니다,
　　 오직 나를 보낸 분(pempo)이 실제로 계신다(alethinos)146),
　　 또한 너희는 그분을 알지(oida) 못한다.

7:29 그러나 나는 그분을 안다(oida),
　　 왜냐하면(hoti) 내가 그분 곁에(para) 있고(eimi),
　　 또 바로 그분이 나를 보냈기(apostello) 때문이다."고 하는 것이다.◖

7:30 그러므로 그들이 그를 붙잡으려고 하였으나(zeteo piazo),
　　 그러나 아무도 그에게 그 손을 대지(epiballo) 못하였다,
　　 왜냐하면(hoti) 그의 때(hora)가 아직 오지(erchomai) 않았기
　　 때문이었다.

7:31 그때 그 무리(ochlos) 중에 많은 자들이 그가(eis) 믿어지게 되어
　　 (pisteuo), 말하기를,
　　 "마침 그 그리스도(Christos)께서 올 때라도, 그는 이자가 행한
　　 이런 일들 보다 더 많은 표적(semeion,복)147)을 행하겠느냐(poieo)?"
　　 라고 하였다.

7:32 그 바리새인들이 무리(ochlos)가 그에 관하여 이런 일들로
　　 수군거리는 것을 듣자, 그 바리새인들과 대제사장들은
　　 하속인(huperetes)들을 보내어, 그(예수)를 붙잡게 했다(piazo).

7:33 그러므로 그 예수께서 그들에게 말하기를,
　　 "아직 잠시(mikron chronos) 동안, 나는 너희와 함께(meta) 있다가,
　　 나를 보낸 분(pempo)을 향해(pros) 떠나갈 것이다(hupago).

7:34 너희는 나를 찾을 것이나(zeteo), 나를 발견하지(heurisko) 못할

---

146) 알레디노스(ἀληθινός : 진짜의, 실제로 존재하는).
　　 같은 표현 ⇒ (요1:9,4:23,37,6:32,7:28,8:16,15:1,17:3,19:35), (요일2:8,5:20),
　　 (계3:7,14,6:10,15:3,16:7,19:2,9,11,21:5,22:6).
147) 세메이온(σημεῖον : 표적, 이적). ☞ 세마이노(σημαίνω : 나타내 알리다)의 명사.
　　 같은 표현 ⇒ (마24:3,24,30) (막13:4,22,16:17,20), (눅2:12,21:7,11),
　　 (요2:11,18,23,3:2,4:48,54,6:2,14,30,7:31,9:16,10:41,11:47,12:18,37,20:30).

것이다, 그때 내가 있는 곳에, 너희는 올 수(dunamai erchomai)가 없다."라고 하는 것이다.

7:35 그러므로 그 유대인들이 서로에게(pros) 말하기를,
"우리가 그를 발견하지(heurisko) 못한다고 하니,
이자는 어디로 장차 가려고 하는가(mello poreuomai)?
그는 그 헬라인들 중 디아스포라(diaspora)[148]들에게로 가서
(poreuomai), 그 헬라인들을 장차 가르치려고 하는 것(mello didasko)
이 아니냐?

7:36 '너희가 나를 찾아도 발견하지 못할 것이고, 또 내가 있는 곳에,
너희는 올 수 없다.'라고 그가 말한 바로 이 말(logos)은 무슨 뜻
이지?"라고 하였다.◑

7:37 그리고 그 절기(heorte)의 마지막 큰 날(hemera)에,
그 예수께서 서서, 소리 질러(krazo), 말하기를,
"만약 누구든지 (영으로) 목마르면(dipsao)[149],
그는 나를 향해(pros) 와서(erchomai), 마셔라(pino).

7:38 내가(eis) 믿어지는 자는, 마치 그 성경(graphe)이 말한 것과 같이[150],
살게 하는 물(생명수)(hudor zao)의 **강**(potamos, 복)[151]이 그의 배(koilia)
로부터(ek) 흐를 것이다(hreo)[152]."라고 하는 것이다,

7:39 그때 이런 것을 그(예수)가 말하였으니, 곧 그가(eis) 믿어지는 자들
이 장차 받으려 하는(mello lambano) 영(pneuma)에 관해서 이었다,
왜냐하면(gar) **성령**(pneuma hagios)[153]이 아직 있지 않았기 때문

---

148) 디아스포라(διασπορά : 흩어져 사는 유대인들),
    같은 표현 ⇒ (요7:35), (약1:1), (벧전1:1).
149) 딥사오(διψάω : 목마르다). 같은 표현 ⇒ (요4:13,14,6:35,7:37,19:28),
    (계7:16,21:6,22:17).
150) ☞ (신30:6).
151) ☞ 살게 하는 물(생명수)(ύδωρ ζάω).
    같은 표현 ⇒ (요4:10,11,7:38), (계7:17,21:6,22:1,17).
152) 레오(ῥεω : 흐르다, 살아있는 목소리에 의해 말하여 지다).
    ☞ 레마(ῥημα : 말, 말하여 지는 것)의 동사. 같은 표현 ⇒ (마1:22,2:15,17,23,
    3:3,4:14,5:21,27,31,33,38,43,8:17,12:17,13:35,21:4,22:31,24:15,26:75,27:9), (요7:38),
    (롬9:12,26), (갈3:16), (계6:11,9:4).
153) 프뉴마 하기오스(πνευμα άγιος : 성령). ☞ 요한복음 안에서.

이었다, 왜냐하면(hoti) 예수께서 아직 영광을 받지(doxazo) 못했기 때문이었다.

7:40 그러므로 그 무리(ochlos) 중에서 그 말(logos, 복)을 들은 많은 자들이 말하기를, "이자는 진실로 그 예언자(prophetes)이다."고 하고,

7:41 어떤 자들은 말하기를, "이자는 그 그리스도(Christos)이다."고 하나, 그러나 어떤 자들은 말하기를,
"아니다, 왜냐하면(gar) 그 그리스도(Christos)가 그 갈릴리에서(ek) 오느냐(erchomai)?

7:42 그 성경(graphe)이 말하기를, '그 그리스도(Christos)는 다윗의 씨로 부터(ek), (다시 말해), 베들레헴 곧 다윗이 있었던 그 마을(kome)에서 (apo) 온다.'고 하지 않느냐?"라고 하였다.

7:43 그러므로 그(예수)로 말미암아(dia) 그 무리 안에 분열(schisma)[154]이 일어났다(ginomai).

7:44 마침 그들 중에(ek) 어떤 자들이 그를 붙잡으려고 하였으나(thelo piazo), 그러나 아무도 그에게 그 손을 대지(epiballo) 못했다.◗

7:45 그러므로 그 하속인(huperetes)들이 그 대제사장들과 그 바리새인들 에게로 갔다, 그때 저들이 그들(하속인)에게 말하기를,
"어찌하여(diati) 너희들은 그를 데려오지(ago) 않느냐?"라고 하니,

7:46 그 하속인(huperetes)들이 대답하기를,
"바로 이 사람처럼 어떤 사람(anthropos)도 그와 같이 결코 말한 적이(laleo) 없었습니다."라고 하였다,

7:47 그러자 그 바리새인들이 그들에게 대답하기를,
"심지어 너희도 미혹되었느냐(planao)?

7:48 그 지도자(archon)들 중에서(ek) 혹은 그 바리새인들 중에서 누가 그를 믿은 적이 있느냐?

7:49 그러나 그 율법(nomos)을 잘 알지(ginosko) 못하는 이 무리(ochlos)는

같은 표현 ⇒ (요1:33,7:39,14:26,20:22).

154) 스키스마(σχίσμα : 쪼개짐, 분열). 같은 표현 ⇒ (마9:16), (막2:21), (요7:43,9:16,10:19), (고전1:10,11:18,12:25).

<u>저주 받았다</u>(epikataratos)[155]."고 하였다.

7:50 밤에 그(예수)를 향해(pros) 온 자 <u>니코데모가</u>, 그들 중에(ek) 있는 한 사람으로, 그들을 향해(pros) 말하기를,

7:51 "우리의 율법은, 그에게서(para) 먼저 듣지 않고, 또 그가 행하는 것을 <u>잘 알지</u>(ginosko)도 못하고도, 그 사람을 판단하느냐(krino)?" 라고 하니,

7:52 그러자 그들이 대답하여 그에게 말하기를,
"심지어 너도 그 <u>갈릴리</u>에서(ek) 왔느냐?
너는 <u>자세히 살펴</u>(ereunao)[156] 보아라(horao),
왜냐하면(hoti) <u>예언자란</u> 그 갈릴리에서(ek) 일어나지(egeiro) 않기 때문이다."라고 하였다.

7:53 그런 후, 각자는 자신의 집으로 떠나갔다(poreuomai). ◖

---

155) 에피카타라토스(επικατάρατος : 저주 받은). 같은 표현 ⇒ (요7:49), (갈3:10,13).
156) 에류나오(ερευνάω : 자세히 살피다, 찾다). 같은 표현 ⇒ (요5:39,7:52), (롬8:27), (고전2:10), (벧전1:11), (계2:23).

요한복음 8장

8:1 그리고 예수는 그 <u>감람</u>(elaia,복)의 <u>산</u>(oros)으로 갔다(poreuomai),

8:2 마침 아침 일찍, 다시 그가 그 성전(hieron)에 <u>가까이 이르니</u>
(paraginomai), 그 모든 백성이 그를 향해(pros) 왔다(erchomai),
그러자 그는 앉아서 그들을 가르치고 있었다(didasko).

8:3 그때 그 서기관들과 그 바리새인들이 간음(moicheia)[157] 중에(en)
<u>붙잡힌</u>(katalambano)[158] 한 여자(gune)를 <u>데리고 와서</u>(ago), 그녀를
가운데 세우고,

8:4 그에게 말하기를,
"선생님, 바로 이 여자(gune)는 간음하다(moicheuo)[159]가 현장에서
붙잡혔습니다(katalambano).

8:5 또한 율법에서 <u>모세</u>는 우리에게 <u>이러한</u> 자들을 돌로 치라고
명했습니다(entellomai). 그러므로 당신은 어떻게 말하겠습니까?"라고
하였다,

8:6 그때 그들은 그를 시험하고자(peirazo) 이런 것을 말하였다,
즉 그들이 그를 고소할(kategoreo) 무엇을 얻기(echo) 위해서 이었다,
그러자 그 예수께서 아래로 <u>몸을 굽혀</u>(kupto), 그 땅(ge)에(eis)
그 손가락으로 글을 쓰고 있었다(grapho),

8:7 그때 그들이 그에게 묻기를(erotao) 계속하기에,
그가 <u>몸을 일으켜</u>(anakupto)[160] 그들에게 말하기를,
"너희 중에 죄 없는 자(anamartetos)가 제일 먼저(protos) 그녀에게
그 돌을 던져라(ballo)." 하고,

---

157) 모이케이아(μοιχεία : 간음). 같은 표현 ⇒ (마15:19), (막7:21), (요8:3), (갈5:19).
158) 카타람바로(καταλαμβάνω : 철저히 붙잡다). 같은 표현 ⇒ (막9:18), (요1:5,8:3,
12:35), (행4:13,10:34,25:25), (롬9:30), (고전9:24), (엡3:18), (빌3:12), (살전5:4).
159) 모이큐오(μοιχεύω : 간음하다). 같은 표현 ⇒ (마5:27,32,19:18), (막10:11,19),
(눅16:18,18:20), (요8:4), (롬13:9), (약2:11), (계2:22).
160) 아나퀴프토(ἀνακύπτω : 몸을 일으켜 세우다, 원기를 돋구다).
같은 표현 ⇒ (눅13   요8:7,10).

8:8 또 다시 <u>몸을 굽혀</u>(kupto), 그 땅(ge)에(eis) 그 손가락으로 <u>글을 쓰고</u>
<u>있었다</u>(grapho),

8:9 그러자 그들이 (그 말을) 들은(akouo) 후, 그 양심(suneidesis)161)에 의해
<u>책망을 받아 드러나게 되는 자</u>(elengcho, 복)162)는 그 노인들에서 시작
하여 그 맨 나중까지, 하나씩 하나씩 <u>나가는 것이다</u>(exerchomai),
그때 오직 그 <u>예수</u>만 남겨졌고(kataleipo), 또한 그 여자(gune)는
가운데 서 있었다.

8:10 그러자 그 <u>예수</u>께서 <u>몸을 일으켜</u>(anakupto), 그 여자(gune) 외에
아무도 눈여겨보지(theaomai) 못하자, 그녀에게 말하기를,
"그 여자(gune)여, 너의 이 고소자(kategoros)163)들이 어디 있느냐?
아무도 너를 <u>유죄로 선고하지</u>(katakrino)164) 못하더냐?"라고
하는 것이다,

8:11 그때 그녀가 대답하기를, "주(kurios)여, 아무도 없습니다."고 하니,
그러자 그 <u>예수</u>께서 그녀에게 말하기를,
"나도 너를 <u>유죄로 선고하지</u>(katakrino) 않는다,
너는 떠나가서(poreuomai), 더 이상 <u>죄를 짓지</u>(hamartano)165) 말라."
라고 하는 것이다.◗

8:12 그러므로 그 <u>예수</u>께서 새로이(palin) 그들에게 말했으니(laleo),
말하기를(lego),
"나는 그 세상(kosmos)의 빛(phos)이다, 나를 <u>좇는 자</u>(akoloutheo)는

---

161) 쉬네이데시스(συνείδησις : 양심, 의식). ☞ 쉬네이도(σύνειδω : 함께 알다,
    깨달아 의식하다)의 명사. 같은 표현 ⇒ (요8:9), (행23:1,24:16),
    (고전8:7,10,12,10:25,27,28,29), (고후1:12,4:2,5:11).
162) 엘렝코(ἐλέγχω : 책망하다, 드러내다, 폭로하다). 같은 표현 ⇒ (마8:15),
    (눅3:19), (요8:9,46,16:8), (고전14:24), (딤전5:20), (딛2:15), (히12:5), (약2:9),
    (유1:15), (계3:19).
163) 카테고로스(κατήγορος : 고소자, 원고). 같은 표현 ⇒ (요8:10),
    (행23:30,35,25:16,18), (계12:
164) 카타크리노(κατακρίνω : 정죄하다, 유죄로 선고하다, 죄를 드러내다).
    ☞ 디카이오오(δικαιόω : 무죄로 선고하다, 의롭다 하다). 같은 표현 ⇒
    (마2:41,42,20:18,27:3), (막10:33,14:64,16:16), (눅11:31,32), (요8:10,11),
    (롬2:1,8:3,34,14:23), (고전11:32), (히11:7), (벧후2:6).
165) 하마르타노(ἁμαρτάνω : 죄를 짓다). 같은 표현 ⇒ (요5:14,8:11,9:2,3),
    (요일1:10,2:1,3:6,8,9,5:16,18).

결코 그 어두움(skotia, 여) 안에(en) 살아가지(peripateo) 않고,
오히려 그는 그 생명의 빛(phos)을 소유하는 것이다(echo)."라고
하는 것이다,

8:13 그러므로 그 바리새인들이 그에게 말하기를,
"당신은 당신 자신에 관하여 증거 하니(martureo),
당신의 증거(marturia)는 사실(alethes)이 아니다."라고 하였다,

8:14 예수께서 대답하여 그들에게 말하기를,
"비록 내가 나 자신에 관하여 증거할지라도(martureo),
나의 증거(marturia)는 사실이다(alethes),
왜냐하면(hoti) 나는 내가 어디서 왔다가(erchomai, 과) 어디로
가는지(hupago)를 알기(oida) 때문이다,
그러나 너희는 내가 어디서 와서(erchomai, 현) 어디로 가는지
(hupago)를 알지(oida) 못한다.

8:15 너희는 그 육신(sarx)을 좇아 (나를) 판단하지만(krino),
나는 (그 육신을 좇아) 아무도 판단하지(krino) 않는다.

8:16 또한 비록 심지어 내가 판단하더라도(krino), 나의 판단(krisis)은
사실에 근거하는 것이다(alethinos)[166], 왜냐하면(hoti) 나는 혼자가
아니라, 오직 나와 나를 보낸 분(pempo) 아버지가 계시기 때문이다.

8:17 또한 심지어 너희의 율법에도 기록되어 있기를,
'두 사람의 증언(marturia)이 사실이다(alethes).'라고 하였다.

8:18 이제 나는 나 자신에 관하여 증언 하는 자(martureo)이고,
나를 보낸(pempo) 아버지도 나에 관하여 증거 한다(martureo)."라고
하는 것이다,

8:19 그러므로 그들이 그에게 말하기를,
"너의 아버지가 어디에 있느냐?"라고 하니,
그 예수께서 대답하기를,
"너희는 나를 알지(oida) 못하고, 또한 나의 아버지도 알지(oida)

---

166) 알레디노스(ἀληθινός : 진짜의, 실제로 존재하는).
같은 표현 ⇒ (요1:9,4:23,37,6:32,7:28,8:16,15:1,17:3,19:35), (요일2:8,5:20),
(계3:7,14,6:10,15:3,16:7,19:2,9,11,21:5,22:6).

못한다. 만일 너희가 나를 알았으면(oida), 너희는 심지어 나의
아버지도 알았을(oida) 텐데."라고 하는 것이다.

8:20 그 예수께서 그 성전(hieron)에서 가르칠 때에, 그 모금함
(gazophulakion, 국고)167)에서 바로 이런 말(rhema, 복)168)을 하였다(laleo),
그러나 어느 누구도 그를 붙잡지(piazo) 못했다,
왜냐하면(hoti) 그의 시점(hora)이 아직 오지 않았기 때문이었다.◗

8:21 그러므로 그 예수께서 새로이(palin) 그들에게 말하기를,
"나는 떠나갈 것이고(hupago), 그때 너희는 나를 찾을 것이다(zeteo),
그러나 너희는 너희의 죄(hamartia)169)로 인하여(en) 죽을 것이다
(apothnesko). 내가 떠나가는 곳(hupago)에, 너희는 올 수(dunamai
erchomai)가 없다."라고 하는 것이다,

8:22 그러므로 그 유대인들이 말하기를,
"그가 말하기를, '내가 떠나가는 곳(hupago)에, 너희는 올 수가
없다.'고 하니, 혹시 그가 자결하려나?"라고 하였다,

8:23 그러자 그(예수)가 그들에게 말하기를,
"너희는 그 아래(kato)로부터(ek) 오고,
나는 그 위(ano)로부터(ek) 온다.
곧 너희는 바로 이 세상(kosmos)에 속하고(ek),
나는 바로 이 세상(kosmos)에 속하지(ek) 않는다.

8:24 그러므로 내가 너희에게 말하니,
'너희는 너희의 죄(hamartia, 복)로 인하여(en) 죽을 것이다(apothnesko).
왜냐하면(gar) 만약 너희가 내가 그(ego eimi)인 줄을 믿어지게 하지
못하면, 너희는 죄(hamartia, 복)로 인하여(en) 죽을 것이기(apothnesko)
때문이다.' "라고 하는 것이다,

8:25 그러므로 그들이 그에게 말하기를,

---

167) 가조퓔라키온(γαζοφυλάκιον : 국고, 금고, 모금함). 같은 표현 ⇒ (막12:41,43),
(눅21:1), (요8:20).
168) 레마(ῥῆμα : 말, 말하여 지는 것). ☞ 레오(ῥέω : 말하여 지다)에서 유래.
같은 표현 ⇒ (요3:34,5:47,6:63,68,8:20,47,10:21,12:47,48,14:10,15:7,17:8).
169) 하마르티아(ἁμαρτία : 죄). 같은 표현 ⇒ (요1:29,8:21,24,34,46,9:41,15:22,24,16:8,9,
19:11,20:23), (요일1:7,8,9,2:2,12,3:4,5,8,9,4:10,5:16,17), (계1:5,18:4,5).

71

"네가 누구냐?"라고 하니,
그때 그 예수께서 그들에게 말하기를,
"나는 그 처음(arche)부터 너희에게 말하는(laleo) **바로 그** 이다.

8:26 나는 너희에 관한, 말하고(laleo) 판단할(krino) 많은 것들을 갖고
있다, 오직 나를 보낸 분(pempo)은 사실이다(alethes),
나는 그분 곁에서(para) 들은 이런 것들을 그 세상(kosmos)에 말한다
(lego)."라고 하는 것이다.

8:27 그들은, 그(예수)가 자신들에게 그 아버지를 말하고 있는 줄을
깨달아 알지(ginosko) 못한다,

8:28 그러므로 그 예수께서 그들에게 말하기를,
"마침 너희가 그 인자(ho huios tou anthropou)를 높이 들어오르게
하였을(hupsoo)[170] 때, 그때에(tote) 너희는 **내가 그**(ego eimi)인 줄
깨달아 알 것이다(ginosko),
또한 나는 나 스스로 어떤 것도 행하지(poieo) 않는다,
오직 나는 나의 아버지께서 나에게 가르친 대로,
이런 것들을 말한다(laleo).

8:29 심지어 나를 보낸 분(pempo)이 나와 함께(meta) 계신다,
곧 그 아버지께서 나를 혼자 남겨두지(aphiemi)[171] 않았다,
왜냐하면(hoti) 내가 항상 그분에게 그 기뻐하는 일(arestos)들을
행하기 때문이다."라고 하는 것이다.

8:30 그가 이런 것들을 말하므로,
많은 자들이 그가(eis) 믿어지게 되었다(pisteuo).◗

8:31 그러므로 그 예수께서 자신이 믿어지는(pisteuo,완) **유대인들**에게
(pros) 말하기를,

---

170) 힙소오(ὑψόω : 높이다, 들어 올리다). 같은 표현 ⇒ (마11:23,23:12),
(눅1:52,10:15,14:11,18:14), (요3:14,8:28,12:32,34), (행2:33,5:31,13:17), (고후11:7),
(약4:10), (벧전5:6).
171) 아피에미(ἀφίημι : 내보내다, 용서하다, 탕감하다, 취소하다).
☞ (ἀπο 와 ἱημι : 보내다)에서 유래. 같은 표현 ⇒ (마6:12,9:2,12:31,18:27),
(막2:5,3:28,4:12,11:25), (눅5:20,11:4,12:10,17:3,23:34), (요4:3,28,52,8:29,10:12,11:44,48,
12:7,14:18,27,16:28,32,18:8,20:23), (행8:22), (롬4:7), (약5:15), (요일1:9).

"만약 너희가 나의 말(logos) 안에 머물면(meno),
너희는 실제로(alethos) 나의 제자들이다,

8:32 그때 너희는 그 진리(aletheia)172)를 (스스로) 깨달아 알 것이고
(ginosko, 래, 중), 또 그 **진리**(aletheia)가 너희를 자유롭게 할 것이다
(eleutheroo, 래)."라고 하는 것이다,

8:33 그들이 그에게 대답하기를,
"우리는 아브라함의 자손(sperma, 씨)이고, 또 우리는 어느 때고
누구에게도 종으로 섬기지(douleuo, 완) 않는다,
당신은 어찌하여 말하기를, '너희는 자유롭게(eleutheros) 될 것이다.'
고 하십니까?"라고 하니,

8:34 그 예수께서 그들에게 대답하기를,
"진실로, 진실로 내가 너희에게 말하니,
'그 죄(hamartia)를 범하는 자(poieo)는 누구든지 그 죄(hamartia)의
종(doulos)이다,

8:35 그때 그 종(doulos)은 그 집안(oikia, 가족)에 영원히 머물지(meno)
못한다, 그 아들(huios)은 영원히 머문다(meno).

8:36 그러므로 만약 그 아들(huios)이 너희를 자유롭게 하면(eleutheroo),
너희는 실제로(ontos) 자유롭게(eleuthelos) 될 것이다.

8:37 나도 너희가 아브라함의 자손(sperma, 씨)인 줄 안다(oida),
그러나 너희는 나를 죽이려고 한다(zeteo apokteino),
왜냐하면(hoti) 나의 말(logos)이 너희 안에(en) 있을 곳(choreo,
수용하다)이 없기 때문이다.

8:38 나는 나의 아버지 곁에서(para) 보는 것(horao, 완)을 말한다(laleo),
그러므로 또한 너희도 너희의 아버지 곁에서(para) 보는 것
(horao, 완)을 행한다(poieo).' "라고 하는 것이다.◐

8:39 그때 그들이 대답하여 그에게 말하기를,
"우리의 조상은 아브라함이다."라고 하니,

---

172) 진리(ἀλήθεια : 진리). 같은 표현 ⇒ (요1:14,17,3:21,4:23,24,5:33,8:32,40,44,45,46,
14:6,17,15:26,16:7,13,17:17,19,18:37,38), (요일1:6,8,2:4,21,3:18,19,4:6,5:7),
(요이1:1,2,3), (요삼1:3,4,8,12).

73

그 예수께서 그들에게 말하기를,
"만일 너희가 그 <u>아브라함</u>의 자녀(teknon)들 이었으면,
너희는 그 <u>아브라함</u>의 행하심(ergon, 복)을 행하였을 것이다.

8:40 그러나 지금 너희는 나를, 곧 그 하나님 곁에서(para) 들은(akouo, 과)
그 <u>진리</u>(aletheia)를 너희에게 말하는(laleo, 완) 사람을 <u>죽이려고 한다</u>
(zeteo apokteino), <u>아브라함</u>은 이런 일을 행하지 않았다.

8:41 너희는 너희의 아버지의 행함(ergon, 복)을 행한다."고 하는 것이다.
그때 그들이 그(예수)에게 말하기를,
"우리는 음란(porneia)173)으로부터(ek) 태어나지(gennao, 완) 않고,
우리에게 한분 아버지 그 하나님이 계신다(echo)."라고 하니,

8:42 그러므로 그 <u>예수</u>께서 그들에게 말하기를,
"만일 그 하나님이 너희의 아버지이면, 너희는 나를 <u>사랑할 텐데</u>
(agapao)174), 왜냐하면(gar) 내가 그 하나님으로부터(ek) 나왔고
(exerchomai, 과), (지금) <u>오기</u>(heko)175) 때문이다,
나는 결코 나 스스로 오는 것(erchomai, 완)이 아니다,
오직 바로 <u>그분</u>(하나님)이 나를 보내었다(apostello, 과).

8:43 무엇 때문에(diati) 너희는 나의 <u>말의 뜻</u>(lalia)176)을 <u>깨달아 알지</u>
(ginosko) 못하느냐? 왜냐하면(hoti) 너희는 나의 말(logos)을 <u>들을 수</u>
(dunamai akouo) 없기 때문이다.

8:44 너희는 (너희) 아버지 그 <u>마귀</u>(diabolos)177)에 속하여(ek) 있어,

---

173) 포르네이아(πορνεία : 음행, 부정한 성교). 같은 표현 ⇒ (마5:32,15:19,19:9),
(막7:21), (요8:41), (행15:20,29,21:25), (고전5:1,6:13,18,7:2), (고후12:21), (갈5:19),
(엡5:3), (골3:5), (살전4:3), (계2:21,9:21,14:8,17:2,4,18:3,19:2).
174) 아가파오(ἀγαπάω : 사랑하다). 같은 표현 ⇒ (요3:35,5:42,8:42,10:17,11:5,13:1,23,34,
14:15,28,31,15:9,12,17:23,21:15), (요일2:10,15,3:10,11,14,18,23,4:7,11,19,20,21,5:1,2),
(요이1:1), (요삼1:1), (계1:5,3:9,20:9).
175) 헤코(ἥκω : 오다). 같은 표현 ⇒ (요2:4,4:47,6:37,8:42), (요일5:20),
(계2:25,3:3,9,15:4,18:8).
176) 랄리아(λαλιά' : 말투, 말의 형태, 이야기, 담화). 같은 표현 ⇒ (마26:73),
(요4:42,8:43).
177) 디아볼로스(διάβολος : 마귀, 비방자). ☞ 디아발로(διαβάλλω : 고소하다).
같은 표현 ⇒ (마4:1,5,8,11,13:39,25:41), (눅4:2,3,13,8:12), (요6:70,8:44,13:2),
(행10:38,13:10), (요일3:8,10), (계2:10,12:9,12,20:2,10).

74

너희는 너희의 아버지의 정욕(epithumia)178)을 행하려 한다(thelo poieo), 바로 그자는 처음(arche)179)부터(apo) 살인자(anthropoktonos) 이었고, 또 그는 그 진리(aletheia) 안에(en) 서 있은 적(histemi,미)이 없었다,
왜냐하면(hoti) 진리(aletheia)는 그(마귀) 안에(en) 없기 때문이다.
마침 그(마귀)가 그 거짓(pseudos)을 말할(laleo) 때,
그는 그 자신의 것(idios)들로부터(ek) 말한다(laleo),
왜냐하면(hoti) 그(마귀)는 거짓말쟁이(pseustes)이요, 그것(거짓)의 아버지이기 때문이다.

8:45 그러나 너희는 나의 말을 믿지 못하니,
왜냐하면(hoti) 내가 그 진리(하나님의 영)로 말하기(lego) 때문이다,

8:46 너희 중(ek) 누가 나를 죄(hamartia)에 관하여(peri) 책망하여 드러 내겠느냐(elengcho)180)? 그런즉 만일 내가 진리(하나님의 영)로 말하면, 무엇 때문에(diati) 너희는 나의 말을 믿지 못하느냐?

8:47 그 하나님께(ek) 속하는 자는 그 하나님의 말(rhema,복)181)을 듣는다, 이런 일로 인하여(dia touto) 너희가 듣지 못하니, 곧 너희가 그 하나님께(ek) 속하지 않기 때문이다.”라고 하는 것이다.◑

8:48 그러므로 그 유대인들이 대답하여 그에게 말하기를, “우리가 말하기를, ‘당신은 사마레이테스(samareites), 즉 귀신 (daimonion)182)이 들렸다(echo).’고 하는 것이 옳지(kalos) 않느냐?”라고

---

178) 에피뒤미아(ἐπιθυμία : 충동, 정욕). 같은 표현 ⇒ (마5:28), (막4:19), (요8:44), (롬1:24,6:12,7:7), (갈5:16), (엡2:3,4:22), (딤전6:9), (딤후3:6), (딛2:12,3:3), (약1:14,15), (벧전1:14,4:2), (벧후1:4,2:10,18), (요일2:16).

179) 아르케(ἀρχή : 처음, 시작, 통치). 같은 표현 ⇒ (마19:4,8), (눅1:2,20:20), (막1:1,10:6,13:8,19), (요1:1,6:64,8:44,15:27,16:4).

180) 엘렝코(ἐλέγχω : 책망하다, 드러내다, 폭로하다). 같은 표현 ⇒ (마18:15), (눅3: 요3:20,8:46,16:8), (고전14:24), (엡5:11,13), (딤전5:20), (딛1:13,2:15), (히12:5), (약2:9), (유1:15), (계3:19).

181) 레마(ῥῆμα : 말, 말하여 지는 것). ☞ 레오(ῥέω : 말하여 지다)에서 유래. 같은 표현 ⇒ (요3:34,5:47,6:63,68,8:20,47,10:21,12:47,48,14:10,15:7,17:8).

182) 다이모니온(δαιμόνιον : 귀신). ☞ 다이몬(δαίμων : 귀신)의 형용사, 지소사. 같은 표현 ⇒ (마7:22,9:33,34,10:8,11:18,12:24,27,28,17:18),

75

하니,

8:49 그 예수께서 대답하기를,
　　"나는 귀신(daimonion) 들린 것(echo)이 아니다,
　　오직 내가 나의 아버지를 공경하는 것이다(timao),
　　그럼에도 불구하고, 너희가 나를 멸시한다(atimazo, 모욕하다).

8:50 또한 나는 나의 영광(doxa)[183]을 찾지(zeteo) 않는다,
　　(나의 영광을) 찾아(zeteo) 판단하는 분(krino)이 계신다.

8:51 진실로, 진실로 내가 너희에게 말하니,
　　'만약 누구든지 나의 말(logos)이 지켜지게 되면(tereo)[184],
　　그는 영원히 (둘째) 죽음(thanatos)[185]을 눈여겨보지(theoreo) 않는다.' "
　　라고 하는 것이다.

8:52 그러므로 그 유대인들이 그에게 말하기를,
　　"지금 우리는 당신이 귀신(daimonion) 들린 것(echo)을 정말로
　　알았다(ginosko). 아브라함이 죽었고(apothnesko), 그 예언자들도
　　죽었으나, 그러나 당신은 말하기를, '누구든지 나의 말(logos)이
　　지켜지게 되면(tereo), 그는 영원히 죽음(thanatos)을 결코 맛보지
　　(geuomai) 않는다.' 라고 하니,

8:53 당신은 우리의 조상 아브라함보다 위대하냐(meizon)?
　　그때 그는 죽지 않았느냐, 또 그 예언자들도 죽지 않았느냐?
　　당신은 당신 자신을 무엇이라고 하느냐?"라고 하였다,

8:54 예수께서 대답하기를,
　　"만약 내가 내 자신을 영광스럽게 하면(doxazo), 나의 영광(doxa)은
　　아무것도 아니다. 나를 영광스럽게 하는 분(doxazo)은 나의 아버지
　　즉 너희가 너희의 하나님(theos)이라고 말하는 그분이다.

　　(요7:20,8:48,49,52,10:20,21).
183) 독사(δόξα : 영광, 광채, 영화). ☞ 도케오(δοκέω : 생각하여 추정하다, 간주하다).
　　　같은 표현 ⇒ (요1:14,2:11,5:41,44,7:18,8:50,54,9:24,11:4,40,12:41,43,17:5,22,24).
184) 테레오(τηρέω : 지켜 보존하다).
　　　같은 표현 ⇒ (요2:10,8:51,52,55,9:16,12:7,14:15,21,23,24,15:10,20,17:6,11,12,15).
185) ☞ 둘째 죽음. 같은 표현 ⇒ (요5:24,8:51),
　　　(롬6:9,21,23,7:5,10,13,24,8:6), (계2:11,20:6,14,21:8).

8:55 이제 너희는 그분을 <u>깨달아 알지</u>(ginosko, 완) 못한다, 그러나 나는 그분을 안다(oida). 또한 만약 내가 말하기를, '나는 그분을 알지 (oida) 못한다.'고 하면, 나도 너희와 같이 거짓말쟁이가 될 것이다. 그러나 나는 그분을 알고(oida), 또 그분의 말(logos)을 <u>지켜지게 한다</u>(tereo).

8:56 <u>아브라함</u> 너희의 조상(pater)은 나의 날(hemera) <u>볼 것</u>(horao)을 <u>크게 즐거워하였고</u>(agalliao), 이제 그가 보고(horao), 기뻐하였다(chairo)."고 하는 것이다.

8:57 그러므로 그 유대인들이 그에게(pros) 말하기를, "당신은 아직 오십도 아닌데, 당신이 <u>아브라함을 본다</u>(horao, 완)고 하느냐?"라고 하니,

8:58 그 예수께서 그들에게 말하기를, "진실로, 진실로 내가 너희에게 말하니, '아브라함이 생겨나기(ginomai) 전에, 내가 있다.' "고 하는 것이다,

8:59 그러므로 그들이 그에게 던지기 위하여 돌(lithos)을 들었다. 그러자 예수께서 숨었다가(krupto), 그 성전(hieron)에서(ek) 나갔으니 (exerchomai), 그때 그는 그들 가운데를(dia) 통과하여(dierchomai) (나갔다), 그런즉 그는 그렇게 지나갔다(parago). ◗

77

요한복음 9장

9:1 그리고 그가 지나가다(parago), 태어날 때(genete)부터(ek) 소경된 사람
 을 보았다(horao).

9:2 그때 그의 제자들이 물어보며(erotao), 말하기를,
 "랍비(rhabbi)여, 그가 소경으로 태어나도록(gennao,수),
 누가 죄를 졌습니까(hamartano)[186]?
 이자입니까[187]? 혹은 그의 부모입니까[188]?"라고 하니,

9:3 그 예수께서 대답하기를,
 "이자가 죄를 지은 것(hamartano)이 아니고, 또 그의 부모들도
 아니다, 오직 그자로 인하여(en) 그 하나님의 일하심(ergon,복)이
 빛으로 밝히 나타나 보여 지기(phaneroo)[189] 위해서이다.

9:4 낮이 있는 동안 까지, 나를 보낸 분(pempo)의 일하심(ergon,복)을
 내가 마땅히 일하게 되어야 한다(dei ergazomai),
 밤이 올 것이다,
 그때에 아무도 일하게 될 수(dunamai ergazomai)가 없다.

9:5 내가 그 세상(kosmos)에 있는 동안에,
 나는 그 세상(kosmos)의 빛(phos)이다." 하고,

9:6 이런 것들을 말한 후, 그는 땅에(chamai) 침을 뱉어(ptuo),
 그 침(ptusma)으로 진흙(pelos)을 만들어, 그 소경의 눈에
 그 진흙(pelos)을 기름으로 발랐다(epichrio)[190].

---

186) 하마르타노(ὁμαρτάνω : 죄를 짓다). 같은 표현 ⇒ (요5:14,8:11,9:2,3),
 (요일1:10,2:1,3:6,8,9,5:16,18).
187) ☞ (겔18:20).
188) ☞ (출20:5).
189) 파네로오(φανερόω : 빛으로 밝게 나타내 보여주다, 계시하다).
 ☞ 파네로스(φανερός : 잘 보이는, 명백한). 같은 표현 ⇒
 (요1:31,2:11,3:21,7:4,9:3,17:6,21:1,14), (요일1:2,2:19,28,3:2,5,8,4:9), (계3:18,15:4).
190) 에피크리오(ἐπιχρίω : 기름을 바르다). ☞ 이곳에 두 번 쓰임.
 같은 표현 ⇒ (요9:6,11). ☞ 크리오(χρίω : 기름 붓다, 바르다)의 명사.
 같은 표현 ⇒ (눅4:18), (행4:27,10:38), (고후1:21), (히1:9).

9:7 그리고 그에게 말하기를, "너는 떠나가서(hupago), 그 실로암91)의
연못에서 씻으라(nipto)."고 하는 것이다, 그런즉 그것을 번역하면
(hermeneuo)192), '보냄을 받는(apostello,완,수)' 이다.
그러므로 그가 가서(aperchomai), 씻고(nipto), **눈으로 보면서**(blepo)
왔다(erchomai).

9:8 그러므로 그 이웃 사람(geiton)들과 그전에 그가 소경이었던 것을
<u>눈여겨보았던 자</u>(theoreo)들이 말하기를,
"이자는 앉아서 <u>구걸하는 자</u>(prosaiteo)가 아니냐?"고 하는 것이다,

9:9 <u>어떤 자</u>들은 말하기를, "그가 <u>이자</u>이다." 하고,
또 <u>어떤 자</u>들은 말하기를, "그는 <u>이자</u>와 비슷하다."고도
하는 것이다,
바로 그가 말하기를, "내가 그다(ego eimi)."라고 하니,

9:10 그러므로 그들이 그에게 말하기를,
"그렇다면 네 눈이 어떻게 떴느냐(anoigo)?"고 하는 것이다,

9:11 바로 그가 대답하여 말하기를,
"예수라고 하는 그 사람이 진흙(pelos)을 만들어, 나의 눈에 (그것을)
<u>기름으로 바르고</u>(epichrio), 나에게 말하기를,
'너는 그 <u>실로암</u>의 연못으로 가서(hupago), 씻으라(nipto).'고 하여,
그때 내가 가서 씻었더니(nipto), 내가 <u>다시 눈으로 봅니다</u>
(anablepo)."라고 하였다.

9:12 그러므로 그들이 그에게 말하기를,
"바로 그자가 어디 있느냐?" 하니,
그가 말하기를, "나는 알지(oida) 못한다."라고 하였다.◑

9:13 그들이 그를 곧 그 전에 <u>소경인 자</u>를 그 바리새인들에게
<u>데리고 가니라</u>(ago).

9:14 그때 마침 그 예수께서 그 진흙(pelos)을 만들어 그의 눈을

---

191) 실로암(Σιλωάμ : 히브리어 쉴로아흐의 음역, 보냄을 받은 자).
192) 헤르메뉴오(ἑρμηνεύω : 번역하다, 설명하다).
　　같은 표현 ⇒ (요1:38,42,9:7),(히7:2).
　　☞ 헤르메니아(ἑρμηνία : 번역, 통역, 해석)의 동사.
　　같은 표현 ⇒ (고전12:10,14:26).

뜨게 한(anoigo) 날은 안식준수(sabbaton)이었다.

9:15 그러므로 심지어 그 바리새인들도 그에게 다시 묻기를(erotao),
　　"네가 어떻게 다시 <u>눈으로 보게 되었느냐</u>(anablepo)?"라고 하니,
　　그러자 그가 그들에게 말하기를,
　　"그가 나의 눈에 진흙(pelos)을 바르고(epitithemi), 내가 씻었더니
　　(nipto), 내가 <u>눈으로 봅니다</u>(blepo)."라고 하는 것이다,

9:16 그러므로 그 바리새인들 중에 <u>어떤 자</u>들은 말하기를,
　　"이 사람은 그 하나님<u>에게서</u>(para) 온 그 사람이 아니다,
　　왜냐하면(hoti) 그가 그 안식준수(sabbaton)을 지키지(tereo)[193] 않기
　　때문이다."라고 하니,
　　그러나 어떤 자(allos)들은 말하기를,
　　"죄 있는 사람이 어떻게 이런 표적(semeion, 복)[194]을
　　<u>행할 수 있느냐</u>(dunamai poieo)?"고 하였다,
　　그런즉 그들에게(en) 분열(schisma)[195]이 있었다.

9:17 그들(바리새인)이 그 소경에게 다시 말하기를,
　　"그가 너의 눈을 뜨게 하였으니,
　　너는 그에 관하여 무엇이라 말하느냐?"라고 하니,
　　그러자 그가 말하기를,
　　"그는 예언자(prophetes)입니다."고 하는 것이다,

9:18 그러므로 다시 <u>눈으로 보는 자</u>(anablepo)의 부모를 부르는(phoneo)
　　동안 까지, 그 유대인들은 그에 관해(peri), 즉 그가 소경이었다가
　　<u>다시 눈으로 보는 것</u>(anablepo)을 믿지(pisteuo) 못했다,

9:19 그러자 그들이 그들(부모)에게 물어, 말하기를,
　　"이자가 '소경으로 태어났다.'고 말하는 너희의 아들이냐?
　　그렇다면 지금까지(arti) 그가 어떻게 <u>눈으로 보느냐</u>(blepo)?"고 하니,

---

193) 테레오(τηρέω : 지켜 보존하다).
　　같은 표현 ⇒ (요2:10,8:51,52,55,9:16,12:7,14:15,21,23,24,15:10,20,17:6,11,12,15).
194) 세메이온(σημειον : 표적, 이적). ☞ 세마이노(σημαίνω : 나타내 알리다)의 명사.
　　같은 표현 ⇒ (마24:3,24,30) (막13:4,22,16:17,20), (눅2:12,21:7,11),
　　(요2:11,18,23,3:2,4:48,54,6:2,14,30,7:31,9:16,10:41,11:47,12:18,37,20:30).
195) 스키스마(σχίσμα : 쪼개짐, 분열). 같은 표현 ⇒ (마9:16), (막2:21),
　　(요7:43,9:16,10:19), (고전1:10,11:18,12:25).

9:20 그러므로 그의 부모들이 그들에게 대답하여 말하기를,
"우리는 이자가 우리의 아들인 것과 그가 소경으로 <u>태어난 것</u>
(gennao,수)을 압니다(oida).

9:21 그러나 우리는 지금(nun) 그가 어떻게 <u>눈으로 보는지</u>(blepo)를 알지
(oida) 못합니다, 또 누가 그의 눈을 <u>뜨게 하였는지</u>(anoigo)도 알지
(oida) 못합니다. 그가 나이를 먹었으니(helikia), 그에게 물어보세요.
그가 자신에 관하여 <u>말할 것입니다</u>(laleo)."라고 하니,

9:22 그의 부모들이 이렇게 말하였으니, 왜냐하면(hoti) 그들이
그 유대인들을 <u>두려워하고 있었기</u>(phobeo) 때문이었다,
왜냐하면(gar) 이미 그 유대인들이, 그를 <u>그리스도</u>(Christos)로
시인하는 자(homologeo)196)는 누구든지 <u>회당으로부터 쫓겨나도록</u>
결정하였기(suntithemi) 때문이었다.

9:23 이런 일로 인하여(dia touto) 그의 부모들이 말하기를,
"그가 나이를 먹었으니(helikia), 그에게 물어보세요."라고 하였다.◖

9:24 그러므로 그들이 소경이었던 그 사람을 두 번째로 불러(phoneo),
그에게 말하기를,
"너는 그 하나님께 영광(doxa)197)을 돌려라(didomi).
우리는 바로 이 사람(anthropos)이 죄인(hamartolos)인 줄 안다(oida)."
라고 하니,

9:25 그러므로 바로 그가 대답하여 말하기를,
"나는 그가 죄인(hamartolos)인지 어떤지 알지(oida) 못합니다,
내가 한 가지 알기를(oida), '내가 소경이다가 지금 바로(arti)
<u>눈으로 본다</u>(blepo).'고 하는 것입니다."고 하였다.

9:26 그러자 그들이 그에게 다시 말하기를,
"그가 너에게 무엇을 행하였느냐?
어떻게 그가 너의 눈을 <u>뜨게 했느냐</u>(anoigo)?"라고 하니,

---

196) 호모로게오(ομολογεω : 고백하다, 시인하다, 공언하다). 같은 표현 ⇒
(마7:23,10:32,14:7), (눅12:8), (요1:20,9:22), (행23:8,24:14), (롬10:9,10), (딤전6:12),
(딛1:16), (히11:13,13:15), (요일1:9,4:2,15), (계3:5).

197) 독사(δόξα : 영광, 광채, 영화). ☞ 도케오(δοκέω : 생각하여 추정하다, 간주하다).
같은 표현 ⇒ (요1:14,2:11,5:41,44,7:18,8:50,54,9:24,11:4,40,12:41,43,17:5,22,24).

9:27 그가 그들에게 대답하기를,
"내가 이미 당신들에게 말하였는데, 당신들은 듣지 않았습니다,
어찌하여 당신들은 다시 듣고자 합니까(thelo akouo)?
심지어 당신들도 그의 제자가 되기를 원하십니까?"라고 하자,

9:28 그러므로 그들이 그를 욕하여(loidoreo)198) 말하기를,
"너는 바로 그자의 제자(mathetes)이나,
우리는 그 모세의 제자(mathetes)들이다.

9:29 우리는 그 하나님이 모세에게 말한 줄(laleo)을 알지만(oida),
그러나 우리는 이자를 알지(oida) 못한다,
곧 그가 어디서 온 줄을 (알지 못한다)."고 하는 것이다,

9:30 그 사람이 대답하여 그들에게 말하기를,
"왜냐하면(hoti) 당신들은 그가 어디서 온 줄을 알지(oida) 못하나,
그는 나의 눈을 뜨게 하였기 때문입니다,
왜냐하면(gar) 이 점에서 그것이 기이하기(thaumastos)199) 때문입니다,

9:31 또 우리가 아는 바(oida), '그 하나님은 죄 있는 자(hamartolos)들의
말을 듣지 않으나, 경건하여(theosebes) 그분의 뜻(thelema)200)을
행하는 자는 누구든지, 그의 말을 그분(하나님)이 듣는다.

9:32 그 시대(aion)로부터(ek), 소경으로 태어난(gennao,완,수) 어떤 자가
눈을 떴다고 들어본 적이 없습니다,

9:33 만일 이자가 그 하나님 곁에(para) 있지 않았으면,
그는 어떤 것도 행할 수(dunamai poieo) 없었습니다.' "라고 하니,

9:34 그들이 대답하여 그에게 말하기를,
"네가 전적으로(holos) 죄(hamartia, 복)의 상태에(en) 태어나서
(gennao,과), 네가 우리를 가르치느냐(didasko,현)?"라고 하며,

---

198) 로이도레오(λοιδορέω : 욕지거리 하다).
    같은 표현 ⇒ (요9:28), (행23:4), (고전4:12), (벧전2:23).
199) 다우마스토스(θαυμαστός : 기이한, 놀라운).
    같은 표현 ⇒ (마21:42), (막12:11), (요9:30), (벧전2:9), (계15:1,3).
200) 델레마(θέλημα : 하기 원함, 뜻, 의향). ☞ 델로(θέλω : 바라다, 원하다)의 명사.
    같은 표현 ⇒ (마6:10,7:21,12:50,18:14,21:31,26:42), (막3:35), (눅22:42),
    (요1:13,4:34,5:30,6:39,7:17,9:31).

그들이 그를 밖으로 쫓아내었다(ekballo). ◗

9:35 그 예수께서 그들이 그를 밖으로 쫓아내었다는 말을 듣고,
   그를 찾아내어(heurisko) 그에게 말하기를,
   "네가 그 하나님의 아들을 믿느냐?"라고 하니,

9:36 바로 그가 대답하여 말하기를,
   "주(kurios)여, 그가 누구입니까?
   내가 그를 믿기(pisteuo) 위해서 입니다."고 하였다,

9:37 그러자 그 예수께서 그에게 말하기를,
   "네가 그를 보고(horao,완), 너와 말하고 있는 자(laleo)가
   바로 그이다."라고 하는 것이다,

9:38 그때 그가 말하기를(phemi,자기 생각을 알리다),
   "주(kurios)여, 내가 믿습니다." 하고,
   그에게 고개 숙여 절하였다(proskuneo).

9:39 그러자 그 예수께서 말하기를,
   "내가, 형벌(krima,결정행위)201)을 위하여(eis)
   즉 눈으로 보지(blepo) 못하는 자들은 눈으로 보고(blepo)
   눈으로 보는 자(blepo)들은 소경이 되게 하기 위해,
   바로 이 세상(kosmos)에 왔다(erchomai)."고 하는 것이다,

9:40 그러자 그 바리새인 중(ek) 그(예수)와 함께 있는 자들이 이 말을
   듣고, 그에게 말하기를,
   "그러면 우리가 소경이란 말이냐?"라고 하니,

9:41 그 예수께서 그들에게 말하기를,
   "만일 너희가 소경이면, 너희에게 죄(hamartia)202)가 없을 텐데,
   그러나 지금 너희가 말하기를, '우리가 눈으로 본다(blepo).'고 하니,
   그러므로 너희의 죄(hamartia)가 계속 있는 것이다(meno).

---

201) 크리마(κρίμα : 결정행위, 형벌, 심판). 같은 표현 ⇒ (마7:2,23:14), (막12:40),
   (눅20:47,23:40,24:20), (요9:39), (행24:25), (롬2:2,3,3:8,5:16,11:33,13:2),
   (고전6:7,11:29,34), (갈5:10), (히6:2), (약3:1), (벧전4:17), (벧후2:3), (유1:4),
   (계17:1,18:20,20:4).
202) 하마르티아(ἁμαρτία : 죄). 같은 표현 ⇒ (요1:29,8:21,24,34,46,9:41,15:22,24,16:8,9,
   19:11,20:23), (요일1:7,8,9,2:2,12,3:4,5,8,9,4:10,5:16,17), (계1:5,18:4,5).

요한복음 10장

10:1 진실로(amen), 진실로 내가 너희에게 말하니,
'그 문(thura)을 통해서(dia) 그 양(probaton)들의 우리(aule)203)에
들어가지 않고, 오히려 다른 데로 넘어가는(anabaino) 바로 그자는
도적(kleptes)이요 강도(lestes)이다.

10:2 그러나 그 문(thura)을 통해서 들어가는 그가 그 양(probaton)들의
목자(poimen)204)이다.

10:3 그 문지기(thuroros)가 그에게 문을 열면(anoigo),
그 양(probaton)들은 그의 음성(phone)을 듣는다(akouo),
그때 그(목자)는 이름에 따라(kata) 그 자신(idios)의 양(probaton)들을
불러(kaleo), 그것들을 데리고 나간다(exago).

10:4 그리고 그가 그 자신의 양(probaton)들을 내어 놓은(ekballo) 후,
그는 그것들 앞에 가고(poreuomai), 그 양(probaton)들은 그를 좇아
간다(akoloutheo)205),
왜냐하면(hoti) 그것들이 그의 음성을 알기(oida) 때문이다.

10:5 그러나 그것들은 낯선 자(allotrios)에겐 결코 좇아가지(akoloutheo)
않는다, 오히려 그것들은 그에게서 도망갈 것이다(pheugo),
왜냐하면(hoti) 그것들은 그 낯선 자(allotrios)들의 음성을 알지(oida)
못하기 때문이다.' "고 하는 것이다.◐

10:6 그 예수께서는 그들에게 이 우회적인 표현(paroimia, 은유)으로 말했다,
그때 바로 그들은 그가 말한 것(laleo)이 무엇인지 잘 알지(ginosko)
못하였다.

---

203) 아울레(αὐλή : 관저, 마당, 뜰). 같은 표현 ⇒ (마26:3,58,69), (막14:54,66,15:16),
(눅11:21,22:55), (요10:1,16,18:15), (계11:2).
204) 포이멘(ποιμήν : 목자). 같은 표현 ⇒ (마9:36,26:31), (눅2:8), (요10:2,11),
(엡4:11), 벧전2:25).
205) 아코루데오(ἀκολουθέω : 좇아가다, 따르다). 같은 표현 ⇒
(요1:37,38,40,43,10:4,5,27,11:31,12:26,13:36,37,18:15,20:6,21:19,20,22).

10:7 그러므로 그 예수께서 다시 그들에게 말하기를,
"진실로(amen), 진실로 내가 너희에게 말하노니,
'내가 그 양(probaton)들의 문(thura)이다.

10:8 내 앞에 온 자들은 누구나 도적(kleptes)들이요 강도(lestes)들이다,
오직 그 양(probaton)들은 그들의 (말을) 듣지(akouo) 않았다.

10:9 내가 그 문(thura)이다, 나를 통해서(dia) 들어가는 자(eiserchomai)는
누구든지 <u>구원 될 것이고</u>(sozo, 래)[206), 또 그는 들어가며, 나오며,
그 꼴(nome, 풀)을 <u>찾아낼 것이다</u>(heurisko, 래).

10:10 그 도적(kleptes)이 <u>오는 것</u>(erchomai, 현)은 그가 도적질하고
살해하여(thuo, 제물을 드리다)[207) 멸망시키기(apollumi) 위해서
이고, 내가 <u>온 것</u>(erchomai, 과)은 그것들(양)이 생명(zoe)을 소유하고
(echo), 또 <u>더욱 넘쳐난 것</u>(perissos)을 소유하기(echo) 위해서이다. ☽

10:11 내가 그 선한(kalos) <u>목자</u>(poimen)다,
그 선한(kalos) <u>목자</u>는 그 양(probaton)들을 위해 자신의 목숨(psuche)
을 내어놓는다(tithemi),

10:12 그러나 그 삯군(misthotos)은 <u>목자</u>(poimen)가 아니므로,
또한 그 양(probaton)들도 그의 <u>자신의 것</u>(idios)들이 아니다,
그는 그 이리가 오는 것을 눈여겨보면(theoreo), 그 양(probaton)들
을 버려두고(aphiemi)[208), 달아난다(pheugo).
그때 그 이리가 그것들(양)을 잡아채어(harpazo)[209), 그 양(probaton)
들을 <u>흩어지게 한다</u>(skorpizo).

10:13 그때 그 삯군(misthotos)은 달아난다(pheugo),

---

206) 소조(σώζω : 어려운 환경에서 구원하여 원래의 상태로 회복시켜 주다,
구원하다). 같은 표현 ⇒ (요3:17,5:34,10:9,11:12,12:27,47).
207) 뒤오(θύω : 제물을 바치다, 살해하다, 연기를 피우다). 같은 표현 ⇒ (마22:4),
(막14:12), (눅15:23,27,30,22:7), (요10:10), (행10:13,11:7,14:13), (고전5:7,10:20).
208) 아피에미(ἀφίημι : 내보내다, 용서하다, 탕감하다, 취소하다).
   ☞ (απο 와 ἵημι : 보내다)에서 유래. 같은 표현 ⇒ (마6:12,9:2,12:31,18:27),
(막2:5,3:28,4:12,11:25), (눅5:   요4:3,28,52,8:29,10:12,11:44,48,
12:7,14:18,27,16:28,32,18:8,20:23), (행8:22), (롬4:7), (약5:15), (요일1:9).
209) 하르파조(ἁρπάζω : 빼앗다, 잡아채다). 같은 표현 ⇒ (요6:15,10:12), (고후12:2),
(살전4:17), (유1:23), (계12:5).

왜냐하면(hoti) 그는 삯군(misthotos)이고, 그 양(probaton,복)에 관해 관심이(melo)210) 없기 때문이다.

10:14 나는 그 착한(kalos) 목자(poimen)이다,
내가 <u>나의 것</u>들을 잘 알고(ginosko), 또 <u>나의 것</u>들도 나를 잘 안다(ginosko),

10:15 마치 그 아버지께서 나를 <u>잘 아는 것</u>(ginosko) 같이, 또한 나도 그 아버지를 <u>잘 안다</u>(ginosko), 이제 나는 그 양(probaton)들을 위해 나의 목숨(psuche)을 내어놓는다(tithemi).

10:16 또한 나는 바로 이 우리(aule)에 속하지(ek) 않는 다른(allos) 양(probaton)들을 갖고 있어, 심지어 그것들도 내가 <u>데리고 가야한다</u>(dei ago), 또한 그것들도 나의 음성(phone)을 들을 것이다(akouo), 그때 한 목자(poimen)에 한 양떼(poimne)가 될 것이다.

10:17 이런 일로 인하여(dia touto), 곧 내가 나의 목숨(psuche)을 내어놓는 것(tithemi)으로 인하여, 그 아버지께서 나를 사랑하니(agapao)211), 즉 내가 목숨(psuche)을 다시 얻도록(lambano) 하기 위해서이다,

10:18 아무도 나에게서(apo) 그것(목숨)을 빼앗지(airo) 못할 것이다, 오직 나는 나 스스로 그것(목숨)을 내어놓는다(tithemi).
나는 그것(목숨)을 내놓을 권세(exousia)212)도 갖고 있고,
또 다시 그것(목숨)을 얻을 권세(exousia)도 갖고 있다.
바로 이 계명(entole)213)을 나는 나의 아버지에게서(para) 받았다(lambano).' "라고 하는 것이다.◑

---

210) 멜로(μέλω : 관심을 가지다, 돌보다, 염려하다). 같은 표현 ⇒ (마22:16),
(막4:38,12:14), (눅10:40), (요10:13,12:6), (행18:17), (고전7:21,9:9), (벧전5:7).
211) 아가파오(ἀγαπάω : 사랑하다). 같은 표현 ⇒ (요3:35,5:42,8:42,10:17,11:5,13:1,23,34,
14:15,28,31,15:9,12,17:23,21:15), (요일2:10,15,3:10,11,14,18,23,4:7,11,19,20,21,5:1,2),
(요이1:1), (요삼1:1), (계1:5,3:9,20:9).
212) 엑수시아(ἐξουσία : 권세, 통치력). ☞ 엑세스티(ἔξεστι : 가능하게 하다,
허용되다)의 명사. 같은 표현 ⇒ (마7:29,10:1,28:18), (막1:22,3:15,6:7),
(눅4:32,36,9:1,10:19), (요1:   행1:7,8:19), (고전9:4),
(고후10:8,13:10), (살후3:9).
213) 엔토레(εντολή : 명령, 계명, 지시). 같은 표현 ⇒ (요10:18,11:57,12:49,50,13:34,
14:15,21,15:10,12), (요일2:3,4,7,8,3:22,23,24,4:21,5:2,3), (요이1:4,5,6), (계12:17,14:12).

10:19 그러므로 바로 이런 말(logos)로 말미암아, 그 유대인들 안에
　　　분열(schisma)214)이 다시 일어났다.

10:20 그때 그들 중 <u>많은 자들</u>이 말하기를,
　　　"그가 귀신(daimonion)215)이 들려(echo), 미쳤는데(mainomai).
　　　어찌하여 너희는 그의 (말을) 듣느냐?" 하고,

10:21 <u>어떤 자들</u>은 말하기를,
　　　"이것들은 <u>귀신들린 자</u>(daimonizomai)216)의 말(rhema, 복)217)이 아니다.
　　　귀신(daimonion)이 소경들의 눈을 <u>뜨게 할 수 있느냐</u>(dunamai
　　　anoigo)?"라고 하였다. ◗

10:22 그때 그 예루살렘에 그 <u>수전절</u>(engkainia, 복)218)이 있었고,
　　　또한 때는 겨울이었다.

10:23 그러자 그 예수께서 그 성전 안, 그 솔로몬의 행각 안에,
　　　<u>걸어 다녔다</u>(peripateo).

10:24 그러므로 그 유대인들이 그를 에워싸서 그에게 말하기를,
　　　"당신은 어느 때까지 우리의 마음(psuche)을 <u>의혹케 하려느냐</u>
　　　(airo)? 만일 당신이 그 <u>그리스도</u>(Christos)이면,
　　　당신은 우리에게 <u>밝히 드러냄</u>(parrhesia)219)으로 말하시오" 하니,

10:25 그 예수께서 그들에게 대답하기를,
　　　"내가 너희에게 말하였지만(lego), 그러나 너희는 (나의 말을) 믿지

---

214) 스키스마(σχίσμα : 쪼개짐, 분열). 같은 표현 ⇒ (마9:16), (막2:21),
　　(요7:43,9:16,10:19), (고전1:10,11:18,12:25).
215) 다이모니온(δαιμόνιον : 귀신). ☞ 다이몬(δαίμων : 귀신)의 형용사, 지소사.
　　같은 표현 ⇒ (마7:22,9:33,34,10:8,11:18,12:24,27,28,17:18),
　　(요7:20,8:48,49,52,10:20,21).
216) 다이모니조마이(δαιμονίζομαι : 귀신 들리다). ☞ 다이오(δαίω : 나누다,
　　분배하다)에서 유래. 같은 표현 ⇒ (마4:24,8:16,28,33,9:32,12:22,15:22),
　　(막1:32,5:15,16,18), (눅8:36), (요10:21).
217) 레마(ρῆμα : 말, 말하여 지는 것). ☞ 레오(ρέω : 말하여 지다)에서 유래.
　　같은 표현 ⇒ (요3:34,5:47,6:63,68,8:20,47,10:21,12:47,48,14:10,15:7,17:8).
218) 엥카이니아(εγκαίνια). ☞ (민7:10)의 하누카(봉헌, 헌납)의 역어.
　　빛의 절기로 말함, 초막절 2달 후 있음.
219) 파르흐레시아(παρρησία : 밝히 드러냄, 담대함, 확신).
　　같은 표현 ⇒ (요7:4,13,26,10:24,11:14,54,16:25,29,18:20), (요일2:28,3:21,4:17,5:14).

(pisteuo) 못한다. 내가 나의 아버지의 이름으로(en) 행하는
그 일하심(ergon,복) 곧 그것들이 나에 관하여 증거 한다(martureo).

10:26 그러나 너희는 (그것들조차도) 믿지(pisteuo) 못한다,
왜냐하면(gar), 마치 내가 너희에게 말한 것과 같이,
너희는 나의 양(probaton,복)에 속하지(ek) 않기 때문이다.

10:27 나의 양(probaton)들은 나의 음성을 듣는다, 그러면 나 또한
그들(양)을 잘 아니(ginosko), 그들(양)은 나를 좇아온다(akoloutheo).

10:28 그때 나는 그들이 영원히 결코 멸망하지(apollumi) 않도록,
그들에게 영원한 생명(zoe)을 준다, 그때 아무도 나의 손에서(ek)
그들을 잡아채지(harpazo) 못할 것이다.

10:29 나에게 (그들을) 준 나의 아버지는 만물들 보다 더 위대하니
(meizon), 또한 아무도 나의 아버지의 손에서(ek) (그들을) 잡아챌 수
(dunamai harpazo) 없다.

10:30 나와 그 아버지는 하나(eis)이다.”고 하는 것이다.◗

10:31 그러므로 그 유대인들이 그에게 돌을 던지려고, 다시 돌들을 들었다.

10:32 그 예수께서 그들에게 대답하기를,
“내가 너희에게 나의 아버지에게서(ek) 많은 착한 **일하심**(ergon,복)
을 보여주었다(deiknuo), 그것들 중 어떤 일하심(ergon)으로 인하여,
너희는 나에게 돌을 던지려 하느냐?”라고 하니,

10:33 그 유대인들이 그에게 대답하여, 말하기를,
“우리는 착한 **행함**(ergon)에 관해서(peri) 너에게 돌을 던지려는 것
이 아니라, 모독(blasphemia)220)에 관해서(peri) 이다,
왜냐하면(hoti) 네가 사람이면서 네가 네 자신을 하나님(theos,신)
으로 행하기 때문이다.”라고 하였다,

10:34 예수께서 그들에게 대답하여 말하기를,
“너희의 율법에 기록되어 있기를, ‘내가 말하기를,
〈너희는 신(theos)이다.〉221)라고 하지 않느냐?

---

220) 블라스페미아(βλασφημία : 비방, 중상, 모독). 같은 표현 ⇒ (마12:31,26:65),
(막3:28,7:22,14:64), (눅5:21), (요10:33), (엡4:31), (골3:8), (유1:9), (계2:9,13:1,5,17:3).

10:35 만일 그분(하나님)이 그 하나님의 말(logos)이 임한 자(ginomai)들을 향하여(pros) 신(theos, 복)으로 말하였고, 그 성경(graphe)이 폐지하여 질 수(dunamai luo) 없으면,

10:36 '내가 말하기를, 〈나는 그 하나님의 아들이다.〉고 하였다.' 하여, 그때 너희는 그 아버지께서 거룩하게 하여(hagiazo) 그 세상에 (하나님의 아들로) 보낸 자(apostello)에게 말하기를, '네가 모독한다(blasphemeo).'라고 하느냐?

10:37 만일 내가 나의 아버지의 일하심(ergon, 복)을 행하지 않으면, 너희는 나를 믿지 말라.

10:38 그러나 만일 내가 (나의 아버지의 일하심을) 행하면, 나를 믿지 않을지라도, 너희는 그 일하심(ergon, 복)을 믿어지게 하라(pisteuo), 즉 너희가, 그 아버지께서 내 안에(en) 있고 또 내가 그분 안에 (en) 있음을 깨달고(ginosko) 믿어지게 하기(pisteuo) 위해서이다."고 하는 것이다,

10:39 그러므로 그들이 그(예수)를 다시 붙잡으려 하였으나(zeteo piazo), 그러나 그가 그들의 손에서(ek) 빠져나갔다(exerchomai).◖

10:40 그리고 그는 그 요단 강 저편 곧 요한이 맨 처음에 물속에 침례 주고(baptizo)[222] 있었던 그 장소로 다시 떠나가서(aperchomai), 그곳에 머물렀다(meno).

10:41 그러자 많은 자들이 그를 향해 와서 말하기를, "요한은 실로 어떤 표적(semeion)[223]도 행하지 않았다, 그러나 요한이 이자에 관하여(peri) 말한 모든 것들이 사실이었다 (alethes)."라고 하며,

10:42 그곳에서 많은 자들이 그를 믿게 되었다(pisteuo).◖

---

221) ☞ (시82:6).

222) 밥티조(βαπτίζω : 침례를 베풀다, 침례하다).
같은 표현 ⇒ (요1:25,26,28,31,33,3:22,23,26,4:1,2,10:40).

223) 세메이온(σημειον : 표적, 이적). ☞ 세마이노(σημαίνω : 나타내 알리다)의 명사.
같은 표현 ⇒ (미24:3,24,30) (막13:4,22,16:17,20), (눅2:12,21:7,11),
(요2:11,18,23,3:2,4:48,54,6:2,14,30,7:31,9:16,10:41,11:47,12:18,37,20:30).

요한복음 11장

11:1 그리고 어떤 병든 자(astheneo)가 있었으니,
곧 그는 마리아와 마르다 그녀의 자매(adelphe)의 마을(kome)에
속하는(ek) 베다니 출신(apo) 나사로이었다.

11:2 (다시 말해), 주님께 향유(muron)[224]로 기름 붓고(aleipho) 자기의
머리털로 그(예수)의 발을 깨끗이 닦은(ekmasso) 마리아가 있었는데,
그녀의 형제(adelphos) 나사로가 병들어 있었다(astheneo).

11:3 그러므로 그 자매(adelphe)들이 그(예수)에게로 사람을 보내어
(apostello), 말하기를, "주여(kurios), 보소서(ide).
당신이 사랑하는 자(phileo)[225]가 아픕니다(astheneo)."라고 하니,

11:4 그러자 그 예수께서 듣고, 말하기를,
"바로 이 병(astheneia)[226]은 죽음(thanatos)을 향해(pros) 있지 않고,
오직 그 하나님의 영광(doxa)[227]을 위해(huper) 있는 것이다,
즉 그 하나님의 아들(huios)이 이것으로 인하여(dia) 영광을 받기
위해서(doxazo)이다."라고 하는 것이다.

11:5 그때 그 예수께서 마르다와 그녀의 자매와 나사로를 사랑하고
있었다(agapao)[228].

11:6 그러므로 그는 '나사로가 아프다(astheneo).'는 말을 들었으나,

---

224) 뮈론(μύρον : 향유). 같은 표현 ⇒ (마26:7,12), (막14:3,4,5), (눅7:37,38,46,23:56),
(요11:2,12:3,5), (계18:13).
225) 필레오(φιλέω : 가치가 있어 사랑하다, 좋아하다).
같은 표현 ⇒ (요5:20,11:3,36,12:25,15:19,16:27,20:2,21:15,16,17), (계3:19,22:15).
226) 아스데네이아(ασθένεια : 병, 힘없음, 연약함). 같은 표현 ⇒ (마8:17),
(눅5:15,8:2,13:11,12), (요5:5,11:4), (행28:9), (롬6:19,8:26), (고전2:3,15:43),
(고후11:30,12:5,9,10,13:4), (히4:15,5:2,11:34).
227) 독사(δόξα : 영광, 광채, 영화). ☞ 도케오(δοκέω : 생각하여 추정하다, 간주하다).
같은 표현 ⇒ (요1:14,2:11,5:41,44,7:18,8:50,54,9:24,11:4,40,12:41,43,17:5,22,24).
228) 아가파오(αγαπάω : 사랑하다). 같은 표현 ⇒ (요3:35,5:42,8:42,10:17,11:5,13:1,23,34,
14:15,28,31,15:9,12,17:23,21:15), (요일2:10,15,3:10,11,14,18,23,4:7,11,19,20,21,5:1,2),
(요이1:1), (요삼1:1), (계1:5,3:9,20:9).

90

그때에(tote)도 이틀 동안 그는 실로 자신이 있었던 그곳에서 머물렀다.

11:7 그리고 나서, 이런 일 후에, 그가 그 제자들에게 말하기를, "다시 그 <u>유대</u>로 가자(ago)"고 하는 것이다,

11:8 그 제자들이 그에게 말하기를, "랍비(rhabbi)여, 방금 그 <u>유대인</u>들이 당신에게 <u>돌을 던지려 하였는데</u>(zeteo lithazo), 또 다시 당신은 그곳으로 가려고합니까 (hupago)?"라고 하니,

11:9 그 예수께서 대답하기를, "낮(hemera)의 시간(hora, 복)은 열둘이 아니냐? 그 낮에 <u>걸어 다니는 자</u>(peripateo)는 누구든지 넘어지지(proskopto) 않는다, 왜냐하면(hoti) 그는 바로 이 세상의 빛(phos)을 <u>눈으로 보기</u>(blepo) 때문이다.

11:10 그러나 그 밤에 <u>걸어 다니는 자</u>(peripateo)는 누구든지 넘어질 것이다(proskopto), 왜냐하면(hoti) 그 사람 안에(en) 빛(phos)이 없기 때문이다."고 하는 것이다,

11:11 그가 이런 것들을 말하고, 또 이런 것들을 (말한) 후에 그들에게 말하기를, "나사로 우리들의 친구(philos)가 잠들었다(koimao), 그러나 그를 <u>깨우려고</u>(exupnizo)229), 내가 갈 것이다(poreuomai)." 라고 하니,

11:12 그러므로 그의 제자들이 말하기를, "주(kurios)여, 만일 그가 **잠들어 있으면**(koimao, 완), 그는 **깨어날 것입니다**(sozo, 래)230)."고 하는 것이다.

11:13 그때 그 예수는 그의 죽음(thanatos)에 관하여 말했으나(ereo), 그러나 바로 그들은 그(예수)가 그 잠(hupnos)의 쉼(koimesis, 잠듬)에 관하여 말하는 것으로 생각하였다(dokeo).

11:14 그러므로 그때에(tote) 그 예수께서 그들에게 <u>밝히 드러냄</u>

---

229) 엑쉽니조(ἐξυπνίζω : 잠에서 깨우다). ☞ 이곳에 한번 쓰임.
230) 소조(σώζω : 어려운 환경에서 구원하여 원래의 상태로 회복시켜 주다, 구원하다). 같은 표현 ⇒ (요3:17, 5:34, 10:9, 11:12, 12:27, 47).

(parrhesia)231)으로 말하기를,
"나사로가 죽었다(apothnesko),

11:15 그러나 나는 너희를 위해(dia) 기뻐하니(chairo),
즉 너희를 믿어지게 하기(pisteuo) 위해서이다,
왜냐하면(hoti) 내가 그곳에 있지 않았기 때문이다,
그럼에도 불구하고, 우리가 그에게로 가자(ago)."고 하는 것이다,

11:16 그러므로 디두모라고 말하는 도마가 동료 제자들에게 말하기를,
"심지어 우리도 그와 함께 죽으러(apothnesko), 가자(ago)."라고
하였다.◑

11:17 그러므로 그 예수께서 가서(erchomai) 알아보았으니(heurisko),
그때 이미 사 일 동안, 그(나사로)는 그 무덤(mnemeion)에 있었다
(echo).

11:18 그리고 그 베다니는 그 예루살렘에서 가까이 있어, 약 십오
스타디온(stadion)232)쯤 떨어져 있었다.

11:19 그때 그 유대인 중(ek) 많은 자들이 마르다와 마리아에게 왔었다,
즉 그들은 그녀들의 형제에 관하여 그녀들을 위문하기
(paramutheomai) 위해서 이었다.

11:20 그러므로 그 마르다는 '마침 그 예수께서 오신다.'는 말을 듣자,
그를 만나러 갔다(hupatano)233), 그러나 마리아는 그 집(oikos)에
앉아 있었다(kathezomai).

11:21 그러므로 그 마르다가 그 예수께 말하기를,
"주여(kurios), 만일 주께서 이곳에 계셨으면,
나의 형제가 죽지(apothnesko) 않았을 텐데요.

11:22 그러나 심지어 지금이라도 나는, 당신이 그 하나님께 구하는 것
(aiteo)이 무엇이든지 (그것을) 그 하나님이 당신에게 주실 줄을

---

231) 파르흐레시아(παρρησία : 밝히 드러냄, 담대함, 확신).
같은 표현 ⇒ (요7:4,13,26,10:24,11:14,54,16:25,29,18:20), (요일2:28,3:21,4:17,5:14).
232) 스타디온(στάδιον : 길이의 단위, 600 피이트).
233) 휘판타오(ὑπαντάω : 우연히 만나다). 같은 표현 ⇒ (마8:28,28:9), (막5:2),
(눅8:27,14:31), (요4:51,11:20,30,12:18), (행16:16).

압니다(oida)."라고 하니,

11:23 그 예수께서 그녀에게 말하기를,
"네 형제가 <u>다시 일어나리라</u>(anistemi)."고 하는 것이다.

11:24 <u>마르다</u>가 그에게 말하기를,
"그 부활(anastasis)의 때에(en) 곧 그 마지막(eschatos) 날(hemera)에,
그가 <u>다시 일어날 줄</u>(anistemi)을 내가 압니다(oida)."라고 하니,

11:25 그 예수께서 그녀에게 말하기를,
"내가 그 <u>다시 일어남</u>(anastasis) 즉 그 생명(zoe)이다.
내게(eis) 믿어지는 자(pisteuo)는, 비록 그가 **죽었어도**(apothnesko, 과),
그는 <u>살 것이고</u>(zao, 래),

11:26 또 그가 **살아 있으면서**(zao, 현) 내가 믿어지는 자는 누구든지
영원히 죽지(apothnesko) 않는다,
너는 이것이 믿어지느냐(pisteuo)?"고 하는 것이다.

11:27 그녀가 그(예수)에게 말하기를,
"네, 주여(kurios). 당신이 그 세상(kosmos)에 오는 그 <u>그리스도</u>
(Christos) 하나님의 아들인 것이 나는 믿어집니다(pisteuo)."라고
하였다.◑

11:28 그리고 그녀가 이런 것들을 말한 후, 가서(aperchomai), <u>마리아</u>
자신의 자매(adelphe)를 불러(phoneo), 조용히 말하기를,
"선생님(didaskalos)이 <u>가까이 오셔서</u>(pareimi), 너를 부른다(phoneo)."
라고 하니,

11:29 바로 그녀가 듣자마자 신속히(tachu) 일어나(egeiro), 그에게로 간다
(erchomai),

11:30 그때 그 예수는 아직 그 마을(kome)로 들어간 것이 아니라,
마르다가 그를 맞이했던(hupatano) 그곳에 여전히 계시었다.

11:31 그러므로 그 집에 그녀와 함께 있어 그녀를 위문하던
(paramutheomai) 그 <u>유대인들</u>은, 그 <u>마리아</u>가 속히 일어나
나가는 것을 보고, 그녀를 좇아가며(akolutheo)234), 말하기를,

---

234) 아코루데오(ἀκολουθέω : 좇아가다, 따르다). 같은 표현 ⇒

"그녀는, 무덤에서 울려고(klaio) 그곳으로 간다(hupago)."고 하였다.

11:32 그러므로 그 마리아가, 마침 그 예수께서 계셨던 곳에 이르자,
그(예수)를 보고, 그의 발에 엎드려(pipto), 그에게 말하기를,
"주여(kurios), 만일 주께서 이곳에 계셨으면,
나의 형제가 죽지(apothnesko) 않았을 텐데요."라고 하니,

11:33 그러므로 예수께서, 그녀가 우는 것(klaio)과 그녀와 함께 온
유대인들이 우는 것(klaio)을 보자, 그 영(pneuma)으로(여)
매우 분노를 느끼며(embrimaomai)235), 스스로 민망스럽게 여겼다
(tarasso, 마음이 요동치다)236).

11:34 그러자 그가 말하기를,
"너희는 어디에 그를 두었느냐(tithemi)?"라고 하니,
그들이 그에게 말하기를,
"주(kuiros)여, 당신이 오셔서(erchomai), 보소서(horao)."라고 하였다,

11:35 그 예수께서 눈물을 흘렸다(dakruo).

11:36 그러므로 그 유대인들이 말하기를,
"보라! 그가 그를 얼마나 사랑하고 있었는가(phileo)?"라고 하였다.

11:37 또한 그들 중 어떤 자들이 말하기를,
"그 소경의 눈을 뜨게 한 이 사람이, 심지어 이자도 죽지
(apothnesko) 않게, 행할 수(dunamai poieo)는 없었는가?"라고 하니,

11:38 그러므로 예수께서 다시 속으로 매우 분노를 느끼게 되어
(embrimaomai) 그 무덤(mnemeion)으로 간다(erchomai), 그때 그곳은
동굴(spelaion)이었고, 그것 위에 돌이 놓여 있었다(epikeimai).

11:39 그 예수께서 말하기를, "너희는 돌을 옮겨 놓아라(airo)."고 하니,
죽은 자(thnesko)의 자매 마르다가 말하기를,

(요1:37,38,40,43,10:4,5,27,11:31,12:26,13:36,37,18:15,20:6,21:19,20,22).

235) 엠브리마오마이(εμβριμάομαι : 매우 분노하다, 엄히 경고하여 명하다).
    같은 표현 ⇒ (마9:30), (막1:43,14:5), (요11:33,38).

236) 타랏쏘(ταράσσω : 함께 뒤흔들다, 동요하다, 어지럽히다, 불안하게 하다).
    같은 표현 ⇒ (마2:3,14:26), (막6:50), (눅1:12,24:38), (요5:4,7,11:33,12:27,14:1,27),
    (행15:24,17:8), (갈1:7,5:10), (벧전3:14).

"주(kuiros)여, 벌써 악취가 납니다,
왜냐하면(gar) 나흘이 되기 때문입니다."고 하니,

11:40 그 예수께서 그녀에게 말하기를,
"내가 너에게 말하지 않았느냐?
만약 네가 믿어지게 되면(pisteuo), 너는 그 하나님의 영광(doxa)[237]
을 볼 것이다(horao)."고 하는 것이다.

11:41 그러므로 그들이 그 돌을 옮겼다, 그때 그곳에는 그 죽은 자
(thnesko,완)가 놓여 있었다. 그러자 그 예수께서 그 눈을 위로(ano)
들어올리고(airo) 말하기를,
"아버지(pater)여, 내가 당신이 나의 말 들은 것(akouo과)을
당신에게 감사합니다(eucharisteo).

11:42 그런즉 나는 당신이 항상 나의 말 듣는 것(akouo,현)을 알고 있었
습니다(oida,과,완). 오직 내가 주위에 둘러서 있는(periistemi)
그 무리(ochlos)로 인하여(dia), 말하였으니(lego),
즉 그들로 당신이 나를 보낸 것(apostello)을 믿어지게 하기
위해서 입니다." 하고,

11:43 그리고 나서, 그가 이런 것들을 말한 후,
큰 소리로 소리 지르기를(kraugazo,과),
"나사로야, 너는 밖으로 오라(duro,과)!"라고 하니,

11:44 그러자 죽은 자(thnesko,완)가 그 수족이 띠(keiria)로 묶여 있는(deo)
채로 나왔다(exerchomai,과), 그때 그의 얼굴(opsis)은 수건으로
가려져 있었다.
그 예수께서 그들에게 말하기를,
"너희는 그를 풀어 놓아(luo), 그를 가게(hupago) 하라(aphiemi)[238]."
고 하는 것이다.

---

237) 독사(δόξα : 영광, 광채, 영화). ☞ 도케오(δοκέω : 생각하여 추정하다, 간주하다).
같은 표현 ⇒ (요1:14,2:11,5:41,44,7:18,8:50,54,9:24,11:4,40,12:41,43,17:5,22,24).
238) 아피에미(ἀφίημι : 내보내다, 용서하다, 탕감하다, 취소하다).
☞ (απο 와 ἵημι : 보내다)에서 유래. 같은 표현 ⇒ (마6:12,9:2,12:31,18:27),
(막2:5,3:28,4:12,11:25), (눅5:20,11:4,12:10,17:3,23:34), (요4:3,28,52,8:29,10:12,11:44,48,
12:7,14:18,27,16:28,32,18:8,20:23), (행8:22), (롬4:7), (약5:15), (요일1:9).

11:45 그러므로 그 마리아에게로 와서, 그 예수께서 행한 일(poeio)들을
눈여겨본(theaomai), 그 유대인들 중 많은 자들이 그를(eis) 믿게
되었다(pisteuo).◗

11:46 그러나 그들 중 어떤 자들은 그 바리새인들에게로 가서
(aperchomai), 그 예수께서 행한 일(poeio)들을 그들에게 말해
주었다.

11:47 그러므로 그 대제사장들과 바리새인들이 공회(sunedrion)²³⁹⁾를
모아(sunago) 말하기를,
"이 사람(anthropos)이 많은 표적(semeion, 복)²⁴⁰⁾을 행하니,
우리가 어떻게 하겠느냐?

11:48 만약 우리가 그를 이대로 놓아두면(aphiemi), 모든 자들이 그를
믿게 될 것이다(pisteuo), 그러면 그 로마인들이 와서(erchomai),
우리의 장소(topos)와 민족(ethnos)을 빼앗을 것이다(airo)."고 하였다.

11:49 또한 그들 중에 어떤 한 사람 곧 바로 그 해의 대제사장인
카야바가 그들에게 말하기를,
"너희는 아무것도 알지(oida) 못한다,

11:50 심지어 너희는 깊이 생각하지(dialogizomai)도 못한다,
왜냐하면(hoti) 한 사람(anthropos)이 그 백성(laos)을 위해 죽어서,
그 전체 민족(ethnos)이 멸망하지(apollumi) 않는 것이 우리에게
유익하기(sumphero) 때문이다."라고 하니,

11:51 그때 그가 이런 것을 말한 것은 스스로가 아니라, 오직 바로
그 해의 대제사장 이어서 이니, 곧 그(카야바)가 그 예수께서
그 민족(ethnos)을 위해(huper) 장차 죽을 것(mello apothnesko)을
예언한 것이었다(propheteuo)²⁴¹⁾,

---

239) 쉬네드리온(συνέδριον : 공회, 법정). 같은 표현 ⇒ (마5:22, 10:17, 26:59),
(막13:9, 14:55, 15:1), (눅22:66), (요11:47), (행4:15, 5:21, 27, 34, 41, 6:12, 15, 22:30,
23:1, 6, 15, 20, 28, 24:20).
240) 세메이온(σημειον : 표적, 이적). ☞ 세마이노(σημαίνω : 나타내 알리다)의 명사.
같은 표현 ⇒ (마24:3, 24, 30) (막13:4, 22, 16:17, 20), (눅2:12, 21:7, 11),
(요2:11, 18, 23, 3:2, 4:48, 54, 6:2, 14, 30, 7:31, 9:16, 10:41, 11:47, 12:18, 37, 20:30).
241) 프로페튜오(προφητεύω : 예언하다). 같은 표현 ⇒ (마7:22, 11:13, 15:7),
(막7:6, 14:65), (눅1:67, 22:64), (요11:51), (고전11:4, 13:9, 14:1, 3, 4, 24, 31, 39),

96

11:52 또한 그가 그 민족(ethnos)을 위해서(huper)뿐 아니라, 흩어진
(diaskorpizo) 그 하나님의 자녀(teknon)들을 하나로(eis) 모으기
위해서 이었다.

11:53 그러므로 바로 그 날(hemera)부터 그들은 그를 죽이기 위해
함께 결의하였다(sumbouleuo)242).

11:54 그러므로 그 예수께서 더 이상 밝히 드러냄(parrhesia)으로
그 유대인들 가운데 돌아다니지(peripateo) 않고, 오히려 그곳에서
떠나(aperchomai), 그 광야 가까운 그 지역(chora)으로
곧 에브라임이라고 하는 한 성읍으로 가서, 그곳에서 자신의 제자
들과 함께 잠시 머물고 있었다(diatribo).◗

11:55 그리고 그 유대인들의 유월(pascha)이 가까이 오고(enggus) 있었다,
그때 그 유월(pascha) 전에 많은 자들이 자신을 정결하게 하려고
(hagnizo)243), 그 지역(chora)에서 예루살렘으로 올라갔다(anabaino).

11:56 그러므로 그들이 그 예수를 찾으며(zeteo), 그 성전(hieron)에 서서,
서로에게 말하기를,
"너희는 어떻게 생각하느냐(dokeo)?
즉 그가 그 절기(heorte)에 오지 않겠느냐?"고 하였다.

11:57 그때 그 대제사장들과 그 바리새인들이, 만약 누구든지 그가
어디 있는지 잘 알면, 보고하도록(menuo)244), 명령(entole)245)을
내렸다(didomi), 즉 그들이 그를 붙잡기 위해서 이었다.◗

(벧전1:10), (계10:11,11:3).

242) 블류오(βουλεύω : 숙고하다, 의논하다). 같은 표현 ⇒ (눅14:31), (요11:53,12:10),
(행5:33,15:37,27:39), (고후1:17).

243) 하그니조(αγνίζω : 정결하게 하다, 죄 없이 깨끗하게 하다).
☞ 하그노스(αγνος : 죄 없이 깨끗한)에서 유래.
같은 표현 ⇒ (요11:55), (행21:24,24:18), (약4:8), (벧전1:22), (요일3:3).

244) 메뉘오(μηνύω : 넌지시 알리다, 드러내다). 같은 표현 ⇒ (눅20:37), (요11:57),
행23:30), (고전10:28).

245) 엔토레(εντολή : 명령, 계명, 지시). 같은 표현 ⇒ (요10:18,11:57,12:49,50,13:34,
14:15,21,15:10,12), (요일2:3,4,7,8,3:22,23,24,4:21,5:2,3), (요이1:4,5,6), (계12:17,14:12).

요한복음 12장

12:1 그러므로 그 유월(pascha) 엿새 전에,
그 예수께서 베다니에 이르렀다(erchomai),
그때 그곳에는 죽었던(thnesko), 그러나 죽은 자(nekros)들로부터(ek)
깨어 일어난(egeiro) 나사로가 있었다.

12:2 그러므로 그곳에서 그들이 그(예수)를 위해 만찬(deipnon)을 베풀
었다(poieo), 그때 그 마르다는 섬기고 있었고(diakoneo)[246],
또한 그 나사로는 그와 함께 비스듬히 앉아 있는 자(sunanakeimai)
들 중 한명이었다.

12:3 그러므로 그 마리아는 순수한 매우 값진 나드 향유(muron)[247]
한 리트라(litra)[248]를 취하여, 그 예수의 발에 기름을 붓고(aleipho),
자기의 머리털로 그의 발을 닦았다, 그런즉 그 집이 그 향유
(muron)의 냄새(osme)[249]로 가득 채워졌다(pleroo).

12:4 그때에 그의 제자들 중 한명 곧 그를 넘겨주려고 하는
유다 이스카리옷이 말하기를,

12:5 "어찌하여 당신은 이 향유(muron)를 삼백 데나리온(denarion)[250]에
팔아(piprasko)[251], 가난한 자(ptochos)들에게 주어지게 하지 않느냐?"
고 하는 것이다.

12:6 그때 그가 이런 것을 말한 것은, 그가 가난한 자(ptochos)들을
걱정하기(melo)[252] 때문이 아니라, 오직 그가 도적이었고,

---

246) 디아코네오(διακονέω : 섬기다, 봉사하다). 같은 표현 ⇒
(마4:11,8:15,20:28,25:44,27:55), (막1:13,31,10:45,15:41),
(눅4:39,8:3,10:40,12:37,17:8,22:26,27), (요12:2,26), (행6:2,19:22).
247) 뮈론(μύρον : 향유). 같은 표현 ⇒ (마26:7,12), (막14:3,4,5), (눅7:37,38,46,23:56),
(요11:2,12:3,5), (계18:13).
248) 리트라(λίτρα : 로마의 중량 일 파운드 이다).
249) 오스메(ὀσμή : 냄새). 같은 표현 ⇒ (요12:3), (고후2:14,16), (엡5:2), (빌4:18).
250) 데나리온(δηνάριον : 로마의 은전).
251) 피프라스코(πιπρασκω : 뇌물을 위해 팔다, 팔다, 임대하다).
같은 표현 ⇒ (마13:46,18:25,26:9), (막14:5), (요12:5), (행2:45,4:34,5:4), (롬7:14).

98

또 돈 궤를 갖고 있어, 그 넣어지는 것(ballo)을 몰래 가져가고 있었기(bastazo) 때문이었다.

12:7 그러므로 그 예수께서 말하기를,
"너는 그녀를 가만 두어라(aphiemi)253), 그녀는, 나의 장례 준비 (entaphiasmos)의 날(hemera)을 위해, 이런 일을 간직해 두었다 (tereo)254).

12:8 왜냐하면(gar) 너희에게 그 가난한 자(ptochos)들은 항상 너희와 함께 있으나, 그러나 나는 항상 있지 않기 때문이다."라고 하는 것이다.◐

12:9 그러므로 그 유대인들 중에 많은 무리가, 그 예수 때문(dia)뿐만 아니라, 오히려 죽은 자(nekros)들로부터 깨어 일어난(egeiro) 그 나사로를 보기 위해서, 이곳에 그(예수)가 계신 줄을 잘 알고 (ginosko) 왔다(erchomai).

12:10 그때 그 대제사장들이 결의했으니(bouleuo)255),
즉 그들이 심지어 나사로조차도 죽이기(apokteino) 위해서 이었다,

12:11 왜냐하면(hoti) 그 유대인들 중 많은 자들이 그(나사로)로 인하여 (dia) 가서(hupago, 미), 그 예수를(eis) 믿고 있었기(pisteuo, 미) 때문 이었다.◐

12:12 그 다음 날, 그 절기(heorte)에 온(erchomai) 많은 무리(ochlos)가 '그 예수께서 예루살렘으로 오신다(erchomai).'는 말을 듣고,

12:13 그 종려나무 가지256)를 취하여(lambano), 그를 맞으러(hupantesis)257)

---

252) 멜로(μέλω : 관심을 가지다, 돌보다, 염려하다). 같은 표현 ⇒ (마22:16),
(막4:38,12:14), (눅10:40), (요10:13,12:6), (행18:17), (고전7:21,9:9), (벧전5:7).
253) 아피에미(ἀφίημι : 내보내다, 용서하다, 탕감하다, 취소하다).
☞ (ἀπο 와 ἵημι : 보내다)에서 유래. 같은 표현 ⇒ (마6:12,9:2,12:31,18:27),
(막2:5,3:28,4:12,11:25), (눅5:20,11:4,12:10,17:3,23:34), (요4:3,28,52,8:29,10:12,11:44,48,
12:7,14:18,27,16:28,32,18:8,20:23), (행8:22), (롬4:7), (약5:15), (요일1:9).
254) 테레오(τηρέω : 지켜 보존하다).
같은 표현 ⇒ (요2:10,8:51,52,55,9:16,12:7,14:15,21,23,24,15:10,20,17:6,11,12,15).
255) 블류오(βουλεύω : 숙고하다, 의논하다). 같은 표현 ⇒ (눅14:31), (요11:53,12:10),
(행5:33,15:37,27:39), (고후1:17).
256) 포이닉스(φοινιξ : 종려나무 가지, 대추 야자수). 같은 표현 ⇒ (요12:13), (계7:9).

99

나가서, 소리 지르고 있기를(krazo),
"호산나(hosanna)258),
주 이스라엘의 왕(basileus)의 이름으로(en) 오시는 이여,
송축 받으소서(eulogeo, 축복 받으소서)."259) 라고 하는 것이다.

12:14 그때 그 예수는 어린 나귀(onarion)를 찾아내어(heurisko),
그것 위에 앉았으니(kathizo), 기록되어 있기를,

12:15 "시온(Zion)260)의 딸아(thugater), 너희는 두려워(phobeo) 말라.
보라! 너의 왕이 당나귀 새끼(polos)를 타고(kathemai) 온다
(erchomai)."261) 라고 하였다.

12:16 그때 이런 일들을, 그의 제자들이 맨 처음에는 깨달아 알지
(ginosko) 못했다, 오직 그 예수께서 영광을 받았을(doxazo) 때,
그때에(tote)야 그들(제자)은, 이런 것들이 그(예수)에 관하여
기록되어 있었던 것과 그들(무리들)이 그(예수)에게 이런 일들을
행한 줄을 기억하였다(mnaomai).

12:17 그러므로 그(예수)가 그 무덤에서(ek) 그 나사로를 소리 내어 불러
(phoneo), 죽은 자(nekros)들로부터 깨워 일으켰을(egeiro) 때,
그(예수)와 함께 있었던 무리(ochlos)가 증거하고 있었다(martureo, 미).

12:18 이런 일로 인하여(dia touto) 심지어 그 무리(ochlos)도 예수를
맞이하였다(hupantao)262), 왜냐하면(hoti) 그 무리(ochlos)도 그(예수)
가 바로 이 표적(semeion)263) 행한 것을 들었기 때문이었다.

---

257) 휘판테시스(υπαντησις : 만남). 같은 표현 ⇒ (마8:34,25:1), (요12:13).
257) 휘판테시스(υπαντησις : 만남). 같은 표현 ⇒ (마8:34,25:1), (요12:13).
258) 호산나(ωσαννα : 우리를 구원 하소서, 히브리어 호쉬아 나의 음역).
　　 같은 표현 ⇒ (마21:9,15), (막11:9,10), (요12:13).
259) ☞ (시118:25,26).
260) 시온(Ζιων : 예루살렘 동쪽 산등성).
　　 같은 표현 ⇒ (마21:5), (요12:15), (롬11:26), (히12:22), (벧전2:6), (계14:1).
261) ☞ (슥9:9).
262) 휘판타오(υπανταω : 우연히 만나다). 같은 표현 ⇒ (마8:28,28:9), (막5:2),
　　 (눅8:27,14:31), (요4:51,11:20,30,12:18), (행16:16).
263) 세메이온(σημειον : 표적, 이적). ☞ 세마이노(σημαινω : 나타내 알리다)의 명사.
　　 같은 표현 ⇒ (마24:3,24,30) (막13:4,22,16:17,20), (눅2:12,21:7,11),
　　 (요2:11,18,23,3:2,4:48,54,6:2,14,30,7:31,9:16,10:41,11:47,12:18,37,20:30).

12:19 그러므로 그 바리새인들도 서로에게 말하기를,
"너희는 눈여겨볼지어다(theoreo)!
어떤 것도 너희는 <u>유익하게 하지</u>(opheleo) 못한다.
보라(ide)! 그 세상(kosmos)이 그를 뒤쫓아(opiso) 갔다(aperchomai)."고
하였다.◑

12:20 그때, 그 절기(heorte)에(en) 경배하려(proskuneo) <u>올라가는 자</u>(anabaino)
들 중 어떤 헬라인들이 있었다,

12:21 그러므로 바로 그들이 그 갈릴리의 <u>벳새다</u> 출신인 필립에게
다가가서(proserchomai), 그에게 요청하며(erotao), 말하기를,
"선생(kurie)이여, 우리가 그 <u>예수</u>를 뵙고자 합니다(thelo horao)."고
하자,

12:22 필립이 가서, <u>안드레</u>에게 말하고, 다시 <u>안드레</u>와 필립이
그 <u>예수</u>께 말한다.

12:23 그때 그 예수께서 그들에게 대답하여, 말하기를,
"그 시점(hora)이 이르니(erchomai,완), 즉 그 인자
(ho huios tou anthropou)가 <u>영광을 받기</u>(doxazo) 위해서이다.

12:24 진실로, 진실로 내가 너희에게 말하니,
'만약 그 밀의 씨앗(kokkos)이 그 땅에 떨어져 죽지 않으면,
그것은 한 알 <u>그대로 있다</u>(meno,머물다), 그러나 만약 그것이
죽으면, 그것은 많은 열매(karpos)를 맺는다(pherei).

12:25 자신의 목숨(psuche)을 <u>사랑하는 자</u>(phileo)264)는 그것을 <u>잃어버릴</u>
<u>것이다</u>(apollumi), 그러나 바로 이 세상(kosmos)에서 자신의 목숨
(psuche)을 <u>미워하는 자</u>(miseo)는 영원한 생명(zoe)에게로(eis)
그것(목숨)을 <u>지켜 보존할 것이다</u>(phulasso).

12:26 만약 누구든지 나를 섬기려하면(diakoneo)265),
그는 나를 <u>좇아오라</u>(akoloutheo)266).

---

264) 필레오(φιλέω : 가치가 있어 사랑하다, 좋아하다).
같은 표현 ⇒ (요5:20,11:3,36,12:25,15:19,16:27,20:2,21:15,16,17), (계3:19,22:15).
265) 디아코네오(διακονέω : 섬기다, 봉사하다). 같은 표현 ⇒
(마4:11,8:15,20:28,25:44,27:55), (막1:13,31,10:45,15:41),
(눅4:39,8:3,10:40,12:37,17:8,22:26,27), (요12:2,26), (행6:2,19:22).

그때 내가 있는 곳에, 그곳에 심지어 나를 <u>섬기는 자</u>(diakonos, 일군)²⁶⁷⁾도 있을 것이다.
만약 누구든지 나를 섬기면(diakoneo), 그 아버지께서 그를 <u>존귀하게 할 것이다</u>(timao).' " 하고,

12:27 (또 그 예수께서 그들에게 대답하여 말하기를),
"지금 나의 영혼(psuche)이 <u>불안함에 떨리니</u>(tarasso, 민망하다, 완, 수)²⁶⁸⁾, 그런즉 내가 무엇을 말 하겠습니까?
아버지(pater)여, 당신이 바로 이 시점(hora)으로부터(ek) 나를 구원하소서(sozo)²⁶⁹⁾. 그러나 이런 일로 인하여(dia) 곧 바로 이 시점(hora)을 위해(eis), 내가 왔습니다(erchomai, 과).

12:28 아버지(pater)여, 당신은 당신의 이름을 <u>영광스럽게 하소서</u>(doxazo)." 라고 하는 것이다,
그러므로 그 하늘에서(ek) 한 음성(phone)이 임하였으니(erchomai),
"내가 (나의 이름을) <u>영광스럽게 하였고</u>(doxazo, 과),
또 내가 다시 (나의 이름을) <u>영광스럽게 할 것이다</u>(doxazo, 래)."라고 하는 것이다.

12:29 그러므로 서서(histemi) 들은 그 무리(ochlos)가 말하기를,
"천둥(bronte)이 일어났다(ginomai)." 하고,
<u>어떤 자들</u>은 말하기를,
"천사(anggelos)가 그에게 말하였다(laleo)."고 하였다,

12:30 그 예수께서 대답하여 말하기를,
"바로 이 음성(phone)은 나로 인하여(dia) 일어나지(ginomai) 않고, 오직 너희로 인하여(dia) (일어났다).

---

266) 아코루데오(ἀκολουθέω : 좇아가다, 따르다). 같은 표현 ⇒ (요1:37,38,40,43,10:4,5,27,11:31,12:26,13:36,37,18:15,20:6,21:19,20,22).
267) 디아코노스(διάκονος : 섬기는 자). 같은 표현 ⇒ (마20:26,22:13,23:11), (막9:35,10:43), (요2:5,9,12:26).
268) 타랏소(ταράσσω : 함께 뒤흔들다, 동요하다, 어지럽히다, 불안하게 하다). 같은 표현 ⇒ (마2:3,14:26), (막6:50), (눅1:12,24:38), (요5:4,7,11:33,12:27,14:1,27), (행15:24,17:8), (갈1:7,5:10), (벧전3:14).
269) 소조(σώζω : 어려운 환경에서 구원하여 원래의 상태로 회복시켜 주다, 구원하다). 같은 표현 ⇒ (요3:

12:31 지금(nun) 바로 이 세상(kosmos)의 심판(krisis)이 있을 것이니(eimi, 현),
곧 지금 바로 이 세상(kosmos)의 통치자(archon)가
밖으로 <u>쫓겨날 것이다</u>(ekballo, 래).

12:32 (다시 말해), 만약 내가 그 땅에서(ek) <u>높이 들어 올리어지면</u>
(hupsoo)[270], 나는 <u>모든 자들을</u> 내 자신을 향해(pros) <u>이끌 것이다</u>
(helkuo, 끌어당기다)[271]."고 하는 것이다.

12:33 그때 그는 이런 것을 말하고 있었고, 또 어떠한 죽음으로 장차
<u>죽을 것인 지</u>(mello apothnesko)를 <u>미리 나타내 알리고</u>(semaino)[272]
있었다.

12:34 그 무리(ochlos)가 그에게 대답하기를,
"율법에서(ek) 우리가 듣기를, '그 <u>그리스도</u>(Christos)는 영원히
머문다(meno).'고 하였습니다, 그러나 어찌하여 당신은 말하기를,
'그 <u>인자</u>(ho huios tou anthropou)가 <u>높이 들어 올리어져야 한다</u>
(dei hupsoo).'고 하십니까? 바로 그 인자(ho huios tou anthropou)는
누구입니까?"라고 하니,

12:35 그러므로 그 <u>예수</u>께서 그들에게 말하기를,
"아직 잠시(mikros kronos) 동안, 그 빛(phos)이 너희와 함께(meta)
있으니, 너희가 그 빛(phos)을 소유하고 있는 동안, 너희는
어두움(skotia, 여)이 너희를 <u>억누르지</u>(katalambano)[273] 못하도록,
<u>살아가라</u>(peripateo). 곧 그 어두움(skotia, 여) 속에 <u>살아가는 자</u>
(peripateo)는 자신이 어디로 <u>가는 지</u>(hupago)를 알지(oida) 못한다.

12:36 너희가 그 빛(phos)을 소유하고 있는 동안,

---

270) 힙소오(ὑψόω : 높이다, 들어 올리다). 같은 표현 ⇒ (마11:23,23:12),
(눅1:52,10:15,14:11,18:14), (요3:14,8:28,12:32,34), (행2:33,5:31,13:17), (고후11:7),
(약4:10), (벧전5:6).

271) 헬퀴오(ἑλκύω : 끌어당기다). 같은 표현 ⇒ (요6:44,12:32,18:10,21:6,11),
(행16:19,21:30), (약2:6).

272) 세마이노(σημαίνω : 가리키다, 미리 나타내 알리다).
☞ 세메이온(σημειον : 표적, 이적)의 동사.
같은 표현 ⇒ (요12:33,18:32,21:19), (행11:28,25:27), (계1:1).

273) 카타람바로(καταλαμβάνω : 철저히 붙잡다). 같은 표현 ⇒ (막9:18), (요1:5,8:3,
12:35), (행4:13,10:34,25:25), (롬9:30), (고전9:24), (엡3:18), (빌3:12), (살전5:4).

너희는 그 빛(phos)을 믿어지게 하라(pisteuo, 명),
너희가 빛(phos)의 **아들**(huios, 복)이 되기 위해서이다."고
하는 것이다.
그 예수께서 이런 것들을 말한(laleo) 후,
그는 떠나가서(aperchomai), 그들로부터 숨으셨다(krupto).◑

12:37 그러나 그(예수)가 그들 앞에서 그렇게 많은 표적(semeion, 복)[274]을
행하였지만, 그들은 그를(eis) 믿지 못하였다,

12:38 즉 **이사야** 그 예언자의 말씀이 응하기 위해서 이었다,
그때 그(이사야)가 말하기를,
'주(kurios)여, 우리의 들음(akoe)에 대하여 누가 믿었습니까?
주의 팔이 누구에게 드러났습니까(apokalupto)[275]?'[276]라고 하였다.

12:39 (또한) 이런 일로 인하여, 그들은 (그를) 믿을 수가 없었다,
왜냐하면(hoti) 이사야가 다시 말했기 때문이다,

12:40 '그분이 그들의 눈을 멀게 하고, 그들의 마음(kardia)을 굳어지게
한다(poroo)[277], 즉 그들이 눈으로 보지 못하고, 마음으로 깨달아
인식하지(noeo)[278] 못하고, 돌이키게 되지(strepho) 못하여, 내가
그들을 고치지(iaomai)[279] 못하게 하기 위해서이다.'[280]고 하였기
때문이다,

---

274) 세메이온(σημειον : 표적, 이적). ☞ 세마이노(σημαίνω : 나타내 알리다)의 명사.
   같은 표현 ⇒ (마24:3,24,30) (막13:4,22,16:17,20), (눅2:12,21:7,11),
   (요2:11,18,23,3:2,4:48,54,6:2,14,30,7:31,9:16,10:41,11:47,12:18,37,20:30).
275) 아포칼립토(ἀποκαλύπτω : 덮개를 벗기다, 드러내다, 이전에 감추인 것을
   나타내다). 같은 표현 ⇒ (마10:26,11:25,27,16:17), (눅2:35,10:21,22,12:2,17:30),
   (요12:38), (롬1:17,18,8:18).
276) ☞ (사53:1).
277) 포로오(πωρόω : 돌 같이 굳어지게 하다). 같은 표현 ⇒ (막6:52,8:17), (요12:40),
   (롬11:7), (고후3:14).
278) 노에오(νοέω : 인식하다, 알아차리다, 지각하다). ☞ 노에마(νόημα : 사고방식).
   같은 표현 ⇒ (마15:17,16:9,11,24:15), (막7:18,8:17,13:14), (요12:40), (롬1:20),
   (엡3:4,20), (히11:3), (딤전1:7), (딤후2:7).
279) 이아오마이(ἰάομαι : 고치다, 치료하다). 같은 표현 ⇒ (마13:15), (눅5:17,9:2),
   (요12:40), (행9:34,28:8,27), (히12:13), (약5:16), (벧전2:24).
280) ☞ (사6:10).

12:41 이사야가 이런 것들을 말한 것이니, 마침 그(이사야)가 그(주)의 영광(doxa)281)을 보았을 때이었고, 또한 그(이사야)가 그(주)에 관하여 말한 것이었다(laleo).

12:42 그럼에도 불구하고, 비록 심지어 통치자(archon)들 중 많은 자들이 그(예수)를 믿게 되었을지라도(pisteuo), 그들은 그 바리새인들로 인하여, 시인하지(homologeo) 못하고 있었다, 즉 그들이 회당에서 출회되지(aposunagogos,복) 않기 위해서 이었다,

12:43 왜냐하면(gar) 그들은 그 하나님의 영광(doxa)보다 그 사람의 영광(doxa)을 더욱 더 사랑하였기(agapao) 때문이었다.◐

12:44 그때 그 예수께서 소리 지르며(krazo), 말하기를,
"내가(eis) 믿어지는 자(pisteuo)는 나를(eis) 믿는 것(pisteuo)이 아니라, 나를 보낸 분(pempo)을(eis) 믿는 것이고(pisteuo),

12:45 또 나를 눈여겨보는 자(theoreo)는 나를 보낸 분(pempo)을 눈여겨보는 것이다(theoreo).

12:46 바로 나(ego) 곧 빛(phos)이 그 세상(kosmos)에 오니(erchomai,완), 즉 내가 믿어지는 자는 누구든지 그 어두움(skotia,여)에 머물지 (meno) 않기 위해서이다.

12:47 또한 비록 누구든지 나의 말(rhema,복)282)을 듣고 믿어지게 하지 (pisteuo) 못하더라도, 나는 그를 심판하지(krino) 않는다, 왜냐하면(gar) 나는, 그 세상(kosmos)을 심판하기(krino) 위해서가 아니라, 오직 그 세상(kosmos)을 구원하기(sozo)283) 위해, 왔기 (erchomai,과) 때문이다.

12:48 나를 거절하는 자(atheteo)284) 즉 나의 말(rhema,복)을 받아들이지

---

281) 독사(δόξα : 영광; 광채, 영화). ☞ 도케오(δοκέω : 생각하여 추정하다, 간주하다).
   같은 표현 ⇒ (요1:14,2:11,5:41,44,7:18,8:50,54,9:24,11:4,40,12:41,43,17:5,22,24).
282) 레마(ρημα : 말, 말하여 지는 것). ☞ 레오(ρέω : 말하여 지다)에서 유래.
   같은 표현 ⇒ (요3:34,5:47,6:63,68,8:20,47,10:21,12:47,48,14:10,15:7,17:8).
283) 소조(σώζω : 어려운 환경에서 구원하여 원래의 상태로 회복시켜 주다,
   구원하다). 같은 표현 ⇒ (요3:17,5:34,10:9,11:12,12:27,47).
284) 아데테오(ἀθετέω : 무효로 하다, 거절하다). ☞ 티데미(τίθημι : 놓다, 정하다)
   에서 유래. 같은 표현 ⇒ (막6:26,7:9), (눅7:30,10:16), (요12:48), (갈2:21,3:15),

(lambano) 못하는 자에게는, 그를 심판할 이(krino)가 있으니,
곧 그 마지막 날(hemera)에 내가 말한(laleo) 바로 그 말(logos)이
그를 심판할 것이다(krino).

12:49 왜냐하면(hoti) 내가 나 스스로(ek) 말한 것(laleo)이 아니라,
오직 나를 보낸 분(pempo) 그 아버지께서 친히 나에게,
내가 무엇을 말해야 할 것(lego)과 무엇을 말해야 할 것(laleo)을
명하였기(didomi entole[285]) 때문이다.

12:50 (다시 말해), 나는 그분의 계명(entole)이 영원한 생명(zoe)인 줄 안다
(oida), 그러므로 내가 말하는 것(laleo)은; 그 아버지께서 나에게
말한(ereo) 대로, 나도 그와 같이 말한다(laleo)."고 하는 것이다.◗

(살전4:8), (딤전5:12), (히10:28), (유1:8).
285) 엔토레(εντολή : 명령, 계명, 지시). 같은 표현 ⇒ (요10:18,11:57,12:49,50,13:34,
14:15,21,15:10,12), (요일2:3,4,7,8,3:22,23,24,4:21,5:2,3), (요이1:4,5,6), (계12:17,14:12).

요한복음 13장

13:1 그리고 그 유월(pascha)의 절기(heorte) 전에, 그 예수께서 바로
이 세상(kosmos)에서(ek) 그 아버지를 향해(pros) 자리를 옮겨야 할
(metabaino) 자신의 시점(hora)이 오는 줄(erchomai,완)을 알고(oida),
그 세상(kosmos)에 있는 그 자신에 속하는 자(idios)286)들을 사랑하였
으니(agapao)287), 곧 그들을 끝(telos)에 이르기(eis)288)까지 사랑하였다
(agapao),

13:2 그때 저녁 만찬(deipnon) 중에, 그 마귀(diabolos)289)는 이미 유다
시몬 이스카리옷이 그(예수)를 넘겨줄 것(paradidomi)을 그(유다)의
마음(kardia)에 넣어 주었고(ballo),

13:3 그 예수는, 그 아버지께서 그 손에(eis) 모든 일들을 맡기는 것
(didomi,완)과 자신이 하나님에게서(apo) 나왔다(exerchomai,과)가
그 하나님을 향해(pros) 떠나가는 줄(hupago,현)을 안다(oida),

13:4 (그런즉) 그는 그 저녁 만찬(deipnon)에서 일어나(egeiro), 그 겉옷
(himation)들을 벗어 놓고, 또한 수건을 취하여(lambano) 자신에게
둘러 졸라 맸다.

13:5 그리고 나서, 그는 그 대야에 물을 담아, 그 제자들의 발을 씻기고
(nipto), 자신이 두른 수건으로 깨끗이 닦기 시작하였다.

13:6 그런 후에 그가 시몬 베드로에게 가니(erchomai), 바로 그(시몬)가
그에게 말하기를, "주(kurios)여, 당신이 내 발을 씻기십니까(nipto)?"
라고 하였다,

---

286) ☞ 이디오스(ἴδιος: 자신의, 자신에 속하는). 같은 표현 ⇒ (요1:11,13:1).
287) 아가파오(ἀγαπάω : 사랑하다). 같은 표현 ⇒ (요3:35,5:42,8:42,10:17,11:5,13:1,23,34,
14:15,28,31,15:9,12,17:23,21:15), (요일2:10,15,3:10,11,14,18,23,4:7,11,19,20,21,5:1,2),
(요이1:1), (요삼1:1), (계1:5,3:9,20:9).
288) 에이스(εἰς : 에, 에로, 을 목적으로, 위하여). 같은 표현 ⇒ (마3:11,28:19),
(요13:1), (행2:38,8:16,19:5), (롬6:3), (갈3:27).
289) 디아볼로스(διάβολος : 마귀, 비방자). ☞ 디아발로(διαβάλλω : 고소하다).
같은 표현 ⇒ (마4:1,5,8,11,13:39,25:41), (눅4:2,3,13,8:12), (요6:70,8:44,13:2),
행10:38,13:10), (요일3:8,10), (계2:10,12:9,12,20:2,10).

13:7 예수께서 대답하여 그에게 말하기를,
　　"내가 행하는 것을 네가 <u>지금 당장</u>(arti) <u>알지</u>(oida) 못하나,
　　그러나 이런 일들 후에 네가 <u>깨달아 알게 될 것이다</u>(ginosko)."고
　　하는 것이다,

13:8 베드로가 그에게 말하기를,
　　"당신은 나의 발을 절대로 씻기지(nipto) 못하십니다."라고 하니,
　　그 예수께서 그에게 대답하기를,
　　"만약 내가 너를 씻기지(nipto) 않으면, 너는 나와 상관(meros,분깃)이
　　없다."고 하는 것이다,

13:9 <u>시몬 베드로</u>가 그에게 말하기를,
　　"주(kurios)여, 나의 발뿐만 아니라, 심지어 그 손과 그 머리도
　　씻겨주십시오(nipto)."라고 하였다,

13:10 그 예수께서 그에게 말하기를,
　　"<u>목욕하는 자</u>(louo)[290]는 그 발 외에 씻을(nipto) 필요가 없다,
　　오히려 <u>온 몸</u>(holos,전체)이 깨끗하다(katharos). 그런즉 너희는
　　깨끗하다(katharos), 그러나 <u>모든 자들</u>은 아니다."고 하는 것이다,

13:11 <u>왜냐하면</u>(gar) 그는 자신을 <u>넘겨주는 자</u>(paradidomi)를 알기(oida)
　　때문이다. 이런 일로 인하여(dia touto), 그가 말하기를,
　　"<u>모든 자</u>들이 깨끗하지(katharos)는 않다."라고 하는 것이다.◐

13:12 그러므로 마침 그가 그들의 발을 씻기고(nipto), 자신의 겉옷
　　(himation,복)을 입고, 다시 <u>기대어 앉았을</u>(anapipto) 때, 그들에게
　　말하기를, "너희는 내가 너희들에게 무엇을 행하는지(poieo,완)
　　<u>깨달아 아느냐</u>(ginosko)?

13:13 너희는 나를 <u>소리 내어 부르기를</u>(phoneo),
　　'그 선생님(didaskalos) 또는 그 주님(kurios).'이라고 한다,
　　그런즉 너희가 잘 말한다,
　　왜냐하면(gar) <u>내가 그</u>(ego eimi)이기 때문이다.

13:14 그러므로 만일 내가 그 주님(kurios) 또는 그 선생님(didaskalos)으로

---

290) 루오(λουω : 씻다, 목욕하다). 같은 표현 ⇒ (요13:10), (행9:37,16:33), (히10:22),
　　(벧후2:22), (계1:5).

108

너희 발을 씻겼으면(nipto),
심지어 너희도 서로의 발을 <u>씻겨 주어야 한다</u>(opheilo291) nipto).

13:15 왜냐하면(gar) 내가 너희에게 본보기(hupodeigma)292)를 주었기
(didomi)때문이다, 즉 내가 너희에게 행한 것과 같이,
심지어 너희도 행하기 위해서이다.

13:16 진실로(amen), 진실로 내가 너희에게 말하니,
'종(doulos)이 자신의 상전(kurios)보다 크지(meizon) 못하고,
또 <u>보냄을 받은 자</u>(apostolos)는 그를 <u>보낸 자</u>(pemto)보다 크지
(meizon) 못한다.'고 하는 것이다.

13:17 만일(ei) 너희가 이런 것들을 알고(oida),
만약(ean) 너희가 그런 것 들을 행하면,
너희는 복되다(makarios).

13:18 내가 너희 모두에 관해 말하는 것이 아니다.
나는 내가 <u>택한 자</u>(eklegomai)들을 안다(oida).
그러나 그 성경이 응하여 지기(pleroo) 위해서이니,
곧 '나와 함께 그 <u>빵</u>(artos)을 <u>먹는 자</u>(trogo)293)가
내 위에 자신의 발꿈치를 들었다.'294)고 하는 것이다.

13:19 지금부터 일이 <u>일어나기</u>(ginomai) 전에(pro) 내가 너희에게 말하니,
즉 마침 일이 <u>일어날</u>(ginomai) 때, 나는 너희에게 내가 그(ego eimi)
인 줄을 믿어지게 하기(pisteuo) 위해서이다.

13:20 진실로(amen), 진실로 내가 너희에게 말하니,
'내가 <u>보낸 자</u>(pempo)를 받아들이는 자(lambano)는 나를 받아
들이는 것이고(lambano), 또 나를 받아들이는 자(lambano)는 나를
<u>보낸 분</u>(pempo)을 받아드리는 것이다(lambano).' "고 하는 것이다.
◑

---

291) 오페일로(ὀφείλω : 빚지다, 할 의무가 있다).
292) 휘포데이그마(ὑπόδειγμα : 본보기, 모형).
같은 표현 ⇒ (요13:15), (히8:5,9:23), (약5:10), (벧후2:6).
293) 트로고(τρώγω : 바싹 바싹 깨물어 먹다).
같은 표현 ⇒ (마24:38), (요6:54,56,57,58,13:18).
294) ☞ (시41:9).

13:21 그 예수께서 이런 것을 말할 때, 그 영(pneuma)으로(여)
마음이 요동치며(tarasso, 과, 수)295) 증언 하여 말하기를,
"진실로(amen), 진실로 내가 너희에게 말하니,
'너희 중 한명이 나를 넘겨 줄 것이다(paradidomi).'"고
하는 것이다,

13:22 그러므로 그 제자들은 서로를 눈으로 보고 있었다(blepo),
그때 그들은 그가 누구에 대해 말하는지(lego) 당황해하고
(aporeo)296) 있었다,

13:23 마침 예수의 제자들 중 그 예수께서 사랑한(agapao) 한 명이
그의 품(kolpos) 안에 비스듬히 기대어있었다(anakeima).

13:24 그러므로 시몬 베드로가 그(요한)에게, 그(예수)가 말씀하는 자에
대해 누구인지를 물음으로 알아내도록(punthanomai), 고개를
끄덕여 신호한다.

13:25 그러자 바로 그가 그 예수의 가슴(stethos)에 비스듬히 기대어
(anapipto), 그에게 말하기를,
"주(kurios)여, 그가 누구입니까?"라고 하니,

13:26 그 예수께서 대답하기를,
"내가 그 조각(psomion)을 물에 찍어(bapto) 주는 자(epididomi)가
바로 그다."라고 하며, 그 조각(psomion)을 물에 찍어(bapto),
유다 시몬의 아들 이스카리옷에게 준다.◑

13:27 그리고 그 조각(psomion) 후, 그때에(tote) 사탄(Satan)297)이
바로 그에게로(eis) 들어갔다.
그러므로 그 예수께서 그에게 말하기를,
"너는 네가 행하는 일을 신속히 행하라(poieo)."고 하는 것이다,

---

295) 타랏쏘(ταράσσω : 함께 뒤흔들다, 동요하다, 어지럽히다, 불안하게 하다).
같은 표현 ⇒ (마2:3,14:26), (막6:50), (눅1:12,24:38), (요5:4,7,11:33,12:27,14:1,27),
(행15:24,17:8), (갈1:7,5:10), (벧전3:14).
296) 아포레오(ἀπορέω : 당황하다, 어찌할 줄 모르다). 같은 표현 ⇒ (막6:20),
(눅24:4), (요13:22), (행25:20), (고후4:8), (갈4:20).
297) 사타나스(Σατανας : 사탄, 대적자). 같은 표현 ⇒ (마4:10,12:26,16:23),
(막1:13,3:23,26,4:15,8:33), (눅10:18,11:18,13:16,22:3,31), (요13:27), (행5:3,26:18),
(계2:

110

13:28 그러나 비스듬히 기대어 있는 자(anakeima)들 중 누구도 그(예수)가
이런 것을 무슨 뜻으로 그(유다)에게 말했는지를 깨달아 알지
(ginosko) 못했다,

13:29 왜냐하면(gar) 어떤 자들은, 그 유다가 돈 궤를 갖고 있으므로,
"그 예수께서 그에게 말하기를, '그 절기(heorte)를 대비하여
너는 우리가 필요한 것들을 사라(agorazo).'고 하거나, 아니면
'그(유다)가 그 가난한 자(ptochos)들에게 무엇을 주게 한다.' "고
생각하였기(dokeo) 때문이었다. ◖

13:30 그러므로 바로 그가 그 조각(psomion)을 받고 즉시 나갔다
(exerchomai), 때는 밤이었다.

13:31 마침 그가 나가자, 그 예수께서 말하기를,
"지금 그 인자(ho huios tou anthropou)가 영광을 받았고(doxazo,과,수),
또한 그 하나님(theos)도 그(인자)로 인하여(en) 영광을 받았다
(doxazo,과,수).

13:32 만일 그 하나님이 그(인자)로 인하여(en) 영광을 받으면(doxazo,과,수),
또한 하나님도 자기 자신으로 말미암아(en)
그(인자)에게 영광을 줄 것이다(doxazo,래),
(다시 말해), 그분(하나님)이 즉시 그(인자)를
영광스럽게 할 것이다(doxazo,래). ◖

13:33 어린 자녀(teknion)[298]들아, 잠시(mikros kronos) 동안, 내가 아직
너희와 함께 있다, (그러나) 너희가 나를 찾을 것이다(zeteo,래),
그런즉, 마치 내가 그 유대인들에게 말하기를,
'내가 떠나가는 곳(hupago)에, 너희는 올 수 없다.'고 한 것과 같이,
내가 지금 막(arti) 너희에게도 말하기를,

13:34 '너희가 서로를 사랑하게 하기(agapao) 위해서,
내가 너희에게 새로운 계명(entole[299] kainos)을 준다(didomi,현),
마치 내가 너희를 사랑한 것(agapao,과)과 같으니,

---

298) 테크니언(τεκνίον : 어린 자녀). ☞ 테크논(τέκνον)의 지소사.
　　같은 표현 ⇒ (요13:33), (요일2:1,12,28,3:7,18,4:4,5:21).
299) 엔토레(εντολή : 명령, 계명, 지시). 같은 표현 ⇒ (요10:18,11:57,12:49,50,13:34,
　　14:15,21,15:10,12), (요일2:3,4,7,8,3:22,23,24,4:21,5:2,3), (요이1:4,5,6), (계12:17,14:12).

심지어 너희도 서로를 <u>사랑하게 하기</u>(agapao) 위해서이다,

13:35 (또한) 만약 너희가 서로 사랑(agape)을 갖고 있으면(echo),
이것으로 인하여(en) <u>모든 자들이</u> 너희가 나의 제자들인 줄
<u>잘 알 것이다</u>(ginosko).' "고 하는 것이다.◗

13:36 <u>시몬</u> 베드로가 그에게 말하기를,
"주(kurios)여, 당신은 어디로 가시나이까(hupago)?"라고 하니,
그 예수께서 그에게 대답하기를, "내가 떠나가는(hupago) 곳에,
네가 지금 당장(arti) 나에게 <u>좇아 올 수</u>(dunamai akoloutheo[300]) 없다,
그러나 나중에는(husteron, 둘째로) 네가 나에게 <u>좇아 올 것이다</u>
(akoloutheo)."고 하는 것이다.

13:37 그 <u>베드로가</u> 그에게 말하기를,
"주(kurios)여, 어찌하여 <u>지금 당장</u>(arti) 내가 당신에게 <u>좇아 갈 수</u>
(dunamai akoloutheo) 없습니까?
내가 당신을 위해(huper) 나의 목숨(psuche)을 <u>내어 놓겠습니다</u>
(tithemi)."라고 하니,

13:38 그 예수께서 그에게 대답하기를,
"네가 나를 위해(huper) 너의 목숨(psuche)을 <u>내어 놓겠다고</u>(tithemi)?
진실로(amen), 진실로 내가 너에게 말하니,
'닭 울기 전에, 네가 나를 세 번 <u>부인할 것이다</u>(arneomai).

---

300) 아코루데오(ἀκολουθέω : 좇아가다, 따르다). 같은 표현 ⇒
(요1:37,38,40,43,10:4,5,27,11:31,12:26,13:36,37,18:15,20:6,21:19,20,22).

요한복음 14장

14:1 너희의 마음(kardia)이 불안해 지게 하지(tarasso, 요동치다)301) 말라,
너희가 그 하나님(theos)을 믿으니(pisteuo), 또한 나의 (말을) 믿어라
(pisteuo).

14:2 나의 아버지의 집(oikia,가족)에는 머물 곳(mone,복)이 많다,
그렇지 않으면, 내가 너희에게 말했을 것이다(lego).
나는 너희에게 **한 장소**(topos)302)를 준비하기(hetoimazo) 위해
떠나간다(poreuomai).

14:3 또한 만약 내가 떠나가서(poreuomai), 너희에게 **한 장소**(topos)를
준비하면(hetoimazo), 내가 다시 와서(erchomai), 내 자신에게로(pros)
너희를 넘겨받을 것이다(paralambano),
즉 나 있는 곳에, 심지어 너희도 있게 하기 위해서이다.

14:4 그때 너는 내가 어디로 떠나가는 지(hupago)를 알고(oida),
또한 그 길(hodos)도 네가 안다(oida).' "고 하는 것이다.◗

14:5 도마가 그에게 말하기를,
"주(kurios)여, 우리는 당신이 어디로 떠나가는 지(hupago)를 알지
(oida) 못합니다, 또한 우리가 어떻게 그 길(hodos)을 알 수 있겠
습니까(dunamai oida)?"라고 하니,

14:6 그 예수께서 그에게 말하기를,
"내가 그 **길**(hodos)이요,
즉 그 **진리**(aletheia)303)이요,
즉 그 **생명**(zoe)이다,

---

301) 타랏소($\tau\alpha\rho\acute{\alpha}\sigma\sigma\omega$: 함께 뒤흔들다, 동요하다, 어지럽히다, 불안하게 하다).
같은 표현 ⇒ (마2:3,14:26), (막6:50), (눅1:12,24:38), (요5:4,7,11:33,12:27,14:1,27),
(행15:24,17:8), (갈1:7,5:10), (벧전3:14).

302) ☞ (히12:22);하나님의 도성($\pi o\lambda\iota\varsigma$), (히13:14);장차 임할 도성,
(계21:2); 거룩한 도성($\pi o\lambda\iota\varsigma$) 새 예루살렘.

303) 진리($\dot{\alpha}\lambda\acute{\eta}\theta\epsilon\iota\alpha$: 진리). 같은 표현 ⇒ (요1:14,17,3:21,4:23,24,5:33,8:32,40,44,45,46,
14:6,17,15:26,16:7,13,17:17,19,18:37,38), (요일1:6,8,2:4,21,3:18,19,4:6,5:7), (요이1:1,2,3),
(요삼1:3,4,8,12).

나를 통하지(dia) 않고는 누구도 그 아버지를 향해(pros) 가지
(erchomai) 못한다.

14:7 만일 너희가 나를 깨달아 알았으면(ginosko),
너희는 심지어 나의 아버지도 깨달아 알았을 텐데(ginosko),
그러나 지금부터 너희는 그분을 깨달아 안다(ginosko, 현),
즉 너희는 그분을 본다(horao, 완)."라고 하는 것이다.◖

14:8 필립이 그에게 말하기를,
"주(kurios)여, 당신이 우리에게 그 아버지를 보여 주십시오(deiknuo),
그러면 그것이 우리에게 만족하겠나이다(arkeo)."라고 하니,

14:9 그 예수께서 그에게 말하기를,
"필립아, 그렇게 오랜 기간(chronos) 동안, 내가 너희와 함께 있다,
그런데 네가 나를 깨달아 알지(ginosko, 완) 못하느냐?
나를 보는 자(horao, 완)는 그 아버지를 보는 것이다(horao, 완),
이제 어찌하여 네가 '당신은 우리에게 그 아버지를 보여 주세요
(deiknuo).'라고 말하느냐?

14:10 내가 그 아버지 안에(en) 있고 그 아버지가 내 안에(en) 계신 줄을,
네가 믿어지게 하지(pisteuo) 못하느냐?
너희에게 말하는(laleo) 그 말(rhema, 복)304)은 내가 그것들을
내 스스로 말하는 것(laleo)이 아니라, 내 안에 머무는(meno)
그 아버지가 그 일하심(ergon, 복)을 행하는 것이다(poieo).

14:11 너희는 나의 (말)을, 즉 내가 그 아버지 안에(en) 있고, 그 아버지
가 내 안에(en) 계신 것을, 믿어지게 하라(pisteuo),
그렇지 않으면, 그 일하심(ergon, 복) 곧 그런 일들로 인하여(dia)
너희는 나의 (말을) 믿어지게 하라(pisteuo).

14:12 진실로, 진실로 내가 너희에게 말하니,
'내가(eis) 믿어지는 자(pisteuo)는, 내가 행하는(poieo) 그 일하심
(ergon, 복)을, 바로 그도 행할 것이고(poieo), 또 이런 일들 보다
더 큰일(meizon)들도 그는 행할 것이다(poieo), 왜냐하면(hoti) 내가
나의 아버지를 향해(pros) 떠나가기(poreuomai) 때문이다,

---

304) 레마(ῥῆμα : 말, 말하여 지는 것). ☞ 레오(ῥέω : 말하여 지다)에서 유래.
같은 표현 ⇒ (요3:34,5:47,6:63,68,8:20,47,10:21,12:47,48,14:10,15:7,17:8).

114

14:13 (다시 말해), 너희가 나의 이름으로 인하여(en) <u>구하는 것</u>(aiteo)은
무엇이든지, 그것을 내가 <u>행할 것이다</u>(poieo),
즉 그 아버지께서 그 아들로 인하여(en) <u>영광을 받기</u>(doxazo)
위해서이다,

14:14 곧 너희가 나의 이름으로 인하여(en) 나에게 <u>구하는 것</u>(aiteo)은
무엇이든지, (그것을) 내가 <u>행할 것이다</u>(poieo).

14:15 (다른 말로 말하면) 만약 너희가 나를 사랑하게 되면(agapao)305),
너희는 나의 계명(entole, 복)306)이 <u>지켜지게 될 것이다</u>(tereo)307),

14:16 (다시 말해), 내가 그 아버지께 <u>요청할 것이고</u>(erotao), 또한 그분은
너희에게 다른(allos) **보혜사**(parakletos)308)를 <u>줄 것이다</u>(didomi),
즉 그(다른 보혜사)가 너희와 함께(meta) 영원히 머물기 위해서이다,

14:17 곧 (그분이) 그 <u>진리</u>(aletheia)309)의 영(pneuma)을 (너희에게 줄 것이니),
그때 그것(진리의 영)을 그 세상(kosmos)은 <u>받을 수</u>(dunamai lambano)
없다, 왜냐하면(hoti) 그것(세상)은 그(진리의 영)를 눈여겨보지도
(theoreo) 못하고, 또 <u>깨달아 알지도</u>(ginosko) 못하기 때문이다.
그러나 너희는 그(진리의 영)를 <u>깨달아 알 것이다</u>(ginosko),
왜냐하면(hoti) 그(진리의 영)가 너희 곁에(para) 머물고(meno),
또 너희 안에(en)도 있을 것이기(eimi) 때문이다.

14:18 내가 너희를 고아들로 버려두지(aphiemi)310) 않을 것이니,

---

305) 아가파오(ἀγαπάω : 사랑하다). 같은 표현 ⇒ (요3:35,5:42,8:42,10:17,11:5,13:1,23,34,
14:15,28,31,15:9,12,17:23,21:15), (요일2:10,15,3:10,11,14,18,23,4:7,11,19,20,21,5:1,2),
(요이1:1), (요삼1:1), (계1:5,3:9,20:9).
306) 엔토레(ἐντολή : 명령, 계명, 지시). 같은 표현 ⇒ (요10:18,11:57,12:49,50,13:34,
14:15,21,15:10,12), (요일2:3,4,7,8,3:22,23,24,4:21,5:2,3), (요이1:4,5,6), (계12:17,14:12).
307) 테레오(τηρέω : 지켜 보존하다).
같은 표현 ⇒ (요2:10,8:51,52,55,9:16,12:7,14:15,21,23,24,15:10,20,17:6,11,12,15).
308) 파라클레토스(παράκλητος : 돕기 위해 부름 받은 자).
같은 표현 ⇒ (요14:16,26,15:26,16:7), (요일2:1).
309) 진리(ἀλήθεια : 진리). 같은 표현 ⇒ (요1:14,17,3:21,4:23,5:33,8:32,40,44,14:6,17,15:26,
16:13,17:17), (요일1:6,8,2:4,21,4:6), (요이1:1,3), (요삼1:3,13).
310) 아피에미(ἀφίημι : 내보내다, 용서하다, 탕감하다, 취소하다).
☞ (απο 와 ἵημι : 보내다)에서 유래. 같은 표현 ⇒ (마6:12,9:2,12:31,18:27),
(막2:5,3:28,4:12,11:25), (눅5:20,11:4,12:10,17:3,23:34), (요4:3,28,52,8:29,10:12,11:44,48,

곧 너희를 향해(pros) 올 것이다(erchomai).

14:19 게다가 조금(mikron) 후에, 그 세상(kosmos)은 더 이상 나를 눈여겨
보지(theoreo) 못한다, 그러나 너희는 나를 눈여겨본다(theoreo),
왜냐하면(hoti) 내가 살아 있고(zao, 현), 심지어 너희도 살 것이기
(zao, 래) 때문이다.

14:20 바로 그 날(hemera)에, 내가 나의 아버지 안에(en) 너희가 내 안에
(en) 또 내가 너희 안에(en) 있는 줄을, 너희는 깨달아 알 것이다
(ginosko).

14:21 (다른 말로 말하면), 나의 계명(entole, 복)을 갖고(echo) 또 그것(계명)들
을 지켜지게 하는(tereo) 바로 그가 나를 사랑하게 되는 자(agapao)
이다, 그때 나를 사랑하게 되는 자(agapao)는 나의 아버지에 의해
(hupo) 사랑을 받게 될 것이고(agapao, 래), 또 나도 그를 사랑하게
되어(agapao), 그에게 나 자신을 빛으로 밝히 나타내 보일 것이다
(emphanizo, 래)[311].' "라고 하는 것이다.◖

14:22 그 이스카리옷인이 아닌 유다가 그에게 말하기를,
"주(kurios)여, 당신이 우리에게는 장차 빛으로 밝히 나타나
보이려 하고(mello emphanizo), 그 세상(kosmos)에게는 아니 하니,
그것은 어떻게 된 것입니까?" 하니,

14:23 그 예수께서 대답하여 그에게 말하기를,
"나를 사랑하게 되는 자(agapao)는 누구든지 나의 말(logos)을
지켜지게 할 것이고(tereo), 또한 나의 아버지께서도 그를
사랑할 것이다(agapao), 그런즉 우리가 그를 향해(pros) 가서
(erchomai), 그의 곁에(para) 머물 곳(mone)을 만들 것이다(poieo).

14:24 나를 사랑하게 되지(agapao) 않는 자는 누구든지 나의 말(logos, 복)
을 지켜지게 하지(tereo) 못할 것이다,
그때 너희가 듣는 그 말(logos)은 나의 것이 아니라, 오직 나를
보낸(pempo) 아버지의 것(소)이다.

12:7,14:18,27,16:28,32,18:8,20:23), (행8:22), (롬4:7), (약5:15), (요일1:9).
311) 엠파니조(εμφανίζω : 빛으로 밝히 나타내 보이다).
☞ 엠파네스(εμφανής : 밝히 나타나 보이는)의 동사.
같은 표현 ⇒ (마27:53), (요14:21,22), (행23:15,22,24:1,25:2,15), (히9:24,11:14).

116

14:25 내가 너희 곁에(para) 머물며 너희에게 이런 것들을 말하지만 (laleo,완),

14:26 또한 그 **보혜사**(parakletos)312), 곧 그 아버지께서 나의 이름으로 인하여(en) 보낼(pempo) 그 **성령**(pneuma hagios)313) 바로 그도 너희에게 모든 것들을 가르치고(didasko), 또 내가 너희에게 말한 (lego) 모든 것들을 철저히 생각나게 할 것이다(hupomimnesko)314).

14:27 (다시 말해), 내가 너희에게 평안(eirene)을 남겨두니(aphiemi), 곧 나는 너희에게 나의 평안(eirene)을 준다(didomi). 내가 너희에게 주는 것은 그 세상(kosmos)이 주는 것과 같지 않다, 너희의 마음(kardia)이 불안해 지게 하지(tarasso)315) 말고, 겁에 질리지도(deiliao) 말라.

14:28 내가 너희에게 말한 것 곧 '내가 떠나가고(hupago) 또 너희를 향해(pros) 온다(erchomai).'고 말한 것을 들었다(akouo), 만일 너희가 나를 사랑하면(agapao,미), 너희는 기뻐할 텐데(chairo), 왜냐하면(hoti) 내가 그 아버지를 향해(pros) 간다(poreuomai)고 말하였기 때문이다 왜냐하면(hoti) 나의 아버지는 나보다 더 크시기(meizon) 때문이다.

14:29 또한 일이 일어나기(ginomai) 전에, 지금 내가 너희에게 말하니 (ereo,완), 즉 일이 일어날(ginomai) 때, 너희를 믿어지게 하기 위해서이다.

14:30 이후로는 내가 너희와 더 이상 많은 것들을 말하지(laleo) 못할 것이다, 왜냐하면(gar) 바로 이 세상의 통치자(archon)가 오기 때문이다,

---

312) 파라클레토스(παράκλητος : 돕기 위해 부름 받은 자). 같은 표현 ⇒ (요14:16,26,15:26,16:7), (요일2:1).
313) 프뉴마 하기오스(πνευμα άγιος : 성령). ☞ 요한복음 안에서. 같은 표현 ⇒ (요1:33,7:39,14:26,20:22).
314) 휘포밈네스코(υπομιμνήσκω : 철저히 생각나게 하다). 같은 표현 ⇒ (눅22:61), (요14:26), (딤후2:14), (딛3:1), (벧후1:12), (요삼1:10), (유1:5).
315) 타랏쏘(ταράσσω : 함께 뒤흔들다, 동요하다, 어지럽히다, 불안하게 하다). 같은 표현 ⇒ (마2:   막6:50), (눅1:12,24:38), (요5:4,7,11:33,12:27,14:1,27), (행15:24,17:8), (갈1:7,5:10), (벧전3:14).

그때 그(통치자)는 내 안에(en) 어떤 것도 가지고 있지(echo) 않다;

14:31 오직, 내가 그 아버지를 사랑하게 되어(agapao), 마치 그 아버지가
      나에게 명한(entellomai) 대로, 그와 같이 행하는 것을 그 세상(kosmos)
      이 깨달아 알게 하기(ginosko) 위해서이다.
      너희는 일어나라(egeiro), 우리는 여기에서 떠나자(ago)."고
      하는 것이다.◗

요한복음 15장

15:1 "나는 그 <u>실제로 존재하는</u>(alethinos)³¹⁶⁾ 포도나무(ampelos)요,
　　나의 아버지는 그 <u>농부</u>(georgos)³¹⁷⁾ 이다.

15:2 그분(아버지)은 나로 인하여(en) 열매(karpos)를 맺지(phero) 못하는
　　모든 가지(klema) 바로 그것을 <u>들어 올릴 것이나</u>(airo),
　　그러나 그분(아버지)은 그 열매(karpos)를 맺는(phero) <u>모든 가지</u>
　　바로 그것을 <u>깨끗하게 하니</u>(kathairo)³¹⁸⁾,
　　즉 그것이 더 많은 열매를 <u>맺도록 하기</u>(phero) 위해서이다.

15:3 내가 너희에게 말하는(laleo,완) 그 말(logos)로 인하여,
　　이미 너희는 깨끗하다(kathalos).

15:4 너희는 내 안에(en) 머물러라(meno),
　　또 나도 너희 안에(en) 머물 것이다(meno).
　　만약 그 가지(klema)가 그 포도나무에(en) <u>머물러 있지</u>(meno) 않으면,
　　그 가지(klema)가 스스로 열매 <u>맺을 수</u>(dunamai phero) 없는 것과 같이,
　　또한 만약 너희가 내 안에(en) <u>머물러 있지</u>(meno) 않으면,
　　너희는 그와 같이 결단코 (열매) 맺지 못한다.

15:5 (다시 말해), 나는 포도나무(ampelos)요, 너희는 그 가지(klema)들이다,
　　그가 내 안에(en) 내가 그자 안에(en) 머무는(meno) 바로 <u>그가</u>
　　많은 열매(karpos)를 맺는다(phero), 왜냐하면(hoti) 너희가 나 없이
　　어떤 것도 <u>행할 수</u>(dunamai poieo) 없기 때문이다.

15:6 누구든지 내 안에(en) <u>머물러 있지</u>(meno) 않으면, 그는 그 가지
　　(klema)처럼 밖에 던져져(ballo), <u>말라버리게 될 것이다</u>(exeraino),
　　그때 그들이 그것들을 모아(sunago), 불(pur)에 던지면(ballo),
　　그것들은 <u>불로 타버리게 된다</u>(kaio).◗

---

316) 알레디노스(ἀληθινός : 진짜의, 실제로 존재하는).
　　같은 표현 ⇒ (요1:9,4:23,37,6:32,7:28,8:16,15:1,17:3,19:35), (요일2:8,5:20),
　　(계3:7,14,6:10,15:3,16:7,19:2,9,11,21:5,22:6).
317) 게오르고스(γεοργος : 포도나무 재배자, 땅을 경작하는 자).
318) 카다이로(καθαίρω : 깨끗하게 하다). 같은 표현 ⇒ (요15:2), (히10:2).

15:7 만약 너희가 내 안에(en) 머물고(meno),
   (다시 말해), 나의 말(rhema,복)319)이 너희 안에(en) 머물면,
   너희가 원하는 것(thelo)이 무엇이든 (그것을),
   너희는 너희 자신이 요구하라(aiteo,중),
   그러면, 그것이 너희에게 <u>이루어질 것이다</u>(ginomai).

15:8 이런 일로 인하여, 나의 아버지께서 <u>영광 받았으니</u>(doxazo,과),
   즉 너희가 많은 열매(karpos)를 맺기(phero) 위해서이다,
   그때 너희가 나의 제자(mathetes)들이 될 것이다.

15:9 (다른 말로 말하면), 마치 그 아버지께서 나를 사랑한 것(agapao)320)과
   같이, 또한 나도 너희를 사랑하였다(agapao),
   너희는 나의 사랑(agape) 안에(en) 머물러라(meno).

15:10 마치 내가 나의 아버지의 계명(entole,복)321)을 <u>지켜지게 하여</u>
   (tereo,완)322), 그분의 사랑(agape) 안에(en) <u>머무는 것</u>(meno,현)과
   같이, 만약 너희가 나의 계명(entole,복)을 <u>지켜지게 하면</u>(tereo),
   너희는 나의 사랑(agape) 안에(en) <u>머무는 것이다</u>(meno),

15:11 이런 일들을 내가 너희에게 말하니(laleo,완),
   즉 나의 기쁨(chara)이 너희 안에(en) 머물러(meno),
   너희의 기쁨(chara)이 <u>가득 채워지게 하기</u>(pleroo) 위해서이다.

15:12 이것이 나의 계명(entole)이니, 즉 마치 내가 너희를 <u>사랑한 것</u>
   (agapao,과)과 같이, 너희가 서로를 <u>사랑하게 하기</u>(agapao) 위해서
   이다,

15:13 <u>어떤 자가 자신의 친구(philos)들을 위해 자신의 목숨(psuche)을 내어
   놓는 것</u>(tithemi) 이것 보다, 어느 누구도 더 큰(meizon) 사랑(agape)을

---

319) 레마(ρημα : 말, 말하여 지는 것). ☞ 레오(ρέω : 말하여 지다)에서 유래.
   같은 표현 ⇒ (요3:34,5:47,6:63,68,8:20,47,10:21,12:47,48,14:10,15:7,17:8).
320) 아가파오(αγαπάω : 사랑하다). 같은 표현 ⇒ (요3:35,5:42,8:42,10:17,11:5,13:1,23,34,
   14:15,28,31,15:9,12,17:23,21:15), (요일2:10,15,3:10,11,14,18,23,4:7,11,19,20,21,5:1,2),
   (요이1:1), (요삼1:1), (계1:5,3:9,20:9).
321) 엔토레(εντολή : 명령, 계명, 지시). 같은 표현 ⇒ (요10:18,11:57,12:49,50,13:34,
   14:15,21,15:10,12), (요일2:3,4,7,8,3:22,23,24,4:21,5:2,3), (요이1:4,5,6), (계12:17,14:12).
322) 테레오(τηρέω : 지켜 보존하다).
   같은 표현 ⇒ (요2:10,8:51,52,55,9:16,12:7,14:15,21,23,24,15:10,20,17:6,11,12,15).

120

갖지 못한다.

15:14 만약 내가 너희에게 명하는 것(entellomai)이 무엇이든지 너희가
(그것을) 행하면, 너희는 나의 친구(philos)들이다.

15:15 이제부터 나는 너희를 더 이상 종(doulos,복)으로 말하지 않는다,
왜냐하면(hoti) 그 종(doulos)은 자신의 주인(kurios)이 무엇을 행하는
지(poieo)를 알지(oida) 못하기 때문이다.
이제 나는 너희를 <u>친구</u>(philos, 복)로 한다323),
왜냐하면(hoti) 나는 너희에게 나의 아버지 곁에서(para) 들은
<u>모든 것들을 깨달아 알게 하였기</u>(gnorizo) 때문이다.

15:16 너희가 나를 택한 것(eklegomai)이 아니라,
오히려 내가 너희를 택하여(eklegomai), 너희를 세웠다(tithemi),
즉 너희가 떠나가(hupago) 열매(karpos)를 맺어(phero),
너희의 열매(karpos)가 머물도록 하기(meno) 위해서이다,
(다시 말해), 너희가 그 아버지께 나의 이름으로 인하여(en)
구하는 것(aiteo)이 무엇이든지 (그것을), 그분(아버지)이 너희에게
주기 위해서이다.

15:17 이런 일들을 내가 너희에게 명하니(entellomai),
즉 너희가 서로를 <u>사랑하게 하기</u>(agapao) 위해서이다.◑

15:18 만일 그 세상(kosmos)이 너희를 미워하면(miseo),
너희는 그 세상(kosmos)이 너희 보다 먼저 나를 미워한 줄(miseo)을
<u>깨달아 알아라</u>(ginosko).

15:19 만일 너희가 그 세상(kosmos)에(ek) 속하여 있으면, 그 세상(kosmos)
은 그 자신에 속하는 자(idios)를 사랑할 것이다(phileo)324),
즉 너희는 그 세상(kosmos)에(ek) 속하여 있지 않고,
오직 내가 그 세상(kosmos)에서(ek) 너희를 택하였기(eklegomai)
때문에, 이런 일로 인하여 그 세상(kosmos)이 너희를 미워한다
(miseo).

---

323) ☞ 하나님과의 **동행**. 같은 표현 ⇒ (마1:23,28:20), (요15:15,16:32), (롬8:14),
(고전7:24), (갈5:18), (요일1:7).
324) 필레오(φιλέω : 가치가 있어 사랑하다, 좋아하다).
같은 표현 ⇒ (요5:20,11:3,36,12:25,15:19,16:27,20:2,21:15,16,17), (계3:19,22:15).

15:20 내가 너희에게, '종은 자신의 주인보다 더 크지 못하다.'고 말한
(lego) 그 말(logos)을 너희는 기억하라(mnemoneuo).
만일 그들이 나를 박해하면(dioko),
그들이 심지어 너희도 <u>박해할 것이다</u>(dioko).
만일 그들이 나의 말(logos)을 지켜지게 하면(tereo),
그들이 심지어 너희의 말도 <u>지킬 것이다</u>(tereo).

15:21 그러나 그들이 나의 이름으로 인하여(dia) 너희에게 이 모든 일들
을 <u>행할 것이니</u>, 왜냐하면(hoti) 그들은 나를 <u>보낸 분</u>(pempo)을
알지(oida) 못하기 때문이다.◐

15:22 만일 내가 와서 그들에게 말하지(laleo) 않았으면,
그들은 죄(hamartia)325)가 없었다,
그러나 지금 그들은 자신들의 죄(hamartia)에 관해 <u>정당한 핑계</u>
(prophasis)326)를 갖지 못한다.

15:23 나를 <u>미워하는 자</u>(miseo)는 심지어 나의 아버지도 미워한다(miseo),

15:24 (다시 말해), 만일 내가 그들 중에 다른 누구도 행하지 못한
그 <u>일하심</u>(ergon, 복)을 행하지(poieo) 않았으면,
그들은 죄(hamartia)가 없었다,
그러나 지금 그들은 나와 나의 아버지를 보고(horao, 완) 또 미워
한다(miseo, 완),

15:25 오직 그들의 율법(nomos)에, '그들이 연고 없이 나를 미워
하였다.'327)고 기록되어 있는 그 말(logos)이 응하여지기(pleroo)
위해서이다.

15:26 그럼에도 불구하고, 내가 그 아버지 곁에서(para) 너희에게 보낼
(pempo) 그 <u>보혜사</u>(parakletos)328) 곧 그 아버지 곁에서(para) 나오는

---

325) 하마르티아(ἁμαρτία : 죄). 같은 표현 ⇒ (요1:29,8:21,24,34,46,9:41,15:22,24,16:8,9,
19:11,20:23), (요일1:7,8,9,2:2,12,3:4,5,8,9,4:10,5:16,17), (계1:5,18:4,5).
326) 프로파시스(πρόφασις : 정당한 핑계, 가장되거나 거짓된 표현).
같은 표현 ⇒ (막12:40), (눅20:47), (요15:22), (행27:30), (빌1:18), (살전2:5).
327) ☞ (시35:19, 69:4).
328) 파라클레토스(παράκλητος : 돕기 위해 부름 받은 자).
같은 표현⇒ (요14:16,26,15:26,16:7), (요일2:1).

(ekporeuomai) 그 <u>진리</u>(aletheia)[329]의 영(pneuma)이 임하게 될(erchomai) 때, 바로 그(진리의 영)가 나에 관하여(peri) <u>증언할 것이고</u>(martureo),

15:27 또한 심지어 너희도 <u>증언할 것이다</u>(martureo), 왜냐하면(hoti) 처음 (arche)[330]부터 너희가 나와 함께(meta) 있기 때문이다.◗

---

329) 진리(ἀλήθεια : 진리). 같은 표현 ⟹ (요1:14,17,3:21,4:23,24,5:33,8:32,40,44,45,46, 14:6,17,15:26,16:7,13,17:17,19,18:37,38), (요일1:6,8,2:4,21,3:18,19,4:6,5:7), (요이1:1,2,3), (요삼1:3,4,8,12).

330) 아르케(ἀρχή : 처음, 시작, 통치). 같은 표현 ⟹ (마19:4,8), (눅1:2,20:20), (막1:1,10:6,13:8,19), (요1:1,6:64,8:44,15:27,16:4).

요한복음 16장

16:1 이런 일들을 내가 너희에게 말하니(laleo,완),
즉 너희가 걸려 넘어지지(skandalizo)331) 않도록 하기 위해서이다,

16:2 그들이 너희를 회당으로부터 출회하게(aposunagogos) 할 것이다
(poieo), 그뿐 아니라, 너희를 죽이는 자(apokteino)는 누구든지
그 하나님께 드리는(prosphero) 섬김(latreia)332)으로 생각할(dokeo)
때(hora,시점)가 올 것이다(erchomai).

16:3 그때 그들이 이런 일들을 행할 것이다(poieo),
왜냐하면(hoti) 그들은 그 아버지도 또한 나도 깨달아 알지(ginosko)
못하기 때문이다.

16:4 오직 이런 것들을 내가 너희에게 말하니(laleo,완), 즉 그 시점(hora)
이 이르렀을 때, 너희는 내가 너희에게 말한 그런 것들을 기억하기
(mnemoneuo) 위해서이다,
그때 처음(arche)333)부터(ek) 내가 이런 것들을 말하지(lego) 않았다,
왜냐하면(hoti) 내가 너희와 함께(meta) 있었기 때문이다.◐

16:5 그러나 지금 나는 나를 보낸 분(pempo)을 향해(pros) 떠나간다
(hupago). 그럼에도 불구하고, 너희 중 누구도 나에게 '당신은 어디
에로 가십니까(hupago)?'라고 묻지도(erotao) 않는다,

16:6 오히려 내가 너희에게 이런 것들을 말하기(laleo,완) 때문에,
그 슬픔(lupe)이 너희의 마음(kardia)을 가득 채운다(pleroo,완).

16:7 그럼에도 불구하고, 내가 너희에게 그 사실(aletheia,진리)334)을 말하

---

331) 스칸달리조(σκανδαλίζω : 걸림돌에 걸려 넘어지다).
같은 표현 ⇒ (마5:29,30,11:6,13:21,57,15:12,17:27,18:6,8,9,24:10,26:31,33),
(막4:17,6:3,9:42,45,47,14:27,29), (눅7:23,17:2), (요6:61,16:1), (고전8:13), (고후11:29).
332) 라트레이아(λατρεία : 하나님을 섬김). 같은 표현 ⇒ (요16:2),
(롬9:4,12:1), (히9:1,6).
333) 아르케(ἀρχή : 처음, 시작, 통치). 같은 표현 ⇒ (마19:4,8), (눅1:2,20:20),
(막1:1,10:6,13:8,19), (요1:1,6:64,8:44,15:27,16:4).
334) 진리(ἀλήθεια : 진리). 같은 표현 ⇒ (요1:14,17,3:21,4:23,24,5:33,8:32,40,44,45,46,

124

니, '내가 떠나가는 것(aperchoami)이 너희에게 유익하다(sumphero),
왜냐하면(gar) 만약 내가 떠나가지(aperchoami) 않으면,
그 **보혜사**(parakletos)335)가 너희를 향해(pros) 임하게 되지(erchomai)
않기 때문이다. 그러나 만약 내가 떠나가면(aperchoami),
내가 너희를 향해(pros) 그(**보혜사**)를 보낼 것이다(pempo),

16:8 그때 바로 그(**보혜사**)가 임하게 되었을(erchomai) 때,
그(**보혜사**)는 그 세상(kosmos)을 죄(hamartia)336)에 관해서(peri),
의로움(dikaiosune)에 관해서(peri), 심판(krisis)에 관해서(peri)
<u>책망하여 드러낼 것이다</u>(elengko,폭로하다,래)337),

16:9 (보혜사가) 실로 죄(hamartia)에 관해서(peri) (책망하는 것이라면),
왜냐하면(hoti) 그것들(죄)은 나를(eis) 믿어지게 하지(pisteuo) 못하게
하기 때문이고,

16:10 또 (보혜사가) 의로움(dikaiosune)에 관해서(peri) (책망하는 것이라면),
왜냐하면(hoti) 내가 (의로움으로) 나의 아버지를 향해(pros) 떠나가
(hupago), 너희가 더 이상 나를 눈여겨보지(theoreo) 못하기 때문
이고,

16:11 또 (보혜사가) 심판(krisis)에 관해서(peri) (책망하는 것이라면),
왜냐하면(hoti) 바로 이 세상(kosmos)의 통치자(archon)가 <u>심판을
받는 것이기</u>(krino,완,수) 때문이다.

16:12 아직 내가 너희에게 말할 <u>많은 것들</u>을 갖고 있으나,
지금까지는(arti) 너희가 <u>감당할 수</u>(dunamai bastazo)가 없다.

16:13 그러나 마침 바로 그(**보혜사**)가 곧 그 진리(aletheia)338)의 영(pneuma)

14:6,17,15:26,16:7,13,17:17,19,18:37,38), (요일1:6,8,2:4,21,3:18,19,4:6,5:7), (요이1:1,2,3),
(요삼1:3,4,8,12).

335) 파라클레토스(παράκλητος : 돕기 위해 부름 받은 자).
같은 표현 ⇒ (요14:16,26,15:26,16:7), (요일2:1).

336) 하마르티아(ἁμαρτία : 죄). 같은 표현 ⇒ (요1:29,8:21,24,34,46,9:41,15:22,24,16:8,9,
19:11,20:23), (요일1:7,8,9,2:2,12,3:4,5,8,9,4:10,5:16,17), (계1:5,18:4,5).

337) 엘렝코(ἐλέγχω : 책망하다, 드러내다, 폭로하다). 같은 표현 ⇒ (마18:15),
(눅3:19), (요3:20,8:46,16:8), (고전14:24), (엡5:11,13), (딤전5:20), (딛1:13,2:15),
(히12:5), (약2:9), (유1:15), (계3:19).

338) 진리(ἀλήθεια : 진리). 같은 표현 ⇒ (요1:14,17,3:21,4:23,5:33,8:32,40,44,14:6,17,15:26,

이 임하게 될(erchomai) 때, 그(보혜사)가 너희를 모든 진리(aletheia)
에게로(eis) 인도할 것이다(hodegeo, 안내하다)³³⁹),
왜냐하면(gar) 그(보혜사)는 스스로 말하지(laleo, 래) 않고,
오직 무엇이든 듣는 것(akouo, 래), 그것을 말할 것이기(laleo, 래) 때문
이니, 그때 그(보혜사)가 (세상에) 다가올 일(erchomai)들을 자세히
알려 줄 것이다(ananggello, 래)³⁴⁰).

16:14 (다시 말해), 바로 그(보혜사)가 나에게 영광을 돌릴 것이다(doxazo),
왜냐하면(hoti) 그(보혜사)가 나의 것에서(ek) (세상에 다가올 일)을
취하여(lambano), 너희에게 (그것을) 자세히 알려 줄 것이기(ananggello)
때문이다.

16:15 곧 그 아버지께서 가진 것은 무엇이든 나의 것들이다,
이런 것으로 말미암아 내가 말하기를(lego),
〈그(보혜사)가 나의 것에서(ek) (세상에 다가올 일)을 취하여,
너희에게 (그것을) 자세히 알려 줄 것이다(ananggello, 래).〉라고
하는 것이다.

16:16 또한 조금 있으면(mikron), 너희는 나를 눈여겨보지(theoreo) 못한다,
또 다시 조금 있으면, 나를 볼 것이다(horao),
왜냐하면(hoti) 내가 그 아버지를 향해(pros) 떠나가기(hupago) 때문
이다.' "라고 하는 것이다. ◖

16:17 그러므로 그의 제자들 중에서 (몇 명이) 서로에게 말하기를,
"그가 우리에게 말하기를, '조금 있으면 너희가 나를 눈여겨보지
(theoreo) 못하고, 또 다시 조금 있으면 나를 볼 것이다(horao),
왜냐하면(hoti) 내가 아버지를 향해(pros) 떠나가기(hupago) 때문이다.'
라고 한 그것이 무엇이냐?"라고 하였다.

16:18 그러므로 그들이 말하기를,
"그가 말하기를, '조금 있으면'이라고 하는 그것이 무엇이냐?

16:13, 17:17), (요일1:6,8,2:4,21,4:6), (요이1:1,3), (요삼1:3,13).
339) 호데게오(ὁδηγέω : 안내, 인도하다). ☞ 호데고스(ὁδηγός : 안내자, 인도자)의
     동사. 같은 표현 ⇒ (마5:14), (눅6:39), (요16:13), (행8:31), (계7:17).
340) 아낭겔로(ἀναγγέλλω : 보고하여 알려주다). 같은 표현 ⇒ (막5:14), (요4:25,5:15,
     16:13,14,15,25), (행14:27,15:4,16:38,19:18,20:20,27), (롬15:21), (고후7:7), (벧전1:12),
     (요일1:5).

우리는 그가 무엇을 말하는지(laleo)를 알지(oida) 못한다."라고 하니,

16:19 그러므로 그 예수께서 그들이 자기에게 묻고 싶어 하는 것
(thelo erotao)을 잘 알고(ginosko), 그들에게 말하기를,
"내가 말하기를, '조금 있으면 너희는 나를 눈여겨보지(theoreo)
못하고, 또 다시 조금 있으면 너희는 나를 볼 것이다(horao).'라고
한 이것에 관하여 너희가 서로 묻느냐(zeteo)?

16:20 진실로(amen), 진실로 내가 너희에게 말하니,
'너희는 흐느껴 울고(klaio), 애통할 것이다(threneo),
그러나 그 세상(kosmos)은 기뻐할 것이다(chairo),
또한 너희는 슬퍼할 것이나(lupeo), 오히려 너희의 슬픔(lupe)이
기쁨(chara)이 될 것이다,

16:21 마침 여자(gune)가 출산할(tikto)341) 때, 그녀의 때(hora, 시점)가
이르므로(erchomai), 그녀는 슬퍼한다(echo lupe), 그러나 그녀가
그 갓난 아이(paidion)를 낳으면(gennao), 그녀는 한 사람이
그 세상에 태어난(gennao, 수) 그 기쁨(chara)으로 말미암아,
더 이상 그 고통(thlipsis, 환난)342)을 기억하지(mnemoneuo) 않는다.

16:22 그러므로 실로 지금은 심지어 너희도 슬퍼한다(echo lupe),
그러나 내가 다시 너희를 볼 것이다(horao),
그때 너희의 마음(kardia)이 기뻐할 것이고(chairo),
또 아무도 너희에게서(apo) 너희의 기쁨(chara)을 빼앗지(airo)
못할 것이다.

16:23 그리고 바로 그 날(hemera)에 너희는 나에게 어떤 것도 묻지(erotao)
않을 것이다.' 하고,
진실로(amen), 진실로 내가 너희에게 말하니,
'너희가 나의 이름으로 인하여(en) 그 아버지께 무엇을 구하든지
(aiteo), 그것을 그분이 너희에게 줄 것이다(didomi).

---

341) 틱토(τίκτω : 출산하다, 낳다). 같은 표현 ⇒ (마1:21,23,25,2:2), (눅1:31,57,2:6,7,11),
(요16:21), (갈4:27), (히6:7), (약1:15), (계12:2,4,5,13).
342) 들립시스(θλίψις : 고통, 환난). ☞ 들립보(θλίγω : 압박하다, 괴롭히다)의 명사.
같은 표현 ⇒ (마24:9), (막4:17), (요16:21,33), (행11:19,20:23), (고후1:4),
(살전3:3,4), (계1:9,2:22,7:14).

16:24 (다시 말해), 지금까지(arti) 너희가 나의 이름으로 인하여(en)
　　　 어떤 것도 구하지(aiteo) 않았다, 너희는 구하라(aiteo),
　　　 그러면 너희가 (그것을) 받을 것이다(lambano, 중),
　　　 즉 너희의 기쁨(chara)이 가득 채워지게 하기(pleroo) 위해서이다,

16:25 이런 일들을 내가 너희에게 우회적인 표현(paroimia, 은유)으로
　　　 말한다(laleo, 완), 그러나 내가 너희에게 더 이상 우회적인 표현
　　　 (paroimia, 은유)으로 말하지(laleo, 래) 않고, 오직 그 아버지에 관하여
　　　 (peri) 밝히 드러냄(parrhesia)[343]으로, 자세히 알려줄(ananggello, 래) 시점
　　　 (hora, 때)이 올 것이다(erchomai, 현).

16:26 바로 그 날(hemera)에, 너희는 나의 이름으로 인하여(en)
　　　 구할 것이다(aiteo, 중), (다시 말해), 나는 너희에게 '내가 너희를
　　　 위하여(peri) 아버지께 요청하겠다(erotao).'고 말하는 것이 아니다.

16:27 왜냐하면(gar) 바로 그 아버지가 너희를 사랑하기(phileo, 현)[344] 때문
　　　 이다,
　　　 왜냐하면(hoti) 너희가 나를 사랑하고(phileo, 완), 또 내가 그 하나님
　　　 곁에서(para) 나온 것(exerchomai)을 믿어지게 하기(pisteuo, 완) 때문이다.

16:28 내가 그 아버지 곁에서(para) 나왔고(exerchomai, 과), 그 세상(kosmos)으
　　　 로 와서(erchomai, 완), 다시 내가 그 세상(kosmos)을 떠나(aphiemi, 현)[345],
　　　 그 아버지를 향해(pros) 떠나간다(poreuomai).' "라고 하는 것이다.◗

16:29 그의 제자들이 그에게 말하기를,
　　　 "보십시오! 당신은 지금 밝히 드러냄(parrhesia)으로 말하고(laleo),
　　　 어떠한 우회적인 표현(paroimia, 은유)으로 말하지(lego) 않습니다.

16:30 지금(nun) 우리는 당신이 모든 것들을 알고(oida)
　　　 또 누구도 당신에게 물어볼(erotao) 필요(chreia)가 없음을 압니다

---

343) 파르흐레시아(παρρησία : 밝히 드러냄, 담대함, 확신).
　　 같은 표현 ⇒ (요7:4,13,26,10:24,11:14,54,16:25,29,18:20), (요일2:28,3:21,4:17,5:14).
344) 필레오(φιλέω : 가치가 있어 사랑하다, 좋아하다).
　　 같은 표현 ⇒ (요5:20,11:3,36,12:25,15:19,16:27,20:2,21:15,16,17), (계3:19,22:15).
345) 아피에미(ἀφίημι : 내보내다, 용서하다, 탕감하다, 취소하다).
　　 ☞ (απο 와 ἱημι : 보내다)에서 유래. 같은 표현 ⇒ (마6:12,9:2,12:31,18:27),
　　 (막2:5,3:28,4:12,11:25), (눅5:20,11:4,12:10,17:3,23:34), (요4:3,28,52,8:29,10:12,11:44,48,
　　 12:7,14:18,27,16:28,32,18:8,20:23), (행8:22), (롬4:7), (약5:15), (요일1:

(oida). 이런 까닭에, 우리는 '당신이 하나님(theos)으로부터(apo) 나온 것(exerchomai).'346)이 믿어집니다(pisteuo, 현)."라고 하니,

16:31 그 예수께서 그들에게 대답하기를,
"지금은(arti) 너희가 믿어지느냐(pisteuo)?

16:32 보라! 너희 각자는 그 자신의 곳들로 흩어지게 되어(skorpizo)
나만 홀로 남겨둘(aphiemi) 시점(hora, 때)이 오고(erchomai, 현),
즉 지금(nun) 오는 것이다(erchomai, 완).
그러나 나는 혼자 있지 않다,
왜냐하면 그 아버지께서 나와 함께(meta) 있기347) 때문이다.

16:33 이런 일들을 내가 너희에게 말하니(laleo, 완), 즉 너희가 나로
인하여(en) 평강(eirene)을 소유하기(echo) 위해서이다.
너희가 그 세상(kosmos)에서 고통(thlipsis, 환난)348)을 당한다(echo),
오히려 너희는 담대하라(tharseo, 용기를 갖다)349),
내가 그 세상(kosmos)을 이긴다(nikao, 완)350)."고 하는 것이다. ◗

---

346) ☞ 당신은 하나님으로부터(ek) 태어나다(gennao).
    ☞ 그 말씀(logos)이 육신(sarx)이 되다(givnomai): (요1:14).
347) ☞ 하나님과의 **동행**. 같은 표현 ⇒ (마1:23,28:20), (요15:15,16:32), (롬8:14),
    (고전7:24), (갈5:18), (요일1:7).
348) 들립시스(thlipsis : 고통, 환난). ☞ 들립보(thlibo : 압박하다, 괴롭히다)의 명사.
    같은 표현 ⇒ (마24:9), (막4:17), (요16:21,33), (행11:19,20:23), (고후1:4),
    (살전3:3,4), (계1:9,2:22,7:14).
349) 다르세오(tharoeo : 용기를 갖다, 담대하다). 같은 표현 ⇒ (마9:2,22,14:27),
    (막6:50,10:49), (요16:33), (행23:11).
350) 니카오(nikao : 이기다). 같은 표현 ⇒ (눅11:   요16:33), (롬3:4,12:21),
    (요일2:13,14,4:4,5:4), (계2:7,11,17,26,3:5,12,21,5:5,6:2,11:7,12:11,13:7,15:2,17:14,21:7).

요한복음 17장

17:1 그 예수께서 이런 것들을 말하고(laleo,과), 또 그 하늘(ouranos)로
자신의 눈을 들어올리며(epairo,과), 말하기를(lego),
"아버지(pater)여, 그 시점(hora,때)이 이르렀습니다(erchomai,완),
당신은 당신의 아들(huios)을 영광스럽게 하소서(doxazo),
즉 심지어 당신의 아들(huios)도 당신을 영광스럽게 하기(doxazo)
위해서 입니다,

17:2 곧, 마치 당신이 그(아들)에게 모든 육신(sarx)의 권세(exousia)351)를
준 것과 같이, 당신이 그(아들)에게 주는 모든 자들 곧 그들에게,
그(아들)가 영원한 **생명**(zoe)을 주기 위해서 입니다.

17:3 (다시 말해), 이것이 그 영원한 **생명**(zoe) 이니,
그들이 당신을,
곧 그 유일하고 실제로 계시는(alethinos)352) 하나님(theos)을,
즉 예수 그리스도(christos)를 보낸(apostello) 그 하나님(theos)을
깨달아 아는 것입니다(ginosko).

17:4 내가 그 땅 위에서 당신을 영광스럽게 하였습니다(doxazo),
(다시 말해), 나는 바로 그 **일하심**(ergon) 즉 내가 행하도록 당신이
나에게 주는 그것을 온전케 하였습니다(teleioo)353).

17:5 또한 아버지(pater)여, 지금 당신은 나를 당신 자신과 더불어(para)
영광스럽게 하소서(doxazo), 곧 그 세상(kosmos)이 있기 전에,

---

351) 엑수시아(ἐξουσία : 권세, 통치력). ☞ 엑세스티(ἔξεστί : 가능하게 하다,
허용되다)의 명사. 같은 표현 ⇒ (마7:29,10:1,28:18), (막1:22,3:15,6:7),
(눅4:32,36,9:1,10:19), (요1:12,5:27,10:18,17:2,19:10), (행1:7,8:19), (고전9:4),
(고후10:8,13:10), (살후3:9).
352) 알레디노스(ἀληθινός : 진짜의, 실제로 존재하는).
같은 표현 ⇒ (요1:9,4:23,37,6:32,7:28,8:16,15:1,17:3,19:35), (요일2:8,5:20),
(계3:7,14,6:10,15:3,16:7,19:2,9,11,21:5,22:6).
353) 텔레이오오(τελειόω : 온전하게 하다, 온전하게 성취하다). 같은 표현 ⇒
(눅2:43), (요4:34,5:36,17:4,23,19:28), (행20:   고후12:9), (빌3:12), (히2:10,5:9,
7:19,28,9:9,10:1,14,11:40,12:23), (약2:22), (요일2:5,4:12,17,18).

내가 당신 곁에 가졌던 그 영광(doxa)354)으로(여) (하소서).

17:6 나는 당신이 그 세상(kosmos)에서(ek) 나에게 주는(didomi,완)
그 사람들에게 당신의 이름을 빛으로 밝히 나타내 보여 주었
습니다(phaneroo)355). 곧 그들은 당신께 속하여(소) 있었고,
당신이 나에게 그들을 주니(didomi,완),
즉 그들은 당신의 말(logos)을 지켜지게 하고(tereo,완)356),

17:7 또 지금 당신이 나에게 주는 것(didomi,완)은 무엇이든지 당신 곁에
(para) 있는 것인 줄을 깨달아 압니다(ginosko,완).

17:8 왜냐하면(hoti) 당신이 나에게 주는 그 말(rhema,복)357)을 내가
그들에게 주니, 그들은 (그것들을) 받아들여(lambano), 내가 당신 곁에
서(para) 나온 줄(exerchomai)을 진실로 깨달아 알고(ginosko),
당신이 나를 보낸 것(apostello)을 믿어지게 하였기(pisteuo) 때문입니다.
◑

17:9 내가 그들을 위하여(peri) 요청하니(erotao),
내가 요청하는 것(erotao)은 그 세상(kosmos)을 위해서(peri)가 아니라,
오직 당신이 나에게 주는 자들을 위해서(peri) 입니다,
왜냐하면(hoti) 그들은 당신께 속하는 자(소)들이기 때문입니다,

17:10 이제 나의 모든 자들은 당신께 속하는 자(소)들이고,
당신께 속하는 자들은 나에게 속하는 자(소)들 입니다,
또한 그들로 인하여(en) 내가 영광을 받습니다(doxazo,완,수).◑

17:11 그리고 나는 더 이상 그 세상(kosmos)에 있지 않습니다,
그러나 그들은 그 세상(kosmos)에 있습니다,
이제 나는 당신을 향해(pros) 갑니다(erchomai).

---

354) 독사(δόξα : 영광, 광채, 영화). ☞ 도케오(δοκέω : 생각하여 추정하다, 간주하다).
같은 표현 ⇒ (요1:14,2:11,5:41,44,7:18,8:50,54,9:24,11:4,40,12:41,43,17:5,22,24).
355) 파네로오(φανερόω : 빛으로 밝게 나타내 보여주다, 계시하다).
☞ 파네로스(φανερός : 잘 보이는, 명백한). 같은 표현 ⇒
(요1:31,2:11,3:21,7:4,9:3,17:6,21:1,14), (요일1:2,2:19,28,3:2,5,8,4:9), (계3:18,15:4).
356) 테레오(τηρέω : 지켜 보존하다).
같은 표현 ⇒ (요2:10,8:51,52,55,9:16,12:7,14:15,21,23,24,15:10,20,17:6,11,12,15).
357) 레마(ρημα : 말, 말하여 지는 것). ☞ 레오(ρέω : 말하여 지다)에서 유래.
같은 표현 ⇒ (요3:34,5:47,6:63,68,8:20,47,10:21,12:47,48,14:10,15:7,17:8).

131

거룩하신 아버지(pater)여,
당신이 나에게 주는 당신의 이름으로 인하여(en),
당신은 그들을 지켜주소서(tereo),
즉 우리와 같이, 그들도 하나(eis)이기 위해서 입니다.

17:12 내가 그들과 함께 그 세상에 있었을 때,
당신이 나에게 주는 당신의 이름으로 인하여(en)
나는 그들을 지키었고(tereo, 미), 또 지켜 보존하였습니다(phulasso, 과),
그때 그들 중, **그 멸망**(apoleia)**의 아들**358) 외에, 아무도 멸망하지
(apollumi) 않았습니다,
즉 그 성경(graphe)이 응하기 위해서 입니다,

17:13 이제 지금 나는 당신을 향해(pros) 갑니다(erchomai),
또한 나는 그 세상(kosmos)에서 이런 것들을 말하니(laleo, 현),
즉 그들도 자신들 안에 가득 채워지게 되는(pleroo) 나의 기쁨
(chara, 보혜사)을 갖도록 하기 위해서 입니다.

17:14 내가 그들에게 당신의 말(logos)을 주니(didomi, 완),
그때 그 세상(kosmos)은 그들을 미워하였습니다.
왜냐하면(hoti), 마치 내가 그 세상(kosmos)에 속하지(ek) 않는 것과
같이, 그들은 그 세상(kosmos)에 속하지(ek) 않기 때문입니다.◗

17:15 내가 요청하니(erotao), 당신이 그 세상(kosmos)에서(ek) 그들을 데려
가기(airo) 위해서가 아니라, 당신이 그 악한 것(poneros)에서(ek)
그들을 지켜주도록 하기(tereo) 위해서 입니다.

17:16 마치 내가 그 세상(kosmos)에 속하지(ek) 않는 것과 같이,
그들도 그 세상(kosmos)에 속하지(ek) 않습니다.

17:17 당신은 그들을 당신의 진리(aletheia)359)로 거룩하게 하소서(hagiazo),
곧 당신의 말(logos)은 진리(aletheia)입니다.

17:18 마치 당신이 나를 그 세상(kosmos)으로 보낸 것(apostello)과 같이,

---

358) ☞ 그 멸망의 아들. 같은 표현 ⇒ (요17:12), (살후2:3).
359) 진리(ἀλήθεια : 진리). 같은 표현 ⇒ (요1:14,17,3:21,4:23,24,5:33,8:32,40,44,45,46,
14:6,17,15:26,16:7,13,17:17,19,18:37,38), (요일1:6,8,2:4,21,3:18,19,4:6,5:7), (요이1:1,2,3),
(요삼1:3,4,8,12).

심지어 나도 그들을 그 세상(kosmos)으로 보내었습니다(apostello).

17:19 또한 그들을 위해(huper) 즉 그들이 진리(aletheia)로 거룩하게 되도록 하기(hagiazo) 위해서, 나도 내 자신을 (진리로) 거룩하게 합니다(hagiazo). ◗

17:20 또한 내가 요청하니(erotao), 이들만 위해서(peri)가 아니라, 심지어 그들의 말(logos)을 통해서 내가(eis) 믿어지는 자들도 위해서(peri) 입니다,

17:21 즉 모든 자들이 하나(eis) 이도록 하기 위해서 입니다,
마치, 아버지(pater)여, 당신이 내 안에(en) 또한 내가 당신 안에(en) 있는 것과 같이, 즉 심지어 그들도 우리 안에(en) 있기 위해서 입니다,
또한 그 세상(kosmos)도 당신이 나를 보낸 것을 믿어지게 하기 위해서 입니다.

17:22 또한 나는 그들에게도, 당신이 나에게 주는 그 영광(doxa)360)을 줍니다(didomi, 완), 즉 마치 우리가 하나(eis)인 것과 같이, 그들도 하나(eis)이도록 하기 위해서 입니다.

17:23 내가 그들 안에(en) 있고, 당신이 내 안에(en) 있습니다,
즉 그들도 하나에게로(eis) 온전케 되어 지도록 하기(teleioo, 완, 수)361) 위해서 입니다,
또한 그 세상(kosmos)도 당신이 나를 보낸 것(apostello)과 나를 사랑한 것(agapao)362) 같이 그들도 사랑한 줄(agapao)을 깨달아 알게 하기(ginosko) 위해서 입니다. ◗

17:24 아버지(pater)여, 내가 원하오니(thelo),
당신이 나에게 주는 자들이 내가 있는 곳에 바로 그들도 나와

---

360) 독사(δόξα : 영광, 광채, 영화). ☞ 도케오(δοκέω : 생각하여 추정하다, 간주하다).
같은 표현 ⇒ (요1:14,2:11,5:41,44,7:18,8:50,54,9:24,11:4,40,12:41,43,17:5,22,24).
361) 텔레이오오(τελειόω : 온전하게 하다, 온전하게 성취하다). 같은 표현 ⇒
(눅2:43), (요4:34,5:36,17:4,23,19:28), (행20:24), (고후12:9), (빌3:12), (히2:10,5:9,
7:19,28,9:9,10:1,14,11:40,12:23), (약2:22), (요일2:5,4:12,17,18).
362) 아가파오(ἀγαπάω : 사랑하다). 같은 표현 ⇒ (요3:35,5:42,8:42,10:17,11:5,13:1,23,34,
14:15,28,31,15:9,12,17:23,21:15), (요일2:10,15,3:10,11,14,18,23,4:7,11,19,20,21,5:1,2),
(요이1:1), (요삼1:1), (계1:5,3:9,20:9).

함께(meta) 있는 것입니다, 즉 그들도 당신이 나에게 주는 나의
영광(doxa)을 눈여겨보도록 하기(theoreo) 위해서 입니다,
왜냐하면(hoti) 세상의 기초가 놓이기(katabole[363] kosmou) 이전에,
당신이 나를 사랑하였기(agapao) 때문입니다.

17:25 의로우신 아버지(pater)여,
그 세상(kosmos)은 당신을 깨달아 알지(ginosko, 과) 못하였으나,
그러나 나는 당신을 깨달아 알았고(ginosko, 과),
또 그들도 당신이 나를 보낸 줄(apostello)을 깨달아 알았습니다
(ginosko, 과).

17:26 또한 나는 그들에게 당신의 이름(onoma)을 깨달아 알게 하였고
(gnorizo, 과), 또 깨달아 알게 할 것입니다(gnorizo, 래),
즉 당신이 나를 사랑한 그 사랑(agape)이 그들 안에(en) 있도록
하기 위해서 이고, 또 나도 그들 안에(en) 있도록 하기 위해서
입니다."라고 하는 것이다. ◗

---

363) 카타볼레(καταβολή : 기초, 창설, 시작). ☞ 카타발로(καταβάλλω : 아래로 던지다)
의 명사. 같은 표현 ⇒ (마13:35,25:34), (눅11:50), (요17:24), (엡1:4),
(히4:3,9:26,11:11), (벧전1:20), (계13:8,17:8)

요한복음 18장

18:1 이런 것들을 말한 후, 그 예수께서 자신의 제자들과 함께(sun),
그 기드론 개울 건너편으로 나갔고(exerchomai), 그곳에 동산이
있었다,
그때 그곳(동산)으로 그와 그의 제자들이 들어갔다(eiserchomai).

18:2 또한 심지어 그를 넘겨주는 유다도 그 장소를 알았다(oida),
왜냐하면(hoti) 그 예수께서 자신의 제자들과 함께(meta) 그곳에
종종 모였기(sunago) 때문이었다.

18:3 그러므로(oun) 그 유다가 그 군대(speira)을 얻어, 그 대제사장들과
그 바리새인들에 속한 하속인들을 데리고, 등불(phanos)364)과 햇불
(lampas)365)과 병기(hoplon)366)를 가지고 그곳으로 가니(erchomai),

18:4 그러므로(oun) 예수께서 자신에게 임하게 될(erchomai) 모든 일들을
알고(oida), 나아가(exerchomai) 그들에게 말하기를,
"너희가 누구를 찾느냐(zeteo)?"고 하니,

18:5 그들이 대답하기를, "예수 그 나사렛 사람."이라고 하였다,
그 예수께서 그들에게 말하기를,
"내가 그다(ego eimi)."라고 하니,
그때 심지어 그를 넘겨주는 유다도 그들과 함께 서 있었다
(histemi).

18:6 그러므로 마침 그(예수)가 그들에게 말하기를,
'**내가 그이**(ego eimi)다.'라고 하자;
그들이 그의 뒤로 물러나(aperchomai), 땅에(chamai) 쓰러졌다(pipto).

18:7 그러므로 다시 그가 그들에게 묻기를(eperotao),
"너희가 누구를 찾느냐(zeteo)?"라고 하니,

---

364) 파노스(φανός : 등불, 햇불). ☞ 이곳에 한번 쓰임.
365) 람파스(λαμπάς : 햇불). 같은 표현 ⇒ (마25:1,3,4,7,8),
(요18:3), (행20:8), (계4:5,8:10).
366) 호플론(ὅπλον : 도구, 무기). 같은 표현 ⇒ (요18:3), (롬6:13,13:12), (고후6:7,10:4).

그러자 그들이 말하기를, "예수 그 나사렛 사람."이라고 하였다.

18:8 예수께서 대답하여 말하기를,
"내가 너희에게 '내가 그이(ego eimi)다.'라고 하고,
그러므로 만일 너희가 나를 찾으면(zeteo),
너희는 이들이 가는 것(hupago)을 허락하라(aphiemi)367)."고 하니,

18:9 즉 그 말씀(logos)이 응하여 지기(pleroo) 위해서 이었다,
'당신이 나에게 준 자들을, 나는 그들 중에 누구도 멸망케 하지
(apollumi) 않았습니다.'고 하는 것이다.

18:10 그러므로 시몬 베드로는 검(machaira)을 갖고 있어, 그가 그것을
빼어(helkuo)368), 그 대제사장의 종을 쳐서(paino), 그의 오른쪽 귀를
베어 버렸으니(apokopto),
그때 그 종의 이름은 말고 이었다.

18:11 그러자(oun) 그 예수께서 그 베드로에게 말하기를,
"너는 그 칼집에 너의 검(machaira)을 꽂으라(ballo),
그 아버지께서 나에게 주는 잔(poterion)369) 바로 그것을,
내가 마시지(pino) 않겠느냐?"고 하는 것이다. ◑

18:12 그러므로 그 군대(speira)와 그 천부장과 그 유대인들의 하속인들
이 그 예수를 붙잡아(sullambano), 그를 결박하여(deo),

18:13 그를 안나스에게로 먼저 데리고 갔다(ago),
왜냐하면(gar) 그가 바로 그 해의 대제사장인 그 가야바의 장인
이었기 때문이었다.

18:14 그때 가야바는 그 유대인들에게 '한 사람이 그 백성(laos)을 위해

---

367) 아피에미(ἀφίημι : 내보내다, 용서하다, 탕감하다, 취소하다).
   ☞ (ἀπο 와 ἵημι : 보내다)에서 유래. 같은 표현 ⇒ (마6:12,9:2,12:31,18:27),
   (막2:5,3:28,4:12,11:25), (눅5:20,11:4,12:10,17:3,23:34), (요4:3,28,52,8:29,10:12,11:44,48,
   12:7,14:18,27,16:28,32,18:8,20:23), (행8:22), (롬4:7), (약5:15), (요일1:9).
368) 헬퀴오(ἑλκυω : 끌어당기다). 같은 표현 ⇒ (요6:44,12:32,18:10,21:6,11),
   (행16:19,21:30), (약2:6).
369) 포테리온(ποτήριον : 잔). 같은 표현 ⇒ (마10:42,20:22,23,23:25,26:27,39),
   (막7:4,9:41,10:38,39,14:23,36), (눅11:39,22:17,20,42), (요18:11),
   (고전10:16,21,11:25,26,27,28), (계1

136

<u>멸망하는 것</u>(apollumi)이 유익하다(sumphero).'라고 충고한 자
(sumbouleuo)370)이었다.

18:15 그때 <u>시몬 베드로</u>와 다른 제자(요한)가 그 <u>예수</u>께 좇아가고
　　　있었다(akoloutheo)371).
　　　　마침 바로 그 제자는 그 대제사장을 잘 알고 있어(gnostos),
　　　　그 대제사장의 관저(aule)372)로 그 예수와 함께 <u>들어갔다</u>
　　　(suneiserchomai).

18:16 그러나 그 <u>베드로</u>는 밖에 그 문(thura)을 향해 <u>서 있었더니</u>(histemi),
　　　그러므로 그 대제사장을 잘 알고(gnostos) 있었던 그 다른 제자가
　　　나가서(exerchomai), 그 문지기(thuroros,여자)에게 말하여 그 <u>베드로</u>
　　　를 <u>데리고 들어갔다</u>(eisago).

18:17 그러므로 그 여종(paidiske) 곧 문지기(thuroros,여자)가 그 <u>베드로</u>에게
　　　말하기를, "또한 당신도 바로 이 사람의 제자들에 속하지(ek)
　　　않느냐?"라고 하니,
　　　바로 그가 말하기를, "나는 아니다."고 하였다.

18:18 마침 그 여종(paidiske)들과 그 하속인들이 숯불을 피우면서,
　　　서 있었다(histemi), 왜냐하면(hoti) 날씨가 추웠기 때문이었다,
　　　그때 그들은 불을 쬐고 있었다,
　　　또한 그 <u>베드로</u>도 그들과 함께 서서 불을 쬐고 있었다.◐

18:19 그러므로 그 대제사장이 그 예수에게 그의 제자들에 관해서(peri)
　　　또 그의 가르침(didache)에 관해서 물었다(erotao),

18:20 그 예수께서 그에게 대답하기를,
　　　　"내가 그 세상(kosmos)에 <u>밝히 드러냄</u>(parrhesia)373)으로 말했고
　　　(laleo), 그 모든 유대인들이 항상 모이는(sunerchomai) 그 회당과

---

370) 쉼블류오(συμβουλεύω : 충고하다, 조언하다, 함께 의논하다).
　　　같은 표현 ⇒ (마26:4), (요18:14), (행9:23), (계3:18).
371) 아코루데오(ἀκολουθέω : 좇아가다, 따르다). 같은 표현 ⇒
　　　(요1:37,38,40,43,10:4,5,27,11:31,12:26,13:36,37,18:15,20:6,21:19,20,22).
372) 아울레(αὐλή : 관저, 마당, 뜰). 같은 표현 ⇒ (마26:3,58,69), (막14:54,66,15:16),
　　　(눅11:21,22:55), (요10:1,16,18:15), (계11:2).
373) 파르흐레시아(παρρησία : 밝히 드러냄, 담대함, 확신).
　　　같은 표현 ⇒ (요7:4,13,26,10:24,11:14,54,16:25,29,18:20), (요일2:

그 성전(hieron)에서 가르쳤다(didasko), 또한 아무것도 숨어서
(kruptos) 말하지(laleo) 않았다.

18:21 어찌하여 당신이 나에게 묻느냐(erotao)?
당신은 내가 말한 것(laleo)을 들은 자들에게 물어 보라(erotao).
보라! 그들은 내가 말한 것(lego)을 안다(oida)."라고 하는 것이다.

18:22 그때 그가 이런 것들을 말하자, 곁에 서 있던 그 하속인들 중
한 명이 그 예수를 손바닥으로 내리치며, 말하기를,
"네가 그 대제사장에게 이와 같이 대답하느냐?"라고 하니,

18:23 그 예수께서 그에게 대답하기를,
"만일 내가 잘못(kakos) 말하였으면(laleo),
너는 그 잘못한 것(kakos)에 관해 증거를 대라(martureo).
그러나 만일 내가 잘(kalos) 말하였으면,
어찌하여 네가 나를 치느냐(dero)?"라고 하는 것이다,

18:24 그러자 그 안나스가 그를 결박한 채로 가야바 그 대제사장에게
보내었다(apostello).

18:25 그때 시몬 베드로가 서서 불을 쬐고 있었다,
그러므로 그들이 그에게 말하기를,
"또한 너도 그의 제자들에 속하지(ek) 않느냐?"라고 하니,
바로 그가 부인하여(arneomai) 말하기를,
"나는 아니다."라고 하였다.

18:26 그 대제사장의 종들 중 한 명, 곧 베드로가 그 귀를 베어 낸 자
의 친척인 자가 말하기를,
"그 동산(kepos)에서 내가 그와 함께 너를 보지 않았느냐?"라고
하였다.

18:27 그러므로 그 베드로가 다시 부인하였다(arneomai),
그러자 즉시(eutheos) 닭이 울었다(phoneo).◗

18:28 그러므로 그들이 그 예수를 가야바로부터 프라이토리온
(praitorion,관저)으로 데리고 가니(ago), 마침 그 때가 새벽이었다.
그러나 그들은 프라이토리온(praitorion,관저)으로 들어가지 않았다,
즉 그들은 더럽혀지지(miaino)[374] 않기 위해서 이고,

또 그들이 그 유월(pascha)을 먹기 위해서 이었다,

18:29 그러므로 그 빌라도가 밖으로 그들에게로 나가서,
말하기를(phemi,자기 생각을 알리다),
"어찌하여 너희가 이 사람을(kata) 고소(kategoria)375) 하느냐(phero)?"
라고 하니,

18:30 그들이 대답하여 그에게 말하기를,
"만일 이자가 행악자가 아니면, 우리가 당신에게 그를 넘겨주지
않았을 것입니다."고 하였다,

18:31 그러므로 그 빌라도가 그들에게 말하기를,
"너희가 그를 데려가(lambano), 너희의 율법(nomos)에 따라 그를
심판하라(krino)."고 하니,
그러나 그 유대인들이 그에게 말하기를,
"우리에게 어떤 자를 죽이는 것(apokteino)이 적법하지(exesti)376)
않습니다."라고 하였다,

18:32 즉 자신이 어떤 죽음으로 장차 죽어야 하는지(mello apothnesko)를
미리 나타내 알리며(semaino)377) 말한 그 예수의 말이 응하여
지기(pleroo) 위해서 이었다,

18:33 그러므로 그 빌라도가 다시 그 프라이토리온(praitorion,관저)에
들어가(eiserchomai), 그 예수를 불러(phoneo), 그에게 말하기를,
"네가 그 유대인들의 왕(basileus)이냐?"라고 하니,

18:34 그 예수께서 그에게 대답하기를,
"당신은 당신 스스로 이런 것을 말하는 것입니까?
아니면 다른 자(allos)들이 나에 관하여 당신에게

---

374) 미아이노(μιαίνω : 더럽히다). 같은 표현 ⇒ (요18:28), (딛1:15), (히12:15), (유1:8).
375) 카테고리아(κατηγορία : 고소, 비난). ☞ 카테고레오(κατηγορέω : 고소하다,
비난하다). 같은 표현 ⇒ (눅6:7), (요18:29), (딤전5:19), (딛1:6).
376) 엑세스티(ἔξεστι : 가능하다, 타당하다, 합법적이다).
같은 표현 ⇒ (마12:2,4,10,12,14:4,19:3,20:15,22:17,27:6),
(막2:24,26,3:4,6:18,10:2,12:14), (눅6:2,4,9,14:3,20:22), (요5:10,18:31).
377) 세마이노(σημαίνω : 가리키다, 미리 나타내 알리다).
☞ 세메이온(σημεῖον : 표적, 이적)의 동사.
같은 표현 ⇒ (요12:33,18:32,21:19), (행11:28,25:27), (계1:1).

말한 것입니까?"라고 하는 것이다.

18:35 그 빌라도가 대답하기를, "내가 유대인이냐?
　　　너의 민족(ethnos)과 그 대제사장들이 나에게 너를 넘겨주었다
　　　(paradidomi), 네가 무엇을 행하였느냐?"라고 하였다,

18:36 그 예수께서 대답하기를,
　　　"나의 나라(basileia)는 이 세상(kosmos)에 속하여(ek) 있지 않다.
　　　만일 나의 나라(basileia)가 이 세상(kosmos)에 속하여(ek) 있으면,
　　　나의 하속(huperetes)들이, 내가 그 유대인들에게 넘겨지게 하지
　　　않도록 하기 위해 싸웠을 것이다(agonizomai)[378].
　　　이제 지금(nun) 나의 나라(basileia)는 이곳에 있지 않다."라고 하니,

18:37 그러므로 그 빌라도가 그에게 말하기를,
　　　"그럴지라도, 네가 왕(basileus)이냐?"고 하였다,
　　　그 예수께서 대답하기를,
　　　"당신이 말한 대로, 나는 왕(basileus)이다.
　　　이런 일을 위해(eis) 내가 태어났고(gennao, 완, 수),
　　　(다시 말해), 이런 일을 위해(eis) 내가 그 세상(kosmos)에 왔다
　　　(erchomai, 완), 즉 내가 그 진리(aletheia)[379]로서 증언하기(martureo)
　　　위해서 이다. 그 진리(aletheia)에(ek) 속하는 자는
　　　누구든지 나의 음성(phone)을 듣는다."라고 하는 것이다,

18:38 그 빌라도가 그에게 말하기를,
　　　"진리(aletheia)가 무엇이냐?"고 하였고,
　　　그때 이런 것을 말한 후, 그는 다시 그 유대인들에게로 나가서,
　　　그들에게 말하기를,
　　　"나는 그 사람에게서 어떤 범죄이유(aitia)도 찾아내지(heurisko)
　　　못한다,

18:39 또한 너희에게 한 관례(sunetheia)[380]가 있으니, 즉 그 유월(pascha)에

---

378) 아고니조마이(ἀγωνίζομαι : 싸우다, 열심히 애쓰다, 투쟁하다).
　　　같은 표현 ⇒ (눅13:24), (요18:36), (고전9:25), (골1:29,4:12), (딤전6:12), (딤후4:7).
379) 진리(ἀλήθεια : 진리). 같은 표현 ⇒ (요1:14,17,3:21,4:23,24,5:33,8:32,40,44,45,46,
　　　14:6,17,15:26,16:7,13,17:17,19,18:37,38), (요일1:6,8,2:4,21,3:18,19,4:6,5:7), (요이1:1,2,3),
　　　(요삼1:3,4,8,12).
380) 쉬네데이아(συνήθεια : 관례, 관습, 풍습). 같은 표현 ⇒ (요18:39), (고전8:7,11:16).

내가 너희에게 한 사람을 놓아주기(apoluo)³⁸¹⁾ 위해서이다,
그러므로 너희는 내가 너희에게 그 유대인들의 왕(basileus)을
놓아주기(apoluo)를 원하느냐(boulomai)?"라고 하였다,

18:40 그러므로 그들이 다시 <u>크게 소리 지르며</u>(kraugazo), 말하기를,
"이자가 아니라, <u>바라바</u>입니다."고 하였다,
그때 그 <u>바라바</u>는 강도(lestes)이었다.

---

381) 아폴루오(ἀπολύω : 풀어놓다, 해고하다, 용서하다, 내쫓다, 이혼하다).
같은 표현 ⇒ (마14:15,18:27,19:3,27:15), (막6:36,10:2,15:6), (눅8:38,13:12,16:18),
(요18:39,19:10), (행3:13,4:23,5:40,16:35).

요한복음 19장

19:1 그러므로 그때에(tote), 그 빌라도가 그 예수를 데려다(lambano),
채찍질하였다(mastigoo),

19:2 또한 그 군병들은 가시로 된 왕관(stepanos)382)을 엮어, 그의 머리에
그것을 씌우고, 그를 자색 옷(himation)으로 입혔으며(periballo),

19:3 그에게로 와서, 말하기를,
"안녕하세요(chairo), 그 유대인들의 왕(basileus)이여." 하고,
또 손바닥으로 그를 세게 치고 있었다.

19:4 그러므로 그 빌라도가 다시 밖으로 나와서, 그들에게 말하기를,
"보라! 내가 너희에게 그를 밖으로 데리고 오니(ago),
즉 나는 그자에게서 어떤 범죄이유(aitia)도 찾아내지 못한 것을
너희가 잘 알도록(ginosko) 하기 위해서이다."고 하였다,

19:5 그러므로 그 예수께서 밖으로 나왔다,
그때 그는 가시로 된 왕관(stepanos)을 쓰고, 자색 옷을 입고 있었다,
그러자 그(빌라도)가 그들에게 말하기를,
"보라! 그 사람(anthropos)이다."라고 하였다.

19:6 그러므로 마침 그 대제사장들과 그 하속인들이 그를 보자,
소리 지르며(kraugazo), 말하기를,
"당신은 (그를) 십자가에 못 박게 하소서(stauroo),
십자가에 못 박게 하소서(stauroo)."라고 하니,
그 빌라도가 그들에게 말하기를,
"너희가 그를 데려다가(lambano), 십자가에 못 박아라(stauroo),
왜냐하면(gar) 나는 그자에게서 범죄이유(aitia)을 찾아내지(heurisko)
못하기 때문이다."고 하였다,

19:7 그 유대인들이 그에게 대답하기를,

---

382) 스테파노스(στέφανος : 왕관, 면류관). 같은 표현 ⇒ (마27:29), (막15:17),
(요19:2,5), (고전9:25), (빌4:1), (살전2:19), (딤후2:5,4:8), (벧전5:4), (약1:12),
(계2:10,3:11,4:4,10,6:2,9:7,12:1,14:14).

"우리에게 율법(nomos)이 있기에, 우리의 율법에 따라(kata) 그는
마땅히 죽어야 합니다(opheilo apothnesko),
왜냐하면(hoti) 그는 그 자신이 하나님의 아들(huios)로 행세하였기
(poieo) 때문입니다."라고 하였다.

19:8 그러므로 마침 그 빌라도가 바로 이 말(logos)을 듣자,
그는 더욱 더 두려워하였다(phobeo),

19:9 다시 그는 그 프라이토리온(praitorion, 관저)에 들어가(eiserchomai),
그 예수에게 말하기를,
"네가 어디에서 왔느냐?"고 하였다,
그러나 그 예수께서 그에게 대답을 하지 않았다. ◗

19:10 그러므로 그 빌라도가 그에게 말하기를,
"너는 나에게 말하지(laleo) 않느냐?
너는, 내가 너를 십자가에 못 박을(stauroo) 권세(exousia)[383]도
갖고 있고 너를 놓아줄(apoluo)[384] 권세(exousia)도 갖고 있는 줄을
알지(oida) 못하느냐?"라고 하니,

19:11 그 예수께서 대답하기를,
"만일 그것(권세)이 위에서(anothen) 당신에게 주어진 것이 아니면,
당신은 나와 대적할(kata) 어떤 권세(exousia)도 갖고 있지 않았고
(ou echo, 미), 이런 일로 인하여, 나를 당신에게 넘겨주는 자는
더 큰 죄(hamartia)[385]를 짓는다(echo)."고 하는 것이다,

19:12 이런 일로부터 그 빌라도는 그를 놓아주려고 애쓰고 있었다
(zeteo apoluo),
그러나 그 유대인들이 소리 지르며(kraugazo), 말하기를,

---

383) 엑수시아(ἐξουσία : 권세, 통치력). ☞ 엑세스티(ἔξεστί : 가능하게 하다,
허용되다)의 명사. 같은 표현 ⇒ (마7:29,10:1,28:18), (막1:22,3:15,6:7),
(눅4:32,36,9:1,10:19), (요1:12,5:27,10:18,17:2,19:10), (행1:7,8:19), (고전9:4),
(고후10:8,13:10), (살후3:9).
384) 아폴루오(ἀπολύω : 풀어놓다, 해고하다, 용서하다, 내쫓다, 이혼하다).
같은 표현 ⇒ (마14:15,18:27,19:3,27:15), (막6:36,10:2,15:6), (눅8:38,13:12,16:18),
(요18:39,19:10), (행3:13,4:23,5:40,16:35).
385) 하마르티아(ἁμαρτία : 죄). 같은 표현 ⇒ (요1:29,8:21,24,34,46,9:41,15:22,24,16:8,9,
19:11,20:23), (요일1:7,8,9,2:2,12,3:4,5,8,9,4:10,5:16,17), (계1:5,18:4,5).

"만약 당신이 이자를 놓아주면(apoluo),
당신은 그 <u>가이사르</u>의 친구(philos)가 아니다,
곧 자신을 왕(basileus)이라고 하는 자는 누구든지 그 <u>가이사르</u>
에게 <u>반역하는 것입니다</u>(antilego)."라고 하였다.

19:13 그러므로 그 빌라도가 바로 이 말(logos)의 (무엇을) 듣고, 그 예수를
밖으로 <u>데리고 왔다</u>(ago), 그리고 <u>리도스트로포스</u>386)라고 하는,
그러나 <u>히브리</u> 말로 <u>갑바다</u>라 하는 장소에서,
그는 그 재판석(bema, 심판대) 위에 앉았다(kathizo),

19:14 마침 그 유월(pascha)의 준비(paraskeue) 이었고,
때(hora)는 제 육시쯤이었었다.
그때 그가 그 유대인들에게 말하기를,
"보라! 너희의 왕(basileus)이다."라고 하니,

19:15 그러자 바로 그들이 <u>소리 지르기를</u>(kraugazo),
"당신은 <u>없애라</u>(airo), <u>없애라</u>(airo).
당신은 그를 <u>십자가에 못 박아라</u>(stauroo)."라고 하였다.
그 빌라도가 그들에게 말하기를,
"내가 너희의 왕(basileus)을 <u>십자가에 못 박아도 되겠느냐</u>(stauroo)?"
라고 하니,
그 대제사장들이 대답하기를,
"<u>가이사르</u> 외에 우리에게 왕(basileus)이 없습니다."고 하였다.

19:16 그러므로 그때에(tote) 그는 그들에게 그(예수)를 넘겨주었으니
(paradidomi), 즉 그가 <u>십자가에 못 박히어지게 하기</u>(stauroo) 위해서
이었다. 그러자 그들이 그 예수를 넘겨받아(paralambano), 끌고 갔다
(apago).

19:17 그때 그(예수)는 자신의 십자가(stauros)를 지고(bastazo),
해골(kranion)이라 하는 장소 즉 <u>히브리</u> 말로 <u>골고다</u>라고 하는
장소로 나갔다(exerchomai),

19:18 그곳에서 그들은 그를 **십자가에 못 박았다**(stauroo),
그때 그와 함께 <u>다른</u>(allos) 두 사람387)이 이쪽에 저쪽에 있었고,

---

386) 리도스트로포스(λιθοστροπος : 돌로 포장된).
387) ☞ (시53:12). 그가 자기 영혼을 버려 사망에 이르게 하며, 범죄자 중 하나로

144

그 예수는 가운데(mesos) 있었다.◐

19:19 그리고 그 빌라도가 또한 패(titlos,비문)를 글로 써서,
그 십자가(stauros)위에 붙였다,
그때 그것은 '예수 나사렛 그 유대인들의 그 왕'이라고 기록되어
있었다(grapho).

19:20 그러므로 그 유대인들 중 많은 자들이 바로 이 패(titlos,비문)를
읽었다(anaginosko), 왜냐하면(hoti) 그 예수가 십자가에 못 박힌
장소(topos)는 그 성읍에서 가깝기 때문이었다.
그때 그것은 '히브리 말, 헬라 말, 로마 말로' 기록되어 있었다
(grapho).

19:21 그러므로 그 유대인들의 대제사장들이 그 빌라도에게 말하기를,
"당신은 기록하기를, '그 유대인들의 그 왕(basileus).'이라고 하지
말고, 오직 '자칭 말하기를, 〈내가 그 유대인들의 왕(basileus)이다.〉
라고 쓰시오." 라고 하니,

19:22 그 빌라도가 대답하기를,
"내가 써야할 것을 글로 쓴다(grapho, 완)."라고 하였다.◐

19:23 그러므로 마침 그 군병들이 그 예수를 십자가에 못 박은 후
(stauroo), 그들은 그의 옷(himation,겉옷)들을 취하여, 군병 각자에
한 조각씩 네 조각을 만들었고, 또 그 속옷(chiton)도 (취하였으니),
그때 그 속옷(chiton)은 위로부터 통으로 짠, 꿰어 메이지 않은 것
이었다.

19:24 그러므로 그들이 서로에게 말하기를,
"우리는 그것(속옷)을 찢지(schizo)[388] 말고,
오직 그것이 누구에게 속할지 제비뽑자(langchano)[389]."라고 하니,
즉 그 성경(graphe)이 말하기를,
'그들은 나의 옷(himation)을 자신들에게 나누었고(diamerizo),

헤아림을 받았다.

388) 스키조(σχίζω : 쪼개다, 찢다, 나누다). 같은 표현 ⇒ (마27:51), (막1:10,15:38),
(눅5:36,23:45), (요19:24,21:11), (행14:4,23:7).
389) 랑카노(λαγχάνω : 제비뽑아 얻다, 제비뽑다).
같은 표현 ⇒ (눅1:9), (요19:24), (행1:17), (벧후1:1).

나의 옷(himatismos)에 제비뽑기 했다(ballo kleros390)).'391)라고
하는 것이 응하여 지기(pleroo) 위해서 이었다.
그러므로 실로 그 군병들은 이런 일들을 행하였던 것이다.

19:25 그때 그 예수의 십자가(stauros) 곁에는,
그의 어머니, 그의 어머니의 자매, 마리아 글로바의 아내,
그리고 마리아 막달라가 서 있었다(histemi),

19:26 그러므로 예수께서 그 어머니와 자신이 사랑한 제자가
곁에 서 있는 것(paristemi)을 보고, 자기의 어머니께 말하기를,
"여자(gune)여, 보소서! 당신의 그 아들(huios)입니다." 하고,

19:27 그리고 나서, 그는 그 제자(요한)에게 말하기를,
"보라! 너의 어머니(meter)이다."라고 하는 것이다,
그러자 바로 그 때(hora)로부터 그 제자가 그녀를 그 자신의 집
(idios,복)으로 모셨다(lambano).◗

19:28 이런 일 후에, 지금 그 예수께서 이미 모든 일들이 **끝나게 되는**
것(teleo,완,수)392)을 알고(oida), 말하기를,
"내가 목마르다(dipsao393)."라고 하니,
즉 그 성경(graphe)이 온전케 되도록 하기(teleioo)394) 위해서 이었다,

19:29 그러므로 신 포도주(oxos)로 가득한(mestos) 그릇 하나가 놓여있었다,
그때 그들은 신 포도주(oxos)를 가득 머금은 해면을 우슬초에
매어, 그(예수)의 입(stoma)에 갖다 대었다(prosphero).

---

390) 클레로스(κληρος : 상속, 제비뽑기, 몫). 같은 표현 ⇒ (마27:35), (막15:24),
(눅23:34), (요19:24), (행1:17,26,8:21,26:18), (골1:12), (벧전5:3).
391) ☞ (시22:18). 내 겉옷을 나누며, 속옷을 제비 뽑나이다.
392) 텔레오(τελέω : 끝으로 이루다, 끝내다, 끝나다, 세금을 내다, 다 지불하다).
같은 표현 ⇒ (마7:28,10:23,11:1,13:53,17:24,19:1,26:1), (눅2:39,12:50,18:31,22:37),
(요19:28,30), (행13:29), (롬2:27,13:6), (딤후4:7), (약2:8), (계10:7,11:7,15:1,20:3,5,7).
☞ 비교 ⇒ (γίνομαι,완: 이루었다). 같은 표현 ⇒ (마26:56), (고후5:17),
(계16:17,21:6).
393) 딥사오(διψάω : 목마르다). 같은 표현 ⇒ (요4:13,14,6:35,7:37,19:28),
(계7:16,21:6,22:17).
394) 텔레이오오(τελειόω : 온전하게 하다, 온전하게 성취하다). 같은 표현 ⇒
(눅2:43), (요4:34,5:36,17:4,23,19:28), (행20:24), (고후12:9), (빌3:12), (히2:10,5:9,
7:19,28,9:9,10:1,14,11:40,12:23), (약2:22), (요일2:5,4:12,17,18).

19:30 그러므로 마침 그 예수께서 그 신 포도주(oxos)를 받았을 때395),
그가 말하기를, "이것으로 **끝난다**(teleo,완,수)." 하고,
그는 그 머리를 숙이며(klino), 그 **영**(pneuma)을 넘겨주었다
(paradidomi).◐

19:31 그러므로 그날은 준비(일)(paraskeue)이기에,
그 유대인들은 그 빌라도에게, 그 안식준수(sabbaton)에 그 시체
(soma)들이 그 십자가(stauros)위에 있지(meno) 않게, 그들의 다리들이
꺾이게 하여(kataknumi) 치워지기를(airo) 요청하였다(erotao),
왜냐하면(gar) 그날은 바로 그 안식준수(sabbaton)의 큰(megas) 날
(hemera)이었기 때문이다,

19:32 그러므로 그 군병들이 가서(erchomai), 실로 그 첫 번째 사람의
다리를 꺾었고(kataknumi), 또 그(예수)와 함께 십자가에 못 박힌
(sustauroo) 그 다른 사람의 다리도 꺾었다,

19:33 그러나 그들이 그 예수에게 이르러서(erchomai), 그가 이미 죽은 것
(thnesko)을 보고, 그의 다리들을 꺾지(kataknumi) 않았다.

19:34 오직 그 군병들 중 한명이 자신의 창으로 그의 옆구리를 찔렀다,
그러자 즉시(euthus) 피(haima)와 물(hudor)이 흘러나왔다(exerchomai).

19:35 그때 (그것을) 보는 자(horao)가 증언하고(martureo,완),
또한 그의 증언(marturia)은 사실에 근거한 것(alethinos)396)이고,
또 바로 그 자가 아는 바(oida), 자신은 '그것들이 사실이다
(alethes)'고 말한다, 즉 너희가 믿어지게 하기(pisteuo) 위해서이다.

19:36 왜냐하면(gar) 이런 일들이 이루어졌기(ginomai) 때문이니,
즉 '그의 뼈(osteon)는 꺾이지(suntribo) 않을 것이다.'397)라는
그 성경(graphe)이 응하여 지기(pleroo) 위해서이다.

---

395) ☞ (시69:21). 그들이 쓸개를 나의 음식물로 주며 목마를 때 초를 마시게
하였습니다.
396) 알레디노스(ἀληθινός : 진짜의, 실제로 존재하는).
같은 표현 ⇒ (요1:9,4:23,37,6:32,7:28,8:16,15:1,17:3,19:35), (요일2:8,5:20),
(계3:7,14,6:10,15:3,16:7,19:2,9,11,21:5,22:6).
397) ☞ (시34:20). 그의 모든 뼈를 보호하심이여, 그 중에서 하나도 꺾이지
아니하도다.

19:37 또 다시 다른(heteros) 성경(graphe)이 말하기를,
　　　"그들은 자신들이 찔러 꿰뚫은 자(ekkenteo)를 볼 것이다(horao)."[398]
　　　라고 하였다.◑

19:38 그리고 이런 일들 후에, 아리마대 출신인 그 요셉이 그 빌라도
　　　에게 자신이 그 예수의 시신(soma,몸)[399]을 가져가기(airo)를 요청
　　　하였으니(erotao), 그때 그(요셉)는 그 예수의 제자이지만,
　　　그 유대인들의 두려움으로 숨어 지내고 있었다.
　　　마침 그 빌라도가 허락하여(epitrepho), 그러므로 그가 가서(erchomai),
　　　그 예수의 시신(soma)을 들고 왔다(airo).

19:39 또한 심지어 밤에 그 처음에 그 예수에게로 왔던 니고데모도
　　　왔으니(erchomai), 그때 그는 몰약과 침향의 혼합물 약 백 리트라
　　　(litra)[400]를 가져왔다,

19:40 그러므로 그들은 그 예수의 시신(soma)을 가져와, 그 유대인들의
　　　장례하는 관습(ethos) 대로, 그 향품(aroma)과 함께 세마포로 그를
　　　묶었다(deo).

19:41 그리고 십자가에 못 박힌(stauroo) 그 장소(topos)에 동산(kepos)이
　　　있었고, 또 그 동산에는 아무도 놓인 적이 없는 새 무덤
　　　(mnemeion,기억물)이 있었다[401].

19:42 그러므로 그 유대인들의 준비일(paraskeue)로 인하여,
　　　그곳에 그들은 그 예수를 두었다(tithemi),
　　　왜냐하면 그 무덤이 가까이 있었기 때문이었다.

---

398) ☞ (슥12:10). 또한 내가 다윗의 집 즉 예루살렘의 거민들 위에 은혜와 간구의
　　영을 부어 주리라,
　　그러면 그들은 자신들이 찔렀던 나를 눈여겨 쳐다보고,
　　나를 위하여 애통하기를 독자를 위하여 애통하듯 하며,
　　나를 위하여 통곡하기를 장자를 위하여 통곡하듯 하리라.
399) 예수의 시신(σωμα :몸). 같은 표현 ⇒ (마27:58), (막15:43) (눅23:52),
　　(요19:31,38,40). ☞ 프토마(πτωμα : 떨어짐, 쓰러짐, 시체). 같은 표현 ⇒
　　(마14:12,24:28), (막6:29,15:45), (계11:8,9).
400) 리트라(λιτρα : 로마의 중량 일 파운드 이다).
401) ☞ (사53:9). 그의 무덤이 악인들과 함께 있었으며, 그가 죽은 후에 부자와
　　함께 있었도다.

148

요한복음 20장

20:1 그리고 그 안식준수(sabbaton, 복)의 첫날(mia)에, 일찍 아직 어두울 때,
마리아 그 막달라가 그 무덤(mnemeion)으로 갔다(erchomai),
그때 그녀는 그 돌이 그 무덤에서(ek) 옮겨진 것(airo)을 눈으로
보고(blepo),

20:2 그러자 그녀는 신속히 달려서(trecho), 시몬 베드로와 그 예수가
사랑하였던(phileo)402) 그 다른 제자(요한)에게로(pros) 가서(erchomai),
그들에게 말하기를,
"그들이 그 주님(kurios)을 그 무덤(mnemeion)에서(ek) 옮겨(airo),
우리는 그들이 그를 어디에 두었는지를 알지(oida) 못합니다."라고
하니,

20:3 그러므로 그 베드로와 그 다른 제자가 밖으로 나가(exerchomai),
그 무덤(mnemeion)으로 가고 있었다(erchomai).

20:4 그때 그 두 명이 같이 달려가고 있었다(trecho),
그러자 그 다른 제자가 그 베드로보다 더 신속히 앞서 달려
(protrecho), 그 무덤(mnemeio)에 먼저 이르러서(erchomai),

20:5 그가 몸을 굽혀 들여다보고(parakupto)403), 그 세마포(othonion, 복)가
놓여있는 것을 눈으로 보았지만(blepo),
그러나 그는 들어가지(eiserchomai) 않았다.

20:6 그러므로 그를 뒤좇아 온 시몬 베드로가 이르러, 그 무덤으로
들어갔다(eiserchomai),
그러자 그는 그 세마포(othonion, 복)가 놓인 것을 눈여겨보고,

20:7 또 그의 머리에 있던 수건을 눈여겨보았다(theoreo),
그때 그것이 그 세마포(othonion, 복)와 함께 놓여 있지 않고,

---

402) 필레오(φιλέω : 가치가 있어 사랑하다, 좋아하다).
같은 표현 ⇒ (요5:20,11:3,36,12:25,15:19,16:27,20:2,21:15,16,17), (계3:19,22:15).
403) 파라큅토(παρακύπτω : 몸을 굽혀 들여다보다). 같은 표현 ⇒ (눅24:12),
(요20:5,11), (약1:25), (벧전1:12).

오히려 한 곳에 단독으로 잘 접혀 있었다(entulisso).

20:8 그러므로 그때에(tote) 심지어 그 무덤으로 먼저 온 그 다른 제자도 들어가, 보고, 믿게 되었다(pisteuo).

20:9 왜냐하면(gar) 아직 그들은, '그가 죽은 자(nekros)들 중에서 다시 일어나야 한다(dei anistemi).'고 한 그 성경(graphe)을 알지(oida) 못했기 때문이었다.

20:10 그러자 그 제자들은 그들 자신들의 곳으로 다시 떠나갔다 (aperchomai). ◗

20:11 그러나 마리아는 그 무덤(mnemeion)을 향해(pros) 서 있었다(histemi), 그때 그녀는 밖에서 울고(klaio) 있었다, 그러자 마침 그녀가 울고 있다가(klaio), 그녀가 그 무덤(mnemeion) 속으로(eis) 몸을 굽혀 들여다보다가(parakupto),

20:12 그러자 그녀는 흰 옷 입은 두 천사가 앉아 있는 것을 눈여겨 보았다(theoreo), 그때 그 예수의 시신(soma)이 놓여 있던 곳에, 그들(천사)은 하나는 그 머리를 향해(pros), 하나는 그 발을 향해 (pros) 있었다.

20:13 그러자 바로 그들(천사)이 그녀에게 말하기를, "여자(gune)여, 너는 어찌하여 우느냐(klaio)?"고 하니, 그녀가 그들에게 말하기를, "왜냐하면(hoti) 그들이 나의 주님을 들고 가(airo), 그를 어디에 두었는지를 알지(oida) 못하기 때문입니다."고 하였다.

20:14 그때 그녀가 이런 것들을 말한 후, 그 뒤쪽으로 돌이켰다(strepho), 그러자 그녀는 그 예수께서 서 있은 것을 눈여겨보고(theoreo)도, 그가 그 예수인 줄을 알지(oida) 못하였다.

20:15 그 예수께서 그녀에게 말하기를, "여자(gune)여, 어찌하여 너는 우느냐? 너는 누구를 찾느냐?"라고 하니, 바로 그녀는 그가 그 동산지기인 줄로 생각하고(dokeo), 그에게 말하기를, "여보세요(kurios), 만일 당신이 그를 옮겼으면(bastazo), 당신은 그를 어디에 두었는지 나에게 말해주소서,

그러면 내가 그를 들고 가겠습니다(airo)."라고 하였다.

20:16 그 예수께서 그녀에게 말하기를, "마리아야."라고 하니,
그녀가 돌이키며(strepho) 그에게 말하기를,
"랍오니(rhabboni)여, (이는 선생님이라)."라고 하였다.

20:17 그 예수께서 그녀에게 말하기를,
"너는 나에게 스스로 안기지(haptomai,만지다,중) 말라.
왜냐하면(gar) 내가 아직 나의 아버지를 향해(pros) 올라가지
(anabaino,완) 않았기 때문이다.
그러나 너는 나의 형제들에게로(pros) 떠나가서(poreuomai), 그들에게
말하기를, '내가 나의 아버지 즉 너희의 아버지, 또한 나의 하나님
즉 너희의 하나님을 향해(pros) 올라간다(anabaino).'고 하라."고 하니,

20:18 마리아 그 막달라가 가서, 그 제자들에게 자세히 알리기를
(apanggello)404), "내가 그 주님을 보았고(horao), 그(주님)가 나에게
이런 것들을 말하였다."라고 하였다.

20:19 그러므로 바로 그 날(hemera)에 곧 그 안식준수(sabbaton,복)의
첫날(mia) 저녁 때 이고, 그때 그 문(thura)들은 닫혀 있었다,
그 제자들이, 그 유대인들의 두려움으로 인하여, 모여(sunago)
있었던 곳에, 그 예수께서 오셔서(erchomai), 그 가운데 서서
(histemi), 그들에게 말하기를,
"너희에게 평강(eirene)이 있기를."이라 하고,

20:20 또 그는 이런 것들을 말한 후, 그들에게 자신의 손과 옆구리를
보여주었다(deiknuo), 그러자 그 제자들이 그 주님(kurios)을 보자
(horao), 기뻐하였다(chairo).

20:21 그러므로 그 예수께서 다시 그들에게 말하기를,
"너희에게 평강(eirene)이 있기를.
마치 그 아버지께서 나를 보내는 것(apostello,완)과 같이,
또한 나도 너희를 보낸다(pempo)." 하고,

---

404) 아팡겔로(ἀπαγγέλλω : 보고하다, 알리다). 같은 표현 ⇒ (마2:8,8:33,12:18,14:2,
28:8,10), (막16:10,13), (눅7:22,8:20,13:1,18:37,24:9), (요20:18),
(행4:23,11:13,12:14,17,26:20), (살전1:9), (히2:12), (요일1:2,3).

20:22 그가 이런 것을 말한 후, 숨을 들이 쉬며(emphusao)[405],
　　　그들에게 말하기를,
　　　"너희는 성령(pneuma hagios)[406]을 받아라(lambano).

20:23 만약 너희가 누구의 죄(hamartia, 복)[407]든지 용서하면(aphiemi, 완)[408],
　　　그들에게 그것(죄)들이 용서되고(aphiemi),
　　　너희가 누구의 죄(hamartia, 복)든지 붙잡으면(krateo),
　　　(그들에게) 그것(죄)들이 붙잡힌다(krateo, 완)."라고 하는 것이다.

20:24 그러나 도마 그 열두 명 중 한명, 곧 디두모(쌍둥이)라 하는 자
　　　가, 마침 그 예수께서 오셨을 때, 그들과 함께 있지 않았었다,

20:25 그러므로 그 다른 제자들이 그에게 말하기를,
　　　"우리는 그 주님(kurios)을 보았다(horao)."고 하였다,
　　　그러나 그(도마)가 그들에게 말하기를,
　　　"만약 내가 그의 손 안에 그 못(helos, 복)의 자국(tupos)을 보고
　　　(horao), 그 못(helos, 복)의 자국(tupos)에 나의 손가락을 넣고(ballo),
　　　그의 옆구리에 나의 손을 넣어 보지(ballo) 않으면,
　　　나는 결코 믿지(pisteuo) 못한다."라고 하였다.◗

20:26 그리고 팔 일 후에, 다시 그의 제자(mathetes)들은 집 안에(eso)
　　　있었고, 또 도마도 그들과 함께 있었다.
　　　그 문(thura)들이 닫혀 있을 때, 그 예수께서 오셔서, 그 가운데
　　　서서, 말하기를, "너희에게 평강(eirene)이 있기를." 하고,

20:27 그런 후, 그(예슈)께서 그 도마에게 말하기를,
　　　"너는 이리로 너의 손가락을 가져와서(phero), 나의 손을 보라
　　　(horao), 또 너의 손을 가져와서(phero), 나의 옆구리에 넣어 보라

---

405) 엠퓌사오(ἐμφυσάω : 숨을 들이 쉬다, 불어넣다). ☞ 성경에서 이곳에 한번 쓰임.
406) 프뉴마 하기오스(πνεῦμα ἅγιος : 성령). ☞ 요한복음 안에서.
　　같은 표현 ⇒ (요1:33,7:39,14:26,20:22).
407) 하마르티아(ἁμαρτία : 죄). 같은 표현 ⇒ (요1:29,8:21,24,34,46,9:41,15:22,24,16:8,9,
　　19:11,20:23), (요일1:7,8,9,2:2,12,3:4,5,8,9,4:10,5:16,17), (계1:5,18:4,5).
408) 아피에미(ἀφίημι : 내보내다, 용서하다, 탕감하다, 취소하다).
　　☞ (ἀπο 와 ἵημι : 보내다)에서 유래. 같은 표현 ⇒ (마6:12,9:2,12:31,18:27),
　　(막2:5,3:28,4:12,11:25), (눅5:　　　　　　　　　　요4:3,28,52,8:29,10:12,11:44,48,
　　12:7,14:18,27,16:28,32,18:8,20:23), (행8:22), (롬4:7), (약5:15), (요일1:9).

152

(ballo). 그런즉 네가 믿음 없는 자(apistos)가 되지 말고,
믿음 있는 자(pistos)가 되라."고 하는 것이다,

20:28 그러자 그 도마가 대답하여 그에게 말하기를,
"나의 주(kurios), 나의 하나님(theos)."이라고 하니,

20:29 그 예수께서 그에게 말하기를,
"도마야, 너는 나를 (눈으로) 보는 것(horao, 완)으로, 네가 믿어
지느냐(pisteuo, 완)?
(눈으로) 본적(horao, 과)이 없어도, 믿어진 자(pisteuo, 과)들이 복되다
(makarios, 복)."라고 하는 것이다.

20:30 그러므로 그 예수는, 자신의 제자들 앞에서, 바로 이 책
(biblion)409)에 기록 되지 않은, 실로 다른 많은 표적(semeion, 복)410)
을 행하였다,

20:31 또한 그것(책)이 이런 일들을 위해 기록된 것이니(grapho),
즉 너희로 그 예수가 그 그리스도(Christos) 곧 그 하나님의 아들
인 것을 믿어지게 하기 위해서 이고, 또 너희가 믿어지게 되어
그의 이름으로 인하여(en) **생명**(zoe)을 소유하기(echo) 위해서이다.

---

409) 비블리온(βιβλίον : 책). 같은 표현 ⇒ (눅4:17), (요20:30),
(계1:11,5:1,6:14,17:8,20:12,21:27,22:10,19).
☞ 비블로스(βίβλος : 책), 비블라리디언(βιβλαρίδιον : 작은 책).
410) 세메이온(σημεῖον : 표적, 이적). ☞ 세마이노(σημαίνω : 나타내 알리다)의 명사.
같은 표현 ⇒ (마24:3,24,30) (막13:4,22,16:17,20), (눅2:12,21:7,11),
(요2:11,18,23,3:2,4:48,54,6:2,14,30,7:31,9:16,10:41,11:47,12:18,37,20:30).

153

요한복음 21장

21:1 이런 일들 후에, 그 디베랴의 바다에서(epi)
　　　그 예수께서 그 제자들에게 자기 자신을
　　　<u>빛으로 밝히 나타내 보여 주었으니</u>(phaneroo)[411],
　　　즉 그는 이와 같이 (자신을) <u>빛으로 밝히 나타내 보여 주었다</u>
　　　(phaneroo).

21:2 <u>시몬 베드로</u>, 디두모라 하는 <u>도마</u>, 그 갈릴리의 <u>카나</u> 출신
　　　<u>나다나엘</u>, 그 <u>세베대</u>의 (아들들) 그리고 그의 제자들 중 <u>다른</u> 두 명
　　　이 함께(homou) 있었다,

21:3 <u>시몬 베드로</u>가 그들에게 말하기를,
　　　"나는 <u>물고기 잡으러</u>(halieuo) 간다(hupago)."라고 하니,
　　　그들이 그에게 말하기를,
　　　"우리도 너와 함께 가겠다(erchomai)."고 하였다.
　　　그들이 나가서(exerchomai), 즉시 그 배(ploion)로 올라갔다(anabaino),
　　　그러나 바로 <u>그날</u> 밤에, 그들은 아무것도 잡지(piazo) 못했다.

21:4 그때 이미 <u>이른 새벽</u> 이었을 때,
　　　그 예수께서 그 바닷가에 서 있었다,
　　　그럼에도 불구하고, 그 제자들은 그가 <u>예수</u>인 줄 알지(oida) 못했다.

21:5 그러므로 그 예수께서 그들에게 말하기를,
　　　"<u>얘들아</u>(paidion), 너희는 어떤 <u>먹을 것</u>(prosphagion, 빵과 함께)[412]을
　　　갖고 있느냐?"고 하니,
　　　그들이 그에게 대답하기를, "없습니다."고 하였다,

21:6 그때 그가 그들에게 말하기를,
　　　"너희는 그 배의 오른 쪽에 그물을 던져라(ballo),
　　　그러면 너희가 <u>찾아낼 것이다</u>(heurisko)."고 하는 것이다.

---

411) 파네로오(φανερόω : 빛으로 밝게 나타내 보여주다, 계시하다).
　　　☞ 파네로스(φανερός : 잘 보이는, 명백한). 같은 표현 ⇒
　　　(요1:31,2:11,3:21,7:4,9:3,17:6,21:1,14), (요일1:2,2:19,28,3:2,5,8,4:9), (계3:18,15:4).
412) 프로스파기온(προσφάγιον : 빵과 함께 먹는 어떤 것, 곧 구운 생선 등).

154

그러므로 그들이 던졌더니(ballo), 그들은 그 많은 물고기(ichthus)로 (apo) 더 이상 <u>잡아 끌 수</u>(ischuo helkuo[413])가 없었다.

21:7 그러므로 그 <u>예수</u>께서 사랑하였던(agapao) 그 제자가 그 <u>베드로</u>에게 말하기를, "그는 주님(kurios)이시다."고 하니,
그러므로 <u>시몬</u> 베드로가 그는 주님(kurios)이시다는 말을 듣자,
그 <u>어부 옷</u>을 둘러 졸라매고 (왜냐하면 그는 벗고 있었기 때문에),
자신이 그 바다로 <u>뛰어 내렸다</u>(ballo).

21:8 그러자 그 다른 제자들은 그 <u>작은 배</u>(ploiarion)로 와서, 그 물고기 (ichthus)의 그물을 끌어당겼다, 왜냐하면(gar) 그들은 그 육지(ge)에서 멀지 않아, 대략 이 백 <u>큐빗</u>(pechus)[414]정도이기 때문이었다.

21:9 그러자 마침 그들이 그 육지(ge)로 나왔을(apobaino) 때,
그들은 숯불이 놓여있는 것과, <u>식용 물고기</u>(opsarion)가 (그것)
<u>위에 놓여 있는 것</u>(epikeimai)과, <u>빵</u>(artos)을 눈으로 <u>보았다</u>(blepo),

21:10 그 예수께서 그들에게 말하기를,
"너희는 지금 잡은(piazo) <u>식용 물고기</u>(opsarion)를 가져오라(phero)."
고 하는 것이다,

21:11 <u>시몬</u> 베드로가 올라가서(anabaino), 그 육지 위에 그물을 끌어
올렸다(hekuo), 그때 그것은 큰 물고기(ichthus) 153 마리로 <u>가득 차</u>
있었다, 그러나 그물이 찢어지지(schizo)[415] 않았다.

21:12 그 예수께서 그들에게 말하기를,
"너희는 이리 와서(deute), <u>조반을 먹으라</u>(aristao)."고 하니,
그때 그가 그 주님(kurios)인 줄 알기(oida) 때문에, 그 제자들 중에
아무도 그에게 '당신은 누구십니까?'라고 <u>감히 알아보려고 묻지</u>
(tolmao exetazo) 않았다.

21:13 그러므로 그 예수께서 가서, 그 <u>빵</u>(artos)을 취하여(lambano),
그들에게 주고, 또 그 <u>식용 물고기</u>(opsarion)도 그와 같이 하는

---

413) 헬퀴오(ελκυω : 끌어당기다). 같은 표현 ⇒ (요6:44,12:32,18:10,21:6,11),
(행16:19,21:30), (약2:6).

414) 페퀴스(πηχυ : 길이의 단위, 손에서 팔꿈치의 길이).

415) 스키조(σχιζω : 쪼개다, 찢다, 나누다). 같은 표현 ⇒ (마27:51), (막1:10,15:38),
(눅5:36,23:45), (요19:24,21:11), (행14:4,23:7).

것이다.

21:14 그 예수께서 죽은 자들로부터(ek) 깨어 일어나게 된(egeiro) 후,
이것이 벌써 세 번째로 자신의 제자들에게 빛으로 밝히 나타나
보여 졌다(phaneroo)416).◐

21:15 그러므로 그들이 조반을 먹었을(aristao) 때,
그 예수께서 그 시몬 베드로에게 말하기를,
"시몬 요나(의 아들)아,
네가 이자들보다 더 많이 나를 사랑하느냐(agapao, 현)?"라고 하니,
그(시몬)가 그(주님)에게 말하기를,
"네, 주님(kurios). 당신은 내가 당신을 사랑하는 줄(phileo, 현)417)을
아십니다(oida)."라고 하였다.
그(주님)가 그(시몬)에게 말하기를,
"너는 나의 **어린양**(arnion, 복)418)을 먹이라(bosko)419)."고
하는 것이다.

21:16 다시 두 번째에 그가 그에게 말하기를,
"시몬 요나(의 아들)아,
네가 나를 사랑하느냐(agapao, 현)420)?"라고 하니,
그(시몬)가 그에게 말하기를,
"네, 주님(kurios). 당신은 내가 당신을 사랑하는 줄(phileo, 현)을
아십니다(oida)."라고 하였다,
그(주님)가 그에게 말하기를,

---

416) 파네로오(φανερόω : 빛으로 밝게 나타내 보여주다, 계시하다).
☞ 파네로스(φανερός : 잘 보이는, 명백한). 같은 표현 ⇒
(요1:31,2:11,3:21,7:4,9:3,17:6,21:1,14), (요일1:2,2:19,28,3:2,5,8,4:9), (계3:18,15:4).
417) 필레오(φιλέω : 가치가 있어 사랑하다, 좋아하다).
같은 표현 ⇒ (요5:20,11:3,36,12:25,15:19,16:27,20:2,21:15,16,17), (계3:19,22:15).
418) 아르니온(ἀρνίον : 어린양). 같은 표현 ⇒ (요21:15), (계5:6,12,6:1,16,7:9,14,12:11,
13:8,14:1,17:14,19:9,22:1,3). ☞ 암노스(ἀμνός : 어린양) ⇒ (요1:29,36), (행8:32),
(벧전1:19), 아렌(ἀρήν : 어린양) ⇒ (눅10:
419) 보스코(βόσκω : 먹이다, 치다). 같은 표현 ⇒ (마8:30,33), (막5:11,14),
(눅8:32,34,15:15), (요21:15,17).
420) 아가파오(ἀγαπάω : 사랑하다). 같은 표현 ⇒ (요3:35,5:42,8:42,10:17,11:5,13:1,23,34,
14:15,28,31,15:9,12,17:23,21:15), (요일2:10,15,3:10,11,14,18,23,4:7,11,19,20,21,5:1,2),
(요이1:1), (요삼1:1), (계1:5,3:9,20:9).

156

"너는 나의 **양**(probaton, 복)을 <u>치라</u>(poimaino, 돌보다)."고
하는 것이다.

21:17 그 세 번째에 그(주님)가 그에게 말하기를,
"<u>시몬</u> 요나(의 아들)아,
네가 나를 <u>사랑하느냐</u>(phileo, 현)?"라고 하니,
그 베드로가 <u>슬퍼지게 되었다</u>(lupeo, 가슴 아파하다),
왜냐하면(hoti) 세 번째에 그(주님)는 그(시몬)에게 '네가 나를
사랑하느냐(phileo, 현)?'고 말하기 때문이었다.
그러자 그(시몬)가 그에게 말하기를,
"주님(kurios), 당신은 <u>모든 일들을 아십니다</u>(oida),
곧 당신은 내가 당신을 <u>사랑하는 줄</u>(phileo, 현)을 <u>잘 아십니다</u>
(ginosko)."고 하였다,
그 예수께서 그에게 말하기를,
"너는 나의 **양**(probaton, 복)을 <u>먹이라</u>(bosko).

21:18 진실로(amen), 진실로 내가 너에게 말하니,
'네가 <u>더 젊어 있었을</u>(eimi neoteros, 미) 때,
너는 너 자신이 <u>띠 띠어</u>(zonnumi, 미), 네가 원하는(thelo) 곳으로
<u>걸어 다니고 있었다</u>(peripateo, 미).
그러나 네가 <u>늙었을</u>(gerasko) 때,
네가 너의 <u>손</u>(cheir, 복)을 <u>내밀 것이다</u>(ekteino, 래),
그러면 <u>다른 자</u>(allos)가 너를 <u>띠 띠울 것이고</u>(zonnumi, 래), 네가
원하지(thelo) 않는 곳으로 너를 <u>데리고 갈 것이다</u>(phero, 래).' "고
하는 것이다.

21:19 그런즉 그(예수)가 이런 것들을 말하였으니,
그때 그(예수)는 그(시몬)가 그 하나님께 어떠한 죽음(thanatos)으로
<u>영광을 돌릴 것인지</u>(doxazo)를 <u>미리 나타내 알려주고</u>(semaino)[421]
있었다,
또한 이런 것들을 말한 후, 그(예수)가 그에게 말하기를,
"너는 나를 <u>좇아오라</u>(akolutheo)[422]."고 하는 것이다. ◗

---

421) 세마이노(σημαίνω : 가리키다, 미리 나타내 알리다).
　　☞ 세메이온(σημειον : 표적, 이적)의 동사.
　　같은 표현 ⇒ (요12:33,18:32,21:19), (행11:28,25:27), (계1:1).
422) 아코루데오(ἀκολουθέω : 좇아가다, 따르다). 같은 표현 ⇒

21:20 그리고 그 베드로가 뒤돌아보았을 때, 그는 그 예수가 사랑하
였던(agapao) 그 제자가 좇아오는 것(akoloutheo)을 눈으로 보니(blepo),
그때 심지어 그가 그 만찬(deipnon)에서 그의 품에 비스듬히 기대어
(anapipto), 말하기를,
'주(kurios)여, 당신을 넘겨주는 자(paradidomi)가 누구입니까?'라고
하던 자이었다.

21:21 그러므로 그 베드로가 이자를 보고 그 예수께 말하기를,
"주(kurios)여, 그런즉 이자는 어떻게 되겠습니까?"라고 하였다,

21:22 그 예수께서 그에게 말하기를,
"비록 내가 올 때까지, 내가 그를 머물게 하고자(thelo meno)
할지라도, 너에게(pros) 그것이 무슨 상관이냐?
너는 나를 좇아오라(akoloutheo)."고 하는 것이다.

21:23 그러므로 바로 이 말(logos)이 즉 그 형제들에게 '바로 그 제자는
죽지(apothnesko) 않는다.'라고 하는 것으로 나갔다(exerchomai),
그러나 그 예수께서 그에게 말하기를,
" '그가 죽지(apothnesko) 않는다.'라고 하지 않고,
오직, 비록 내가 올 때까지 내가 그를 머물게 하고자(thelo meno)
할지라도, 너에게(pros) 그것이 무슨 상관이냐?"고 하는 것이다.◖

21:24 이자가 이런 일들에 관하여 증언하고(martureo) 이런 일들을
기록한 그 제자이다.
이제 우리가 아는 바(oida), '그의 증언(marturia)은 사실이다(alethes).'고
하는 것이다.

21:25 그리고 그 예수께서 행한 심지어 다른 많은 일들도 있다,
만약 그런 일들이 무엇이든 낱낱이 글로 기록되면,
내가 추측하기를(oiomai,상상하다),
"그 세상(kosmos) 자체도 그 기록하는 책(biblion)들을 담지(choreo)
못한다."고 하는 것이다. 아멘

(요1:37,38,40,43,10:4,5,27,11:31,12:26,13:36,37,18:15,20:6,21:19,20,22).

요한일서

요한일서 1장

1:1 처음(arche)423)부터(apo) **그가** 있었으니(eimi, 미),
그때 **그를** 우리가 듣는 것이고(akouo, 완),
그때 **그를** 우리가 우리의 눈으로 보는 것이고(horao, 완),
그때 **그를** 우리가 눈여겨본 적이 있고(theaomai, 과),
또 **그를** 우리의 손(cheir, 복)이 그 생명(zoe)의 말(logos)에 관해서(peri)
더듬어 만진 적이 있다(pselaphao, 과)424),

1:2 (다시 말해), 그 생명(zoe)이 빛으로 밝게 나타나 보여 졌으니
(phaneroo, 과, 수)425), 그때 우리가 (그 생명을) 보고(horao, 완), 또 증거
하고(martureo, 현), 또한 그 아버지와 함께(pros) 있었다(eimi, 미)가
우리에게 빛으로 밝게 나타나 보여 진(phaneroo, 과, 수) 그 영원한
생명(zoe)을 너희에게 자세히 알려주는 것이다(apanggello, 현)426),

1:3 (다시 말해), 우리가 **보고**(horao, 완) **듣는 것**(akouo, 완)을 너희에게
자세히 알려주니(apanggello, 현), 즉 심지어 너희도 우리와 교제하기
(echo koinonia427)) 위해서이다; 그때 우리의 그 교제(koinonia)는
그 아버지와 함께(meta)이고, 그분의 아들 예수 그리스도(christos)와

---

423) 아르케(ἀρχή : 처음, 시작, 통치). 같은 표현 ⇒ (요1:1,6:64,8:44,15:27,16:4),
   (행10:11,11:15,26:4), (롬8:38), (엡1:21,3:10,6:12), (빌4:15), (골1:16,18,2:10),
   (살후2:13),(딛3:1), (히1:10,3:14), (벧후3:4), (요일1:1,2:7,13,14,24,3:8,11), (요이1:5,6),
   (유1:6), (계3:14,21:6,22:13).
424) 프셀라파오(ψηλαφάω : 손으로 더듬어 만지다).
   같은 표현 ⇒ (눅24:39), (행17:27), (히12:18), (요일1:1).
425) 파네로오(φανερόω : 빛으로 밝게 나타내 보여주다, 계시하다).
   ☞ 파네로스(φανερός : 잘 보이는, 명백한). 같은 표현 ⇒
   (요1:31,2:11,3:21,7:4,9:3,17:6,21:1,14), (요일1:2,2:19,28,3:2,5,8,4:9), (계3:18,15:4).
426) 아팡겔로(ἀπαγγέλλω : 보고하다, 알리다). 같은 표현 ⇒ (마2:8,8:33,12:18,14:2,
   28:8,10), (막16:10,13), (눅7:22,8:20,13:1,18:37,24:9), (요20:18),
   (행4:23,11:13,12:14,17,26:20), (살전1:9), (히2:12), (요일1:2,3).
427) 코이노니아(κοινωνία : 교제, 공동참여, 나누어줌).
   ☞ 코이노네오(κοινωνέω : 함께 나누다)의 동사.
   같은 표현 ⇒ (행2:42), (롬15:26), (고전1:9,10:16), (고후6:14,8:4,9:13,13:13), (갈2:9),
   (엡3:9), (빌1:5,2:1,3:10), (몬1:6), (히13:16), (요일1:3,6,7).

160

함께(meta)이다,

1:4 그런즉 우리가 이런 것들을 글로 <u>쓰는 것이니</u>(graphe),
즉 너희의 기쁨(chara)이 <u>가득 채워지게 하기</u>(pleroo) 위해서이다. ☽

1:5 이제 이것이 우리가 그(예수 그리스도)로부터(apo) 듣고(akouo, 완),
너희에게 <u>자세히 알려주는</u>(ananggello, 현)[428] 그 소식(epanggelia)이니,
즉 '그 하나님은 빛(phos)이고, 그분에게(en) 어두움(skotia, 여)이 조금도
없다.'고 하는 것이다.

1:6 (그러나) 만약 우리가 그분(하나님)과 <u>교제하고 있다</u>(echo koinonia, 동행)
고 하면서, 그 어두움(skotos, 남) 속에(en) 살아가면(peripateo),
우리는 <u>거짓말하는 것이요</u>(pseudomai)[429], 그 진리(aletheia)[430]를 행하지
(poieo) 않는 것이다.

1:7 그러나 만약 그분(하나님)이 빛(phos)으로(en) 있는 것과 같이,
우리도 빛(phos)으로(en) 살아가면(peripateo),
<u>우리는 서로(그분과 우리)가 함께 교제하고 있고</u>(echo koinonia)[431],
또한 예수 <u>그리스도</u> 그분의 아들의 피흘림(haima)이 모든 죄
(hamartia)[432]에서(apo) 우리를 <u>깨끗하게 하는 것이다</u>(katharizo)[433].

1:8 (그러나) 만약 우리가 말하기를,
'우리는 죄(hamartia)가 없다(죄를 갖고 있지 않다).'고 하면,

---

428) 아낭겔로(ἀναγγέλλω : 보고하여 알려주다). 같은 표현 ⇒ (막5:14), (요4:25,5:15,
16:13,14,15,25), (행14:27,15:4,16:38,19:18,20:20,27), (롬15:21), (고후7:7), (벧전1:12),
(요일1:5).

429) 프슈도마이(ψεύδομαι : 거짓말 하다). 같은 표현 ⇒ (행5:3,4), (고후11:31),
(갈1:20), (골3:9), (요일1:6), (계3:9).

430) 진리(ἀλήθεια : 진리). 같은 표현 ⇒ (요1:14,17,3:21,4:23,24,5:33,8:32,40,44,45,46,
14:6,17,15:26,16:7,13,17:17,19,18:37,38), (요일1:6,8,2:4,21,3:18,19,4:6,5:7), (요이1:1,2,3),
(요삼1:3,4,8,12).

431) ☞ 하나님과의 **동행**. 같은 표현 ⇒ (마1:23,28:20), (요15:15,16:32), (롬8:14),
(고전7:24), (갈5:18), (요일1:7).

432) 하마르티아(ἁμαρτία : 죄). 같은 표현 ⇒ (요1:29,8:21,24,34,46,9:41,15:22,24,16:8,9,
19:11,20:23), (요일1:7,8,9,2:2,12,3:4,5,8,9,4:10,5:16,17), (계1:5,18:4,5).

433) 카다리조(καθαρίζω : 깨끗하게 하다). 같은 표현 ⇒ (마8:2,3,10:8,11:5,23:25),
(막1:40,7:19), (눅4:27,5:12,7:22,11:39,17:14,17), (행10:15,11:9,15:9), (고후7:1),
(엡5:26), (딛2:14), (히9:14,22), (약4:8), (요일1:7,9).

우리는 우리 자신들을 <u>미혹케 하는 것이고</u>(planao),
또한 우리 안에(en) 그 진리(aletheia)가 없는 것이다,

1:9 (그러나) 만약 우리가 우리의 죄(hamartia,복)를 시인하면(homologeo,
자백하다)434), 그분(하나님)은 미쁘고 의롭기에, 우리에게 그 죄
(hamartia,복)를 용서하고(aphiemi)435) 또한 그분은 모든 불의(adikia)436)
에서(apo) 우리를 <u>깨끗하게 할 것이다</u>(katharizo).

1:10 (그러나) 만약 우리가 말하기를, '우리는 죄를 짓지(hamartano,완)437)
않는다.'고 하면, 우리는 그분(하나님)을 거짓말쟁이(pseustes)로
만들고(poieo), 또한 우리 안에(en) 그분의 말(logos)이 없는 것이다.◐

---

434) 호모로게오(ομολογέω : 고백하다, 시인하다, 공언하다). 같은 표현 ⇒
(마7:23,10:32,14:7), (눅12:8), (요1:20,9:22), (행23:8,24:14), (롬10:9,10), (딤전6:12),
(딛1:16), (히11:13,13:15), (요일1:9,4:2,15), (계3:5).
435) 아피에미(ἀφίημι : 내보내다, 용서하다, 탕감하다, 취소하다).
☞ (απο 와 ίημι : 보내다)에서 유래. 같은 표현 ⇒ (마6:12,9:2,12:31,18:27),
(막2:5,3:28,4:12,11:25), (눅5:20,11:4,12:10,17:3,23:34), (요4:3,28,52,8:29,10:12,11:44,48,
12:7,14:18,27,16:28,32,18:8,20:23), (행8:22), (롬4:7), (약5:15), (요일1:9).
436) 아디키아(ἀδικία : 불의, 부정한 행위). ☞ 아디케오(ἀδικέω : 잘못 행하다,
부당하게 행하다, 해를 입히다). 같은 표현 ⇒ (눅13:27,16:8,9,18:6), (요7:18),
(행1:18,8:23), (롬1:18,29,2:8,3:5,6:13,9:14), (고전13:6), (고후12:13), (살후2:10,12),
(딤후2:19), (히8:12), (약3:6), (벧후2:13,15), (요일1:9,5:17).
437) 하마르타노(ἁμαρτάνω : 죄를 짓다). 같은 표현 ⇒ (요5:14,8:11,9:2,3),
(요일1:10,2:1,3:6,8,9,5:16,18).

162

요한일서 2장

2:1 나의 어린자녀(teknion)⁴³⁸⁾들아,
내가 너희에게 이런 일들을 글로 쓰는 것이니(grapho),
즉 너희가 죄를 짓지(hamartano)⁴³⁹⁾ 않도록 하기 위해서이고,
또한 비록 누구든지 죄를 짓더라도(hamartano), 우리에게 그 아버지
와 함께(pros) 보혜사(parakletos)⁴⁴⁰⁾ 곧 의로운 예수 그리스도(christos)
가 있어,

2:2 그때 그(예수 그리스도)는 우리의 죄(hamartia, 복)⁴⁴¹⁾를 위한(peri)
속죄제물(hilasmos)⁴⁴²⁾이니, 심지어 우리를 위한 것(peri)일 뿐만
아니라, 온 세상(kosmos)을 위한 것(peri)이다. ◗

2:3 또한 이런 일로 인하여(en) 우리가 깨달아 아니(ginosko, 현),
즉 만약 우리가 그(예수 그리스도)의 계명(entole, 복)⁴⁴³⁾을 지켜지게
하면, 우리는 그(예수 그리스도)를 깨달아 아는 것이다(ginosko, 완).

2:4 '내가 그(예수 그리스도)를 깨달아 안다(ginosko, 완).'고 말하고
그의 계명(entole)을 지켜지게 하지 못하는 자는 거짓말쟁이(pseustes)
이고, 또한 그자 안에(en) 그 진리(aletheia)⁴⁴⁴⁾가 없다.

---

438) 테크니언(τεκνίον : 어린 자녀). ☞ 테크논(τέκνον)의 지소사.
같은 표현 ⇒ (요13:33), (요일2:1,12,28,3:7,18,4:4,5:21).
439) 하마르타노(ἁμαρτάνω : 죄를 짓다). 같은 표현 ⇒ (요5:14,8:11,9:2,3),
(요일1:10,2:1,3:6,8,9,5:16,18).
440) 파라클레토스(παράκλητος : 돕기 위해 부름 받은 자).
같은 표현 ⇒ (요14:16,26,15:26,16:7), (요일2:1).
441) 하마르티아(ἁμαρτία : 죄). 같은 표현 ⇒ (요1:29,8:21,24,34,46,9:41,15:22,24,16:8,9,
19:11,20:23), (요일1:7,8,9,2:2,12,3:4,5,8,9,4:10,5:16,17), (계1:5,18:4,5).
442) 힐라스모스(ἱλασμος : 속죄제물). 같은 표현 ⇒ (요일2:2,4:10).
☞ 힐라스코마이(ἱλασκομαι : 속죄하다, 은혜 베풀다, 죄를 용서하다).
같은 표현 ⇒ (눅18:13), (히2:17).
☞ 힐라스테리온(ἱλαστηριον : 속죄소, 속죄하는 것).
같은 표현 ⇒ (롬3:25), (히9:5).
443) 엔토레(ἐντολή : 명령, 계명, 지시). 같은 표현 ⇒ (요10:18,11:57,12:49,50,13:34,
14:15,21,15:10,12), (요일2:3,4,7,8,3:22,23,24,4:21,5:2,3), (요이1:4,5,6), (계12:17,14:12).
444) 진리(ἀλήθεια : 진리). 같은 표현 ⇒ (요1:14,17,3:21,4:23,24,5:33,8:32,40,44,45,46,

163

2:5 그러나 그(예수 그리스도)의 말(logos)을 지켜지게 하는 자(teleo)는
누구든지, 그 자 안에(en) 그 하나님의 사랑(agape)이 진실로 <u>온전케
되어 지고</u>(teleioo, 완,수)445), 이런 일로 인하여(en) 우리는 우리 자신들
이 그(예수 스리스도) 안에 있음을 <u>깨달아 아는 것이다</u>(ginosko, 현).

2:6 그런즉 '내가 그(예수 그리스도) 안에 머문다(meno).'고 말하는 자는
또한 자신도, 바로 그가 <u>살아간 것</u>(peripateo) 같이, 당연히 살아
<u>가야 한다</u>(opheilo peripateo). ◗

2:7 형제(adelphos)들아, 내가 너희에게 새로운(kainos) 계명(entole)을
<u>글로 쓰는 것</u>(grapho)이 아니라, 오히려 너희에게 처음(arche)446)부터
(apo) 있었던(echo) 오래된(palaios) 계명(entole)을 (글로 쓰는 것이니),
곧 그 오래된 계명(entole)은 처음(arche)부터(apo) 너희가 들었던
(akouo,과) 그 말(logos)이다.

2:8 그(예수 그리스도) 안에서와 너희 안에서, 다시 내가 너희에게
실제로(alethes) 새로운(kainos) 계명(entole)을 <u>글로 쓰는 것이니</u>(grapho),
즉 그 어두움(skotia, 여)이 지나가고(parago),
그 <u>실제로 존재하는</u>(alethinos)447) 빛(phos)이 벌써 빛으로 빛나는
<u>것이다</u>(phaino, 현)448).

2:9 '내가 그 빛(phos) 안에(en) 있다.'고 말하고 자신의 형제를 <u>미워하는
자</u>(miseo)는 <u>지금까지</u>(arti)도 그 어두움(skotia, 여) 속에(en) 있는 것이다.

14:6,17,15:26,16:7,13,17:17,19,18:37,38), (요일1:6,8,2:4,21,3:18,19,4:6,5:7), (요이1:1,2,3),
(요삼1:3,4,8,12).

445) 텔레이오오(τελειόω : 온전하게 하다, 온전하게 성취하다). 같은 표현 ⇒
(눅2:43), (요4:34,5:36,17:4,23,19:28), (행20:24), (고후12:9), (빌3:12), (히2:10,5:9,
7:19,28,9:9,10:1,14,11:40,12:23), (약2:22), (요일2:5,4:12,17,18).

446) 아르케(ἀρχή : 처음, 시작, 통치). 같은 표현 ⇒ (행10:11,11:15,26:4), (롬8:38),
(엡1:21,3:10,6:12), (빌4:15), (골1:16,18,2:10), (살후2:13), (딛1:3,1), (히1:10,3:14),
(벧후3:4), (요일1:1,2:7,13,14,24,3:8,11), (요이1:5,6), (유1:6), (계3:14,21:6,22:13).

447) 알레디노스(ἀληθινός : 진짜의, 실제로 존재하는).
같은 표현 ⇒ (요1:9,4:23,37,6:32,7:28,8:16,15:1,17:3,19:35), (요일2:8,5:20),
(계3:7,14,6:10,15:3,16:7,19:2,9,11,21:5,22:6).

448) 파이노(φαίνω : 빛나다, 등불이 빛나다, 빛으로 보이게 하다). 같은 표현 ⇒
(마1:20,2:7,13,19,6:5,16,13:26,23:27,24:27), (막14:64,16:9), (눅9:8,24:11), (요1:5,5:35),
(요일2:8), (계1:16,8:12,18:23,21:23).

2:10 자신의 형제를 <u>사랑하게 하는 자</u>(agapao)449)는 그 빛(phos) 안에(en)
머물고, 자신 안에(en) <u>실족케 할 것</u>(skandalon,거리낌)450)이 없다.

2:11 그러나 자신의 형제를 <u>미워하는 자</u>(miseo)는 그 어두움(skotia,여)
속에(en) 있고, 그 어두움(skotia,여) 속에(en) 살아가며(peripateo),
자신이 어디에로 <u>떠나가는지</u>(hupago)를 알지(oida) 못한다,
왜냐하면(hoti) 어두움(skotia,여)이 그의 눈들을 <u>멀게 하였기</u>(tuphloo)
때문이다.◐

2:12 <u>어린자녀</u>(teknion)들아, 내가 너희에게 <u>글을 쓰는 것이니</u>(grapho,현),
왜냐하면(hoti) 너희에게 그 죄(hamartia,복)가 그(예수 그리스도)의
이름으로 말미암아(dia) <u>용서되기</u>(aphiemi,완,수) 때문이다.

2:13 <u>아비</u>(pater)들아, 내가 너희에게 <u>글을 쓰니</u>(grapho,현),
왜냐하면(hoti) 너희가 처음(arche)부터 <u>계신 이</u>(예수 그리스도)를
<u>깨달아 알기</u>(ginosko,완) 때문이다.
<u>청년</u>(neaniskos)들아, 내가 너희에게 <u>글을 쓰니</u>(grapho,현),
왜냐하면(hoti) 너희가 그 악한 자(poneros)를 <u>이기기</u>(nikao,완)451)
때문이다.
<u>갓난아이</u>(paidion)들아, 내가 너희에게 <u>글을 쓰니</u>(grapho,현),
왜냐하면(hoti) 너희가 그 아버지(pater)를 <u>깨달아 알기</u>(ginosko,완)
때문이다.

2:14 <u>아비</u>(pater)들아, 내가 너희에게 <u>글을 쓴 적이 있었으니</u>(grapho,과),
왜냐하면(hoti) 너희가 처음(arche)부터 <u>계신 이</u>(예수 그리스도)를
<u>깨달아 알기</u>(ginosko,완) 때문이다.
<u>청년</u>(neaniskos)들아, 내가 너희에게 <u>글을 쓴 적이 있었으니</u>(grapho,과),
왜냐하면(hoti) 너희가 <u>힘 있고</u>(ischuros)452), 그 하나님의 말(logos)이

---

449) 아가파오(ἀγαπάω : 사랑하다). 같은 표현 ⇒ (요3:35,5:42,8:42,10:17,11:5,13:1,23,34,
14:15,28,31,15:9,12,17:23,21:15), (요일2:10,15,3:10,11,14,18,23,4:7,11,19,20,21,5:1,2),
(요이1:1), (요삼1:1), (계1:5,3:9,20:9).
450) 스칸달존(σκάνδαλίζωον : 걸림돌, 장애물). 같은 표현 ⇒ (마13:41,16:23,18:7),
(눅17:1), (롬9:33,11:9,14:13,16:17), (고전1:23), (갈5:11), (벧전2:8), (요일2:10),
(계2:14).
451) 니카오(νικάω : 이기다). 같은 표현 ⇒ (눅11:22), (요16:33), (롬3:4,12:21),
(요일2:13,14,4:4,5:4), (계2:7,11,17,26,3:5,12,21,5:5,6:2,11:7,12:11,13:7,15:2,17:14,21:7).
452) 이스퀴로스(ἰσχυρός : 힘이 강한). 같은 표현 ⇒ (마3:   막1:7), (눅11:21),

165

너희 안에(en) 머물러, 너희가 그 악한 자(poneros)를 이기기(nikao,완)
때문이다.◗

2:15 너희는 그 세상(kosmos)도 그 세상(kosmos) 안에 있는 것들도
사랑하게 하지(agapao) 말라,
만약 누구든지 그 세상(kosmos)을 사랑하게 하면(agapao),
그자 안에 그 아버지의 사랑(agape)이 없다.

2:16 왜냐하면(hoti) 그 세상(kosmos)에 있는 모든 것은 그 육신(sarx)의
정욕(epithumia)453)과 그 안목의 정욕(epithumia) 즉 그 생(활)(bios)의
자랑(alazoneia,헛된)454)이니, 그것들은 그 아버지께(ek) 속하지 않고,
그 세상(kosmos)에(ek) 속하기 때문이다.

2:17 그때 그 세상(kosmos)은 지나가고(parago), 그것의 정욕(epithumia)도
지나가나(parago), 그러나 그 하나님의 뜻(thelema)455)을 행하는 자
(poieo)는 영원히 머문다(meno).◗

2:18 갓난아이(paidion)들아, 이것이 마지막(eschatos)의 때(hora) 이니,
즉 너희가 들은 것(akouo,과)과 같이, 그 적그리스도(antichristos)456)가
오는 것이다(erchomai).
심지어 지금(nun)도 많은 적그리스도(antichristos)들이 일어난다
(ginomai,완), 그런 까닭에, 우리는 (지금도) 마지막(eschatos)의 때(hora)
인 줄 깨달아 안다(ginosko).

2:19 그들(적그리스도)이 우리에게서(ek) 나갔으나(exerchomai),
그러나 우리에(ek) 속하여 있었지(eimi,미) 않았다,
왜냐하면(gar) 만일 우리에(ek) 속하여 있으면(eimi,미),

(요일2:14) ☞ 이스퀴오(ἰσχύω : 힘 있다, 강하다). 같은 표현 ⇒ (마5:13,26:40),
(막2:17,5:4), (행19:20), (약5:16)

453) 에피뒤미아(ἐπιθυμία : 충동, 정욕). 같은 표현 ⇒ (마5:28), (막4:19), (요8:44),
(롬1:24,6:12,7:7), (갈5:16), (엡2:3,4:22), (딤전6:9), (딤후3:6), (딛2:12,3:3),
(약1:14,15), (벧전1:14,4:2), (벧후1:4,2:10,18), (요일2:16).

454) 알라조네이아(ἀλαζονεία : 허풍 떪, 자랑함). 같은 표현 ⇒ (약4:16), (요일2:

455) 델레마(θέλημα : 하기 원함, 뜻, 의향). ☞ 델로(θέλω : 바라다, 원하다)의 명사.
같은 표현 ⇒ (행13:22), (롬1:10,2:18,12:2,15:32), (고후1:1), (갈1:4), (엡1:1,5,9,11,
2:3), (골1:1), (딤후1:1), (히10:7,9,13:21), (벧전3:17,4:19), (요일2:17,5:14), (계4:11).

456) 안티크리스토스(ἀντίχριστος : 그리스도를 부인하는 자).
같은 표현 ⇒ (요일2:18,22,4:3), (요이1:7).

166

그들은 우리와 함께(meta) 머물러 있을 것이기(meno, 미) 때문이다,
오직 (그들이 우리에게서 나갔으니), 즉 그들 모든 자들이 우리에(ek)
속하지 않음을 명백히 나타내 보여 주기(phaneroo)457) 위해서이다.
◑

2:20 이제 너희는 그 거룩한 이(hagios)로부터(apo) 기름부음(chrisma)458)을
갖고 있어(echo, 현), 즉 너희는 모든 것들을 아는 것이다(oida).

2:21 내가 너희에게 글을 쓴 적이 있었으니(grapho, 과),
왜냐하면(hoti) 너희가 그 진리(aletheia)를 알지(oida) 못하여서가
아니라, 오직 너희는 그것(진리)을 알고(oida), 또 그 진리(aletheia)
에서(ek)는 어떤 거짓(pseudos)도 나오지 않음을 알기(oida) 때문이다.

2:22 누가 그 거짓말쟁이(pseustes)이냐?
예수가 그 그리스도(Christos)임을 부인하는 자(arneomai)가 아니냐?
바로 그가 그 적그리스도(antichristos)이다,
그때 그가 그 아버지와 그 아들을 부인하면서(arneomai)이다.

2:23 그 아들(huios)을 부인하는 자(arneomai)는 누구든지, 그에게
그 아버지가 없다.

2:24 그러므로 너희는 자신 안에(en) 처음(arche)459)부터 들었던 것
(akouo, 과)을 머물게 하라(meno).
만약 너희가 자신 안에 처음(arche)부터 들었던 것(akouo, 과)을
머물게 하면(meno), 또한 너희도 그 아들과 그 아버지 안에
머물게 될 것이다(meno, 래).

2:25 그때 이것이 그(예수)가 우리에게 약속한 그 약속(epanggelia)이니,
곧 그 영원한 생명(zoe)이다.

---

457) 파네로오(φανερόω : 빛으로 밝게 나타내 보여주다, 계시하다).
☞ 파네로스(φανερός : 잘 보이는, 명백한). 같은 표현 ⇒
(요1:31,2:11,3:21,7:4,9:3,17:6,21:1,14), (요일1:2,2:19,28,3:2,5,8,4:9), (계3:18,15:4).
458) 크리스마(χρίσμα : 기름 부음). 같은 표현 ⇒ (요일2:20,27).
☞ 크리오(χρίω : 기름 붓다, 바르다)의 명사. 같은 표현 ⇒ (눅4:18),
(행4:27,10:38), (고후1:21), (히1:9).
459) 아르케(ἀρχή : 처음, 시작, 통치). 같은 표현 ⇒ (행10:11,11:15,26:4), (롬8:
(엡1:21,3:10,6:12), (빌4:15), (골1:16,18,2:10), (살후2:13), (딛3:1), (히1:10,3:14),
(벧후3:4), (요일1:1,2:7,13,14,24,3:8,11), (요이1:5,6), (유1:6), (계3:14,21:6,22:13).

167

2:26 이런 일들을 내가 너희에게 <u>글로 쓴 적이 있으니</u>(grapho, 과),
곧 너희를 <u>미혹케 하는 영</u>(planao)460)들에 관해서(peri) 이다,

2:27 그러나 너희는 너희 자신 안에 그이(거룩한 이)로부터(apo) 취한
(lambano) 그 <u>기름 부음</u>(chrisma)이 머문다(meno), 그때 너희는
어느 누구도 너희를 가르칠(didasko) 필요가 없으니,
오직 그 동일한 <u>기름 부음</u>(chrisma)이 <u>모든 일들에 관해서</u>(peri)
너희를 가르치듯 하는 것이다,
또한 그것(기름 부음)은 사실이고(alethes), 거짓이 아니다,
그런즉 너희는 그것(기름부음)이 너희를 가르친(didasko) 대로,
그이(거룩한 이) 안에 <u>머물러라</u>(meno). ◖

2:28 이제 어린자녀(teknion)들아,
지금(nun) 너희는 그이(거룩한 이) 안에 머물러라(meno, 명),
즉 그(예수 그리스도)가 <u>빛으로 밝히 나타나 보여 졌을</u>(phaneroo) 때,
우리가 담대함(parrhesia, 확신)461)을 갖기 위해서이다,
(다시 말해), 그(예수 그리스도)가 강림할(parousia)462) 때에
우리가 그이(예수 그리스도)에게서(apo) <u>부끄럽지</u>(aischuno, 수치스럽다)
않기 위해서이다.

2:29 만약 너희는 그(예수 그리스도)가 <u>의롭다</u>(dikaios)는 것을 알면(oida),
너희는, 그 의로움(dikaiosune)을 <u>행하는 자</u>(poieo)는 누구든지
그분(아버지)으로부터(ek) <u>태어난 줄</u>(gennao, 완, 수)도 깨달아 알아라
(ginosko).

---

460) 플라나오(πλανάω : 미혹하다, 죄를 지어 길을 잃게 하다). 같은 표현 ⇒
(마18:12,22:29,24:4,11,24), (막12:24,13:5), (요7:12), (고전6:9,15:33), (갈6:7), (딤3:3),
(히3:10,5:2,11:38), (약1:16), (벧전2:25), (벧후2:15), (요일2:26,3:7),
(계2:20,12:9,13:14,19:20,20:3,8,10).
461) 파르흐레시아(παρρησία : 밝히 드러냄, 담대함, 확신).
같은 표현 ⇒ (요7:4,13,26,10:24,11:14,54,16:25,29,18:20), (요일2:28,3:21,4:17,5:14).
462) 파루시아(παρουσία : 강림, 출현, 임재, 오심).
☞ 파레이미(πάρειμι : 이르다, 와 있다)에서 유래.
같은 표현 ⇒ (마24:3,27,37,39), (고전15:23,16:17), (고후7:6,7,10:10), (빌1:26,2:12),
(살전2:19,3:13,4:15,5:23), (살후2:1,8,9), (약5:7,8), (벧후1:16,3:4,12), (요일2:28).

요한일서 3장

3:1 보라(horao)! 너희는 우리가 하나님의 자녀(teknon)들로 <u>불리어 지게</u>
<u>하기</u> 위해서, 그 아버지(pater)께서 우리에게 어떠한 형태의 사랑
(agape)을 주는지(didomi,완)를 (보라).
이런 일로 인하여 그 세상(kosmos)은 우리를 잘 <u>알지</u>(ginosko) 못하
니, 즉 그것(세상)이 그분(아버지)을 <u>깨달아 알지</u>(ginosko) 못하기 때문
이다,

3:2 사랑을 받는 자(agapetos)463)들아,
지금은 우리가 하나님의 자녀(teknon)들이다,
이제 우리가 어떻게 될 것인지는 아직 <u>빛으로 밝히 나타나 보여</u>
<u>지지</u>(phaneroo)464) 않았지만, 그러나 만약 그(예수 그리스도)가
<u>빛으로 밝히 나타나 보여 지면</u>(phaneroo), 우리는 그와 같은(homoios)
줄을 안다(oida), 왜냐하면(hoti) 그(예수 그리스도)가 계신 것과 같이,
우리가 그를 <u>볼 것이기</u>(horao) 때문이다.

3:3 그런즉 그(예수 스리스도) 위에(epi) 바로 이 소망(elpis)을 <u>가진 자</u>(echo)
는 누구든지, 바로 그가 <u>정결한 것</u>(hagnos)465)과 같이, 자기 자신을
<u>정결하게 한다</u>(hagnizo)466).◑

3:4 그 죄(hamartia)467)를 범하는 자(poieo)는 누구든지 또한 불법(anomia)
도 범하는 것이다(poieo), 그때 그 죄(hamartia)는 그 불법(anomia)이다.

---

463) 아가페토스(ἀγαπητός : 사랑 받는). 같은 표현 ⇒ (마3:17,12:18,17:5),
(막1:11,9:7,12:6), (눅3:22,20:13), (요일3:2,21,4:1,7,11), (요삼1:1,2,5,11).
464) 파네로오(φανερόω : 빛으로 밝게 나타내 보여주다, 계시하다).
☞ 파네로스(φανερός : 잘 보이는, 명백한). 같은 표현 ⇒
(요1:31,2:11,3:21,7:4,9:3,17:6,21:1,14), (요일1:2,2:19,28,3:2,5,8,4:9), (계3:18,15:4).
465) 하그노스(ἀγνός : 죄 없이 깨끗한, 순결한, 정결한). 같은 표현 ⇒
(고후7:11,11:2), (빌4:8), (딤전5:22), (딛2:5), (벧전3:2), (약3:17), (요일3:3).
466) 아가페토스(ἀγαπητός : 사랑 받는). 같은 표현 ⇒ (마3:17,12:18,17:5),
(막1:11,9:7,12:6), (눅3:22,20:13), (요일3:2,21,4:1,7,11), (요삼1:1,2,5,11).
467) 하마르티아(ἁμαρτία : 죄). 같은 표현 ⇒ (요1:29,8:21,24,34,46,9:41,15:22,24,16:8,9,
19:11,20:23), (요일1:7,8,9,2:2,12,3:4,5,8,9,4:10,5:16,17), (계1:5,18:4,5).

169

3:5 이제 바로 이이(예수 그리스도)가 <u>빛으로 밝히 나타내 보여 주는 것</u>
(phaneroo,현)은 그가 우리의 죄(hamartia,복)를 짊어지기(airo) 위한 것인
줄을 너희는 안다(oida),
그러나 그(예수 그리스도) 안에(en) 죄(hamartia)가 없다.

3:6 곧 그(예수 그리스도) 안에 머무는 자(meno)는 누구든지 <u>죄를 짓지</u>
(hamartano)468) 못한다,
<u>죄를 짓는 자</u>(hamartano)는 누구든지 그를 보지도(horao,완)도
못하고, 그를 <u>깨달아 알지</u>(ginosko,완)도 못하는 것이다.

3:7 어린자녀(teknion)469)들아,
어느 누구도 너희를 미혹하지(planao)470) 못하게 하라,
그 의로움(dikaiosune)을 <u>행하는 자</u>(poieo), 바로 그(예수 그리스도)가
<u>의로운 것</u>(dikaios)과 같이, 의롭다(dikaios),

3:8 그 죄(hamartia)를 <u>범하는 자</u>(poieo)는 그 마귀(diabolos)471)에(ek) 속하여
있다, 왜냐하면(hoti) 처음(arche)472)부터(apo) 그 마귀(diabolos)는 <u>죄를</u>
<u>짓게 하기</u>(hamartano,현) 때문이다.
<u>이런 일을 위해서</u>(eis) 그 하나님의 아들(huios)이 <u>빛으로 밝히 나타나</u>
<u>보여 졌으니</u>(phaneroo), 즉 그(그 하나님의 아들)가 그 마귀(diabolos)의 일
(ergon,복)을 <u>풀어놓기</u>(luo) 위해서이다.

3:9 그 하나님으로부터(ek) <u>태어난 자</u>(gennao,완,수)는 누구든지 죄(hamartia)
를 범하지(poieo) 못한다, 왜냐하면(hoti) 그 사람 안에(en) 그분(하나님)

---

468) 하마르타노(ἁμαρτάνω : 죄를 짓다). 같은 표현 ⇒ (요5:14,8:11,9:2,3),
    (요일1:10,2:1,3:6,8,9,5:16,18).
469) 테크니언(τεκνίον : 어린 자녀). ☞ 테크논(τέκνον)의 지소사.
    같은 표현 ⇒ (요13:33), (요일2:1,12,28,3:7,18,4:4,5:21).
470) 플라나오(πλανάω : 미혹하다, 죄를 지어 길을 잃게 하다). 같은 표현 ⇒
    (마8:12,22:29,24:4,11,24), (막12:24,13:5), (요7:12), (고전6:9,15:33), (갈6:7), (딤3:3),
    (히3:10,5:2,11:38), (약1:16), (벧전2:25), (벧후2:15), (요일2:26,3:7),
    (계2:20,12:9,13:14,19:20,20:3,8,10).
471) 디아볼로스(διάβολος : 마귀, 비방자). ☞ 디아발로(διαβάλλω : 고소하다).
    같은 표현 ⇒ (마4:1.5,8,11,13:39,25:41), (눅4:2,3,13,8:12), (요6:70,8:44,13:2),
    (행10:38,13:10), (요일3:8,10), (계2:10,12:9,12,20:2,10).
472) 아르케(ἀρχή : 처음, 시작, 통치). 같은 표현 ⇒ (행10:11,11:15,26:4), (롬8:38),
    (엡1:21,3:10,6:12), (빌4:15), (골1:16,18,2:10), (살후2:13), (딤3:1), (히1:10,3:14),
    (벧후3:4), (요일1:1,2:7,13,14,24,3:8,11), (요이1:5,6), (유1:6), (계3:14,21:6,22:13).

170

의 씨(sperma)가 머물기(meno) 때문이다.
또한 그는 죄를 지을 수(dunamai hamartano)도 없다,
왜냐하면(hoti) 그는 그 하나님으로부터(ek) 태어났기(gennao, 완,수)
때문이다. ◗

3:10 이런 일로 인하여(en) 그 하나님의 자녀(teknon)들과 그 마귀의
자녀(teknion)들이 분명히 나타나 보인다(phaneros),
곧 의로움(dikaiosune)을 행하지(poieo) 못하는 자는 누구든지
그 하나님께(ek) 속하지 않고, 또 자신의 형제를 사랑하게 하지
(agapao)[473) 못하는 자도 마찬가지이다.

3:11 왜냐하면(hoti) 우리가 서로를 사랑하게 하는 것(agapao) 곧 이것은
너희가 처음(arche)부터 들은 적이 있는(akouo,과) 그 소식(anggelia)
이기 때문이다,

3:12 너희는 카인과 같이 되지 말라,
그는 그 악한 자(poneros)에(ek) 속하여 있었고,
또한 자신의 형제를 살해하였다(sphazo)[474).
그때 그(카인)가 무슨 이유로 그를 살해하였느냐(sphazo)?
왜냐하면(hoti) 자신의 행함(ergon,복)은 악하였고(poneros),
자신의 형제의 행함(ergon,복)은 의로웠기(dikaios) 때문이다.

3:13 나의 형제(adelphos)들아,
비록 그 세상(kosmos)이 너희를 미워할지라도(meseo),
너희는 이상히 여기지(thaumazo)[475) 말라.

3:14 우리는 그 (둘째) 죽음에서(ek) 그 생명(zoe)으로(eis) 옮기는 줄
(metabaino,완)을 안다(oida), 왜냐하면(hoti) 우리가 그 형제들을
사랑하게 하기(agapao) 때문이다.
그 형제를 사랑하게 하지(agapao) 못하는 자는 그 (둘째) 죽음

---

473) 아가파오(ἀγαπάω : 사랑하다). 같은 표현 ⇒ (요3:35,5:42,8:42,10:17,11:5,13:1,23,34,
14:15,28,31,15:9,12,17:23,21:15), (요일2:10,15,3:10,11,14,18,23,4:7,11,19,20,21,5:1,2),
(요이1:1), (요삼1:1), (계1:5,3:9,20:9).
474) 스파조(σφάζω : 죽이다, 도살하다). 같은 표현 ⇒ (요일3:12), (계5:6,9,6:4,9,13:3,8,
18:24). ☞ 스파게(σφαγή : 도살, 살육). 같은 표현 ⇒ (행8:32), (롬8:36), (약5:5).
475) 다우마조(θαυμάζω : 기이히 여기다). 같은 표현 ⇒(요3:7,5:20,28,7:15,21),
(행2:7,3:12,4:13,7:31), (갈1:6), (살후1:10), (요일3:13), (계13:3,17:6,8).

(thanatos) 안에 머문다(meno).

3:15 자신의 형제를 <u>미워하는 자</u>(meseo)는 누구든지 살인자
(anthropoktonos)요, 또한 살인자는 누구든지 그 자 안에(en) 머무는
(meno) 영원한 <u>생명</u>(zoe)이 없음을 너희가 안다(oida).◑

3:16 이것으로 인하여 우리가 그 사랑(agape)을 <u>깨달아 아니</u>(ginosko, 완),
즉 바로 그(예수 그리스도)가 우리를 위해 자신의 목숨(psuche)을
<u>내 놓은 것이다</u>(tithemi), 또한 우리도 그 형제들을 위해 그 목숨
(psuche)들을 <u>마땅히 내 놓아야 한다</u>(opheilo tithemi).

3:17 그때 누가 그 세상의 재물(bios)을 갖고 있고, 자신의 형제의 궁핍함
을 눈여겨보고도(theoreo), 그에게서(apo) 자신의 <u>마음의 애정</u>
(splangchnon, 심정, 복)476)을 닫으면, 어떻게 그 하나님의 사랑(agape)이
그 사람 안에(en) 머무는 것이겠느냐(meno)?

3:18 어린자녀(teknion)들아, 우리는 말(logos)로나 또는 혀(glossa)로 사랑
하지(agapao) 말고, 오직 일하심(ergon) 즉 진리(aletheia)477)의 (영)으로
인하여 (사랑하게 하자),

3:19 그때 이런 것으로 인하여, 우리는 자신들이 그 진리(aletheia)에(ek)
속하여 있는 줄을 <u>깨달아 안다</u>(ginosko),
이제 우리는 그분(그 하나님) 앞에 우리의 마음(kardia, 복)을 <u>확고하게</u>
<u>할 것이니</u>(peitho)478),

3:20 왜냐하면(hoti) 비록 우리의 마음(kardia)이 <u>죄의식을 느끼게 하더라</u>
<u>도</u>(kataginosko)479), 그 하나님(theos)은 우리의 마음(kardia) 보다
<u>더 크시고</u>(meizon), 또 <u>모든 일들을 잘 알기</u>(ginosko) 때문이다.

3:21 사랑을 받는 자(agapetos)들아,

---

476) 스프랑크논(σπλάρκνον : 감정의 자리인 심장). 같은 표현 ⇒ (눅1:78), (고후6:12),
(빌1:8,2:1), (골3:12), (몬1:7,12,20), (요일3:17).
477) 진리(ἀλήθεια : 진리). 같은 표현 ⇒ (요1:14,17,3:21,4:23,24,5:33,8:32,40,44,45,46,
14:6,17,15:26,16:7,13,17:17,19,18:37,38), (요일1:6,8,2:4,21,3:18,19,4:6,5:7), (요이1:1,2,3),
(요삼1:3,4,8,12).
478) 페이도(πείθω : 확신시키다, 설득하다). 같은 표현 ⇒ (약3:3), (요일3:19).
479) 카타기노스코(καταγινώσκω : 죄의식을 느끼다, 책망하다).
같은 표현 ⇒ (갈2:11), (요일3:20,21)

만약 우리의 마음(kardia)이 <u>죄의식을 느끼지</u>(kataginosko) 않고,
우리가 그 하나님을 향한(pros) 담대함(parrhesia,확신)480)을 가지면,

3:22 우리가 요구하는 것(aiteo)이 무엇이든지, (그것을) 우리는 <u>그분에게서</u>
(para) 받는다(lambano), 왜냐하면(hoti) 우리가 그분(그 하나님)의 계명
(entole,복)481)을 지켜지게 하고(tereo), 또 <u>기뻐하는 것</u>(arestos)들을
그분의 앞에 행하기(poieo) 때문이다.

3:23 그때 이것이 그분(그 하나님)의 계명(entole)이니, 즉 우리는 그분의
아들 예수 <u>그리스도</u>(christos)의 이름이 믿어지게 되어, 마치 그분이
우리에게 **계명**(entole)을 주는 대로, 서로를 <u>사랑하게 하는 것이다</u>
(agapao),

3:24 또한 그분의 계명(entole)들을 <u>지켜지게 하는</u> 자가 그분 안에 머물
고(meno), 또 그분(그 하나님)도 그 사람 안에 머무는 것이다(meno,현),
그때 이것으로 인하여(en) 곧 그분이 우리에게 준(didomi,과) 그 영
(pneuma)으로부터(ek) 우리는 그분이 우리 안에 <u>머무는 줄</u>(meno)을
<u>깨달아 안다</u>(ginosko,현).◗

---

480) 파르흐레시아(παρρησία : 밝히 드러냄, 담대함, 확신).
   같은 표현 ⇒ (요7:4,13,26,10:24,11:14,54,16:25,29,18:20), (요일2:28,3:21,4:17,5:14).
481) 엔토레(εντολή : 명령, 계명, 지시). 같은 표현 ⇒ (요10:18,11:57,12:49,50,13:34,
   14:15,21,15:10,12), (요일2:3,4,7,8,3:22,23,24,4:21,5:2,3), (요이1:4,5,6), (계12:17,14:12).

173

요한일서 4장

4:1 사랑을 받는 자(agapetos)⁴⁸²)들아,
   너희는 모든 영(pneuma)을 믿지(pisteuo) 말라,
   오직 너희는 그 영(pneuma, 복)을 입증하라(dokimazo)⁴⁸³),
   곧 그것들(영)이 그 하나님께(ek) 속하여 있는지 어떤지를 (입증하라),
   왜냐하면(hoti) 많은 거짓 예언자(pseudoprophetes)⁴⁸⁴)들이 그 세상에
   (eis) 나오기(exerchomai, 완) 때문이다.

4:2 이런 것으로 인하여(en) 너희는 그 하나님의 영(pneuma)을 깨달아
   아는 것이니(ginosko), 곧 육신(sarx)으로(en) 온 예수 그리스도(christos)를
   시인하는(homologeo)⁴⁸⁵) 모든 영(pneuma, 단)이 그 하나님께(ek) 속하는
   것이다.

4:3 그러나 육신(sarx)으로(en) 온 그 예수 그리스도(christos)를 시인하지
   (homologeo) 않는 모든 영(pneuma)은 그 하나님께(ek) 속하지 않는다,
   즉 이것이 너희가 올 것(erchomai)이라고 들은(akouo, 완), 그러나 지금
   (nun) 벌써 세상에 있는 적그리스도(antichristos)⁴⁸⁶)의 영(pneuma)이다.

4:4 어린자녀(teknion)⁴⁸⁷)들아,

---

482) 아가페토스(ἀγαπητός : 사랑 받는). 같은 표현 ⇒ (마3:17,12:18,17:5),
   (막1:11,9:7,12:6), (눅3:22,20:13), (요일3:2,21,4:1,7,11), (요삼1:1,2,5,11).
483) 도키마조(δοκιμάζω : 입증하다, 인정하다, 시험적으로 입증하여 분별하다,
   좋다고 단정하다). 같은 표현 ⇒ (눅12:56,14:19), (롬1:28,2:18,12:2,14:22),
   (고전3:13,11:28,16:3), (고후8:8,22,13:5), (갈6:4), (엡5:10), (빌1:10), (살전2:4,5:21),
   (딤전3:10), (벧전1:7), (요일4:1).
484) 프슈도프로페테스(ψευδοπροφήτης : 거짓 예언자). 같은 표현 ⇒ (마2
   (막13:22), (눅6:26), (행13:6), (벧후2:1), (요일4:1), (계16:13,19:20,20:10).
485) 호모로게오(ὁμολογέω : 고백하다, 시인하다, 공언하다). 같은 표현 ⇒
   (마7:23,10:32,14:7), (눅12:8), (요1:20,9:22), (행23:8,24:14), (롬10:9,10), (딤전6:12),
   (딛1:16), (히11:13,13:15), (요일1:9,4:2,15), (계3:5).
486) 안티크리스토스(ἀντίχριστος : 그리스도를 부인하는 자).
   같은 표현 ⇒ (요일2:18,22,4:3), (요1:7).
487) 테크니언(τεκνίον : 어린 자녀). ☞ 테크논(τέκνον)의 지소사.
   같은 표현 ⇒ (요13:   요일2:1,12,28,3:7,18,4:4,5:21).

174

너희는 그 하나님께(ek) 속하여 있고, 또한 그들(거짓예언자)을 이기는
것이다(nikao, 완)[488], 왜냐하면(hoti) 너희 안에 계신 분은 그 세상
(kosmos)에 있는 <u>자보다 더 크기</u>(meizon) 때문이다.

4:5 그들(거짓예언자)은 그 세상(kosmos)에(ek) 속하여 있다,
　　이런 일로 말미암아 그들은 그 세상(kosmos)에 속한(ek) (무엇을)
　　말하니(laleo), 그때 그 세상(kosmos)은 그들(거짓예언자)의 말을
　　듣는다(akouo).

4:6 우리는 그 하나님께(ek) 속하여 있다,
　　(다시 말해), 그 하나님을 <u>깨달아 아는 자</u>(ginosko)는 우리의 말을
　　듣는다(akouo), 그러나 그 하나님께(ek) 속하지 않는 자는
　　우리의 말을 듣지 않는다.
　　이런 일로 인하여(ek), 우리는 그 진리(aletheia)[489]의 영(pneuma)과
　　그 미혹(plane)의 영(pneuma)을 <u>깨달아 안다</u>(ginosko, 현).◗

4:7 사랑을 받는 자(agapetos)들아,
　　우리는 서로를 사랑하게 하자(agapao)[490],
　　왜냐하면(hoti) 그 사랑(agape)은 그 하나님께(ek) 속하기 때문이다,
　　(다시 말해), <u>사랑하게 하는 자</u>(agapao)가 그 하나님께로부터(ek) 태어난
　　것이고(gennao, 완, 수), 또 그 하나님을 깨달아 아는 것이다(ginosko, 현).

4:8 사랑하게 하지 못하는 자는 그 하나님을 <u>깨달아 알지</u>(ginosko)
　　못한다, 왜냐하면(hoti) 그 하나님(theos)은 사랑(agape)이기 때문이다.

4:9 이런 일로 인하여(en) 그 하나님의 <u>사랑</u>(agape)이 우리 안에 <u>빛으로
　　밝히 나타나 보여 졌다</u>(phaneroo, 과, 수)[491], 왜냐하면(hoti) 그 하나님

---

488) 니카오(νικάω : 이기다). 같은 표현 ⇒ (눅11:22), (요16:33), (롬3:4,12:21),
　　　(요일2:13,14,4:4,5:4), (계2:7,11,17,26,3:5,12,21,5:5,6,2:11:7,12:11,13:7,15:2,17:14,21:7).
489) 진리(ἀλήθεια : 진리). 같은 표현 ⇒ (요1:14,17,3:21,4:23,24,5:33,8:32,40,44,45,46,
　　　14:6,17,15:26,16:7,13,17:17,19,18:37,38), (요일1:6,8,2:4,21,3:18,19,4:6,5:7), (요이1:1,2,3),
　　　(요삼1:3,4,8,12).
490) 아가파오(ἀγαπάω : 사랑하다). 같은 표현 ⇒ (요3:35,5:42,8:42,10:17,11:5,13:1,23,34,
　　　14:15,28,31,15:9,12,17:23,21:15), (요일2:10,15,3:10,11,14,18,23,4:7,11,19,20,21,5:1,2),
　　　(요이1:1), (요삼1:1), (계1:5,3:9,20:9).
491) 파네로오(φανερόω : 빛으로 밝게 나타내 보여주다, 계시하다).
　　　☞ 파네로스(φανερός : 잘 보이는, 명백한). 같은 표현 ⇒
　　　(요1:　　　　　　　　　　요일1:2,2:19,28,3:2,5,8,4:9), (계3:18,15:4).

175

이 그 세상(kosmos)에 자신의 그 유일하게 태어난(monogenes)⁴⁹²⁾
아들을 보내기(apostello, 완) 때문이다, 곧 우리가 그(아들)를 통해서
(dia) 살도록 하기(zao) 위해서이다,

4:10 (다시 말해) 여기에(en) 그 사랑(agape)이 있으니,
곧 우리가 그 하나님을 사랑한 것이 아니라, 오직 그분(그 하나님)이
우리를 사랑하여(agapao), 우리의 죄(hamartia, 복)⁴⁹³⁾ 때문에(peri)
자신의 아들을 속죄 제물(hilasmos)⁴⁹⁴⁾로 보낸 것이다(apostello, 과),

4:11 사랑을 받는 자(agapetos)들아,
만일 그 하나님이 우리를 그와 같이 사랑하면,
또한 우리도 서로를 당연히 사랑하게 하여야 한다(opheilo agapao).

4:12 어느 누구도 어느 때에 하나님(theos)을 눈여겨보지(theaomai, 완)
못한다. 만약 우리가 서로를 사랑하게 하면(agapao), 그 하나님(theos)
이 우리 안에 머무니(meno), 즉 그분의 사랑(agape)이 우리 안에
온전케 되어 있는 것이다(eimi teleioo, 완, 수)⁴⁹⁵⁾.

4:13 이런 일로 인하여(en), 우리가 그분(그 하나님) 안에 머물고(meno)
그분(그 하나님)이 우리 안에 머무는 줄을 우리는 깨달아 안다
(ginosko), 왜냐하면(hoti) 그분(그 하나님)이 우리에게 자신의 영
(pneuma)을(ek) 주기(didomi, 완) 때문이다,

4:14 또한 우리는 그 아버지가 그 아들을 그 세상(kosmos)의 구원자
(soter)로 보내는 것(apostello, 완)을 눈여겨보고(theaomai, 완) 또 증거
한다(martureo, 현). ◗

---

492) 모노게네스(μόνογενής : 유일하게 태어난, 독생한 자).
같은 표현 ⟹ (요1:14,18,3:16,18), (요일4:9).
493) 하마르티아(άμαρτία : 죄). 같은 표현 ⟹ (요1:29,8:21,24,34,46,9:41,15:22,24,16:8,9,
19:11,20:23), (요일1:7,8,9,2:2,12,3:4,5,8,9,4:10,5:16,17), (계1:5,18:4,5).
494) 힐라스모스(ίλασμος : 속죄제물). 같은 표현 ⟹ (요일2:2,4:10).
☞ 힐라스코마이(ίλασκομαι : 속죄하다, 은혜 베풀다, 죄를 용서하다).
같은 표현 ⟹ (눅18:13), (히2:17).
☞ 힐라스테리온(ίλαστηριον : 속죄소, 속죄하는 것).
같은 표현 ⟹ (롬3:25), (히9:5).
495) 텔레이오오(τελειόω : 온전하게 하다, 온전하게 성취하다). 같은 표현 ⟹
(눅2:43), (요4:34,5:36,17:4,23,19:28), (행20:24), (고후12:9), (빌3:12), (히2:10,5:9,
7:19,28,9:9,10:1,14,11:40,12:23), (약2:22), (요일2:5,4:12,17,18).

176

4:15 예수가 그 하나님의 아들인 것을 <u>시인하는 자</u>(homologeo)⁴⁹⁶⁾이어야,
그자 안에 그 하나님이 머물고(meno), 또 그자도 그 하나님 안에
(머무는 것이다).

4:16 그때 우리는 그 하나님이 우리 안에 가진 그 사랑(agape)을 깨달아
<u>알고</u>(ginosko,완) 또 믿어지게 되는 것이니(pisteuo,완), 그 하나님(theos)
은 사랑(agape)이시다. (다시 말해), 그 사랑 안에 <u>머무는 자</u>(meno)는
그 하나님 안에 머물고(meno), 또 그 하나님(theos)도 그자 안에
(머무는 것이다).

4:17 이런 일로 인하여(en) 그 사랑(agape)이 우리에게(meta) <u>온전케 되어
지니</u>(teleioo,완,수), 곧 우리가 그 심판(krisis)의 날에 담대함
(parrhesia)⁴⁹⁷⁾을 갖도록 하기(echo) 위해서이다,
왜냐하면(hoti) 바로 그(예수)가 그러하심과 같이,
심지어 우리도 이 세상(kosmos)에서 그러하기 때문이다,

4:18 그 사랑(agape)에는 두려움(phobos)이 없다, 오히려 그 온전한
(teleios)⁴⁹⁸⁾ 사랑은 두려움(phobos)을 밖으로 쫓아낸다(ballo),
왜냐하면(hoti) 두려움(phobos)은 <u>형벌</u>(kolasis)⁴⁹⁹⁾을 갖고 있어,
<u>두려워하는 자</u>(phobeio)는 그 사랑(agape)에(en) 있어 <u>온전케 되지</u>
(teleioo,완,수) 못하기 때문이다.

4:19 우리는 그분을 사랑하게 한다(agapao),
왜냐하면(hoti) 그분이 먼저 우리를 사랑하였기 때문이다,

4:20 만약 누구든지 '내가 그 하나님을 사랑한다.' 말하고, 자신의 형제
를 미워하면(miseo), 그는 거짓말쟁이(pseustes) 이다.

---

496) 호모로게오(ὁμολογέω : 고백하다, 시인하다, 공언하다). 같은 표현 ⇒
(마7:23,10:32,14:7), (눅12:8), (요1:20,9:22), (행23:8,24:14), (롬10:9,10),
(딤전6:12), (딛1:16), (히11:13,13:15), (요일1:9,4:2,15), (계3:5).
497) 파르흐레시아(παρρησία : 밝히 드러냄, 담대함, 확신).
같은 표현 ⇒ (요7:4,13,26,10:24,11:14,54,16:25,29,18:20), (요일2:28,3:21,4:17,5:14).
498) 텔레이오스(τέλειος : 완성한, 완전한). ☞ 텔로스(τέλος : 끝, 완전, 완성, 목적)의
형용사. 같은 표현 ⇒ (마5:   롬12:2), (고전2:6,13:10,14:20), (엡4:13),
(빌3:15), (골1:28,4:12), (히5:14,9:11), (약:4,17,25,3:2), (요일4:18).
499) 콜라시스(κόλασις : 형벌, 징벌). 같은 표현 ⇒ (마25:46), (요일4:18).
☞ 콜라조(κολάζω : 벌하다, 형벌하다)의 명사.
같은 표현 ⇒ (행4:21), (벧후2:9).

왜냐하면(gar), 눈으로 보는(horao,완) 자기 형제를 사랑하게 하지
(agapao) 못하는 자가, 눈으로 보지 못하는(horao,완) 그 하나님을
어떻게 사랑하게 할 수 있겠느냐(dunamai agapao)?

4:21 이제 우리가 그분에게서(apo) 바로 이 계명(entole)500)을 갖고 있으니
(echo), 곧 그 하나님을 사랑하게 하는 자(agapao)가 또한 자신의
형제도 사랑하게 하는 것이다(agapao).◗

---

500) 엔토레(εντολή : 명령, 계명, 지시). 같은 표현 ⇒ (요10:18,11:57,12:49,50,13:34,
14:15,21,15:10,12), (요일2:3,4,7,8,3:22,23,24,4:21,5:2,3), (요이1:4,5,6), (계12:17,14:12).

요한일서 5장

5:1 예수가 그 <u>그리스도</u>(Christos)인 것이 믿어지는 자는 누구든지
그 하나님으로부터(ek) 태어난 것이고(gennao,완,수), 또 태어나게 한
분(gennao,과)을 <u>사랑하게 하는 자</u>(agapao)501)는 누구든지 그분으로
부터(ek) <u>태어난 이</u>(gennao,완,수)를 사랑하게 한다(agapao).

5:2 이런 일로 인하여(en), 곧 우리가 그 하나님을 <u>사랑하게 되어</u>(agapao),
그분의 계명(entole,복)502)을 지켜지게 할 때에, 우리는 그 하나님의
자녀(teknion)들을 사랑하게 하는 줄을 깨달아 안다(ginosko),

5:3 왜냐하면(gar) 이것이 그 하나님의 사랑이기 때문이다,
곧 우리가 그분의 계명(entole,복)을 <u>지켜지게 하도록 하기</u>(tereo)
위해서이다, 그때 그분의 계명(entole,복)은 무겁지(barus)503) 않다,

5:4 왜냐하면(hoti) 그 하나님으로부터(ek) 태어난 자(gennao,완,수)가
그 세상(kosmos)을 <u>이기기</u>(nikao)504) 때문이다.
그때 이것이 그 세상(kosmos)을 이긴(nikao) 그 이김(nike)505)이니,
곧 우리의 믿음(pistis)이다.◗

5:5 그 세상(kosmos)을 <u>이기는 자</u>(nikao)가 누구냐?
예수가 그 하나님의 아들인 것이 믿어지는 자가 아니냐?

5:6 이<u>이</u>는 물(hudor)과 피(haima)로(dia) <u>오신 이</u>(erchomai), 곧 예수
<u>그리스도</u>(christos)이다. 이<u>이</u>는 그 물(hudor)로(en)만이 아니라,
그 물(hudor)과 그 피(haima)로(en) 이다.

---

501) 아가파오(ἀγαπάω : 사랑하다). 같은 표현 ⇒ (요3:35,5:42,8:42,10:17,11:5,13:1,23,34,
14:15,28,31,15:9,12,17:23,21:15), (요일2:10,15,3:10,11,14,18,23,4:7,11,19,20,21,5:1,2),
(요이1:1), (요삼1:1), (계1:5,3:9,20:9).
502) 엔토레(ἐντολή : 명령, 계명, 지시). 같은 표현 ⇒ (요10:18,11:57,12:49,50,13:34,
14:15,21,15:10,12), (요일2:3,4,7,8,3:22,23,24,4:21,5:2,3), (요이1:4,5,6), (계12:17,14:12).
503) 바뤼스(βαρύς : 무거운, 중요한, 폭력적인).
같은 표현 ⇒ (마23:4,23), (행20:29,25:7), (고후10:10), (요일5:3).
504) 니카오(νικάω : 이기다). 같은 표현 ⇒ (눅11:22), (요16:33), (롬3:
(요일2:13,14,4:4,5:4), (계2:7,11,17,26,3:5,12,21,5:5,6:2,11:7,12:11,13:7,15:2,17:14,21:7).
505) 니케(νίκη : 이김). ☞ 이곳에 한번 쓰임.

그때 증거 하는 이(martureo)는 그 영(pneuma)이다,
왜냐하면(hoti) 그 영(pneuma)은 그 진리(aletheia)이기 때문이다,

5:7 왜냐하면(hoti) 그 하늘에(en) 증거 하는 이(martureo)들이 셋,
   곧 그 아버지(pater), 그 말씀(logos), 그리고 그 성령(hagios pneuma)[506]
   이기 때문이다, 그때 바로 이 셋은 **하나**이다.

5:8 또한 그 땅(ge)에(en) 증거 하는 이(martureo)들도 셋 곧 그 영(pneuma),
   그리고 그 물(hudor)과 그 피(haima)이다, 그때 그 셋은 그 하나(eis)
   에게로(eis)이다.

5:9 만일 우리가 그 사람들의 증거(marturia)를 취할진대(lambano),
   그 하나님의 증거(marturia)는 더욱 크다(meizon),
   왜냐하면(hoti) 이것이 그 하나님의 아들에 관해서 증거 하는
   (martureo,완) 그분의 증거(marturia)이기 때문이다.

5:10 그 하나님의 아들이 믿어지는 자(pisteuo)는 자기 자신 안에
   그 증거(marturia)을 갖고 있다(echo), 그 하나님이 믿어지지(pisteuo)
   않는 자는 그분을 거짓말쟁이(pseustes)로 만든다(poieo,완),
   왜냐하면(hoti) 그는 그 하나님이 자신의 아들에 관하여 증거 하는
   (martureo,완) 그 증거가 믿어지지(pisteuo) 않기 때문이다.

5:11 (다시 말해), 이것이 곧 그 하나님이 우리에게 영원한 **생명**(zoe)을
   주었고(didomi,과), 바로 그 생명(zoe)이 자신의 아들 안에 있는 것
   (eimi,현)이 그 증거(marturia)이다.

5:12 그 아들을 소유하는 자(echo)는 그 생명(zoe)을 소유하고(echo),
   그 하나님의 아들을 소유하지(echo) 못하는 자는 그 생명(zoe)을
   소유하지(echo) 못한다.

5:13 내가 그 하나님의 아들의 이름이 믿어지는 너희에게 이런 것들을
   글로 쓴 적이 있으니(grapho,과), 즉 너희가 영원한 **생명**(zoe)을
   소유하는 줄(echo)을 알도록 하기(oida) 위해서이고, 또 그 하나님의
   아들의 이름을 믿어지게 하기 위해서 이었다.

5:14 그때 이것이 우리가 그분을 향하여(pros) 가지는 담대함(parrhesia,

---

506) 프뉴마 하기오스(πνευμα ἁγιος : 성령).
    같은 표현 ⇒ (요1:33,7:39,14:26,20:22), (요일5:7).

확신)507)이니, 곧 우리가 그분의 뜻(thelema)508)에 따라 <u>구하는 것</u> (aiteo)은 무엇이든지, 그분이 우리의 말을 듣는 것이다(akouo,현).

5:15 또한 우리가 구하는 것(aiteo)이 무엇이든 그분이 우리의 말을 듣는 줄(akouo,완) 알면(oida), 우리는 그분에게 구하는(aiteo,완) 요구(aitema)들을 <u>소유한 줄</u>(echo)도 안다(oida).◗

5:16 만약 누구든지 자신의 형제가 (둘째) 죽음(thanatos)을 향하여(pros) 있지 않는 죄(hamartia)509) <u>짓는 것</u>(hamartano)510)을 보면(horao), 그는 구하라(aiteo), 그러면 그분이 그에게 생명(zoe)을 줄 것이니 (didomi), 곧 (둘째) 죽음을 향하여(pros) 있지 않는 죄(hamartia)를 <u>짓는 자</u>(hamartano)들에게 이다.
(둘째) 죽음(thanatos)을 향하여(pros) 있는 죄(hamartia)가 있다,
바로 이런 것에 관해서 나는 그가 요청하도록(erotao) 말하지(lego) 않는다.

5:17 모든 불의(adikia)511)는 죄(hamartia)이다, 또한 (둘째) 죽음(thanatos)을 향해(pros) 있지 않는 죄(hamartia)도 있다.

5:18 우리는 그 하나님으로부터(ek) <u>태어나는 자</u>(gennao,완,수)는 누구든지 <u>죄를 짓지</u>(hamartano) 못하는 줄을 안다(oida), 오히려 그 하나님 으로부터(ek) <u>태어난 자</u>(gennao,과,수)는 자기 자신을 <u>지켜지게 하니</u> (tereo), 그때 그 <u>악한 자</u>(poneros)가 그를 만지지(haptomai,건드리다)도 못한다.

---

507) 파르흐레시아(παρρησία : 밝히 드러냄, 담대함, 확신).
   같은 표현 ⇒ (요7:4,13,26,10:24,11:14,54,16:25,29,18:20), (요일2:28,3:21,4:17,5:14).
508) 델레마(θέλημα : 하기 원함, 뜻, 의향). ☞ 델로(θέλω : 바라다, 원하다)의 명사.
   같은 표현 ⇒ (행13:22), (롬1:10,2:18,12:2,15:32), (고후1:1), (갈1:4), (엡1:1,5,9,11, 2:3), (골1:1), (딤후1:1), (히10:7,9,13:21), (벧전3:17,4:19), (요일2:17,5:14), (계4:11).
509) 하마르티아(ἁμαρτία : 죄). 같은 표현 ⇒ (요1:29,8:21,24,34,46,9:41,15:22,24,16:8,9, 19:11,20:23), (요일1:7,8,9,2:2,12,3:4,5,8,9,4:10,5:16,17), (계1:
510) 하마르타노(ἁμαρτάνω : 죄를 짓다). 같은 표현 ⇒ (요5:14,8:11,9:2,3),
   (요일1:10,2:1,3:6,8,9,5:16,18).
511) 아디키아(ἀδικία : 불의, 부정한 행위). ☞ 아디케오(ἀδικέω : 잘못 행하다, 부당하게 행하다, 해를 입히다). 같은 표현 ⇒ (눅13:27,16:8,9,18:6), (요7:18), (행1:18,8:23), (롬1:18,29,2:8,3:5,6:13,9:14), (고전13:6), (고후12:13), (살후2:10,12), (딤후2:19), (히8:12), (약3:6), (벧후2:13,15), (요일1:9,5:17).

5:19 우리가 그 하나님께(ek) 속하여 있는 줄 우리는 안다(oida),
그러나 그 온 세상(kosmos)은 그 <u>악한 자</u>(poneros) 안에(en) <u>놓여 있다</u>
(keima).

5:20 또한 우리가 그 <u>실제로 존재하는 분</u>(alethinos)[512]을 <u>깨달아 알도록</u>
(ginosko), 그 하나님의 아들이 <u>와서</u>(heko)[513] 우리에게 **지각**(dianoia,
깨달음)[514]을 주는 줄도 우리는 안다(eido),
그때 우리는 그 <u>실제로 존재하는 분</u>(alethinos) 곧 그분의 아들
예수 <u>그리스도</u>(christos) 안에 있다.
<u>이이</u>(예수 그리스도)가 그 <u>실제로 존재하는</u>(alethinos) 하나님(theos)이요
그 영원한 **생명**(zoe)이다.

5:21 어린자녀(teknion)[515]들아, 너희는 그 우상(eidolon)<u>으로부터</u>(apo)
너희 자신을 <u>지켜 보존하라</u>(phulasso, 수호하다). 아멘.

요한의 첫 번째 개괄적인 서신(epistole).

---

512) 알레디노스(ἀληθινός : 진짜의, 실제로 존재하는).
  같은 표현 ⇒ (요1:9,4:23,37,6:32,7:28,8:16,15:1,17:3,19:35), (요일2:8,5:20),
  (계3:7,14,6:10,15:3,16:7,19:2,9,11,21:5,22:6).
513) 헤코(ἥκω : 오다). 같은 표현 ⇒ (요2:4,4:47,6:37,8:42), (요일5:20),
  (계2:25,3:3,9,15:4,18:8).
514) 디아노이아(διάνοια : 생각, 사고, 인식, 이해). 같은 표현 ⇒ (마22:37), (막12:30),
  (눅1:51,10:27), (엡2:3,4:18), (골1:21), (히8:10,10:16), (벧전1:13), (벧후3:1),
  (요일5:20).
515) 테크니언(τεκνίον : 어린 자녀). ☞ 테크논(τέκνον)의 지소사.
  같은 표현 ⇒ (요13:33), (요일2:1,12,28,3:7,18,4:4,5:21).

요한이서

요한이서

1:1 그 장로인 내가 진리(aletheia)516)로 인하여(en) 사랑하는(agapao)517),
또한 나뿐 아니라 심지어 그 진리(aletheia)를 깨달아 아는(ginosko,완)
모든 자들도 사랑하는(agapao), 택함 받은(eklektos)518)
부녀(kuria)와 그녀의 자녀(teknon)들에게,

1:2 우리 안에 머무는(meno), 또 우리와 더불어(meta) 영원히 있을
그 진리(aletheia)로 말미암아(dia),

1:3 하나님 아버지와 주 예수 <u>그리스도</u>(christos) 그 아버지의 아들로부터
(para), 진리(aletheia) 즉 사랑(agape)으로 인하여(en),
너희와 더불어 은혜(charis)와 긍휼(eleos)과 평강(eirene)이 있기를.◑

1:4 내가 매우 <u>기뻐하는 것</u>(chairo)은, 너의 자녀(teknon)들 중(ek) (몇 명이),
우리가 아버지에게서(para) 받은(lambano) 계명(entole)519)대로,
진리(aletheia)로 인하여(en) <u>살아가는 것</u>(peripateo)을 발견하였기(heurisko)
때문이다,

1:5 또한 부녀(kuria)여, 지금(nun) 내가 너에게 요청하니(erotao),
내가 새로운 계명(entole)으로써 너희에게 <u>글을 쓰지</u>(grapho) 않고,
오직 우리가 처음(arche)520)부터 <u>갖고 있었던 것</u>(echo,미)으로써

---

516) 진리(ἀλήθεια : 진리). 같은 표현 ⇒ (요1:14,17,3:21,4:23,24,5:33,8:32,40,44,45,46,
14:6,17,15:26,16:7,13,17:17,19,18:37,38), (요일1:6,8,2:4,21,3:18,19,4:6,5:7), (요이1:1,2,3),
(요삼1:3,4,8,12).
517) 아가파오(ἀγαπάω : 사랑하다). 같은 표현 ⇒ (요3:35,5:42,8:42,10:17,11:5,13:1,23,34,
14:15,28,31,15:9,12,17:23,21:15), (요일2:10,15,3:10,11,14,18,23,4:7,11,19,20,21,5:1,2),
(요이1:1), (요삼1:1), (계1:5,3:9,20:9).
518) 에클렉토스(ἐκλέκτος : 선택된). ☞ 에클레고(ἐκλέγω : 선택하다)에서 유래.
같은 표현 ⇒ (마22:14,24:22,24,31), (막13:20,22,27), (눅18:7,23:35), (롬8:33,16:13),
(골3:12), (딤전5:21), (딤후2:10), (딛1:1), (벧전1:1,2:4,6,9), (요이1: 계17:14).
519) 엔토레(ἐντολή : 명령, 계명, 지시). 같은 표현 ⇒ (요10:18,11:57,12:49,50,13:34,
14:15,21,15:10,12), (요일2:3,4,7,8,3:22,23,24,4:21,5:2,3), (요이1:4,5,6), (계12:17,14:12).
520) 아르케(ἀρχή : 처음, 시작, 통치). 같은 표현 ⇒ (행10:11,11:15,26:4), (롬8:38),
(엡1:21,3:10,6:12), (빌4:15), (골1:16,18,2:10), (살후2:13), (딛3:1), (히1:10,3:14),
(벧후3:4), (요일1:1,2:7,13,14,24,3:8,11), (요이1:5,6), (유1:6), (계3:14,21:6,22:13).

184

(글을 쓰는 것이다),
즉 우리가 서로를 <u>사랑하게 하기</u>(agape) 위해서이다.

1:6 (다시 말해), 이것이 그 사랑(agape)이니,
곧 우리가 그분의 계명(entole)을 좇아 살아가는 것이다(peripateo).
이것이 그 계명(entole)이니,
곧 너희가, 마치 처음(arche)부터 들었던 것(akouo,과)와 같이,
그것(계명)으로 인하여(en) 살아가는 것이다(peripateo),

1:7 왜냐하면(hoti) 많은 <u>미혹하는 자</u>(planos)들이 그 세상에(eis) 들어왔기
때문이다, 그들은 육신(sarx)으로(en) 오는 예수 <u>그리스도</u>(christos)를
시인하지(homologeo) 않는다.
이것이 그 <u>미혹하는 자</u>(planos)요 그 <u>적그리스도</u>(antichristos)521)이다.

1:8 너희는 <u>스스로 조심하라</u>(blepo), 즉 우리는 <u>일한 것</u>(ergazomai)들을
잃어버리지(apollumi) 않고, 오직 충만한(pleres) 보상(misthos)으로
<u>되돌려 받기</u>(apolambano) 위해서이다.

1:9 빗나가서(parabaino), 그 <u>그리스도</u>(Christos)의 가르침(didache)522) 안에
머물지(meno) 않는 자는 누구든지, 하나님을 <u>소유하지</u>(echo) 못한다,
그러나 그 <u>그리스도</u>(Christos)의 가르침(didache) 안에 머무는 자(meno)
바로 그가 그 아버지와 그 아들을 소유하는 것이다(echo).

1:10 만일 어떤 자가 너희에게로(pros) 와서, 바로 이 가르침(didache)을
가져오지 않으면, 너희는 그를 집(oikia) 안으로(eis) 들이지(lambano)
말고, 그에게 <u>인사하는 것</u>(chairo)도 말하지(lego) 말라.

1:11 왜냐하면(gar) 그에게 말하며 <u>인사하는 자</u>(chairo)는 그의 악한
(poneros) 행함(ergon,복)에 <u>함께 참여하는 것이기</u>(koinoneo)523) 때문이다.

---

521) 안티크리스토스(ἀντίχριστος : 그리스도를 부인하는 자).
　　같은 표현 ⇒ (요일2:18,22,4:3), (요이1:7).
522) 디다케(διδαχή : 가르침). 같은 표현 ⇒ (마7:28,16:12), (막1:22,27,11:18,12:38),
　　(요7:17), (행2:42,5:28,13:12,17:19), (롬6:17,16:17), (고전14:6,26), (딤후4:2), (딛1:9),
　　(히6:2,13:9), (요이1:9), (계2:14,15,24).
523) 코이노네오(κοινωνέω : 참여하다, 함께 나누다, 나누어 주다).
　　☞ 코이노노스(κοινωνός : 동역자, 참여자)
　　같은 표현 ⇒ (롬12:13,15:27), (갈6:6), (빌4:15), (딤전5:22), (히2:14), (요이1:

1:12 내가 너희에게 글로 쓸(grapho) 많은 것들을 갖고 있지만, 너희에게
    잉크와 붓으로 (쓰기를) 원하지(boulomai) 않는다,
    오직 나는 너희에게로 가서, 대면하여 말하기(laleo)를 바란다(elpizo),
    즉 너희의 기쁨이 가득 채워지게 하기(pleroo) 위해서이다.

1:13 너의 택함 받은(eklektos) 자매의 자녀(teknon)들이 너에게 문안한다
    (aspazomai). 아멘.

    요한의 두 번째 서신(epistole).

요한삼서

요한삼서

1:1 그 장로(presbuteros)인 내가 진리(aletheia)로 인하여(en) 사랑을 받는
(agapao)524) 가이오 그 사랑하는 자(agapetos)525)에게.

1:2 사랑을 받는 자(agapetos)여,
나는 네 영혼(pseuche)이 잘 되는 것(euodoo)526)과 같이,
네가 모든 일들에 대하여 잘 되고(euodoo) 건강하기를(hugiaino)
기도한다(euchomai)527).

1:3 왜냐하면(gar) 내가 매우 기뻐하는 것(chairo)은, 형제들이 와서,
마치 네가 진리(aletheia)528)로 인하여(en) 살아가는 것(peripateo)과 같기,
네가 그 진리(aletheia)로 증거 하기(martureo) 때문이다.

1:4 나는 나의 자녀(teknon)들이 진리(aletheia)로 인하여(en) 살아가는 것
(peripateo)을 듣는 것보다 더 큰 기쁨(chara)이 없다.

1:5 사랑을 받는 자(agapetos)여,
네가 일하는 것(ergazomai)이 무엇이든 그 형제들에게 또는 그 낯선
사람(xenos)들에게 믿음 있게(pistos) 행하니(poieo),

1:6 그들이 교회(ekklesia) 앞에서 너의 사랑(agape)을 증언하였다(martureo),
또한 네가 그 하나님께 합당하게 (그들을) 전송하면(propemto),
너는 그들에게 아름답게(kalos) 행하는 것이다(poieo),

---

524) 아가파오(ἀγαπάω : 사랑하다). 같은 표현 ⇒ (요3:35,5:42,8:42,10:17,11:5,13:1,23,34,
14:15,28,31,15:9,12,17:23,21:15), (요일2:10,15,3:10,11,14,18,23,4:7,11,19,20,21,5:1,2),
(요이1:1), (요삼1:1), (계1:5,3:9,20:9).

525) 아가페토스(ἀγαπητός : 사랑 받는). 같은 표현 ⇒ (마3:17,12:18,17:5),
(막1:11,9:7,12:6), (눅3:22,20:13), (요일3:2,21,4:1,7,11), (요삼1:1,2,5,11).

526) 유오도오(εὐοδόω : 일이 잘 되다, 번영하다).
같은 표현 ⇒ (롬1:10), (고전16:2), (요삼1:2).

527) 유코마이(εὔχομαι : 신을 불러 간절히 원하다, 기도한다).
같은 표현 ⇒ (행26:29,27:29), (롬9:3), (고후13:7,9), (약5:16), (요삼1:2).

528) 진리(ἀλήθεια : 진리). 같은 표현 ⇒ (요1:14,17,3:21,4:23,24,5:33,8:32,40,44,45,46,
14:6,17,15:26,16:7,13,17:17,19,18:37,38), (요일1:6,8,2:4,21,3:18,19,4:6,5:7), (요이1:1,2,3),
(요삼1:3,4,8,12).

188

1:7 왜냐하면(gar) 그들은, 그 민족(ethnos)들에게서 어떤 것도 취하지
   (lambano) 않고, 그 이름을 위해서(huper) 나갔기(exerchomai) 때문이다.

1:8 그러므로 우리가 그 진리로써 동역자(sunergos)529)가 되기 위해,
   우리는 그 같은 자들을 마땅히 영접하여야 한다(opheilo hupolambano).
   ◑

1:9 내가 교회(ekklesia)에 글을 쓴 적이 있음에도 불구하고(grapho),
   그들 중에 첫째 되기 원하는 자 디오트레페가 우리를 영접하지
   (epidechomai) 않는다.

1:10 이런 일로 인하여, 만약 내가 가면, 나는 그가 우리를 망령되이
   비난하며, 악한 말(logos,복)로 행하는, 그의 행함(ergon,복)을 철저히
   기억할 것이다(hupomimnesko)530),
   또한 그는 이런 일들에 만족하지 못하여, 그 자신도 그 형제들을
   영접하지(epidechomai) 않고, (영접) 하려는 자(boulomai)들을 금하여
   그 교회(ekklesia)에서(ek) 내쫓는다(ekballo).

1:11 사랑을 받는 자(agapetos)여,
   너는 그 사악한 것(kakos)를 본받지(mimeomai,따르다) 말고,
   오직 그 선한 것(agathos)를 (본받으라).
   선을 행하는 자(agathopoieo)가 그 하나님께(ek) 속하여 있는 것이다,
   그러나 악을 행하는 자(kakopoieo)는 그 하나님을 알지(oida)도 못한다.

1:12 데메트리오는 모든 자들에 의해서 증거를 받고(martureo,완),
   또한 그 진리(aletheia) 자체에 의해서도 (증거를 받는다),
   그런데 심지어 우리도 증거 하고(martureo),
   또한 너희도 우리의 증언(marturia)이 사실인 줄(alethes)을 안다(oida).

1:13 내가 글로 쓸(grapho) 많은 것들을 갖고 있으나,
   그러나 내가 너에게 잉크와 붓으로 쓰기를 원하지(thelo) 않는다,

1:14 이제 내가 곧(eutheos) 네 보기를 바라고(elpizo), 그때 우리가 대면

---

529) 쉬네르고스(συνεργός : 함께 일하는, 동역자). 같은 표현 ⇒ (롬16:3,9,21),
   (고전3:9), (고후1:24,8:23), (빌2:25,4:3,11), (살전3:2), (몬1:1,24), (요삼1:8).
530) 휘포밈네스코(ὑπομιμνήσκω : 철저히 생각나게 하다). 같은 표현 ⇒ (눅22:61),
   (요14:26), (딤후2:14), (딛3:1), (벧후1:12), (요삼1:10), (유1:5).

하여 말할 것이다(laleo), 너에게 평강이 있기를. 친구(philos)들이
너에게 문안한다(aspazomai).
너는 친구들에게 이름(onoma)에 따라(kata) 문안하라(aspazomai, 명).

계시록

계시록 1장

1:1 예수 그리스도(christos)의 <u>계시</u>(apokalupsis)531)이다,
그것(계시)을 그 <u>하나님</u>(theos)이 그(예수 그리스도)에게 주었으니(didomi),
즉 (그 하나님이) 신속(tachos)히 <u>일어나야 하는 일</u>(dei ginomai)532)들을
그(예수)의 종(doulos)들에게 <u>보여 주기</u>(deiknumi) 위해서이다,
(다시 말해), 그분(하나님)이 자신의 천사를 통해(dia) 그(예수)의 종
(doulos) <u>요한</u>에게 (일어나야 하는 일들을) 보내어(apostello), <u>미리 나타내</u>
<u>알려주었다</u>(semaino)533).

1:2 그러자 그(요한)는 그 하나님의 말(logos) 즉 예수 그리스도(christos)의
증거(marturia) 곧 자신이 본 것(horao)들을 증언하였다(martureo).

1:3 그 예언(propheteia)534)의 말(logos,복)을 읽는 자(anaginosko)와 듣는 자
(akouo)들과, 그리고 그것에 기록되어 있는 것들이 지켜지는 자
(tereo)들은 복되다(makarios)535),
왜냐하면(gar) 그 정해진 날(kairos)536)이 가깝기(enggus) 때문이다.◑

1:4 <u>요한</u>은, 그 <u>아시아</u>에 있는 그 일곱 <u>교회</u>(ekklesia)들에게
곧 너희에게, 은혜(charis)와 평강(eirene)이 있기를,
(지금) 계시고 (전에) 계시었고 (장차) 오실 <u>이</u>로부터(apo),

---

531) 아포갈륍시스(ἀποκάλυψις : 덮개를 벗김, 감춘 것이 나타남, 계시).
   ☞ (ἀποκαλύπτω : 덮개를 벗기다)에서 유래. 같은 표현 ⇒ (눅2:32),
   (롬2:5,8:19,16:26), (고전1:7,14:6,26), (고후12:1,7), (갈1:12,2:2), (엡1:17,3:3),
   (살후1:7), (벧전1:7,13,4:13), (계1:1).
532) ☞ (계1:1), (계22:6). 신속히 일어나야 하는 일.
533) 세마이노(σημαίνω : 가리키다, 미리 나타내 알리다).
   ☞ 세메이온(σημεῖον : 표적, 이적)의 동사.
   같은 표현 ⇒ (요12:33,18:32,21:19), (행11:28,25:27), (계1:
534) 프로페테이아(προφητεία : 예언). 같은 표현 ⇒ (마13:14), (고전12:10,13:2,8,
   14:6,22), (살전5:20), (딤전1:18,4:14), (벧후1:20), (계1:3,11:6,19:10,22:7,10,18).
535) 마카리오스(μακάριος : 복되는, 행복한).
   같은 표현⇒ (계1:3,14:13,16:15,19:9,20:6,22:7,14).
536) 카이로스(καιρός : 정해진 때, 시간). 같은 표현 ⇒ (계1:3,22:10).
   ☞ 계시록에서 같은 의미.

192

즉 그분의 보좌(thronos) 앞에 있는 그 일곱 **영**(pneuma, 복)으로부터 (apo),

1:5 (다시 말해), 그 충성된(pistos) 증인,
그 죽은 자(nekros)들로부터(ek) 그 처음 태어난 자(prototokos)537),
그 땅(ge)의 왕(basileus)들의 통치자(archon),
예수 그리스도(christos)로부터(apo),
그때 그(예수 그리스도)가 우리를 사랑하여(agapao)538), 자신의 피흘림 (haima)으로 인하여(en) 우리의 죄(hamartia, 복)539)에서(ek) 우리를 온 몸 으로 깨끗이 씻기었고(louo, 목욕하다)540),

1:6 또 그 하나님 곧 자신의 아버지에게 우리를 왕(basileus)들 즉 제사장들로 만들었다(poieo),
그(예수 그리스도)에게 그 영광(doxa)541)과 그 세력(kratos)542)이 영원 영원히 있기를, 아멘.◐

1:7 보라! 그(예수 그리스도)가 그 구름(nephele, 복)과 함께(meta) 올 것이다, 그때 모든 눈이 그를 볼 것이며(horao), 심지어 그를 찌른 자들도 볼 것이다. 또한 그 땅의 모든 족속(phule)들이 그(예수 그리스도)로 인하여(epi) 가슴을 치며 통곡할 것이다(kopto)543). 그렇다(nai), 아멘 ◐

---

537) 프로토토코스(πρωτοτόκος : 처음 태어난). 같은 표현 ⇒ (눅2:7), (롬8:29),
(골1:15,18), (히1:6,12,23), (계1:5).
538) 아가파오(ἀγαπάω : 사랑하다). 같은 표현 ⇒ (요3:35,5:42,8:42,10:17,11:5,13:1,23,34,
14:15,28,31,15:9,12,17:23,21:15), (요일2:10,15,3:10,11,14,18,23,4:7,11,19,20,21,5:1,2),
(요이1:1), (요삼1:1), (계1:5,3:9,20:9).
539) 하마르티아(ἁμαρτία : 죄). 같은 표현 ⇒ (요1:29,8:21,24,34,46,9:41,15:22,24,16:8,9,
19:11,20:23), (요일1:7,8,9,2:2,12,3:4,5,8,9,4:10,5:16,17), (계1:5,18:4,5).
540) 루오(λουω : 씻다, 목욕하다). 같은 표현 ⇒ (요13:10), (행9:37,16:33), (히10:22),
(벧후2:22), (계1:
541) 독사(δόξα : 영광, 광채, 영화). ☞ 도케오(δοκέω : 생각하여 추정하다, 간주하다,
평가하다)에서 유래. 같은 표현 ⇒ (계1:6,4:9,11,5:12,13,7:12,11:13,14:7,15:8,
16:9,18:1,19:1,7,21:11,23,24,26).
542) 크라토스(κράτος : 현존하는 힘, 세력). ☞ 크라테오(kratevw : 붙잡다)에서 유래.
같은 표현 ⇒ (눅1:51), (행19:20), (엡1:19,6:10), (골1:11), (딤전6:16), (히2:14),
(벧전4:11,5:11), (유1:25), (계1:6,5:13).
543) 콥토(κόπτω : 가슴을 치며 통곡하다).
같은 표현 ⇒ (마11:17,24:30), (눅23:27), (계1:7,18:9).

1:8 (지금) 계시고 (전에) 계시었고 (장차) 오실 그 주님
그 전능자(pantokrator)544)가 말하기를,
"나는 그 알파(Alpha)와 그 오메가(Omega),
곧 처음(arche)과 끝(telos)이다."라고 하는 것이다. ◗

1:9 그 환난(thlipsis)545)에, 그리고 예수의 왕국(basileia)과 인내(hupomone)에
너희의 형제요 또 동참자(sungkoinonos)인 나 요한은 그 하나님의 말
(logos)로 인하여(dia), (다시 말해), 예수 그리스도의 증거로 인하여(dia)
밧모스라고 부르는 섬에 있게 되었다(ginomai).

1:10 그 주께 속하는(kuriakos)546) 날(hemera)에,
나(요한)는 영(pneuma)의 상태(en)가 되었다(ginomai),
그때 내가 내 뒤에서 나팔소리(sapilngx)와 같은 큰 음성(phone)을
들었으니,

1:11 그(음성)가 말하기를,
"나는 그 알파(Alpha)와 그 오메가(Omega),
곧 그 시작(protos)과 그 나중(eschatos)이다.
너는 네가 눈으로 보는 것(blepo)을 책(biblion)547)으로 글로 써라
(grapho, 명),
아시아에 있는 그 일곱 교회들에(eis)
곧 에베소로(eis), 서머나로(eis), 버가모로(eis), 두아티라로(eis),
사데로(eis), 빌라델피아로(eis), 라오디케아로(eis) 보내라(pempo, 명)."
고 하는 것이다,

1:12 그러자 나에게 말한(laleo) 그 음성을 눈으로 보려고(blepo) 내가
몸을 돌렸다(epistrepho), 그때 내가 몸을 돌리자(epistrepho), 나는

---

544) 판토크라토르(παντοκράτωρ : 전능자). ☞ 크라테오(κρατέω : 붙잡다),
크라토스(κράτος : 힘, 세력)에서 유래. 같은 표현 ⇒ (고후6:18),
(계1:8,4:8,11:17,15:3,16:7,14,19:6,15,21:22).
545) 들립시스(θλίψις : 압박, 고통, 환난). ☞ 들립보(θλίβω : 억압하여 누르다,
괴롭히다). 같은 표현 ⇒ (엡3:13), (빌1:16,4:14), (골1:24), (살전1:6,3:3,7),
(살후1:4,6), (히10:33), (약1:27), (계1:9,2:9,10,22,7:14).
546) 퀴리아코스(κυριακός : 주께 속한, 주인의). 같은 표현 ⇒ (고전11:20), (계1:10).
547) 비블리온(βιβλίον : 책). 같은 표현 ⇒ (눅4:17), (요20:30),
(계1:11,5:1,6:14,17:8,20:12,21:27,22:9,10,19).
☞ 비블로스(βίβλος : 책), 비블라리디언(βιβλαρίδιον : 작은 책).

금으로 된 일곱 촛대(luchnia, 등잔대, 복)548)를 보았는데(horao),

1:13 그때 그 촛대(luchnia, 등잔대)들 사이에(en mesos) 발목까지 끌리는
옷을 입고 있고(enduo), 그 가슴에 금으로 된 띠를 두르고 있는,
인자(huios anthropou) 같은 이(homoios)가 있었다,

1:14 그런데 그의 머리와 머리카락(thrix, 복)은 눈과 같이 희어 흰 양털
같고(hos), 또 그의 눈(ophthalmos, 복)은 불꽃(phlox)과 같았다(hos).

1:15 또한 그의 발(pous, 복)은 풀무에 연단된 것처럼(hos) 빛난 청동과
같고(homoios), 또 그의 음성(phone)은 많은 물의 소리(phone)와
같았다(hos),

1:16 또한 그의 오른손에는 일곱 별(aster, 복)이 있고, 또 그의 입(stoma)
으로부터(ek)는 두 날 가진 날선 검(romphaiha)549)이 흘러나온다
(ekporeuomai, 현), 또한 그의 얼굴(opsis)은 그 해(helios)가 자신의 능력
(dunamis)을 다하여 빛으로 빛나는 것(phaino)550) 같았다(hos). ◑

1:17 그리고 내가 그(인자)를 보자(horao), 나는 죽은 자(nekros) 같이
그의 발(pous, 복) 앞에 엎드려졌다(pipto),
그러자 그(인자)가 내 위에 자신의 오른손을 얹고(epitithemi),
나에게 **말하기를**,
"너는 두려워(phobeo) 말라,
나는 그 시작(protos)과 그 나중(eschatos)이다,

1:18 이제 살아 있는 자(zao) 즉 내가 죽어 있었다(ginomai nekros).
또한 보라! 나는 영원 영원히 살아 있을 것이다(eimi zao),
아멘(amen).
또한 나는 그 음부(hades)551) 즉 그 죽음(thanatos)의 열쇠(kleis, 복)도

---

548) 뤼크니아(λυχνία : 촛대, 등경, 등잔대). 같은 표현 ⇒ (마5:15), (막4:21),
(눅8:16,11:33), (히9:2), (계1:12,13,20,2:1,5,11:4).
549) 롬파이하(ρομφαία : 길고 날이 넓은 투창 또는 검).
같은 표현 ⇒ (눅2:35), (계1:16,2:12,16,6:8,19:15,21).
550) 파이노(φαίνω :빛나다, 등불이 빛나다, 빛으로 보이게 하다). 같은 표현 ⇒
(마1:20,2:7,13,19,6:5,16,13:26,23:27,24:27), (막14:64,16:9), (눅9:8,24:11), (요1:5,5:35),
(요일2:8), (계1:16,8:12,18:23,21:23).
551) 하데스(ἄδης : 음부, 죽은 자의 거처). 같은 표현 ⇒ (마1
(눅10:15,16:23), (행2:27,31), (계1:18,6:8,20:13,14).

<u>갖고 있다</u>(echo).

1:19 그러므로 너는 자신이 본 것(horao)들,
    즉 지금 <u>있는 일</u>(eimi)들과 이 일들 후에 <u>장차 일어날 일</u>
    (mello ginomai)들을 <u>글로 써라</u>(grapho,명).

1:20 네가 나의 오른손 위에서 본(horao)
    그 일곱 <u>별</u>(aster,복)의 비밀(musterion,신비)552),
    그리고 그 <u>금으로</u> 된 일곱 촛대(luchnia,등잔대,복),
    그 일곱 별(aster,복)은
    그 일곱 교회(ekklesia)들의 천사(anggelos)들이요,
    또 네가 본(horao) 그 일곱 촛대(luchnia,등잔대,복)는
    그 일곱 교회(ekklesia)들이다.◖

---

552) 뮈스테리온(μυστήριον : 비밀, 신비). ☞ 뮈오(μύω : 입을 다물다)에서 유래.
    같은 표현 ⟹ (마13:11), (막4:11), (눅8:10), (롬11:25,16:26), (고전2:7,4:1,13:2,
    14:2,15:51), (엡1:9,3:3,4,9,5:32,6:19), (골1:26,27,2:2,4:3), (살후2:7), (딤전3:9.16),
    (계1:20,10:7,17:5,7).

계시록 2장

2:1 너는 에베소에 있는 그 교회(ekklesia)의 천사(anggelos)에게 글을 써라
(grapho).
그의 오른손에 그 일곱 별(aster, 복)을 굳게 붙잡고 있는 이(krateo),
곧 그 금으로 된 일곱 촛대(luchnia, 등잔대, 복)553) 사이에(en mesos)
걸어 다니는 이(peripateo)가 이런 일들을 말하니(lego),

2:2 '내가 아는 바(oida), 네 행함(ergon, 복)과 네 수고(kopos, 고통)와 네 인내
(hupomone)이고, 또 네가 악한 자(kakos)들을 참고 견디어낼 수
(dunamai bastazo, 참아내다) 없는 것과, 자기 자신이 사도들이라고
말하지만 아닌 자들을 시험하여(peirazo), 그들이 거짓말쟁이(pseudes,
복)임을 찾아내었고(heurisko),

2:3 또 네가 참고 견디어내는 것(bastazo)과 인내(hupomone, 참고 기다림)를
가진 것(echo)과, 나의 이름으로 말미암아 수고하는 것(kopiao, 완)과,
게으르지(kamno, 완) 않은 것이다.

2:4 그럼에도 불구하고, 내가 너와 반대하여(kata) 갖고 있으니(echo),
왜냐하면(hoti) 네가 자신의 시작의(protos) 사랑(agape)을 버렸기
(aphiemi)554) 때문이다.

2:5 그러므로 너는 자신이 어디에서 떨어졌는지(pipto)를 기억하고
(mnemoneuo), 회개하라(metanoeo, 명)555), 즉 너는 그 시작의 **일하심**
(ergon, 복)을 행하라(poieo, 명), 그런데 만일 네가 그렇지 않으면,
곧 네가 회개하지(metanoeo) 않으면, 내가 너에게 신속히(tachos)
가서(erchomai), 너의 촛대(luchnia, 등잔대)를 그곳 자리(topos)에서

---

553) 뤼크니아(λυχνία : 촛대, 등경, 등잔대). 같은 표현 ⇒ (마5:15), (막4:21),
(눅8:16,11:33), (히9:2), (계1:12,13,20,2:1,5,11:4).

554) 아피에미(ἀφίημι : 버려두다, 남겨두다, 버리다). ☞ (ἀπο 와 ἵημι: 보내다)에서
유래. 같은 표현 ⇒ (마4:11,23:23,26:56), (막7:8,10:28), (눅21:6), (요10:12), (롬1:27),
(히6:1), (계2:4).

555) 메타노에오(μετανοέω : 마음의 선택을 바꾸다, 회개하다). 같은 표현 ⇒
(마3:   막1:15,6:12), (눅13:3,15:7,10,16:30,17:3), (행2:38,3:19,8:22,17:30),
(고후12:21), (계2:5,21,22,3:3,19,9:20,16:9,11).

<u>흔들 것이다</u>(kineo)556).

2:6 그럼에도 불구하고, 네가 이런 일을 갖고 있으니(echo), 즉 네가
그 <u>니콜라당 사람들</u>(Nikolaites)557)의 행함(ergon, 복)을 미워한다(miseo),
심지어 나도 그런 일들을 미워한다(miseo).

2:7 귀 <u>있는 자</u>(echo)는 그 영(pneuma)이 그 교회들에게 말하는 것을
<u>들어라</u>(akouo, 명),
〈<u>이기는 자</u>(nikao)558)에게 곧 그에게, 내가 그 하나님의 **낙원**
(paradeisos)559)에 있는 그 생명의 **나무**(xulon)560)를(ek) 먹도록
(phago)561) 줄 것이다(didomi).〉라고 하는 것이다.◗

2:8 그리고 너는 <u>서머나</u>에 있는 그 교회(ekklesia)의 천사(anggelos)에게,
<u>글을 써라</u>(grapho),
그 <u>시작</u>(protos)과 그 <u>나중</u>(eschatos)이며 <u>죽은 자 이었다</u>(ginomai nekros)
가 <u>살아난 이</u>(zao)가 <u>이런 일들</u>을 말하니(lego),

2:9 '내가 <u>아는 바</u>(oida), 너의 행함(ergon, 복)과 환난(thlipsis)562)과 궁핍
(ptocheia)이고, (오히려 네가 부요하다), 또 자신들이 <u>유대인들</u>이다고
말하나 사실 (유대인들)이 아니라, 오직 그 사탄(Satan)563)의 회중

---

556) 키네오(κινέω : 움직이다, 진동하다, 옮기다, 소동하다).
   같은 표현 ⇒ (마23:4,27:39), (막15:29), (행17:28,21:30,24:5), (계2:5,6:14).
557) 니콜라이테스(Νικολαίτης : 니콜라 사람들, 발람의 가르침을 따르는 자들).
   ☞ (행6:5) 참고. 같은 표현 ⇒ (계2:6,15).
558) 니카오(νικάω : 이기다). 같은 표현 ⇒ (눅11:22), (요16:33), (롬3:4,12:21),
   (요일2:13,14,4:4,5:4), (계2:7,11,17,26,3:5,12,21,5:5,6:2,11:7,12:11,13:7,15:2,17:14,21:7).
559) 파라데이소스(παράδισος : 낙원). 같은 표현 ⇒ (눅23:   고후12:4), (계2:7).
560) 크쉴론(ξύλον : 목재, 막대기, 나무, 교수대, 십자가). 같은 표현 ⇒ (눅23:31),
   (행5:30), (갈3:13), (벧전2:24), (계2:7,22:2,14).
561) 파고(φάγω : 먹다). ☞ 에스디오(εσθίω : 먹다)의 다른 형태. 같은 표현 ⇒
   (마6:25,12:4,13:4), (막2:26,3:20), (눅4:2,7:36), (요4:31,6:5), (행9:9), (롬14:2),
   (고전8:8), (살후3:8), (히13:10), (약5:3), (계2:7).
562) 틀립시스(θλίψις : 압박, 고통, 환난). ☞ 틀립보(θλίβω : 억압하여 누르다,
   괴롭히다). 같은 표현 ⇒ (엡3:13), (빌1:16,4:14), (골1:24), (살전1:6,3:3,7),
   (살후1:4,6), (히10:33), (약1:27), (계1:9,2:9,10,22,7:14).
563) 사타나스(Σατανας : 사탄, 대적자). 같은 표현 ⇒ (마4:10,12:26,16:23),
   (막1:13,3:23,26,4:15,8:33), (눅10:18,11:18,13:16,22:3,31), (요13:27), (행5:3,26:18),
   (계2:9,13,24,3:9,12:9,20:2,7).

(sunagoge)인 자들의 훼방(blasphemia)564)이다.

2:10 너는 네가 장차 고난 겪을 일(mello pascho)들을 조금도 두려워하지
(phobeo) 말라,
보라! 그 마귀(diabolos)565)가 너희 중(ek) (몇 명을) 옥(phulake)으로
장차 던지려 한다(mello ballo), 즉 너희가 시험 받게 하기(peirazo)
위해서 이다, 그때 십일 동안 너희는 환난(thlipsis)을 겪을 것이다
(echo), 너는 죽음(thanatos)에까지 믿음 안에 있어라(ginomai pistos),
그러면, 내가 너에게 그 생명의 면류관(stephanos)566)을 줄 것이다
(didomi).

2:11 귀 있는 자(echo)는 그 영(pneuma)이 그 교회들에게 말하는 것을
들어라(akouo),
〈이기는 자(nikao)567)는 그 둘째 죽음(thanatos)568)에서(ek) 결코 상처
를 입지(adikeo)569) 않을 것이다.〉고 하는 것이다◗

2:12 그리고 너는 버가모에 있는 그 교회(ekklesia)의 천사(anggelos)에게,
글을 써라(grapho),
그 두 날 가진 날선 검(romphaiha)570)을 가진 이가 이런 일들을
말하니(lego),

---

564) 블라스페미아(βλασφημία : 비방, 중상, 모독). 같은 표현 ⇒ (마12:31,26:65),
(막3:28,7:22,14:64), (눅5:21), (요10:33), (엡4:31), (골3:8), (유1:9), (계2:9,13:1,5,17:3).
565) 디아볼로스(διάβολος : 마귀, 비방자). ☞ 디아발로(διαβάλλω : 고소하다).
같은 표현 ⇒ (마4:1,5,8,11,13:39,25:41), (눅4:2,3,13,8:12), (요6:70,8:44,13:2),
(행10:38,13:10), (요일3:8,10), (계2:10,12:9,12,20:2,10).
566) 스테파노스(στέφανος : 왕관, 면류관). 같은 표현 ⇒ (마27:29), (막15:17),
(요19:2,5), (고전9:25), (빌4:   살전2:19), (딤후2:5,4:8), (벧전5:4), (약1:12),
(계2:10,3:11,4:4,10,6:2,9:7,12:1,14:14).
567) 니카오(νικάω : 이기다). 같은 표현 ⇒ (눅11:22), (요16:33), (롬3:4,12:21),
(요일2:13,14,4:4,5:4), (계2:7,11,17,26,3:5,12,21,5:5,6:2,11:7,12:11,13:7,15:2,17:14,21:7).
568) ☞ 둘째 죽음. 같은 표현 ⇒ (요5:24,8:51),
(롬6:9,21,23,7:5,10,13,24,8:6), (계2:11,20:6,14,21:8).
569) 아디케오(ἀδικέω : 잘못 행하다, 부당하게 행하다, 해를 입히다).
같은 표현 ⇒ (마20:13), (눅10:19), (행7:24,26,27,25:10,11), (고전6:7,8), (고후7:2,12),
(갈4:12), (골3:25), (몬1:18), (벧후2:13), (계2:
570) 롬파이하(ρομφαία : 길고 날이 넓은 투창 또는 검).
같은 표현 ⇒ (눅2:35), (계1:16,2:12,16,6:8,19:15,21).

2:13 '내가 <u>아는 바</u>(oida), 너의 행함(ergon, 복)과 네가 거주하는 곳이다, 그때 그곳에 그 <u>사탄</u>(Satan)의 보좌(thronos)가 있다, 그러나 네가 나의 이름을 <u>굳게 붙잡고</u>(krateo), 안티파스 나의 <u>믿음 있는</u>(pistos) 증인이 너희 곁에서(para) 곧 그 <u>사탄</u>(Satan)이 거주하는 곳에서, 심지어 <u>죽임을 당하는</u>(apokteino) 그 날(hemera, 복)에도, 나의 믿음을 부인하지(arneomai) 않았다.

2:14 그럼에도 불구하고, 내가 너와 반대하여(kata) <u>몇 가지</u>들을 갖고 있으니, 왜냐하면(hoti) 그곳에 너에게 <u>발람의 가르침</u>(didache)571)을 <u>굳게 붙잡게 하는 자</u>(krateo)들이 있기 때문이다, 그때 그 발락으로 말미암아(en) 그(발람)는 이스라엘의 자손들 앞에 <u>올무</u>(skandalon, 장애물)572)를 놓게 하고, <u>우상에 바친 것</u>(eidolothutos)들을 먹게 하고, 또한 <u>음행하게 하도록</u>(poreuo)573), 가르치고 있었다 (didasko, 미).

2:15 (다시 말해), 너에게 그와 같이, 내가 미워하는 그 <u>니콜라당 사람들</u> (Nikolaites)574)의 가르침(didache, 교리)을 <u>굳게 붙잡게 하는 자</u>(krateo)들이 있으니,

2:16 너는 회개하라(metanoeo), 그런즉 만일 그렇지 않으면, 내가 너에게 <u>신속히</u>(tachu) 가서(erchomai), 나의 <u>입</u>(stoma)의 두 날 가진 날선 검 (romphaiha)으로 그들과 대항하여(meta) <u>싸울 것이다</u>(polemeo).

2:17 귀 <u>있는 자</u>(echo)는 그 <u>영</u>(pneuma)이 그 교회들에게 말하는 것을 <u>들어라</u>(akouo), 〈<u>이기는 자</u>(nikao)575)에게 곧 그에게, 내가 <u>숨겨져 있는</u>(krupto)

---

571) 디다케(διδαχή : 가르침). 같은 표현 ⟹ (마7:28,16:12), (막1:22,27,11:18,12:38), (요7:17), (행2:42,5:28,13:12,17:19), (롬6:17,16:17), (고전14:6,26), (딤후4:2), (딛1:9), (히6:2,13:9), (요이1:9), (계2:14,15,24).

572) 스칸달론(σκάνδαλ,ων : 걸림돌, 장애물). 같은 표현 ⟹ (마13:41,16:23,18:7), (눅17:1), (롬9:33,11:9,14:13,16:17), (고전1:23), (갈5:11), (벧전2:8), (요일2:10), (계2:14).

573) 포르뉴오(πορνεύω : 음행하다, 창녀가 되다). 같은 표현 ⟹ (고전6:18,10:8), (계2:14,20,17:2,18:3,9).

574) 니콜라이테스(Νικολαίτης : 니콜라 사람들, 발람의 가르침을 따르는 자들). ☞ (행6:5) 참고. 같은 표현 ⟹ (계2:6,15).

575) 니카오(νικάω : 이기다). 같은 표현 ⟹ (눅11:22), (요16:33), (롬3:4,12:21),

200

그 만나를 먹게(phago) 줄 것이고(didomi), 또 그에게 내가 흰 조약
돌(psephos,투표)576) 즉 그 조약돌(psephos) 위에 기록된 새 이름을 줄
것이니(didomi), 그때 그것(새이름)을 받는 자(lambano) 외에,
아무도 깨달아 알지(ginosko) 못한다.〉고 하는 것이다◗

2:18 그리고 너는 두아티라에 있는 그 교회(ekklesia)의 천사(anggelos)에게,
글을 써라(grapho).
그의 눈(ophthalmos,복)은 불꽃(phlox)과 같고, 그의 발(pous,복)은
빛난 청동과 같은, 그 하나님의 아들이 이런 일들을 말하니(lego),

2:19 '내가 아는 바(oida), 너의 행함(ergon,복), 그 사랑(agape), 그 믿음
(pistis), 그 섬김(diakonia)577) 그리고 너의 인내(hupomone)이다,
또 그 나중의 것(eschatos)들이 그 시작의 것(protos)들 보다 많다.

2:20 그럼에도 불구하고, 내가 너와 반대하여(kata) 몇 가지들을 갖고
있으니, 왜냐하면(hoti) 네가, 나의 종(doulos)들을 가르치고 미혹
하여(planao)578) 음행하고(porneuo)579) 우상에 바친 것(eidolothutos)을
먹게하는(phago), 자칭 여예언자(prophetis)라고 말하는 그 여자(gune)
이세벨(Iezabel)580)을 용납하기(aphiemi)581) 때문이다.

2:21 그때 나는 그녀에게 기간(chronos)을 주었다, 즉 그녀가 자신의

(요일2:13,14,4:4,5:4), (계2:7,11,17,26,3:5,12,21,5:5,6:2,11:7,12:11,13:7,15:2,17:14,21:7).

576) 프세포스(ψηφος : 투표, 조약돌). 같은 표현 ⇒ (행26:10), (계2:17).

577) 디아코니아(διακονία : 직무, 직분, 섬김). ☞ 디아코네오(διακονέω : 봉사하다,
섬기다). 같은 표현 ⇒ (롬11:13,12:7,15:31), (고전12:5,16:15), (고후3:7,8,9,4:1,5:18,
6:3,8:4,9:1,12,13,11:8), (엡4:12), (골4:17), (딤전1:12), (딤후4:5,11), (히1:14), (계2:19).

578) 플라나오(πλανάω : 미혹하다, 죄를 지어 길을 잃게 하다). 같은 표현 ⇒
(마8:12,22:29,24:4,11,24), (막1   요7:12), (고전6:9,15:33), (갈6:7), (딛3:3),
(히3:10,5:2,11:38), (약1:16), (벧전2:25), (벧후2:15), (요일2:26,3:7),
(계2:20,12:9,13:14,19:20,20:3,8,10).

579) 포르뉴오(πορνεύω : 음행하다, 창녀가 되다). 같은 표현 ⇒ (고전6:18,10:8),
(계2:14,20,17:2,18:3,9).

580) 이에자벨(Ieζαβελ : 아합 왕과 불법적 결혼을 하고, 바알의 우상숭배로
여호와를 대적한 여자).

581) 아피에미(ἀφίημι : 하게 하다, 용납하다, 허락하다, 내버려두다).
☞ (απο 와 ἱημι : 보내다)에서 유래. 같은 표현 ⇒ (마8:22,13:30,15:14,19:14,23:13),
(막1:34,5:19,7:12,10:14,11:6,14:6,), (눅9:60,12:39,18:16), (요11:44,18:8), (행5:38),
(계2:20,11:9).

음행(porneia)582)을(ek) 회개하도록 하기(metanoeo)583) 위해서이다,
그러나 그녀가 회개하지(metanoeo)를 않았다.

2:22 보라! 내가 그녀를 침상(kline,운반용 들것)으로 던질 것이고(ballo),
또 만약 그녀와 간음하는 자(moicheuo)584)들도 자신들의 행함(ergon,
복)을(ek) 회개하지(metanoeo) 않으면, 내가 그들을 큰 환란(thlipsis)585)
으로 던질 것이다(ballo).

2:23 또한 내가 그녀의 자녀(teknon)들을 죽음으로 죽일 것이니(apokteino),
그때 그 모든 교회(ekklesia)들은 내가 의지(nephros,복)586)와 마음
(kardia,복)을 자세히 살피는 자(ereunao)587)임을 깨달아 알 것이다
(ginosko), 또한 내가 너희 각자에게 너희의 행위(ergon,복)에 따라
줄 것이다(didomi).

2:24 또한 내가 너희에게 즉 두아티라에 있는 그 남은 자(loipoi)들에게,
(다시 말해), 바로 이 가르침(didache)을 받지(echo) 않고, 그들이 말하는
그 사탄(Satan)의 깊은 것(bathos)을 잘 알지(ginosko) 못하는 많은 자들
에게, 말하니, 〈나는 너희에게 다른(allos) 짐(baros)588)을 지우지(ballo)
않는다.〉고 하는 것이다.

2:25 그렇지만, 내가 갈(heko)589) 때까지,

---

582) 포르네이아(πορνεία : 음행, 부정한 성교). 같은 표현 ⇒ (마5:32,15:19,19:9),
(막7:21), (요8:41), (행15:20,29,21:25), (고전5:1,6:13,18,7:2), (고후12:21), (갈5:19),
(엡5:3), (골3:5), (살전4:3), (계2:21,9:21,14:8,17:2,4,18:3,19:2).
583) 메타노에오(μετανοέω : 마음의 선택을 바꾸다, 회개하다). 같은 표현 ⇒
(마3:2,4:17,11:20), (막1:15,6:12), (눅13:3,15:7,10,16:30,17:3), (행2:38,3:19,8:22,17:30).
(고후12:21), (계2:5,21,22,3:3,19,9:20,16:9,11).
584) 모이큐오(μοιχεύω : 간음하다). 같은 표현 ⇒ (마5:27,32,19:18), (막10:11,19),
(눅16:18,18:20), (요8:4), (롬13:9), (약2:11), (계2:
585) 들립시스(θλίψις : 압박, 고통, 환난). ☞ 들립보(θλίβω : 억압하여 누르다,
괴롭히다). 같은 표현 ⇒ (엡3:13), (빌1:16,4:14), (골1:24), (살전1:6,3:3,7),
(살후1:4,6), (히10:33), (약1:27), (계1:9,2:9,10,22,7:14).
586) 네프로스(νεφρός : 신장, 마음의 내적 생각). ☞ 이곳에 한번 쓰임.
587) 에류나오(ερευνάω : 자세히 살피다, 찾다). 같은 표현 ⇒ (요5:39,7:52), (롬8:27),
(고전2:10), (벧전1:11), (계2:23).
588) 바로스(βαρος : 힘든 짐, 무게). 같은 표현 ⇒ (마20:12), (행15:28), (고후4:17),
(갈6:2), (살전2:6), (계2:24).
589) 헤코(ἥκω : 오다). 같은 표현 ⇒ (요2:4,4:47,6:37,8:42), (요일5:20),

너희는 자신들이 갖고 있는 것을 <u>굳게 붙잡아라</u>(krateo).

2:26 그때 <u>이기는 자</u>(nikao)590) 즉 나의 **일하심**(ergon,복)을 끝(telos)까지 지켜지게 하는 <u>자</u>(tereo), 곧 그에게 내가 그 민족(ethnos)들의 권세(exousia)591)를 줄 것이다,

2:27 (다시 말해), 그가 그들(민족)을 철 막대기로 양 치듯 할 것이니 (poimaino)592), 마치 그 토기장이의 그릇들이 깨뜨려지는 것(suntribo)과 같고, 심지어 내가 나의 아버지에게서(para) 받은 것(lambano)과 같다,

2:28 또한 내가 그에게 그 <u>이른 아침</u>의 별(aster)을 줄 것이다.

2:29 귀 <u>있는 자</u>(echo)는 그 영(pneuma)이 그 교회들에게 말하는 것을 <u>들어라</u>(akouo,명).'고 하는 것이다.◐

(계2:25,3:3,9,15:4,18:8).

590) 니카오(νικάω : 이기다). 같은 표현 ⇒ (눅11:22), (요16:33), (롬3:4,12:21), (요일2:13,14,4:4,5:4), (계2:7,11,17,26,3:5,12,21,5:5,6:2,11:7,12:11,13:7,15:2,17:14,21:7).

591) 엑수시아(ἐξουσία : 권세, 통치력). ☞ 엑세스티(ἔξεστι : 가능하게 하다, 허용되다)의 명사. 같은 표현 ⇒ (마7:29,10:1,28:18), (막1:22,3:15,6:7), (눅4:32,36,9:1,10:19), (요1:12,5:27,10:18,19:10), (롬9:21,13:1), (엡1:21,2:2,3:10,6:12), (골1:13,2:10), (히13:10), (벧전3:22), (계2:26,6:8,9:3,11:6,12:10).

592) ☞ (계2:27), (계12:5), (19:15). 철 막대기로 양 치듯 할 것이다.

계시록 3장

3:1 그리고 너는 사데에 있는 그 교회(ekklesia)의 천사(anggelos)에게,
글을 써라(grapho, 명).
그 하나님의 일곱 영(pneuma, 복) 즉 일곱 별(aster, 복)을 갖고 있는 이가
이런 일들을 말하니(lego),
'내가 아는 바(oida), 너의 행함(ergon, 복)이다,
즉 너는 〈네가 살 것이다(zao, 현).〉고 하는 그 이름(onoma)을 갖고
있으나, 네가 죽은 자(nekros)이다.

3:2 너는 정신 차려 깨어 있어라(ginomai gregoreo593)),
또 너는 그 막 죽으려고 하는(mello apothnesko) 남은 것(loipoi)들을
단단하게 세워라(sterizo, 명), 왜냐하면(gar) 내가 그 하나님 앞에 너의
일하심(ergon, 복)이 응하여 지는 것(pleroo, 완)을 찾아내지(heurisko, 완)
못하기 때문이다.

3:3 그러므로 너는 네가 어떻게 (너의 일하심을) 취하였고(lambano)
들었는지(akouo)를 기억하라, 또한 네가 (너의 일하심을) 지켜지게 하고
(tereo), 회개하라(metanoeo)594).
그러므로 만약 네가 정신 차려 깨어 있지(gregoreo) 않으면,
내가 도적 같이 (너에게) 갈 것이다(heko)595),
즉 네가 어느 시점(hora)을 결코 잘 알지(ginosko) 못할 때,
내가 너에게(epi) 갈 것이다(heko).

3:4 네가 심지어 사데에 몇 명의 이름(onoma)들을 갖고 있으니,
그때 그들은 자신들의 옷(himation)들을 더럽히지(moluno, 종교적으로)596)

---

593) 그레고레오(γρηγορέω : 정신 차리고 있다, 지켜보다, 정신 차려 깨어 있다).
같은 표현 ⇒ (마24:42,43,25:13,26:38,40,41), (막13:34,35,37,14:34,37,38),
(눅12:37,39), (행20:31), (고전16:13), (골4:2), (살전5:6,10), (벧전5:8), (계3:2,3,16:15).
594) 메타노에오(μετανοέω : 마음의 선택을 바꾸다, 회개하다). 같은 표현 ⇒
(마3:2,4:17,11:20), (막1:15,6:12), (눅13:3,5,15:7,10,16:30,17:3), (행2:38,3:19,8:22,17:30).
(고후12:21), (계2:21,22,3:3,19,9:20,16:9,11).
595) 헤코(ἥκω : 오다). 같은 표현 ⇒ (요2:4,4:47,6:37,8:42),
(요일5:20), (계2:25,3:3,9,15:4,18:8).
596) 몰뤼노(μολύνω : 종교적 도덕적으로 더럽히다).

204

않았다, 또한 그들은 흰 옷들을 입고(en) 나와 함께 살아갈 것이다
(peripateo), 왜냐하면(hoti) 그들은 합당한 자(axios)들이기 때문이다.

3:5 이기는 자(nikao)[597], 바로 그는 흰 옷(himation)들로 옷 입을 것이고
(periballo), 또 내가 그의 이름(onoma)을 그 생명의 책(biblos)[598]에서
(ek) 결코 지워버리지(exaleipho)[599] 않을 것이며, 또 나는 나의
아버지 앞에서와 그분의 천사들 앞에서 그의 이름(onoma)을 시인할
것이다(exomologeo)[600].

3:6 귀 있는 자(echo)는 그 영(pneuma)이 그 교회들에게 말하는 것을
들어라(akouo).'고 하는 것이다.◑

3:7 그리고 너는 빌라델피아에 있는 그 교회(ekklesia)의 천사(anggelos)에게,
글을 써라(grapho).
그 거룩한 이(hagios), 그 실제로 존재하는 이(alethinos)[601],
그 다윗의 열쇠(kleis)를 갖고 있는 이,
열면 아무도 닫지 못하고, 닫으면 아무도 열지 못하는 이가
이런 일들을 말하니(lego),

3:8 '내가 아는 바(oida), 너의 행함(ergon, 복)이다,
보라! 내가 네 앞에 열리는 문(thura)을 주니(didomi), 아무도 그것을
닫을 수 없다, 왜냐하면(hoti) 네가 적은 능력(dunamis)을 갖고도,
나의 말(logos)을 지켜지게 하였고(tereo), 나의 이름을 부인하지
(arneomai) 않았기 때문이다.

같은 표현 ⇒ (고전8:7), (계3:4,14:4).
597) 니카오(νικάω : 이기다). 같은 표현 ⇒ (눅11:22), (요16:33), (롬3:4,12:21),
   (요일2:13,14,4:4,5:4), (계2:7,11,17,26,3:5,12,21,5:5,6:2,11:7,12:11,13:7,15:2,17:14,21:7).
598) 비블로스(βίβλος : 책). 같은 표현 ⇒ (마1:1), (막12:26), (눅3:4),
   (행1:20,7:42,19:19), (계3:5,13:8,20:15). ☞ 비블리온(βιβλίον : 책).
599) 엑살레이포(ἐξαλείφω : 씻어버리다, 지워버리다).
   같은 표현 ⇒ (행3:19), (골2:14), (계3:5,7:17,21:4).
600) 호모로게오(ὁμολογέω : 고백하다, 시인하다, 공언하다). 같은 표현 ⇒
   (마7:23,10:32,14:7), (눅12:8), (요1:20,9:22), (행23:8,24:14), (롬10:9,10), (딤전6:12),
   (딛1:16), (히11:13,13:15), (요일1:9,4:2,15), (계3:5).
601) 알레디노스(ἀληθινός : 진짜의, 실제로 존재하는).
   같은 표현 ⇒ (요1:9,4:23,37,6:32,7:28,8:16,15:1,17:3,19:35), (요일2:8,5:20),
   (계3:7,14,6:10,15:3,16:7,19:2,9,11,21:5,22:6).

3:9 보라! 내가 그 <u>사탄</u>(Satan)602)의 회중(sunagoge)에 속하는(ek) (몇 명을)
줄 것이다(didomi), 그때 그들은 자칭 유대인들이다고 말하나,
(유대인들이) 아니고, 오직 거짓을 말한다(pseudomai)603),
보라! 내가 그들(자칭 유대인)로 하게 할 것이니(poieo), 즉 그들
(자칭 유대인)을 <u>오게 하여</u>(heko), 네 발(pous,복) 앞에 절하게 하고
(proskuneo), 또 내가 너를 <u>사랑한 줄</u>(agapao)604)을 깨달아 알게 할
<u>것이다</u>(ginosko),

3:10 네가 나의 인내(hupomone,참고 기다림)의 말(logos)을 <u>지켜지게 하였기</u>
(tereo) 때문에, 또한 나도 그 땅에 <u>거주하는 자</u>(katoikeo)들을 시험
하려고(peirazo) 온 세상(oikoumene)에 장차 임할 그 <u>시험</u>(peirasmos)의
시점(hora)으로부터(ek) 너를 지킬 것이다(tereo),

3:11 보라! 내가 신속히(tachu) 갈 것이니(erchomai), 너는 네가 갖고
있는 것을 <u>굳게 붙잡아라</u>(krateo), 즉 누구도 너의 면류관
(stephanos)605)을 취하지(lambano) 못하게 하기 위해서이다,

3:12 <u>이기는 자</u>(nikao)606) 그를, 내가 나의 하나님의 성전(naos)에 기둥
(stulos)이 되게 할 것이다, (다시 말해), 그는 더 이상 (세상) 밖으로
나가지(exerchomai) 못하게 할 것이다,
또한 내가 그 사람(이기는 자)위에(epi) 나의 하나님의 이름(onoma),
즉 나의 하나님의 <u>도성</u>(polis)607)의 이름 곧 새(kainos) 예루살렘의

---

602) 사타나스(Σατανας : 사탄, 대적자). 같은 표현 ⇒ (마4:10,12:26,16:23),
(막1:13,3:23,26,4:15,8:33), (눅10:18,11:18,13:16,22:3,31), (요13:27), (행5:3,26:18),
(계2:9,13,24,3:9,12:9,20:2,7).
603) 프슈도마이(ψεύδομαι : 거짓말 하다). 같은 표현 ⇒ (행5:3,4), (고후11:31),
(갈1:20), (골3:9), (요일1:6),(계3:9).
604) 아가파오(ἀγαπάω : 사랑하다). 같은 표현 ⇒ (요3:35,5:42,8:42,10:17,11:5,13:1,23,34,
14:15,28,31,15:9,12,17:23,21:15), (요일2:10,15,3:10,11,14,18,23,4:7,11,19,20,21,5:1,2),
(요이1:1), (요삼1:1), (계1:5,3:9,20:9).
605) 스테파노스(στέφανος : 왕관, 면류관). 같은 표현 ⇒ (마2   막15:17),
(요19:2,5), (고전9:25), (빌4:1), (살전2:19), (딤후2:5,4:8), (벧전5:4), (약1:12),
(계2:10,3:11,4:4,10,6:2,9:7,12:1,14:14).
606) 니카오(νικάω : 이기다). 같은 표현 ⇒ (눅11:22), (요16:33), (롬3:4,12:21),
(요일2:13,14,4:4,5:4), (계2:7,11,17,26,3:5,12,21,5:5,6:2,11:7,12:11,13:7,15:2,17:14,21:7).
607) 폴리스(πολις : 성읍,도성). 같은 표현 ⇒ (히11:10,16,12:22,13:14),
(계3:12,20:9,21:2,10). ☞ (요14:2): 한 장소 준비, (히12:22): 하나님의 도성(polis),

이름(onoma)을 기록할 것이다, 그때 그것(도성)은 나의 하나님으로
부터(apo) 그 하늘에서(ek) 내려 올 것이다 ,
또한 내가 (그 사람 위에) 나의 새(kainos) 이름(onoma)을 (기록할 것이다).

3:13 귀 있는 자(echo)는 그 영(pneuma)이 그 교회들에게 말하는 것을
들어라(akouo).'고 하는 것이다.◑

3:14 그리고 너는 라오디케아에 있는 그 교회(ekklesia)의 천사(anggelos)
에게, 글을 써라(grapho, 명).
그 아멘이요, 그 신실하고 실제로 존재하는(alethinos) 증인(martus)
이며, 그 하나님의 창조의 처음(arche)608)인 이가 이런 일들을
말하니,

3:15 '내가 아는 바(oida), 너의 행함(ergon, 복)이니,
왜냐하면(hoti) 네가 차지도 않고 뜨겁지도 않기 때문이다,
나는 네가 차든지 혹은 뜨겁든지 하기 원하노라.

3:16 곧 네가 이와 같으니, 왜냐하면(hoti) 네가 미지근하기 때문이다,
이제 네가 뜨겁지도 않고 차지도 않으면,
내가 너를 나의 입(stoma)에서(ek) 장차 토할 것이다(mello emeo).

3:17 즉 네가 말하기를, 〈나는 부자이고(plousios) 부요하여(plouteo) 어떤
부족함(chreia)도 없다.〉라고 하나, 그러나 너는 네가 비참하고
불쌍하며, 가난하고 눈멀고 벌거벗은 줄 알지(oida) 못한다.

3:18 나는 네가 나에게서(para) 불로 단련된 금화(chrusion)를 사도록
(agorazo)609) 충고한다(sumbuleuo)610), 즉 네가 부요하게 되기(plouteo)
위해서 이다, 또한 나는 (네가 나에게서) 흰 옷(himation, 복)을
(사도록 충고하는 것이다), 즉 네가 옷을 입어(periballo) 너의 벌거벗음
의 수치(aischune)가 밝히 나타나 보여 지지(phaneroo)611) 않도록 하기

(계21:2): 거룩한 도성(πολις) 새 예루살렘.

608) 아르케(ἀρχή : 처음, 시작, 통치). 같은 표현 ⇒ (행10:11,11:15,26:4), (롬8:38),
(엡1:21,3:10,6:12), (빌4:15), (골1:16,18,2:10), (살후2:13), (딛3:1), (히1:10,3:14),
(벧후3:4), (요일1:1,2:7,13,14,24,3:8,11), (요이1:5,6), (유1:6), (계3:14,21:6,22:13).

609) 아고라조(ἀγοράζω : 사다). 같은 표현 ⇒ (마13:44,27:7), (눅22:36),
(고전6:20,7:23), (벧후2:1), (계3:18,5:9,14:3,4).

610) 쉼블류오(συμβουλεύω : 충고하다, 조언하다, 함께 의논하다).
같은 표현 ⇒ (마26:4), (요18:14), (행9:23), (계3:18).

위해서이다, 또한 너는 너의 눈에 안약을 발라라,
즉 네가 <u>눈으로 보기</u>(blepo) 위해서이다,

3:19 무릇 내가 <u>사랑하는 자</u>(phileo)⁶¹²)는 누구든지 그를 내가 <u>책망하여</u>
(elengcho)⁶¹³) <u>징계한다</u>(paideuo)⁶¹⁴),
그러므로 너는 열심을 내고(zeleuo), 회개하라(metanoeo).

3:20 보라! 내가 그 문(thura)에 <u>서 있어</u>(histemi,완), 두드리니(krouo,현),
만약 누구든지 나의 음성을 듣게 되어, 그 문(thura)을 열면(anoigo),
내가 그에게로(pros) 들어가(eiserchomai), 그와 함께(meta) <u>만찬을</u>
<u>먹을 것이고</u>(deipneo), 그는 나와 함께 (만찬을 먹을 것이다).

3:21 <u>이기는 자</u>(nikao)⁶¹⁵) 곧 그에게, 내가 나의 보좌(thronos)에 나와
함께(meta) 앉게 할 것이다(didomi), 그때 마치 내가 이겨(nikao),
나의 아버지와 함께(meta) 그분의 보좌(thronos)에 앉은 것과 같다.

3:22 <u>귀 있는 자</u>(echo)는 그 영(pneuma)이 그 교회들에게 말하는 것을
<u>들어라</u>(akouo).' "고 하는 것이다.◗

---

611) 파네로오(φανερόω : 빛으로 밝게 나타내 보여주다, 계시하다).
☞ 파네로스(φανερός : 잘 보이는, 명백한). 같은 표현 ⇒
(요1:31,2:11,3:21,7:4,9:3,17:6,21:1,14), (요일1:2,2:19,28,3:2,5,8,4:9), (계3:18,15:4).
612) 필레오(φιλέω : 가치가 있어 사랑하다, 좋아하다).
같은 표현 ⇒ (요5:20,11:3,36,12:25,15:19,16:27,20:2,21:15,16,17), (계3:19,22:15).
613) 엘렝코(ἐλέγχω : 책망하다, 드러내다, 폭로하다). 같은 표현 ⇒ (마18:15),
(눅3:19), (요3:20,8:46,16:8), (고전14:24), (엡5:11,13), (딤전5:20), (딛1:13,2:15),
(히12:5), (약2:9), (유1:15), (계3:19).
614) 파이듀오(παιδεύω : 훈련시키다, 징계하다, 양육하다, 가르치다).
☞ 파이데이아(παιδεία : 징계)의 동사. 같은 표현 ⇒ (행7:22,22:3), (고전11:32),
(고후6:9), (딤전1:20), (디2:12), (히12:6,7,10,11), (계3:19).
615) 니카오(νικάω : 이기다). 같은 표현 ⇒ (눅11:22), (요16:33), (롬3:4,12:21),
(요일2:13,14,4:4,5:4), (계2:7,11,17,26,3:5,12,21,5:5,6,2,11:7,12:11,13:7,15:2,17:14,21:7).

208

계시록 4장

4:1 이런 일들 후에, 내가 보았는데(horao),
그때 보라! 그 하늘에(en) 열리는 한 문(thura),
또 내가 들은 그 시작(protos)의 음성(phone),
곧 나와 함께 말하는(laleo) 나팔소리(salpingx)와 같은 음성,
그 음성(인자;예수)이 말하기를(lego),
"너는 이리로 올라오라(anabaino), 그러면 이 일들 후에, 내(인자)가
너(요한)에게 마땅히 일어나야 하는 일(dei ginomai)들을 보여줄
것이다(deiknuo)."고 하는 것이다,

4:2 그러자 즉시(eutheos) 내(요한)가 영(pneuma)의 상태(en)가 되었다(ginomai),
그리고 보라! 그 하늘에(en) 한 보좌(thronos)가 놓여 있었으니,
그때 한분이 그 보좌(thronos) 위에 앉아 있었다.

4:3 즉 앉아 있으신 분은 보기(horasis)에 벽옥과 홍보석 같았고(homoios),
또 그 보좌 주위의 무지개(iris)는 보기(horasis)616)에 녹 보석(에머랄드)
같았다(homoios).

4:4 또한 그 보좌(thronos) 주위에, 이십 사 보좌(thronos)들이 있는데,
그때 바로 그 보좌(thronos)들 위에 내가 그 흰 겉옷(himation)을
입고 있는(ekballo) 이십 사 장로들이 앉아 있는 것을 보았고(horao, 과),
또한 그들은 자신들의 머리(kophale) 위에 금으로 된 면류관
(stephanos)617)들을 쓰고 있었다(echo, 과). ◗

4:5 그리고 그 보좌(thronos)로부터(ek) 번개(astrape)들과 천둥들과 음성들이
흘러나오고(ekporeuomai), 또 그 보좌(thronos) 앞 그 하나님의 일곱 영
(pneuma, 복)인 일곱 횃불(lampas, 복)618)이 불타고(kaio),

---

616) 호라시스(όρασις : 보는 것, 보기, 환상). 같은 표현 ⇒ (행2:17), (계4:3,9:17).
617) 스테파노스(στέφανος : 왕관, 면류관). 같은 표현 ⇒ (마27:29), (막15:17),
    (요19:2,5), (고전9:25), (빌4:1), (살전2:19), (딤후2:5,4:8), (벧전5:4), (약1:12),
    (계2:10,3:11,4:4,10,6:2,9:7,12:1,14:14).
618) 람파스(λαμπας : 횃불). 같은 표현 ⇒ (마25:1,3,4,7,8), (요18:3),
    (행20:8), (계4:5,8:10).

4:6 또 그 보좌(thronos) 앞에 수정 같은(homoios) 유리 바다(thalassa)가 있고,
또 그 보좌(thronos) 가운데와 그 보좌(thronos) 주위에는,
앞쪽과 뒤쪽에 눈(ophthalmos, 복)으로(여) <u>가득 차 있는</u>(gemo)
네 생물(zoon)619)들이 있다,

4:7 그때 그 첫째 생물(zoon)은 사자 같고(homoios),
그 둘째 생물(zoon)은 송아지 같고(homoios),
그 셋째 생물(zoon)은 사람과 같은 얼굴을 갖고 있고(echo),
그 넷째 생물(zoon)은 날아다니는(petomai) 독수리 같다(homoios).

4:8 또 그 네 생물(zoon)들은 각각 하나씩 자신에 따라, 여섯 날개들을
갖고 있는데, 그것(날개)의 주위와 안쪽에 눈(ophthalmos, 복)으로 <u>가득
차 있다</u>(gemo).
그러자 그것들(네 생물)이 밤낮 쉼(anapausis) 없이, 말하기를,
"거룩하다, 거룩하다, 거룩하다,
(전에) 계시었고 (지금) 계시고 (장차) 오실 주 그 하나님
그 전능자(pantokrator)620)여."라고 한다.◑

4:9 그리고 그 생물(zoon)들이,
그 보좌(thronos)에 앉아 있는 <u>이</u> 곧 <u>영원 영원히 사는</u> 이에게
영광(doxa)621)과 존귀(time)622)와 감사를 드릴(didomi) 때,

4:10 그 이십사 장로들이, 그 보좌(thronos) 위에 앉아 있는 <u>이</u> 앞에
엎드려(pipto), <u>영원 영원히 사는</u> 이에게 절하고(proskuneo),
그 보좌(thronos) 앞에 자신들의 면류관(stephanos)을 던지며(ballo),
말하기를,

---

619) 조온(ζωον : 생물, 짐승). 같은 표현 ⇒
(계4:6,7,8,5:6,8,11,14,6:1,3,5,6,7,7:11,14:3,15:7,19:4).
620) 판토크라토르(παντοκράτωρ : 전능자). ☞ 크라테오(κρατέω : 붙잡다),
크라토스(κράτος : 힘, 세력)에서 유래. 같은 표현 ⇒ (고후6:18),
(계1:8,4:8,11:17,15:3,16:7,14,19:6,15,21:22).
621) 독사(δόξα : 영광, 광채, 영화). ☞ 도케오(δοκέω : 생각하여 추정하다, 간주하다,
평가하다)에서 유래. 같은 표현 ⇒ (계1:6,4:9,11,5:12,13,7:12,11:13,14:7,15:8,16:9,
18:1,19:1,7,21:11,23,24,26).
622) 티메(τιμή : 값, 존귀, 존경). 같은 표현 ⇒ (히2:7,9,3:3,5:4),
(벧전1:7,2:7,3:7), (벧후1:17), (계4:9,11).

210

4:11 "주여, 당신은 영광(doxa)과 존귀(time)와 능력(dunamis)을 취하기에
(lambano) 합당한 이(axios)이십니다,
왜냐하면(hoti) 당신이 그 만물(pas)들을 창조하였기(ktizo) 때문
입니다,
즉 그것들이 당신의 뜻(thelema)[623]으로 말미암아(dia) 있고,
또 창조되었습니다(ktizo)."고 하는 것이다.◐

---

623) 델레마(θέλημα : 하기 원함, 뜻, 의향). ☞ 델로(θέλω : 바라다, 원하다)의 명사.
같은 표현 ⇒ (행13:22), (롬1:10,2:18,12:2,15:32), (고후1:1), (갈1:4), (엡1:1,5,9,11,
2:3), (골1:1), (딤후1:1), (히10:7,9,13:21), (벧전3:17,4:19), (요일2:17,5:14), (계4:11).

계시록 5장

5:1 그리고 내가 그 보좌(thronos) 위에 앉아 있는 분의 오른손에서
앞뒤로 쓰인 한 권의 책(biblion)[624]을 보았는데(horao), 그때 그것은
일곱 인장(sphragis)[625]들로 <u>철저히 봉인되어 있었다</u>(katasphragizo)[626].

5:2 또 내가 보았는데(horao), 한 <u>힘 있는</u>(ischulos) 천사가 큰 음성으로
전파하기를(kerusso),
"누가 그 책(biblion)을 열기에 즉 그것의 봉인(sphragis)을 풀어놓기에
(luo) <u>합당한 자</u>(axios)이냐?"라고 하더라.

5:3 그때 어느 누구도, 그 하늘 안에서도 그 땅 위에서도 그 땅 아래에
서도, 그 책(biblion)을 열어, 그것을 능히 볼 수가 없었다.

5:4 그러자 내(요한)가 크게 <u>울부짖고 있었다</u>(klaio, 미),
왜냐하면(hoti) 내가 그 책(biblion)을 열어 읽기에 또는 그것을 보기에
합당한(axios) 어느 누구도 발견하지(heurisko) 못하였기 때문이었다,

5:5 그때 그 장로들 중에 한 장로가 나(요한)에게 말하기를,
"너는 울부짖지(klaio) 말아라,
보라! <u>유다</u> 지파에(ek) 속하여 있는 그 사자(leon) 곧 <u>다윗</u>의 뿌리가
그 책(biblion)을 열기 위해 이기었으니(nikao)[627], 즉 그가 그것의
일곱 봉인(sphragis)들을 <u>풀 것이다</u>(luo)."라고 하였다. ◑

5:6 그리고 내가 보았는데(horao), 그때 보라! 그 보좌(thronos)와
그 네 생물(zoon)[628]들 가운데에 또한 그 장로들 가운데에,

---

624) 비블리온(βιβλίον : 책). 같은 표현 ⇒ (눅4:17), (요20:30),
(계1:11,5:1,6:14,17:8,20:12,21:27,22:9,10,19).
☞ 비블로스(βίβλος : 책), 비블라리디언(βιβλαρίδιον : 작은 책).

625) 스프라기스(σφραγίς : 인장, 봉인, 인 새긴 것). 같은 표현 ⇒ (롬4:11), (고전9:2),
(딤후2:19), (계5:1,2,5,6:1,3,5,7,9,12,7:2,8:1,9:4).

626) 스프라기조(σφραγίζω : 인으로 새기다, 봉인하다). 같은 표현 ⇒ (마27:66),
(요3:33,6:27), (롬15:28), (고후1:22), (엡1:13,4:30), (계5:1,7:3,10:4,20:3,22:10).

627) 니카오(νικάω : 이기다). 같은 표현 ⇒ (눅11:22), (요16:33), (롬3:4,12:21),
(요일2:13,14,4:4,5:4), (계2:7,11,17,26,3:5,12,21,5:5,6:2,11:7,12:11,13:7,15:2,17:14,21:7).

628) 조온(ζωον : 생물, 짐승). 같은 표현 ⇒ (계4:6,7,8,5:6,8,11,14,6:1,3,5,6,7,7:11,14:3,

<u>살해된 것</u>(sphazo)629) 같은 한 <u>어린양</u>(arnion)630)이 <u>서 있다</u>(histemi),
그때 그(어린양)는 일곱 <u>뿔</u>(keras,복)과 일곱 <u>눈</u>(ophthalmos,복)을 갖고
있으니, 즉 그 모든 땅으로 <u>보내어지는</u>(apostello) 그 하나님의
일곱 <u>영</u>(pneuma,복)인 일곱 <u>눈</u>(ophthalmos,복)을 갖고 있는 것이다.

5:7 그러자 그(어린양)가 <u>이르렀고</u>(erchomai), 그 <u>보좌</u>(thronos)에 앉아
있는 <u>분</u>의 오른손에서(ek) 그 <u>책</u>(biblion)을 <u>취한다</u>(lambano,완).

5:8 그때 그(어린양)가 그 <u>책</u>(biblion)을 취할 때, 그 네 <u>생물</u>(zoon)들과
그 이십사 <u>장로</u>들은 그 <u>어린양</u>(arnion) 앞에 <u>엎드렸으니</u>(pipto),
그때 그들(장로) 각자는 <u>하프</u>와, 그 성도들의 <u>기도</u>(proseuche,복)631)인
<u>향</u>(thumiama,복)632)으로 <u>가득 찬</u>(gemo) <u>금</u>으로 된 <u>대접</u>(phiale)633)을
갖고 있다,

5:9 그리고 그들(장로)이 새로운(kainos) <u>노래</u>(ode)를 <u>노래하며</u>(ado)634),
말하기를, "당신이 그 <u>책</u>(biblion)을 <u>취하여</u>(lambano) 그것의 <u>봉인</u>
(sphragis,복)을 열기에 <u>합당합니다</u>(axios),
왜냐하면(hoti) 당신은, <u>살해되어</u>(sphazo) 즉 자신의 <u>피흘림</u>(haima)으로
인하여(en), 그 하나님에게 모든 <u>족속</u>(phule)과 <u>언어</u>(glossa)와 <u>백성</u>
(laos)과 <u>민족</u>(ethnos)들 중에(ek) 우리를 <u>사서</u>(agorazo,과)635),

---

15:7,19:4).
629) 스파조(σφάζω : 죽이다, 도살하다). 같은 표현 ⇒ (요일3:12),
　　(계5:6,9,6:4,9,13:3,8,18:24). ☞ 스파게(σφαγή : 도살, 살육). 같은 표현 ⇒ (행8:32),
　　(롬8:36), (약5:5).
630) 아르니온(ἀρνίον : 어린양). 같은 표현 ⇒ (요21:15), (계5:6,12,6:1,16,7:9,14,12:11,
　　13:8,14:1,17:14,19:9,22:1,3). ☞ 암노스(ἀμνός : 어린양) ⇒ (요1:29,36), (행8:32),
　　(벧전1:19), 아렌(ἀρήν : 어린양) ⇒ (눅10:3).
631) 프로슈케(προσευχή : 기도). 같은 표현 ⇒ (롬1:9,12:12,15:30), (고전7:5),
　　(엡1:16,6:18), (빌4:6), (골4:2,12), (살전1:2), (딤전2:1,5:5), (몬1:4,22), (약5:17),
　　(벧전3:7,4:7), (계5:8,8:3,4).
632) 뒤미아마(θυμίαμα : 분향, 향을 태움, 향).
　　같은 표현 ⇒ (눅1:11,12), (계5:8,8:3,4,18:13).
633) 피알레(φιάλη : 대접, 사발).
　　같은 표현 ⇒ (계5:8,15:7,16:1,2,3,4,8,10,12,17,17:1,21:9).
634) 아도(ᾄδω : 노래하다). 같은 표현 ⇒ (엡5:19), (골3:16), (계5:9,14:3,15:3).
635) 아고라조(ἀγοράζω : 사다). 같은 표현 ⇒ (마13:　　눅22:36), (고전6:20,7:23),
　　(벧후2:1), (계3:18,5:9,14:3,4).

213

5:10 우리의 하나님께 우리를 왕(basileus)들 즉 제사장들로 만들었으니
(poieo,과), 우리가 그 땅을(epi) 통치할 것이기(basileuo,래)636) 때문
입니다."라고 하였다.◐

5:11 그리고 내가 보고, 또 그 보좌(thronos)와 그 생물(zoon)들과
그 장로들 주위에 있는 많은 천사들의 음성을 들었는데,
그때 그들(천사)의 수가 만만 이요 천천 이었다,

5:12 그들(천사)이 큰 음성으로 말하기를,
"그 살해된(sphazo) 어린양(arnion)은 그 능력과 부유함(ploutos)과
지혜와 힘(ischus)과 존귀(time)와 영광(doxa)637)과 송축(eulogia,축복)638)
을 취하기에 합당합니다(axios)."고 하는 것이다.

5:13 또 내가 듣기를, "그 하늘 안에 또는 그 땅 위에 또는 그 땅 아래
에 또는 그 바다 위에 있는 것들 중에 존재하는 모든 피조물
(ktisma,창조물)이 곧 그것들 안에 있는 만물(pas)들이 말하기를,
'그 보좌(thronos) 위에 앉아 있는 이 즉 그 어린양(arnion)에게
그 송축(eulogia,축복)과 그 존귀와 그 영광(doxa)과 그 세력(kratos)639)
이 영원 영원히 있기를.' "이라고 하였다.

5:14 그러자 그 네 생물(zoon,복)이 말하기를, "아멘" 하니,
그 이십사 장로들이 엎드려(pipto), 절하였다(proskuneo).◐

---

636) 바실류오(βασιλεύω : 통치하다, 다스리다, 왕 노릇하다). 같은 표현 ⇒ (마2:22),
(눅1:33,19:14), (롬5:14,17,21,6:12), (고전4:8,15:25), (계5:10,11:15,17,19:6,20:4,6,22:5).
637) 독사(δόξα : 영광, 광채, 영화). ☞ 도케오(δοκέω : 생각하여 추정하다, 간주하다,
평가하다)에서 유래. 같은 표현 ⇒ (계1:6,4:9,11,5:12,13,7:12,11:13,14:7,15:8,16:9,
18:1,19:1,7,21:11,23,24,26).
638) 유로기아(εὐλογία : 축복). 같은 표현 ⇒ (롬15:29,16:18), (고전10:16), (고후9:5,6),
(엡1:3), (히6:7,12:17), (약3:10), (벧전3: 계5:12,13,7:12).
639) 크라토스(κράτος : 현존하는 힘, 세력). ☞ 크라테오(kratevw: 붙잡다)에서 유래.
같은 표현 ⇒ (눅1:51), (행19:20), (엡1:19,6:10), (골1:11), (딤전6:16), (히2:14),
(벧전4:11,5:11), (유1:25), (계1:6,5:13).

214

계시록 6장

6:1 그리고 그 <u>어린 양</u>(arnion)⁶⁴⁰⁾이 그 일곱 봉인(sphragis)⁶⁴¹⁾ 중에 하나
  를 열(anoigo) 때, 내가 보고(horao), 또 듣기를(akouo),
  "그 네 생물(zoon, 복)⁶⁴²⁾ 중에 하나가, 천둥소리(bronte)와 같이,
  말하기를, '너는 와서(erchomai), <u>눈으로 보라</u>(blepo).' "고 하는 것이다,

6:2 그러자 내가 보았는데(horao),
  그때 보라! 흰 말(hippos)과, 또 활을 갖고 그것 위에 타고 있는 <u>자</u>를,
  그러자 왕관(stephanos)⁶⁴³⁾이 그에게 주어지자,
  그가 이기고(nikao)⁶⁴⁴⁾, 이기기(nikao) 위해 나아갔다(exerchomai). ◑

6:3 그리고 그(어린 양)가 그 둘째 봉인(sphragis)을 열(anoigo) 때,
  내가 듣기를(akouo),
  "그 둘째 생물(zoon)이 말하기를,
  '너는 와서(erchomai), <u>눈으로 보라</u>(blepo).' "고 하는 것이다,

6:4 그러자 (내가 보았는데), 다른(allos) <u>붉은</u> 말(hippos)이 나아갔다
  (exerchomai), 그때 그 땅으로부터 그 화평을 취하는 것(lambano)이
  그것(말) 위에 타고 있는 자 곧 바로 그에게 주어졌으니,
  즉 그들이 서로를 <u>살해하도록 하기</u>(sphazo)⁶⁴⁵⁾ 위해서 이었다,

---

640) 아르니온(ἀρνίον : 어린양). 같은 표현 ⟹ (요21:15), (계5:6,12,6:1,16,7:9,14,12:11,
   13:8,14:1,17:14,19:9,22:1,3), ☞ 암노스(ἀμνός : 어린양) ⟹ (요1:29,36), (행8:32),
   (벧전1:19), 아렌(ἀρήν : 어린양) ⟹ (눅10:3).
641) 스프라기스(σφραγίς : 인장, 봉인, 인, 새긴 것). 같은 표현 ⟹ (롬4:11), (고전9:2),
   (딤후2:19), (계5:1,2,5,6:1,3,5,7,9,12,7:2,8:1,9:4).
642) 조온(ζωον : 생물, 짐승). 같은 표현 ⟹ (계4:6,7,8,5:6,8,11,14,6:1,3,5,6,7,7:11,14:3,
   15:7,19:4).
643) 스테파노스(στέφανος : 왕관, 면류관). 같은 표현 ⟹ (마27:29), (막15:17),
   (요19:2,5), (고전9:25), (빌4:1), (살전2:19), (딤후2:5,4:8), (벧전5:4), (약1:12),
   (계2:10,3:11,4:4,10,6:2,9:7,12:1,14:14).
644) 니카오(νικάω : 이기다). 같은 표현 ⟹ (눅11:22), (요16:33), (롬3:4,12:21),
   (요일2:13,14,4:4,5:4), (계2:7,11,17,26,3:5,12,21,5:5,6,2:11:7,12:11,13:7,15:2,17:14,21:7).
645) 스파조(σφάζω : 죽이다, 도살하다). 같은 표현 ⟹ (요일3:12),
   (계5:6,9,6:4,9,13:3,8,18:24), ☞ 스파게(σφαγή : 도살, 살육). 같은 표현 ⟹ (행8:

또한 큰 칼(machaira)도 그에게 주어졌다.◐

6:5 그리고 그(어린 양)가 그 셋째 봉인(sphragis)을 열(anoigo) 때,
　　내가 듣기를(akouo),
　　"그 셋째 생물(zoon)이 말하기를,
　　'너는 와서(erchomai), 눈으로 보라(blepo).' "고 하는 것이다,
　　그러자 내가 보았는데(horao),
　　그때 보라! 검은 말(hippos)과 그것 위에 타고 있는 자를,
　　그는 자신의 손에 저울을 갖고 있었다,

6:6 또한 내가 듣기를(akouo),
　　"그 네 생물(zoon) 가운데에서 한 음성(phone)이 말하기를,
　　'한 데나리온(denarion)646)에 밀 한 되(choinix),
　　한 데나리온(denarion)에 보리 석 되(choinix).'라 하고,
　　또 '너는 감람유(elaion)와 포도주(oinos)를 해롭게 하지(adikeo)647)
　　말라.' "고 하는 것이다.◐

6:7 그리고 그(어린 양)가 그 넷째 봉인(sphragis)을 열(anoigo) 때,
　　내가 듣기를(akouo),
　　"그 넷째 생물(zoon)의 음성(phone)이 말하기를,
　　'너는 와서(erchomai), 눈으로 보라(blepo).' "고 하는 것이다.

6:8 그러자 내가 보았는데(horao),
　　그때 보라! 청황색 말(hippos)과 그것 위에 타고 있는 자를,
　　곧 그의 이름(onoma)은 죽음(thanatos)이니,
　　그런즉 그 음부(hades)648)가 그(말탄 자)와 더불어 좇고 있었다
　　(akoloutheo)649), (다시 말해), 그 땅의 사분 일을 두 날 가진 날선 검
　　(romphaiha)650)으로, 흉년(limos, 배고픔)으로, 죽음(thanatos)으로

(롬8:36), (약5:5).

646) 데나리온(δηναριον : 로마의 은전).

647) 아디케오(άδικέω : 잘못 행하다, 부당하게 행하다, 해를 입히다).
　　같은 표현 ⇒ (마20:13), (눅10:19), (행7:24,26,27,25:10,11), (고전6:7,8), (고후7:2,12),
　　(갈4:12), (골3:25), (몬1:18), (벧후2:13), (계2:11,6:6,7:2,3,9:4,10,19,11:5,22:11).

648) 하데스(άδης : 음부, 죽은 자의 거처). 같은 표현 ⇒ (마11:23,16:18),
　　(눅10:15,16:23), (행2:27,31), (계1:18,6:8,20:13,14).

649) 아코루데오(άκολουθέω : 좇아가다, 따르다). 같은 표현 ⇒ (행12:8,9,13:43,21:36),
　　(고전10:4), (계6:8,14:4,8,9,13,19:14).

216

또 그 땅의 짐승(therion)651)들에 의해 죽일(apokteino) 권세(exousia)652)
가 그들(음부와 탄자)에게 주어졌었다.◑

6:9 그리고 그(어린 양)가 그 다섯째 봉인(sphragis)을 열(anoigo) 때,
내가 보았는데(horao), 그 제단(thusiasterion) 아래에, 그 하나님의
말(logos)로 인하여(dia), 또는 그들이 갖고 있었던 그 증거(marturia)로
인하여(dia) 살해되는(sphazo) 그 영혼(psuche)들이 있었다,

6:10 그때 그들이 큰 소리로 외치며(klazo), 말하기를,
"그 거룩하고 실제로 존재하는(alethinos)653) 주인(despotes)이여,
당신은 어느 때까지 그 땅에 거주하는 자(katoikeo)들을 심판하여
(krino), 우리의 피흘림(haima)을 복수하지(ekdikeo) 않으시겠습니까?"
라고 하는 것이다.

6:11 그러자 그들에게 각각 흰 겉옷(stole)이 주어지며, 그들에게
말하여 지기를(hreo)654),
"아직 잠시(kronos) 동안, 너희는 쉼을 얻을 것이니(anapauo)655),
곧 심지어 그들(살해되는 자들)처럼, 장차 죽기로 되어 있는(mello
apothnesko) 너희의 동료 종(sundoulos)들 즉 너희의 형제들이 채워질

---

650) 롬파이하(ρομφαίά : 길고 날이 넓은 투창 또는 검).
같은 표현 ⇒ (눅2:35), (계1:16,2:12,16,6:8,19:15,21).
651) 데리온(θηρίον : 짐승). 같은 표현 ⇒ (막1:13), (행11:6,28:4), (딛1:12), (히12:20),
(약3:7), (계6:8,11:7,13:1,2,3,4,11,12,14,17,18,14:9,11,15:2,16:2,10,13,17:3,8,11,13,16,17,
19:19,20,20:4,10).
652) 엑수시아(ἐξουσία : 권세, 통치력). ☞ 엑세스티(ἔξεστι : 가능하게 하다,
허용되다)의 명사. 같은 표현 ⇒ (마7:29,10:1,28:18), (막1:22,3:15,6:7),
(눅4:32,36,9:1,10:19), (요1:12,5:27,10:18,19:10), (롬9:21,13:1), (엡1:21,2:2,3:10,6:12),
(골1:13,2:10), (히13:   벧전3:22), (계2:26,6:8,9:3,11:6,12:10).
653) 알레디노스(ἀληθινός : 진짜의, 실제로 존재하는).
같은 표현 ⇒ (요1:9,4:23,37,6:32,7:28,8:16,15:1,17:3,19:35), (요일2:8,5:20),
(계3:7,14,6:10,15:3,16:7,19:2,9,11,21:5,22:6).
654) 레오(ῥέω : 살아있는 목소리에 의해 말하여 지다).
☞ 레마(ῥῆμα : 말, 말하여 지는 것)의 동사.
같은 표현 ⇒ (마1:22,2:15,17,23,3:3,4:14,5:21,27,31,33,38,43,8:17,12:17,13:35,21:4,
22:31,24:15,26:75,27:9), (롬9:12,26), (갈3:16), (계6:11,9:4).
655) 아나파우오(ἀναπαύω : 쉼을 주다, 쉬다, 기운 나게 하다).
같은 표현 ⇒ (마11:28,26:45), (막14:41), (눅12:19), (고전16:18), (고후7:
(몬1:7,20), (벧전4:14), (계6:11,14:13).

(pleroo) 때까지이다."고 하는 것이다.◗

6:12 그리고 그(어린 양)가 그 여섯째 봉인(sphragis)을 열 때,
  내가 보았는데(horao),
  그때 보라! 큰 지진(deismos)이 일어났고(ginomai),
  그 해(helios)가 털로 만든 거친 삼베와 같이 검어지고,
  그 달(selene)이 피와 같이 되고,

6:13 또 그 하늘의 별(aster)들이, 무화과나무가 큰 바람(anemos)에
  흔들리어(seio)656) 그것의 덜 익은 과실을 떨어뜨리는 것(ballo)과
  같이, 그 땅으로 떨어졌다(pipto).

6:14 또 그 하늘(ouranos)이, 책(biblion)657)이 둘둘 말리어 지는 것과
  같이, 갈라졌고(apochorizo), 모든 산과 섬이 자신의 자리(topos)에서
  (ek) 진동하였다(kineo)658).

6:15 그때 그 땅의 왕들, 그 귀족(megistanes)들, 그 부자들, 그 군사
  지휘관들, 그 강한 자들, 모든 종, 모든 자유자들이, 자신들을
  그 동굴들 안으로 또 그 산의 바위들 안으로 숨겼다(krupto).

6:16 그리고 그들이 그 산과 그 바위에게 말하기를,
  "너희는 우리 위에 떨어져(pipto), 우리를 그 보좌(thronos)에 앉아
  있는 이의 얼굴에서 즉 그 어린 양(arnion)659)의 진노(orge)에서
  숨겨라(krupto),

6:17 왜냐하면(hoti) 그(어린 양)의 진노(orge)의 큰 날(hemer)이 이르렀기
  (erchomai) 때문이니,
  이제 누가 설 수 있겠는가(dunamai histemi)?"라고 하였다.◗

---

656) 세이오(σείω : 흔들다, 전율하다).
  같은 표현 ⇒ (마21:10,27:51,28:4), (히12:26), (계6:13).
657) 비블리온(βιβλίον : 책). 같은 표현 ⇒ (눅4:17), (요20:30),
  (계1:11,5:1,6:14,17:8,20:12,21:27,22:9,10,19).
  ☞ 비블로스(βίβλος : 책), 비블라리디언(βιβλαρίδιον : 작은 책).
658) 키네오(κινέω : 움직이다, 진동하다, 옮기다, 소동하다).
  같은 표현 ⇒ (마23:4,27:39), (막15:29), (행17:28,21:30,24:5), (계2:5,6:14).
659) 아르니온(ἀρνίον : 어린양). 같은 표현 ⇒ (요2 계5:6,12,6:1,16,7:9,14,12:11,
  13:8,14:1,17:14,19:9,22:1,3). ☞ 암노스(ἀμνός : 어린양) ⇒ (요1:29,36), (행8:32),
  (벧전1:19). 아렌(ἀρήν : 어린양) ⇒ (눅10:3).

계시록 7장

7:1 그리고 이런 일들 후에, 내가 보았는데(horao),
　　네 천사들이 그 땅의 네 모퉁이 위에(epi) 서 있었다,
　　그때 그들이 그 땅의 사방의 바람(anemos)들을 굳게 붙잡고
　　있었으니(krateo), 즉 바람(anemos)이 그 땅위에 또는 그 바다위에
　　또는 모든 나무위에 불지 못하게 하기 위해서 이었다.

7:2 또 내가 보았는데(horao),
　　다른(allos) 천사가 해 돋는 곳에서 올라왔다(anabaino),
　　그때 그가 살아 계신 하나님의 인장(sphragis, 도장)660)을 갖고 있다,
　　그러자 그가 그 땅과 그 바다를 해롭게 하도록(adikeo)661) 주어진
　　그 네 천사들에게, 큰 소리(phone)로 소리 지르며(krazo),

7:3 말하기를, "너희는, 우리가 우리 하나님의 종(doulos)들의 이마에
　　(영으로) 인을 치기(sphragizo)662) 까지, 그 땅 또는 그 바다 또는
　　그 나무들을 해롭게 하지(adikeo) 말라."고 하였다.◗

7:4 그러자 내가 (영으로) 인침 받는 자(sphragizo)들의 수(arithmos)를
　　들으니(akouo), 곧 이스라엘 자손들의 모든 지파(phule) 중에(ek)
　　(영으로) 인침 받는 자(sphragizo)들은 십사만 사천이었다.

7:5 유다의 지파(phule) 중에(ek) (영으로) 인침 받는 자(sphragizo)들은
　　일만 이천 이고,
　　르우벤의 지파(phule) 중에(ek) (영으로) 인침 받는 자(sphragizo)들은
　　일만 이천 이고,
　　갓의 지파(phule) 중에(ek) (영으로) 인침 받는 자(sphragizo)들은
　　일만 이천 이고,

---

660) 스프라기스(σφραγίς : 인장, 봉인, 인, 새긴 것). 같은 표현 ⇒ (롬4:11), (고전9:2),
　　(딤후2:19), (계5:1,2,5,6:1,3,5,7,9,12,7:2,8:1,9:4).
661) 아디케오(ἀδικέω : 잘못 행하다, 부당하게 행하다, 해를 입히다).
　　같은 표현 ⇒ (마20:13), (눅10:19), (행7:24,26,27,25:10,11), (고전6:7,8), (고후7:2,12),
　　(갈4:12), (골3:25), (몬1:18), (벧후2:13), (계2:11,6:6,7:2,3,9:4,10,19,11:5,22:11).
662) 스프라기조(σφραγίζω : 인으로 새기다, 봉인하다). 같은 표현 ⇒ (마27:66),
　　(요3:33,6:27), (롬15:28), (고후1:　엡1:13,4:30), (계5:1,7:3,10:4,20:3,22:10).

219

7:6 아셀의 지파(phule) 중에(ek) (영으로) <u>인침 받는 자</u>(sphragizo)들은
    일만 이천 이고,
    납달리의 지파(phule) 중에(ek) (영으로) <u>인침 받는 자</u>(sphragizo)들은
    일만 이천 이고,
    므낫세의 지파(phule) 중에(ek) (영으로) <u>인침 받는 자</u>(sphragizo)들은
    일만 이천 이고,

7:7 시므온의 지파(phule) 중에(ek) (영으로) <u>인침 받는 자</u>(sphragizo)들은
    일만 이천 이고,
    레위의 지파(phule) 중에(ek) (영으로) <u>인침 받는 자</u>(sphragizo)들은
    일만 이천 이고,
    잇사갈의 지파(phule) 중에(ek) (영으로) <u>인침 받는 자</u>(sphragizo)들은
    일만 이천 이고,

7:8 스불론의 지파(phule) 중에(ek) (영으로) <u>인침 받는 자</u>(sphragizo)들은
    일만 이천 이고,
    요셉의 지파(phule) 중에(ek) (영으로) <u>인침 받는 자</u>(sphragizo)들은
    일만 이천 이고,
    베냐민의 지파(phule) 중에(ek) (영으로) <u>인침 받는 자</u>(sphragizo)들은
    일만 이천 이었다.◗

7:9 이런 일들 후에, 내가 보았는데(horao),
    그때 보라! 모든 민족(ethnos)과 족속(phule)들과 백성(laos)들과
    언어(glossa)들 중에(ek) (영으로 인침 받은 자들)
    곧 누구도 셀 수가 없는 많은 무리가 그 보좌(thronos) 앞에
    즉 그 <u>어린 양</u>(arnion)663) 앞에 서 있는 것이다,
    그때 그들은 흰 겉옷(stole)을 입고(periballo) 그들의 손에
    <u>종려나무 가지</u>664)를 들고 있었으니,

7:10 큰 소리로 <u>소리 지르며</u>(krazo), 말하기를,
    "구원(soteria)665)이 우리 하나님의 보좌(thronos)에 앉아 있는

---

663) 아르니온(ἀρνίον : 어린양). 같은 표현 ⇒ (요21:15), (계5:6,12,6:1,16,7:9,14,12:11,
    13:8,14:1,17:14,19:9,22:1,3). ☞ 암노스(ἀμνός : 어린양) ⇒ (요1:29,36), (행8:32),
    (벧전1:19), 아렌(ἀρήν : 어린양) ⇒ (눅10:3).
664) 포이닉스(φοινιξ : 종려나무 가지, 대추 야자수). 같은 표현 ⇒ (요12:13), (계7:9).
665) 소테리아(σωτηρία : 구원). 같은 표현 ⇒ (요4:22), (계7:10,12:10,19:1).

그 하나님 즉 그 <u>어린 양</u>(arnion)에게 있습니다."고 하였다.

7:11 그러자 그 모든 천사들이 그 보좌(thronos)와 그 장로들과
그 네 생물(zoon,복)666)의 주위에 서서, 그 보좌(thronos) 앞에
자신들의 얼굴을 엎드려(pipto), 그 하나님께 절하며(proskuneo),

7:12 말하기를, "아멘, 송축(eulogia)667)과 영광(doxa)668)과 지혜(sophia)와
감사함(eucharistia)과 존귀(time)와 능력(dunamis)과 힘(ischus)이
우리 하나님께, 영원 영원히 있기를, 아멘."이라고 하는 것이다.

7:13 그때 그 장로(presbuteros)들 중에 하나가 대답하여(apokrino),
나(요한)에게 말하기를,
"그 흰 겉옷(stole)을 입고 있는(periballo) <u>이자들이</u> 누구며,
또한 어디서 왔느냐(erchomai)?"라고 하기에,

7:14 그러자 내(요한)가 그에게 말하기를(ereo),
"주(kurios)여, 당신은 아십니다(oida)."고 하니,
그때 그(장로)가 나에게 말하기를,
"<u>이자들은</u> 그 큰 환난(thlipsis)669)에서(ek) <u>나오는 자</u>(erchomai)들이며,
또한 그들은 자신들의 겉옷(stole)들을 <u>깨끗이 씻었다</u>(pluno)670),
즉 그것(겉옷)들을 그 <u>어린 양</u>(arnion)671)의 <u>피흘림</u>(haima)으로
<u>희게 하였다</u>(leukaino).

7:15 이런 일로 인하여, 그들이 그 하나님의 보좌(thronos) 앞에 있으며,

---

666) 조온(ζωον : 생물, 짐승).
    같은 표현 ⇒ (계4:6,7,8,5:6,8,11,14,6:1,3,5,6,7,7:11,14:3,15:7,19:4).
667) 유로기아(εὐλογία : 축복). 같은 표현 ⇒ (롬15:29,16:18), (고전10:16), (고후9:5,6),
    (엡1:3), (히6:7,12:17), (약3:10), (벧전3:9), (계5:12,13,7:12).
668) 독사(δόξα : 영광, 광채, 영화). ☞ 도케오(δοκέω : 생각하여 추정하다, 간주하다,
    평가하다)에서 유래. 같은 표현 ⇒ (계1:6,4:9,11,5:12,13,7:12,11:13,14:7,15:8,16:9,
    18:1,19:1,7,21:11,23,24,26).
669) 들립시스(θλίψις : 압박, 고통, 환난). ☞ 들립보(θλίβω : 억압하여 누르다,
    괴롭히다). 같은 표현 ⇒ (엡3:13), (빌1:16,4:14), (골1:24), (살전1:6,3:3,7),
    (살후1:4,6), (히10:33), (약1:27), (계1:9,2:9,10,22,7:14).
670) 플리노(πλύνω : 빨다, 깨끗이 씻다). 같은 표현 ⇒ (눅5:2), (계7:14,22:14).
671) 아르니온(ἀρνίον : 어린양). 같은 표현 ⇒ (요21:15), (계5:6,12,6:1,16,7:9,14,12:11,
    13:8,14:1,17:14,19:9,22:1,3). ☞ 암노스(ἀμνός : 어린양) ⇒ (요1:29,36), (행8:32),
    (벧전1:19). 아렌(ἀρήν : 어린양) ⇒ (눅10:3).

그분의 성전(naos)에서 그분을 밤낮 섬기니(latreuo, 현)672),
또한 그 보좌에 앉아 있는 분도 그들 위에(epi) 거주할 것이다
(skenoo, 장막, 래)673).

7:16 그들은 더 이상 굶주리지(peinao, 래) 않을 것이고, 또한 더 이상
목마르지(dipsao, 래)674) 않을 것이고, 심지어 그 해(helios)와 어떤
열기(kauma)도 그들 위에 결코 내리쬐지(pipto, 떨어지다) 못할 것이다.

7:17 왜냐하면(hoti) 그 보좌(thronos) 정 가운데에 있는 그 어린 양(arnion)
이 그들을 양 치듯 돌볼 것이다(poimaino),
즉 그들을 물의 살게 하는 샘(zao pege675), 복)676)을 마시게(epi)
인도할 것이니(hodegeo, 래)677),
(다시 말해), 그 하나님이 그들의 눈에서 모든 눈물(dakruon)을
씻어 줄 것이기(exaleipho, 지워버리다, 래)678) 때문이다."고 하는
것이다.◑

---

672) 라트류오(λατρεύω : 섬기다, 봉사하다). 같은 표현 ⇒ (마4:10), (눅1:74,2:37,4:8),
   (행7:7,42,24:14,27:23), (롬1:9,25), (빌3:3), (딤후1:3), (히8:5,9:9,14,10:2,12:28,13:10),
   (계7:15,22:3).
673) 스케노오(σκηνόω : 장막에 거주하다).
   같은 표현 ⇒ (요1:14), (고후12:9), (계7:15,12:12,13:6,21:3).
674) 딥사오(διψάω : 목마르다). 같은 표현 ⇒ (요4:13,14,6:35,7:37,19:28),
   (계7:16,21:6,22:17).
675) 페게(πηγή : 샘, 원천). 같은 표현 ⇒ (막5:29), (요4:6,14), (벧후2:17), (약3:11),
   (계7:
676) ☞ 살게 하는 물(생명수)(ὕδωρ ζάω).
   같은 표현 ⇒ (요4:10,11,7:38), (계7:17,21:6,22:1,17).
677) 호데게오(ὁδηγέω : 안내, 인도하다). ☞ 호데고스(ὁδηγός : 안내자, 인도자)의
   동사. 같은 표현 ⇒ (마5:14), (눅6:39), (요16:13), (행8:31), (계7:17).
678) 엑살레이포(ἐξαλείφω : 씻어버리다, 지워버리다).
   같은 표현 ⇒ (행3:19), (골2:14), (계3:5,7:17,21:4).

계시록 8장

8:1 그리고 그(어린 양)가 그 일곱째 봉인(sphragis)679)을 열(anoigo) 때,
이런 일이 있었으니, 그 하늘에(en) 반시간 쯤 정적(sige, 고요)이
(있었다).

8:2 그러자 내가 그 일곱 천사들을 보았는데(horao),
그때 그들(일곱 천사)은 그 하나님 앞에 서 있고, 또 일곱 나팔들이
그들에게 주어졌다,

8:3 그리고 다른(allos) 천사가 와서, <u>금으로 된</u> 향로(libanotos)를 가지고
(echo) 그 **제단**(thusiasterion)에 서 있었으니(histemi, 과),
그러자 많은 향(thumiama, 복)680)이 그(천사)에게 주어졌다,
즉 그(천사)가 (그것들을) 모든 성도들의 기도(proseuche, 복)681)로
그 보좌 앞에 있는 그 금으로 된 제단(thusiasterion) 위에(epi) 드리기
위해서 이었다,

8:4 그때 그 향 태움(thumiama)의 연기(kapnos)가 그 천사의 손에서(ek)
그 하나님 앞에 그 성도들의 기도(proseuche, 복)로 올라갔다(anabaino).

8:5 그런 후, 그 천사가 그 향로(libanotos)를 취하여,
그것(향로)을 그 제단의 불로 <u>가득 채워</u>(gemizo),
그것(향로)을 그 땅으로 던졌다(ballo),
그때 이런 일이 있었으니,
음성들과 천둥(bronte)들과 번개(astrape)들과 지진이 (일어났다). ◗

8:6 그리고 그 일곱 나팔을 갖고 있는 그 일곱 천사들이 나팔을 불기
(salpizo) 위해 준비하였다(hetoimazo),

---

679) 스프라기스(σφραγίς : 인장, 봉인, 인, 새긴 것). 같은 표현 ⇒ (롬4:11), (고전9:2),
(딤후2:19), (계5:1,2,5,6:1,3,5,7,9,12,7:2,8:1,9:4).
680) 뒤미아마(θυμίαμα : 분향, 향을 태움, 향).
같은 표현 ⇒ (눅1:11,12), (계5:8,8:3,4,18:13).
681) 프로슈케(προσευχή : 기도). 같은 표현 ⇒ (롬1:9,12:12,15:30), (고전7:5),
(엡1:16,6:18), (빌4:6), (골4:2,12), (살전1:2), (딤전2:1,5:5), (몬1:4,22), (약5:17),
(벧전3:7,4:7), (계5:8,8:3,4).

8:7 그러자 그 첫째 천사가 <u>나팔을 불었다</u>(salpizo),
그때 피(haima)가 섞인 우박과 불(pur)이 생겨나더니(ginomai),
그것들이 그 땅으로 던져졌다(ballo),
그러자 그 수목의 삼분의 일이 태워지고(katakaio),
또 모든 푸른 풀도 태워졌다(katakaio).◗

8:8 그리고 그 둘째 천사가 <u>나팔을 불었다</u>(salpizo),
그때 불과 같이 <u>타고 있는</u>(kaio) 큰 산이 그 바다로 던져졌다(ballo),
그러자 그 바다의 삼분의 일이 피흘림(haima)이 되었다,

8:9 그때 그 바다에 있는 그 피조물(ktisma,창조물)들 중에 목숨(psuche,복)
이 있는 것의 삼분의 일이 죽었고(apothnesko),
그 배(ploion)들의 삼분의 일이 <u>철저히 파괴되었다</u>(diaphtheiro)682).◗

8:10 그리고 그 셋째 천사가 <u>나팔을 불었다</u>(salpizo),
그때 횃불(lampas)683)과 같이 <u>타고 있는</u>(kaio) 큰 별(aster)이
그 하늘에서(ek) 떨어져(pipto), 그 강(potamos)들의 삼분의 일 위에
즉 그 물(hudor,복)의 샘(pege,복)684) 위에 떨어졌다.

8:11 그때 그 별의 이름을 쓴 쑥이라고 불리고(lego),
그 물(hudor,복)의 삼분의 일이 쓴 쑥이 되었다,
그러자 사람들 중에 <u>많은 자들</u>이 그 물(hudor,복)로 인하여(ek)
죽었다, 왜냐하면(hoti) 물(hudor,복)이 <u>쓰게 되었기</u>(pikraino)685)
때문이다.◗

8:12 그리고 그 넷째 천사가 <u>나팔을 불었다</u>(salpizo),
그때 그 <u>해</u> 삼분의 일과 그 <u>달</u> 삼분의 일과 그 별들의 삼분의
일이 <u>타격을 입었다</u>(plesso)686), 즉 그것들의 삼분의 일을 <u>어두워</u>

---

682) 디아프데이로(διαφθείρω : 철저히 파괴하다, 철저히 부패시키다).
같은 표현 ⇒ (눅12:33), (고후4:16), (딤전6:5), (계8:9,11:18,19:2).
683) 람파스(λαμπας : 횃불). 같은 표현 ⇒ (마25:1,3,4,7,8), (요18:3),
(행20:8), (계4:5,8:10).
684) 페게(πηγή : 샘, 원천). 같은 표현 ⇒ (막5:29), (요4:6,14), (벧후2:17),
(약3:11), (계7:17,8:10,16:4,21:6).
685) 피크라이노(πικραίνω : 쓰게 하다, 괴롭게 하다).
같은 표현 ⇒ (골3:   계8:11,10:9,10).
686) 플렛쇼(πλήρσω : 치다, 때리다). ☞ 이곳에 한번 쓰임.

지게 하기(skotizo) 위해서 이었다, (다시 말해), 그 낮 삼분의 일이
빛으로 빛나지(phaino)687) 못하였고, 그 밤도 그와 같았다.

8:13 그때 내가 보고(horao) 듣기를(akouo), 중천(mesouranema, 하늘 중간)에
날아가는(petomai) 한 천사가 큰 음성(phone)으로 말하기를,
"화 있으리라(ouai), 화 있으리라(ouai), 화 있으리라(ouai),
그 땅(ge)에 거주하는 자(katoikeo)들에게,
그것은 장차 나팔을 불려고 하는(mello salpizo) 세 천사들의
그 남은 나팔 소리들로 인해서(ek) 이다."고 하는 것이다. ◑

---

687) 파이노(φαίνω : 빛나다, 등불이 빛나다, 빛으로 보이게 하다). 같은 표현 ⇒
(마1:20, 2:7, 13, 19, 6:5, 16, 13:26, 23:27, 24:27), (막14:64, 16:9), (눅9:8, 24:11), (요1:5, 5:35),
(요일2:8), (계1:16, 8:12, 18:23, 21:23).

계시록 9장

9:1 그리고 그 다섯째 천사가 나팔을 불었다(salpizo),
그러자 내가 보았는데(horao),
그 하늘에서(ek) 한 별(aster)이 그 땅으로 떨어지고 있었다(pipto),
그때 그것(별)에게 그 무저갱(abussos)[688]의 열쇠(kleis)가 주어졌고
(didomi),

9:2 그것(별)이 그 무저갱(abussos)의 구덩이(phrear)[689]를 열었다,
그러자 한 연기(kapnos)가 그 구덩이(phrear)에서(ek) 큰 풀무의
연기(kapnos)와 같이 올라오니(anabaino), 그 해와 그 공기가
그 구덩이(phrear)의 연기(kapnos)로 인해(ek) 어두워졌다(skotizo).

9:3 그때 그 연기(kapnos)에서(ek) 메뚜기(akris, 황충)들이 그 땅으로(eis)
나와(exerchomai), 그것들(메뚜기)에게 권세(exousia)[690]가 주어지니,
마치 그것들(메뚜기)은 그 땅의 전갈(skorpios)들이 권세(exousia)를
갖고 있는 것과 같았다,

9:4 그때 그것들(메뚜기)에게 말하여지기를(hreo)[691],
"너희는 그 땅의 풀 또는 모든 푸른 것 또는 모든 수목을 해롭게
하지(adikeo)[692] 말고, 오직 그들의 이마들 위에 하나님의 (영으로의)

---

688) 아빗소스(ἄβυσσος : 무저갱, 심연). 같은 표현 ⇒ (눅8:31), (롬10:7),
(계9:1,2,11,11:7,17:8,20:1,3).
689) 프레아르(φρέαρ : 구덩이, 우물). 같은 표현 ⇒ (눅14:5), (요4:11,12), (계9:2).
690) 엑수시아(ἐξουσία : 권세, 통치력). ☞ 엑세스티(ἔξεστι : 가능하게 하다,
허용되다)의 명사. 같은 표현 ⇒ (마7:29,10:1,28:18), (막1:22,3:15,6:7),
(눅4:32,36,9:1,10:19), (요1:12,5:27,10:18,19:10), (롬9:21,13:1), (엡1:21,2:2,3:10,6:12),
(골1:13,2:10), (히13:10), (벧전3:   계2:26,6:8,9:3,11:6,12:10).
691) 레오(ῥέω : 살아있는 목소리에 의해 말하여 지다).
☞ 레마(ῥῆμα : 말, 말하여 지는 것)의 동사.
같은 표현 ⇒ (마1:22,2:15,17,23,3:3,4:14,5:21,27,31,33,38,43,8:17,12:17,13:35,21:4,
22:31,24:15,26:75,27:9), (롬9:12,26), (갈3:16), (계6:11,9:4).
692) 아디케오(ἀδικέω : 잘못 행하다, 부당하게 행하다, 해를 입히다.
같은 표현 ⇒ (마20:13), (눅10:19), (행7:24,26,27,25:10,11), (고전6:7,8), (고후7:2,12),
(갈4:12), (골3:25), (몬1:18), (벧후2:13), (계2:11,6:6,7:2,3,9:4,10,19,11:5,22:11).

226

인침(sphragis,표식)693)을 갖고 있지(echo) 않는 사람(anthropos)들만
<u>해롭게 할 것이다</u>(adikeo)." 하고,

9:5 또 그것들(메뚜기)에게 주어지기를,
"너희는 그들(사람)을 죽이지 말고, 오직 다섯 달 동안 그들(사람)을
<u>고통 받게 하라</u>(basanizo)694)."라고 하는 것이다,
그러자 그것(메뚜기)이 사람을 쏠(paio) 때, 그들의 <u>고통</u>(basanismos,
괴롭히기)695)은 전갈의 고통(basanismos,괴롭히기)과 같았다.

9:6 그리고 바로 그 날(hemera,복)에, 사람들이 그 죽음(thanatos)을 찾으나
(zeteo), 그러나 그들은 그것(죽음)을 찾아내지(heurisko) 못할 것이고,
또 그들이 죽기(apothnesko)를 간절히 원할 것이나(epithumeo)696),
그러나 그 죽음(thanatos)이 그들에게서(apo) 피할 것이다(pheugo,래).

9:7 그때 메뚜기(akris,황충)들의 생김새(homoioma,복)는 전쟁을 위하여
준비한 말(hippos,복)과 같았다(homoios),
마치 금 같은 왕관(stephanos,복)697)이 그것들의 머리 위에 있는 것
같고(hos), 마치 그것들의 얼굴들은 사람들의 얼굴들과 같았다(hos),

9:8 또 그것들은 여자(gune)들의 머리털들과 같은(hos) 머리털들을 갖고
있고(echo), 그것들의 이(odous,복)는 사자들의 이(odous,복)와 같았다
(hos).

9:9 또 그것들은 <u>철의 가슴</u>(thorax,복)과 같은(hos) 가슴(thorax,복)을 갖고
있고(echo), 그것들의 날개들의 소리(phone)는 전쟁으로 달려가는
많은 말 병거들의 소리(phone)와 같았다(hos).

---

693) 스프라기스(σφραγίς : 인장, 봉인, 인, 새긴 것). 같은 표현 ⇒ (롬4:11), (고전9:2),
(딤후2:19), (계5:1,2,5,6;1,3,5,7,9,12,7:2,8:1,9:4).
694) 바산니조(βασανίζω : 고통을 주다, 괴롭히다, 고문하다). 같은 표현 ⇒
(마8:6,29,14:24), (막5:7,6:48), (눅8:28), (벧후2:8), (계9:5,11:10,12:2,14:10,20:10).
695) 바산니스모스(βασανισμός : 고문, 괴롭히기, 시금석으로 시험하기).
☞ 바산니조(basanivzw: 고통을 주다). 같은 표현 ⇒ (계9:5,14:11,18:7,10,15).
696) 에피듀메오(ἐπιθυμέω : 간절히 원하다, 욕구하다). 같은 표현 ⇒ (마5:28,13:17),
(눅15:16,16:21,17:22,22:15), (행20:33), (고전10:6), (갈5:17), (딤전3:1), (히6:11),
(약4:2), (벧전1:12), (계9:6).
697) 스테파노스(στέφανος : 왕관, 면류관). 같은 표현 ⇒ (마27:29), (막15:17),
(요19:2,5), (고전9:25), (빌4:1), (살전2:19), (딤후2:5,4:8), (벧전5:4), (약1:12),
(계2:10,3:11,4:4,10,6:2,9:7,12:1,14:14).

227

9:10 또 그것들은 전갈과 같은(homoios) 꼬리들을 갖고 있어,
그것들의 꼬리들에는 쏘는 촉(kentron)698)이 있었다,
그때 다섯 달 동안, 그것들은 사람들을 해롭게 할(adikeo) 권세
(exousia)가 있었다.

9:11 또한 그것들은 자신들의 왕(basileus) 곧 그 무저갱(abussos)의 **천사**
(anggelos)가 있어, 곧 그것의 이름은 히브리 음으로 아밧돈
(Abaddon)699) 이고, 또 그 헬라어로 아볼루온(Apolluon)700) 이었다.

9:12 그 첫째 화(ouai)가 지나갔으나(aperchomai),
보라! 이것들 후에, 아직 화 둘이 있다.◗

9:13 그리고 그 여섯째 천사가 나팔을 불었다(salpizo),
그때 내가 그 하나님 앞에 있는 그 금으로 된 제단(thusiasterion)의
네 뿔로부터(ek) 한 음성(phone)을 들었으니(akouo),

9:14 그것(음성)이 그 나팔(salpingx)을 갖고 있는 그 여섯째 천사에게
말하기를,
"네가 그 큰 강(potamos) 유브라데(Euphrates)701)에 결박 되어 있는
(deo) 그 네 천사들을 풀어 놓아라(luo)."고 하는 것이다,

9:15 그러자 그 시, 일, 월, 년을 위해(eis) 준비되어 있는(hetoimazo)
그 네 천사들이 그 사람들의 삼분의 일을 죽이기(apokteino) 위해서
풀어 놓였다(luo),

9:16 그때 그 기병의 군대들의 수(arithmos)는 이억 이었고,
또한 내가 그들의 수(arithmos)를 들었다(akouo),

9:17 그때 바로 이와 같이, 내가 환상(horasis)702) 중에(en)
그 말(hippos)들과 그것들 위에 타고 있는 자들을 보았는데(horao),
그들은 불타는 검붉은 유황색의 가슴(thorax)을 지니고 있고(echo),
또 그 말(hippos)들의 머리들은 사자(leon)들의 머리들과 같고(hos),

---

698) 켄트론(κέντρον : 몰이 막대로 찌르는 것).
같은 표현 ⇒ (행26:14), (고전15:55,56), (계9:10).
699) 아밧돈(Αβαδδων : 파괴자). ☞ 이곳에 한번 쓰임.
700) 아폴뤼온(Απολλύων : 파괴자). ☞ 이곳에 한번 쓰임.
701) 유프라테스(Εὐφράτης : 유프라데). 같은 표현 ⇒ (계9:14,16:12).
702) 호라시스(ὅρασις : 보는 것, 보기, 환상). 같은 표현 ⇒ (행2:17), (계4:3,9:17).

또 바로 그것들(말)의 입(stoma, 복)로부터(ek) 불(pur)과 연기(kapnos)와 유황(theion)이 흘러나온다(ekporeuomai, 현).

9:18 바로 이 세 가지 재앙(plege)703)들에 의해(hupo), 그 사람들의 삼분의 일이 죽임을 당했으니(apokteino), 곧 그것들(말)의 입(stoma, 복)에서 (ek) 흘러나오는(ekporeuomai) 그 불(pur)과 그 연기(kapnos)와 그 유황 (theion)으로 인해서(ek) (죽임을 당했다),

9:19 왜냐하면(gar) 그 말(hippos)들의 권세(exousia)는 그것들의 입(stoma, 복) 과 꼬리(oura, 복)에 있기 때문이다,
왜냐하면(gar) 그것들의 꼬리(oura, 복)는 뱀(ophis)들과 같고(homoios), 또 그것들(꼬리)은 머리들을 갖고 있기 때문이다,
그런즉 그것들(말)이 그것들(꼬리)로 해롭게 하는 것이다(adikeo).

9:20 또한 바로 이 재앙(plege)들로 죽임을 당하지(apokteino) 않은 그 남은 자(loipoi)들은 자신들의 손의 행함(ergon, 복)을(ek) 여전히 회개하지(metanoeo)704) 않았으니, 즉 그들은 그 귀신(daimonion)705)들, (다시 말해), 볼 수 없고 들을 수 없고 걸어 다닐 수(peripateo)없는 그 금 우상(eidolon)들, 그 은 (우상들), 그 동 (우상들), 그 돌 (우상들), 그 나무 (우상들)에 절하기(proskuneo) 위해서 이었다,

9:21 심지어 그들은 자신들의 살인(phonos, 복)과 점술(pharmakeia, 복)706)과 음행(porneia)707)과 도적질(klemma, 복)도(ek) 회개하지(metanoeo) 않았다.

◑

---

703) 플레게(πληγή : 강타, 재앙, 상처). 같은 표현 ⇒ (눅12:48), (행16:23,33), (고후6:5,11:23), (계9:18,11:6,13:3,12,14,15:1,6,8,16:9,21,18:4,8,21:9,22:18).
704) 메타노에오(μετανοέω : 마음의 선택을 바꾸다, 회개하다). 같은 표현 ⇒ (마3:2,4:17,11:20), (막1:15,6:12), (눅13:3,15:7,10,16:30,17:3), (행2:38,3:19,8:22,17:30). (고후12:21), (계2:21,22,3:3,19,9:20,16:9,11).
705) 다이모니온(δαιμόνιον : 귀신). ☞ 다이몬(δαίμων : 귀신)의 형용사, 지소사. 같은 표현 ⇒ (행17:18), (고전10:20,21), (딤전4:1), (약2:19), (계9:20).
706) 파르마케이아(φαρμακεία : 복술, 술수, 점술). 같은 표현 ⇒ (갈5:6), (계9:21,18:23).
707) 포르네이아(πορνεία : 음행, 부정한 성교). 같은 표현 ⇒ (마5:32,15:19,19:9), (막7:21), (요8:41), (행15:20,29,21:25), (고전5:1,6:13,18,7:2), (고후12:21), (갈5:19), (엡5:3), (골3:5), (살전4:3), (계2:21,9:21,14:8,17:2,4,18:3,19:2).

계시록 10장

10:1 그리고 내가 보았는데(horao),
  그 하늘에서(ek) 다른(allos) <u>힘 있는</u>(ischulos) 천사가 내려오는 것이다
  (katabaino), 그때 그(천사)는 구름으로 <u>주위를</u> 감싸고 있고(periballo),
  그의 머리 위에 무지개(iris)가 있고, 그의 얼굴은 해와 같고,
  그의 발(pous,복)은 불 기둥(stulos) 같았다,

10:2 그리고 그(천사)는 자신의 손에 한 <u>작은 책</u>(biblaridion)708)을 <u>펼쳐</u>
  놓았고, 또 그 바다 위에 자신의 오른발을, 그 땅위에 자신의 왼발
  을 놓았다(tithemi),

10:3 그때 그(천사)가, 사자(leon)가 으르렁 거리는 것처럼, 큰 소리로
  외치니(krazo), 그가 외칠(krazo) 때,
  그 일곱 천둥(bronte)들이 그것들 자체의 소리들로 말하였다(laleo).

10:4 그러자 그 일곱 천둥(bronte)들이 그것들 자체의 소리들로 말할(laleo)
  때, 내(요한)가 <u>막 기록하려고 하였다</u>(mello grapho),
  그때 내가 그 하늘로부터(ek) 한 음성을 들었으니(akouo),
  그것(음성)이 나에게 말하기를,
  "너는 그 일곱 천둥(bronte)들이 <u>말한 것</u>(laleo)들을 인봉하고
  (sphrgizo)709), 그것들을 기록하지(grapho) 말라."고 하는 것이다.

10:5 그러자 내가 본(horao) 그 (힘 있는) 천사가 그 바다 위에와 그 땅위에
  (epi) 섰을 때, 그가 자신의 오른손을 그 하늘로(eis) 들어 올려(airo),

10:6 그 하늘과 그것 안에 있는 것들과 그 땅과 그것 안에 있는 것들
  과 그 바다와 그것 안에 있는 것들을 창조한(ktizo), <u>영원 영원히</u>
  <u>사시는 이</u>로 말미암아(en) 맹세하여 말하기를(omnuo,과),
  "기간(kronos)이 더 이상 있지 않으니,

10:7 오직 그 일곱째 천사의 음성(phone)의 날(hemera,복)에,

---

708) 비블라리디언(βιβλαρίδιον : 작은 책). 같은 표현 ⇒ (계10:2,8,9,10).
709) 스프라기조(σφραγίζω : 인으로 새기다, 봉인하다). 같은 표현 ⇒ (마27:66),
  (요3:33,6:27), (롬15:28), (고후1:22), (엡1:13,4:30), (계5:1,7:3,10:4,20:3,22:10).

곧 그(일곱째 천사)가 막 나팔을 불려고 할(mello salpizo) 때에,
그때 그 하나님이 자신의 종들 곧 그 예언자(prophetes)들에게
복음으로 알려준 것(euanggellizo)과 같이, 그 하나님의 **비밀**
(musterion)710)이 끝나게 될 것입니다(teleo,과)711)."고 하였다.◖

10:8 그리고 내가 그 하늘로부터(ek) 들은(akouo,과) 그 음성(phone)이,
　　　다시 **나**(요한)와 함께 말하였으니(laleo), 말하기를(lego),
　　　"너는 떠나가서(hupago), 그 바다 위에와 그 땅 위에 서 있는
　　　그 천사의 손에 펼치어 있는 그 작은 책(bibladrion)을 취하라
　　　(lambano)."고 하는 것이다,

10:9 그러자 내가 그 (힘 있는) 천사에게로 나아가서(aperchomai),
　　　그에게 말하기를,
　　　"당신은 나에게 그 작은 책(bibladrion)을 주십시오." 하니,
　　　그때 그(천사)가 **나**에게 말하기를,
　　　"너는 그것을 취하여(lambano), 삼켜라(katesthio),
　　　그러면 그것이 너의 배(koilia)를 쓰게 하나(pikraino)712),
　　　오직 너의 입(stoma) 안에서는 꿀처럼 달콤할 것이다(eimi glukus)."
　　　고 하는 것이다,

10:10 그때 내가 그 천사의 손에서(ek) 그 작은 책(bibladrion)을 취하여,
　　　그것을 삼켰더니(katesthio), 그런즉 그것이 내 입(stoma) 안에서는
　　　꿀처럼 달았으나(eimi glukus), 그러나 내가 그것을 먹었을(phago)
　　　때에, 나의 배(koilia)는 쓰게 되었다(pikraino).

10:11 그러자 그(천사)가 나에게 말하기를, "네가 많은 백성(laos)들과
　　　민족(ethnos)들과 언어(glossa)들과 많은 왕(basileus)들에게 다시
　　　예언하여야 하리라(dei propheteuo713))."고 하는 것이다.◖

---

710) 뮈스테리온(μυστήριον : 비밀, 신비). ☞ 뮈오(μύω : 입을 다물다)에서 유래.
　　　같은 표현 ⇒ (마13:11), (막4:11), (눅8:10), (롬11:25,16:26), (고전2:7,4:1,13:2,
　　　14:2,15:51), (엡1:9,3:3,4,9,5:32,6:19), (골1:26,27,2:2,4:3), (살후2:7), (딤전3:9.16),
　　　(계1:20,10:7,17:5,7).
711) 텔레오(τελέω : 끝으로 이루다, 다 지불하다, 세금을 내다). 같은 표현 ⇒
　　　(마7:28,10:23,11:1,13:53,19:1,26:1), (눅2:39,12:50,18:31,22:37), (요19:28,30),
　　　(롬2:27,13:6), (갈5:16), (딤후4:7), (계10:7,11:7,15:1,20:3,5,7).
712) 피크라이노(πικραίνω : 쓰게 하다, 괴롭게 하다).
　　　같은 표현 ⇒ (골3:19), (계8:11,10:9,10).

231

계시록 11장

11:1 또한 지팡이와 같은 갈대(kalamos)가 **나**(요한)에게 주어지며,
그(힘 있는 천사)가 말하기를,
"너는 일어나(egeiro), 그 하나님의 성전(naos), 그 제단(thusiasterion),
그곳 안에 <u>경배하는 자</u>(proskuneo)들을 측량하라(metreo),

11:2 그러나 너는 그 성전(naos) 밖에 있는 그 마당(aule)714)을 <u>그냥 두고</u>
(ekballo), 그곳을 측량하지(metreo) 말라,
그때 마흔두 달 동안, 그들(민족)이 그 거룩한 <u>성읍</u>(polis)을 <u>짓밟을</u>
<u>것이다</u>(pateo)715)."고 하니,

11:3 그러자 (<u>이런 일들을 증언하는 이</u>(예수)가 말하기를),
"**내**(예수)가 나의 두 증인(martus)들에게 (권세를) 주면(didomi),
일천 이백 육십 일 동안, 그들(두 증인)은, <u>거친 베옷</u>(sakkos)을
입은(periballo) 채로, <u>예언할 것이다</u>(propheteuo)716).

11:4 이자들은 그 땅의 하나님 앞에 <u>서 있는</u> 두 <u>올리브 나무</u>(elaia),
즉 두 <u>등잔대</u>(luchnia)717)이다.

11:5 그때 만일 누구든지 그들을 <u>해롭게 하려고</u> 하면(thelo adikeo718)),
불(pur)이 그들의 입(stoma)에서(ek) 흘러나와서(ekporeuomai),

---

713) 프로페튜오(προφητεύω : 예언하다). 같은 표현 ⇒ (마7:22,11:13,15:7),
(막7:6,14:65), (눅1:67,22:64), (요11:51), (행21:9), (고전11:4,13:9,14:1,3,4,24,31,39),
(벧전1:10), (계10:11,11:3).
714) 아울레(αὐλή : 관저, 마당, 뜰). 같은 표현 ⇒ (마26:3,58,69), (막14:54,66,15:16),
(눅11:21,22:55), (요10:1,16,18:15), (계11:2).
715) 파테오(πατέω : 밟다, 짓밟다). 같은 표현 ⇒ (눅10:19,21:24), (계11:2,14:20,19:15).
716) 프로페튜오(προφητεύω : 예언하다). 같은 표현 ⇒ (마7:22,11:13,15:7),
막7:6,14:65), (눅1:67,22:64), (요11:51), (행21:9), (고전11:4,13:9,14:1,3,4,24,31,39),
(벧전1:10), (계10:11,11:3).
717) 뤼크니아(λυχνία : 촛대, 등경, 등잔대). 같은 표현 ⇒ (마5:15), (막4:21),
(눅8:16,11:33), (히9:2), (계1:12,13,20,2:1,5,11:4).
718) 아디케오(ἀδικέω : 잘못 행하다, 부당하게 행하다, 해를 입히다).
같은 표현 ⇒ (마20:13), (눅10:19), (행7:24,26,27,25:10,11), (고전6:7,8), (고후7:2,12),
(갈4:12), (골3:25), (몬1:18), (벧후2:13), (계2:11,6:6,7:2,3,9:4,10,19,11:5,22:11).

그들의 원수(echthros)[719]들을 삼킬 것이다(katesthio),
(다시 말해), 만일 누구든지 그들을 해롭게 하려고 하면(thelo adikeo),
이와 같이 그는 죽임을 당해야 한다(dei apokteino).

11:6 이자들은 그 하늘을 닫을 권세(exousia)를 갖고 있으니(echo),
즉 그들의 예언(propheteia)[720]의 날(hemera, 복)에,
비가 내리지 못하게 하고, 또 이자들은 그 물(hudor, 복)에 대한
곧 그것(물)을 피흘림(haima)으로 변하게 하는(strepho) 권세(exousia)[721]
를 갖고 있으니(echo), 즉 그들이 원하기만 하면 언제라도 그 땅을
모든 재앙(plege)[722]으로 내려치게 할(patasso)[723] 권세도 갖고 있다.

11:7 그러나 이자들(두 증인)이 자신들의 증언(marturia)을 끝낼(teleo)[724]
쯤에, 그 무저갱(abussos)[725]에서(ek) 올라오는(anabaino) 그 **짐승**
(therion)[726]이 그들과 더불어 전쟁(polemos)을 일으켜(poieo),
그들을 이겨(nikao)[727], 그들을 죽일 것이다(apokteino).

---

719) 에크드로스(ἐχθρός : 적개심이 있는, 원수의). 같은 표현 ⇒ (마5:43,10:36),
(막12:36), (눅1:71,10:19,19:27), (행2:35,13:10), (롬5:10,11:28), (고전15:25), (골1:21),
(살후3:15), (히1:13), (약4:4), (계11:5).

720) 프로페테이아(προφητεία : 예언). 같은 표현 ⇒ (마13:14), (고전12:10,13:2,8,
14:6,22), (살전5:20), (딤전1:18,4:14), (벧후1:20), (계1:3,11:6,19:10,22:7,10,18).

721) 엑수시아(ἐξουσία : 권세, 통치력). ☞ 엑세스티(ἔξεστι : 가능하게 하다,
허용되다)의 명사. 같은 표현 ⇒ (마7:   막1:22,3:15,6:7),
(눅4:32,36,9:1,10:19), (요1:12,5:27,10:18,19:10), (롬9:21,13:1), (엡1:21,2:2,3:10,6:12),
(골1:13,2:10), (히13:10), (벧전3:22), (계2:26,6:8,9:3,11:6,12:10).

722) 플레게(πληγή : 강타, 재앙, 상처). 같은 표현 ⇒ (눅12:48), (행16:23,33),
(고후6:5,11:23), (계9:18,11:6,13:3,12,14,15:1,6,8,16:9,21,18:4,8,21:9,22:18).

723) 파탓소(πατάσσω : 치다, 때리다). 같은 표현 ⇒ (마26:31,51), (막14:27),
(눅22:49,50), (행7:24,12:7,23), (계11:6,19:15).

724) 텔레오(τελέω : 끝으로 이루다, 끝내다, 끝나다, 세금을 내다, 다 지불하다).
같은 표현 ⇒ (마7:28,10:23,11:1,13:53,17:24,19:1,26:1), (눅2:39,12:50,18:31,22:37),
(요19:28,30), (행13:29), (롬2:27,13:6), (딤후4:7), (약2:8), (계10:7,11:7,15:1,20:3,5,7).

725) 아뷔소스(ἄβυσσοσ : 무저갱, 심연). 같은 표현 ⇒ (눅8:31), (롬10:7),
(계9:1,2,11,11:7,17:8,20:1,3).

726) 데리온(θηρίον : 짐승). 같은 표현 ⇒ (막1:13), (행11:6,28:4), (딛1:12), (히12:20),
(약3:7), (계6:8,11:7,13:1,2,3,4,11,12,14,17,18,14:9,11,15:2,16:2,10,13,17:3,8,11,13,16,17,
19:19,20,20:4,10).

727) 니카오(νικάω : 이기다). 같은 표현 ⇒ (눅11:22), (요16:33), (롬3:4,12:21),
(요일2:13,14,4:4,5:4), (계2:

11:8 그때 그들의 시체(ptoma)728)들이, 영으로(pneumatikos)는 소돔으로도 이집트로도 불리는 그 큰 성읍(polis)의 넓은 길(plateia)729)에 있을 것이다, 또한 그곳에서 심지어 우리의 주님도 십자가에 못 박히었다(stauroo).

11:9 그때 그 **백성**(laos)들과 족속(phule)들과 언어(glossa)들과 민족(ethnos)들 중(ek) 어떤 자들은 삼일 반 동안 그들의 시체(ptoma)를 눈으로 보지만(blepto), 그러나 그들은 그들의 시체(ptoma)가 무덤에 놓이기를 허락하지(aphiemi)730) 않을 것이다,

11:10 그때 그 땅에 거주하는 자(katoikeo)들은 그들에 대해(epi) 기뻐하며 (chairo) 즐거워하고(euphraino), 서로들에게 선물(doron)731)들을 보낼 것이다, 왜냐하면 그 두 예언자(prophetes)들이 그 땅에(epi) 거주하는 자(katoikeo)들에게 고통을 주었기(basanizo)732) 때문이다.

11:11 그러나 삼 일 반 후에, 그 하나님께(ek) 속하는 생명(zoe)의 영 (pneuma)이 그들에게(epi) 들어가(eiserchomai,과), 그들(두 예언자)이 자신들의 발로 서자(histemi,과), 그들을 눈여겨보는 자(theoreo)들에게 큰 두려움(phobos)이 임하게 될 것이다(pipto,과).

11:12 그때 그들(두 예언자)이 그 하늘로부터(ek) 큰 음성을 들을 것이니 (akouo,과), 그것(음성)이 그들에게 말하기를,
'너희는 이리로 올라오라(anabaino).'고 하니,
그러자 그들(두 예언자)은 구름 타고(en) 그 하늘에게로(eis) 올라

---

728) 프토마(πτωμα : 떨어짐, 쓰러짐, 시체). 같은 표현 ⇒ (마14:12,24:28), (막6:29,15:45), (계11:8,9).
   ☞ 예수의 시신(σωμα :몸) 같은 표현 ⇒ (마27:58), (막15:43) (눅23:52), (요19:38).
729) 플라테이아(πλατεια : 넓은 길, 거리). 같은 표현 ⇒ (마6:5,12:19),
   (눅10:10,13:26,14:21), (행5:15), (계11:8,21:21,22:2).
730) 아피에미(ἀφίημι : 하게 하다, 용납하다, 허락하다, 내버려두다).
   ☞ (απο 와 ἱημι : 보내다)에서 유래. 같은 표현 ⇒ (마8:22,13:30,15:14,19:14,
   23:13), (막1:34,5:19,7:12,10:14,11:6,14:6), (눅9:60,12:39,18:16), (요11:44,18:8),
   (행5:38), (계2:20,11:9).
731) 도론(δωρον : 선물, 예물). 같은 표현 ⇒ (마2:11,5:23,24,8:4,15:5,23:18,19),
   (눅21:1,4), (엡2:8), (히5:1,8:3,4,9:9,11:4), (계11:10).
732) 바산니조(βασανίζω : 고통을 주다, 괴롭히다, 고문하다). 같은 표현 ⇒
   (마8:6,29,14:24), (막5:7,6:48), (눅8:28), (벧후2:8), (계9:5,11:10,12:2,14:10,20:10).

가고(anabaino), 그들의 원수(echthros)들은 그들(두 예언자)을 눈여겨
볼 것이다(theoreo).

11:13 그때 바로 그 시점(hora)에, 큰 지진(seismos)이 일어나(ginomai),
그 성읍(polis)의 십분의 일이 쓰러지고(pipto),
사람들의 이름 곧 칠천 명이 그 지진(seismos)으로 죽을 것이다
(apokteino), 그러자 그 남은 자(leipoi)들은 두렵게(emphobos) 되어,
그 하늘의 하나님께 영광(doxa)733)을 돌릴 것이다(didomi)."고
하는 것이다.

11:14 그 둘째 화(ouai)가 지나갔다(aperchomai).
보라! 그 셋째 화(ouai)가 신속히(tachu) 이를 것이다(erchomai).◑

11:15 그리고 그 일곱째 천사가 나팔을 불었다(salpizo),
그때 그 하늘에(en) 큰 음성(phone,복)이 있어(ginomai),
그것(음성)이 말하기를,
"그 세상(kosmos)의 나라(basileia)가 우리 주님의 나라(왕국),
즉 그분의 그리스도(Christos)의 나라(왕국)가 되었으니(ginomai,과),
그런즉 그(주님)가 영원 영원히 통치할 것이다(basileuo,래)734)."고
하니,

11:16 그러자 그 하나님 앞에, 그들의 보좌에 앉아 있는
그 이십 사 장로들이 자신들의 얼굴을 엎드려,
그 하나님에게 절하며(proskuneo),

11:17 말하기를,
"(지금) 계시고 (전에) 계시었고 (장차) 오실, 주 그 하나님
그 전능자(pantokrator)735)여, 우리는 당신께 감사합니다,
왜냐하면(hoti) 당신이 자신의 큰 능력을 취하여(lambano,완),

---

733) 독사(δόξα : 영광, 광채, 영화). ☞ 도케오(δοκέω : 생각하여 추정하다, 간주하다,
평가하다)에서 유래. 같은 표현 ⇒ (계1:6,4:9,11,5:12,13,7:12,11:13,14:7,15:8,16:9,
18:1,19:1,7,21:11,23,24,26).
734) 바실류오(βασιλεύω : 통치하다, 다스리다, 왕 노릇하다). 같은 표현 ⇒ (마2:22),
(눅1:33,19:14), (롬5:14,17,21,6:12), (고전4:8,15:25), (계5:10,11:15,17,19:6,20:4,6,22:5).
735) 판토크라토르(παντοκράτωρ : 전능자). ☞ 크라테오(κρατέω : 붙잡다),
크라토스(κράτος : 힘, 세력)에서 유래. 같은 표현 ⇒ (고후6:18),
(계1:8,4:8,11:17,15:3,16:7,14,19:6,15,21:22).

통치할 것이기(basileuo,과) 때문입니다,

11:18 이제 그 민족(ethnos)들이 진노하나(orgizo), 그러나 당신의 진노(orge)
즉 그 죽은 자(nekros)들의 심판받는(krino) 정해진 날(kairos)이
이르렀습니다(erchomai), (다시 말해), 당신의 종들 곧 그 예언자
(prophetes)들에게와 그 성도들에게와 당신의 이름을 경외하는 자
(phobeo)들 곧 크고 작은 자들에게 보상(misthos)을 주는
(정해진 날)이, 그러나 그 땅을 부패시키는 자(diaphtheiro)736)들을
철저히 멸망케 하는(diaphtheiro) (정해진 날이 이르렀습니다)."고
하였다,

11:19 그러자 그 하늘에(en) 그 하나님의 성전(naos)이 열리며(anoigo),
그분의 성전(naos)에(en) 그분의 언약(diatheke)737)의 궤(kibotos)가
보였고(horao), 또한 번개(astrape)들과 음성들과 천둥(bronte)들과
지진(seismos)과 큰 우박이 일어났다(ginomai). ◗

---

736) 디아프테이로(διαφθείρω : 철저히 파괴하다; 철저히 부패시키다).
같은 표현 ⟹ (눅12:33), (고후4:16), (딤전6:5), (계8:9,11:18,19:2).

737) 디아데케(διαθήκη : 언약, 유언). 같은 표현 ⟹ (마26:28), (막14:24), (눅1:72,22:20),
(행3:25,7:8), (롬9:4,11:27), (고전11:25), (고후3:6), (갈3:15,4:24), (엡2:12),
(히7:22,8:6,9:15,20,12:24), (계11:19).

236

계시록 12장

12:1 그리고 그 하늘에(en) 큰 표적(semeion)738)이 나타나 보였는데(horao),
한 여자(gune)가 그 해(helios)를 <u>옷으로 옷 입고</u>(periballo),
또한 그녀의 발(pous) 아래 그 달(selene)이 있고,
그녀의 머리(kophale) 위에 열 두 별들의 면류관(stepanos)739)이 있다,

12:2 그러자 그녀는 자궁에 (아이)를 갖고 있어, 출산하기(tikto)740) 위해
<u>해산의 진통을 겪으며</u>(odino)741) <u>고통을 받아</u>(basanizo)742)
<u>크게 소리 지른다</u>(krazo).

12:3 그리고 그 하늘에(en) 다른(allos) 표적(semeion)이 나타나 보였는데
(horao), 그때 보라! 큰 붉은 <u>용</u>(drakon)이 있다,
그(용)는 일곱 머리(kephale, 복)와 열 뿔(keras, 복)을 갖고 있고,
또 그의 머리(kephale, 복)위에 일곱 왕관(diadema, 왕권, 복)743)을 갖고
있다.

12:4 그러자 그(용)의 꼬리가 그 하늘의 별(aster, 복)의 삼분의 일을
끌어당기더니(suro, 현), 그것들(별)을 그 땅으로 던졌다(ballo, 과),
또한 그 용(drakon)은 그 여자가 출산할(tikto) 때, 그녀의 자녀(teknon)
를 삼키기 위해, <u>막 출산하려 하는</u>(mello tikto) 그 여자(gune) 앞에

---

738) 세메이온(σημειον : 표적, 이적). ☞ 세마이노(σημαίνω : 나타내 알리다)의 명사.
같은 표현 ⇒ (행2:19,22,43,4:16,30,5:12,6:8,7:36,8:6,13,14:3,15:12),
(롬4:11), (고전1:22,14:22), (고후12:12), (살후2:9,3:17), (히2:4),
(계12:1,3,13:13,14,15:1,16:14,19:20).

739) 스테파노스(στέφανος : 왕관, 면류관). 같은 표현 ⇒ (마27:29), (막15:17),
(요19:2,5), (고전9:25), (빌4:1), (살전2:19), (딤후2:5,4:8), (벧전5:4), (약1:12),
(계2:10,3:11,4:4,10,6:2,9:7,12:1,14:14).

740) 틱토(τίκτω : 출산하다, 낳다). 같은 표현 ⇒ (마1:   눅1:31,57,2:6,7,11),
(요16:21), (갈4:27), (히6:7), (약1:15), (계12:2,4,5,13).

741) 오디노(ὠδίνω : 해산의 진통을 겪는다). ☞ 오딘(ὠδίν : 해산의 고통)의 동사.
같은 표현 ⇒ (갈4:19,27), (계12:2).

742) 바산니조(βασανίζω : 고통을 주다, 괴롭히다, 고문하다). 같은 표현 ⇒
(마8:6,29,14:24), (막5:7,6:48), (눅8:28), (벧후2:8), (계9:5,11:10,12:2,14:10,20:10).

743) 디아데마(διάδημα : 머리띠, 왕관, 왕권). 같은 표현 ⇒ (계12:3,13:1,19:12).

서 있다(histemi, 완).

12:5 그런 후, 그녀가 그 모든 민족(ethnos)들을 <u>철 막대기로 장차 양</u>
<u>치듯 할</u>(mello poimaino)[744] 남자(arsen)[745] 아들을 출산하자(tikto, 과),
그녀의 자녀(teknon)는 그 하나님 즉 그분의 보좌(thronos)를 향해
(pros) <u>잡아채졌다</u>(harpazo, 과)[746]. ◐

12:6 그리고 그 여자(gune)는 그들이 일천 이백 육십일 동안 자신을
양육하도록(trepho)[747], 그 하나님으로부터(apo) 준비된 장소(topos)가
있는(echo) 그 광야로 <u>도망을 갈 것이다</u>(pheugo, 과).

12:7 또한 그 하늘에(en) 한 전쟁(polemos)이 일어났으니(ginomai),
곧 그 미카엘(Mixael)[748]과 그의 천사들이 그 용(drakon)과 대항하여
싸웠다(polemeo), 그때 그 용(drakon)과 그의 천사들도 싸웠으나
(polemeo),

12:8 그러나 그들이 <u>힘이 없어</u>(ou ischuo), 그 하늘에(en) 그들의 장소(topos)
는 더 이상 발견되지(heurisko) 않았다.

12:9 그때 그 큰 용(drakon) 곧 마귀(diabolos)[749]로 불리는
그 옛(archaios)[750] 뱀(ophis)이 던져진 것이니(ballo),
(다시 말해), 그 온 세상(oikumene)을 미혹하는(planao)[751] 그 사탄

---

744) ☞ (계2:27), (계12:5), (19:15). 철 막대기로 양 치듯 할 것이다.
745) 아르센(ἄρσεν : 남성). 같은 표현 ⇒ (마19:4), (막10:6), (눅2:23), (롬1:27),
    (갈3:28), (계12:5,13).
746) 하르파조(ἁρπάζω : 빼앗다, 잡아채다). 같은 표현 ⇒ (요6:15,10:12), (고후12:2),
    (살전4:17), (유1:23), (계12:5).
747) 트레포(τρέφω : 자라게 하다, 먹이다, 양육하다). 같은 표현 ⇒ (마6:26,25:37),
    (눅4:16,12:24,23:29), (행12:20), (약5:5), (계12:6,14).
748) 미카엘(Μιχαήλ : 미카엘 천사장. 히브리어. 하나님과 같은 이가 누구인가?).
    같은 표현 ⇒ (유1:9), (계12:7).
749) 디아볼로스(διάβολος : 마귀, 비방자). ☞ 디아발로(διαβάλλω : 고소하다).
    같은 표현 ⇒ (마4:1,5,8,11,13:39,25:41), (눅4:2,3,13,8:12), (요6:70,8:44,13:2),
    (행10:38,13:10), (요일3:8,10), (계2:10,12:9,12,20:2,10).
750) 아르카이오스(ἀρχαιος : 오래된, 옛것의). ☞ 아르케(ἀρχή : 시작)에서 유래.
    같은 표현 ⇒ (마5:21), (눅9:8), (행15:7,21), (고후5:17), (벧후2: 계12:9,20:2).
751) 플라나오(πλανάω : 미혹하다, 죄를 지어 길을 잃게 하다). 같은 표현 ⇒
    (마18:12,22:29,24:4,11,24), (막12:24,13:5), (요7:12), (고전6:9,15:33), (갈6:7), (딤3:3),

238

(Satan)752)이 그 땅(ge)으로 던져졌고(ballo),
또 그의 천사들도 그와 함께 던져진 것이다(ballo, 과).◗

12:10 그리고 내가 그 하늘에서(en) 큰 음성을 들었으니(akouo),
말하기를, "지금 막(arti) 그 구원(soteria)753), 즉 그 능력,
즉 우리 하나님의 왕국(basileia), 즉 그분의 그리스도(Christos)의
권세(exousia)754)가 이루어 졌다(ginomai, 과)755),
왜냐하면(hoti) 우리 하나님 앞에 밤낮으로 고소하는(kategoreo)
우리 형제들의 고소자(kategoros)756)가 아래로 내던져졌기(kataballo)
때문이다,

12:11 그때 그들(우리 형제)은 그 어린양(arnion)757)의 피흘림(haima)으로
말미암아(dia) 또 그들 자신들의 증거의 말(logos)로 말미암아(dia)
그(마귀)를 이기었고(nikao)758), 자신들의 목숨(psuche)을 죽음(thanatos)
까지 사랑하지(agapao) 않았다.

12:12 이런 일로 인하여, 그 하늘(ouranos, 복)과 그곳(하늘)에(en)
거주하는 자(skenoo, 장막을 치다)759)들이여,

(히3:10,5:2,11:38), (약1:16), (벧전2:25), (벧후2:15), (요일2:26,3:7),
(계2:20,12:9,13:14,19:20,20:3,8,10).
752) 사타나스(Σατανας : 사탄, 대적자). 같은 표현 ⇒ (마4:10,12:26,16:23),
(막1:13,3:23,26,4:15,8:33), (눅10:18,11:18,13:16,22:3,31), (요13:27), (행5:3,26:18),
(계2:9,13,24,3:9,12:9,20:2,7).
753) 소테리아(σωτηρία : 구원). 같은 표현 ⇒ (요4:22), (계7:10,12:10,19:1).
754) 엑수시아(ἐξουσία : 권세, 통치력). ☞ 엑세스티(ἔξεστι : 가능하게 하다,
허용되다)의 명사. 같은 표현 ⇒ (마7:29,10:1,28:18), (막1:22,3:15,6:7),
(눅4: 요1:12,5:27,10:18,19:10), (롬9:21,13:1), (엡1:21,2:2,3:10,6:12),
(골1:13,2:10), (히13:10), (벧전3:22), (계2:26,6:8,9:3,11:6,12:10).
755) 기노마이(γίνομαι : 이루어지다). 같은 표현 ⇒ (마26:56), (고후5:17),
(계12:10,16:17,21:6). ☞ 텔레오(τελέω : 끝으로 이루다, 다 지불하다).
같은 표현 ⇒ (요19:28,30), (롬13:6).
756) 카테고로스(κατήγορος : 고소자, 원고). 같은 표현 ⇒ (요8:10),
(행23:30,35,25:16,18), (계12:10).
757) 아르니온(ἀρνίον : 어린양). 같은 표현 ⇒ (요21:15), (계5:6,12,6:1,16,7:9,14,12:11,
13:8,14:1,17:14,19:9,22:1,3). ☞ 암노스(ἀμνός : 어린양) ⇒ (요1:29,36), (행8:32),
(벧전1:19), 아렌(ἀρήν : 어린양) ⇒ (눅10:3).
758) 니카오(νικάω : 이기다). 같은 표현 ⇒ (눅11:22), (요16:33), (롬3:4,12:21),
(요일2:13,14,4:4,5:4), (계2:7,11,17,26,3:5,12,21,5:5,6:2,11:7,12:11,13:7,15:2,17:14,21:7).

239

너희는 즐거워하라(euphraino).
화 있으리라(ouai),
그 땅과 그 바다에 거주하는 자(katoikeo)들에게,
왜냐하면(hoti) 그 마귀(diabolos)가 큰 분노(thumos)를 갖고
너희에게로 내려갔기(katabaino) 때문이다,
(다시 말해), 그(마귀)는 자신에게 정해진 날(kairos)이 아주 짧게
있음을 알기(oida) 때문이다."고 하는 것이다,

12:13 그때 그 용(drakon) 자신이 그 땅으로 던지어진 것(ballo)을 알았을
(horao) 때, 그(용)는 그 남자(arsen, 남성)를 출산한 그 여자(gune)를
박해하였다(dioko),

12:14 그러자 그 큰 독수리의 두 날개가 그 여자(gune)에게 주어졌으니,
즉 그녀가 그 광야로 곧 자신이 그 뱀(ophis)의 낯으로부터
한 때(kairos)와 두 때(kairos)와 반 때(kairos) 동안 양육 받게 될
(trepho, 현) 자신의 장소(topos)로 날아가기(petomai) 위해서 이었다.

12:15 그때 그 뱀(ophis)은 그녀를 강물에 휩쓸리게 하려고, 그 여자(gune)
의 뒤에서 물(hudor)을 자신의 입(stoma)에서(ek) 강물 같이
토하였다(ballo),

12:16 그러자 마침 그 땅이 그 여자(gune)에게 적극적으로 도움을 주려
고(boetheo)760) 자신의 입(stoma)을 벌려서(anoigo), 그 용(drakon)이
자신의 입(stoma)에서(ek) 토한(ballo) 그 강물을 마셔 버렸다(katapino).

12:17 그러자 심지어 그 용(drakon)도 그 여자(gune)에게(epi) 진노하여
(orgizo), 그녀의 씨의 남은 자(loipoi)들 곧 그 하나님의 계명
(entole, 복)761)을 지켜지게 하며(tereo) 예수 그리스도의 증거
(marturia)를 갖고 있는 자들과 대항하여(meta) 한 전쟁(polemos)을
하려고(poieo) 나아갔다(aperchomai).◗

---

759) 스케노오(σκηνόω : 장막에 거주하다).
     같은 표현 ⇒ (요1:14), (고후12:9), (계7:15,12:12,13:6,21:3).
760) 보에테오(βonθέω : 소리 지름에 달려가다, 도우라는 부름에 달려가다, 돕다).
     같은 표현 ⇒ (마15:25), (막9:22,24), (행16:9,21:28), (고후6:2), (히2:18), (계12:16).
761) 엔토레(ἐντολή : 명령, 계명, 지시). 같은 표현 ⇒ (요10:18,11:57,12:49,50,13:34,
     14:15,21,15:10,12), (요일2:3,4,7,8,3:22,23,24,4:21,5:2,3), (요이1:4,5,6), (계12:17,14:12).

계시록 13장

13:1 그리고 내가 그 바다의 모래 위에 서있게 되었다(histemi, 과, 수),
마침 내가 그 바다에서(ek) 한 **짐승**(therion)762)이 올라오는 것
(anabaino)을 보았는데(horao),
그때 그것(짐승)은 일곱 머리(kephale, 복)와 열 뿔(keras, 복)을 갖고
있고, 또 그것의 뿔(keras, 복) 위에 열 왕관(diadema, 왕권)763)을,
또 그것의 머리(kephale, 복) 위에 모독(blasphemia)764)의 이름을
갖고 있었다.

13:2 또한 내가 본(horao) 그 짐승(derion)은 표범과 같았고(homoios),
그것의 발은 곰과 같고, 그것의 입은 사자의 입과 같았다.
그러자 그 용(drakon)이 그(짐승)에게 자신의 능력(dunamis)과
보좌(thronos)와 큰 권세(exousia)765)를 주었다.

13:3 그리고 내가 보았는데(horao), 그(짐승)의 (일곱) 머리들 중 하나가
죽음(thanatos)에게로(eis) 살해되는 것(sphazo)766) 같았으나,
그(짐승)의 죽음의 상처(plege)767)가 치료되었다(therapeuo)768),

---

762) 데리온(θηρίον : 짐승). 같은 표현 ⇒ (막1:13), (행11:6,28:4), (딛1:12), (히12:20),
(약3:7), (계6:8,11:7,13:1,2,3,4,11,12,14,17,18,14:9,11,15:2,16:2,10,13,17:3,8,11,13,16,17,
19:19,20,20:4,10).
763) 디아데마(διάδημα : 머리띠, 왕관, 왕권). 같은 표현 ⇒ (계12:3,13:1,19:12).
764) 블라스페미아(βλασφημία : 비방, 중상, 모독). 같은 표현 ⇒ (마12:31,26:65),
(막3:28,7:22,14:64), (눅5:21), (요10:33), (엡4:31), (골3:8), (유1:9), (계2:9,13:1,5,17:3).
765) 엑수시아(ἐξουσία : 권세, 통치력). ☞ 엑세스티(ἔξεστι : 가능하게 하다,
허용되다)의 명사. 같은 표현 ⇒ (마7:29,10:1,28:18), (막1:22,3:15,6:7),
(눅4:32,36,9:1,10:19), (요1:12,5:27,10:18,19:10), (롬9:21,13:1), (엡1:21,2:2,3:10,6:12),
(골1:13,2:10), (히13:10), (벧전3:22), (계2:26,6:8,9:3,11:6,12:10,13:2).
766) 스파조(σφάζω : 죽이다, 도살하다). 같은 표현 ⇒ (요일3:12),
(계5:6,9,6:4,9,13:3,8,18:24). ☞ 스파게(σφαγή : 도살, 살육). 같은 표현 ⇒ (행8:32),
(롬8:36), (약5:5).
767) 플레게(πληγή : 강타, 재앙, 상처). 같은 표현 ⇒ (눅12:   행16:23,33),
(고후6:5,11:23), (계9:18,11:6,13:3,12,14,15:1,6,8,16:9,21,18:4,8,21:9,22:18).
768) 데라퓨오(θεραπεύω : 섬기다, 치료하다). 같은 표현 ⇒ (마8:16), (막1:34),
(눅4:40), (행17:25), (계13:3).

241

그러자 그것이 그 온 땅(ge)에서 이상히 여겨져(thaumazo)769),
그 온 땅(ge)이 그 짐승(therion)을 좇았다(opiso),

13:4 (다시 말해), 그들(온 땅)이 그 짐승(therion)에게 권세를 준 그 용
(drakon)에게 경배하였고(proskuneo), 또 그들(온 땅)이 그 짐승(therion)
에게, '누가 이 짐승과 같으냐(homoios)?
누가 그와 대항하여 싸울 수 있겠는가(dunamai polemeo)?' 라고
말하며, 경배하였다(proskuneo),

13:5 그때 그(짐승)에게 과장된 것(megas)들과 모독(blasphemia,복)을 말하는
입(stoma)이 주어졌고,
또 마흔 두 달 동안, 활동할(poieo) 권세(exousia)가 주어졌다,

13:6 그러자 그(짐승)가 그 하나님을 향해(pros) 모독(blasphemia)을 하려고
자신의 입(stoma)을 열었으니, 곧 그(짐승)가 그분의 이름과
그분의 장막(skene)과 그 하늘에(en) 거주하는 자(skenoo,장막을 치다)770)
들을 모독하기(blasphemeo) 위해서 이었다.

13:7 또한 그 거룩한 자(hagios)들과 전쟁(polemos)을 하여(poieo) 그들을
이기는 것(nikao)771)이 그(짐승)에게 주어졌고, 또 모든 족속(phule)과
언어(glossa)와 민족(ethnos) 위에(epi)의 권세(exousia)가 그(짐승)에게
주어졌다.

13:8 그런즉 그 땅 위에 거주하는(katoikeo) 모든 자들은 그(짐승)에게
경배할 것이다(proskuneo), (다시 말해), 세상의 기초가 놓인(katabole772)
kosmou) 이래로, 그들의 이름들이 살해당한(sphazo) 그 어린 양
(arnion)773)의 생명의 책(biblos)774)775)에 기록되어 있지 못하고,

---

769) 다우마조(θαυμάζω : 기이히 여기다). 같은 표현 ⇒ (요3:7,4:27,5:20,28,7:15,21),
(행2:7,3:12,4:13,7:31), (갈1:6), (살후1:10), (요일3:13), (계13:3,17:6,8).
770) 스케노오(σκηνόω : 장막에 거주하다).
같은 표현 ⇒ (요1:14), (고후12:9), (계7:15,12:12,13:6,21:3).
771) 니카오(νικάω : 이기다). 같은 표현 ⇒ (눅11:22), (요16:33), (롬3:4,12:21),
(요일2:13,14,4:4,5:4), (계2:7,11,17,26,3:5,12,21,5:5,6:2,11:7,12:11,13:7,15:2,17:14,21:7).
772) 카타볼레(καταβολή : 기초, 창설, 시작). ☞ 카타발로(καταβάλλω : 아래로 던지다)
의 명사. 같은 표현 ⇒ (마13:35,25:34), (눅11:50), (요17:24), (엡1:4),
(히4:3,9:26,11:11), (벧전1:20), (계13:8,17:8).
773) 아르니온(ἀρνίον : 어린양). 같은 표현 ⇒ (요21:15), (계5:6,12,6:1,16,7:9,14,12:11,
13:8,14:1,17:14,19:9,22:1,3). ☞ 암노스(ἀμνός : 어린양) ⇒ (요1:29,36), (행8:32),

242

(그 땅 위에 거주하는) 모든 자들은, (그에게 경배할 것이다).

13:9 (이런 일을 증언하는 이가 말하기를),
    "귀 있는 자는 누구든지, 들어라(akouo).

13:10 사로잡힘(aichmalosia, 포로)으로 끌어들이는 자(sunago)는 누구든지
    그도 사로잡힘(aichmalosia)으로 끌려갈 것이고(hupago),
    검으로 죽이는 자(apokteino)는 누구든지
    그도 검으로 마땅히 죽게 되어야 한다(dei apokteino).
    여기에, 그 성도들의 인내(hupomone, 참고 기다림)와 믿음(pistis)이
    있다."라고 하는 것이다. ◑

13:11 그리고 내가 그 땅에서(ek) 다른(allos) 짐승(therion)이 올라오는 것
    (anabaino)을 보았는데(horao),
    그때 그는 어린 양(arnion)과 같은(homoios) 두 뿔(keras, 복)을 갖고
    있었고(echo), 용(drakon)처럼 말하고 있었다(laleo, 미).

13:12 그때 그(다른 짐승)가 그 첫째 짐승의 그 모든 권세를 그자
    (첫째짐승) 앞에서 행하고(poieo), 또한 그(다른 짐승)는 그 땅(ge)과
    그곳(땅)에 거주하는 자(katoikeo)들이 바로 그의 죽음의 상처(plege)
    가 치료 된(therapeuo) 그 첫째 짐승에게 경배하도록(proskuneo)
    행하고(poieo),

13:13 또한 그(다른 짐승)가 그 사람들 앞에서 심지어 불(pur)이 그 하늘
    에서(ek) 그 땅으로(eis) 내려오도록(katabaino) 하기(poieo) 위해,
    큰 표적(semeion, 복)776)을 행하고(poieo),

13:14 또한 그(다른 짐승)가, 그 짐승(therion) 앞에서 행하도록 자신에게
    주어진 표적(semeion, 복)으로 말미암아(dia), 그 땅에 거주하는 자
    (katoikeo)들에게 '그 검의 상처(plege)777)가 있으나(echo) 살아난(zao)

(벧전1:19), 아렌(ἀρήν : 어린양) ⇒ (눅10:3).

774) ☞ 그 어린양의 생명의 책. 같은 표현 ⇒ (계13:8, 21:27).

775) 비블로스(βίβλος : 책). 같은 표현 ⇒ (마1:1), (막12:26), (눅3:4),
    (행1:20, 7:42, 19:19), (계3:5, 13:8, 20:15). ☞ 비블리온(βιβλίον : 책).

776) 세메이온(σημεῖον : 표적, 이적). ☞ 세마이노(σημαίνω : 나타내 알리다)의 명사.
    같은 표현 ⇒ (행2:19, 22, 43, 4:16, 30, 5:12, 6:8, 7:36, 8:6, 13, 14:3, 15:12),
    (롬4:11), (고전1:22, 14:22), (고후12:12), (살후2:9, 3:17), (히2:4),
    (계12:1, 3, 13:13, 14, 15:1, 16:14, 19:20).

그 짐승(therion)에게 한 형상(eikon)을 만들어라.'고 말하면서(lego),
그 땅에 거주하는 자(katoikeo)들을 미혹하고(planao)778),

13:15 그때 그 짐승(therion)의 형상(eikon)에게 영(pneuma)을 주는 것이
그자(다른 짐승)에게 주어졌으니,
즉 심지어 그 짐승의 형상(eikon)이 말하도록 하기(laleo) 위해서,
또 그 짐승의 형상(eikon)에게 경배하지(proskuneo) 않는 자는
누구든지 죽임을 당하도록 하기(apokteino) 위해서 이었다,

13:16 또한 그(다른 짐승)가, 모든 자들 곧 그 작은 자들과 그 큰 자들,
그 부자들과 그 가난한 자들, 그 자유자들과 그 종(doulos)들에게,
그들의 오른쪽 손에(epi) 혹은 그들의 이마 위에(epi)
표 자국(charagma, 긁힌 자국)779)을 내도록(didomi) 행하는 것이다
(poieo),

13:17 (다시 말해), 그 표 자국(charagma) 혹은 그 짐승(therion)의 이름
혹은 그 짐승의 이름의 수(arithmos)를 가진 자(echo) 외에는,
어느 누구도 사거(agorazo)나 팔 수(dunamai poleo)가 없게 하기
위해서이다.

13:18 (이런 일을 증언하는 이가 말하기를),
"여기에, 그 지혜(sophia)가 있으니,
곧 그 지각(nous, 이성)780)이 있는 자는
그 짐승(therion)의 수(arithmos)를 계산해보라(psephizo)781),

---

777) 플레게(πληγή : 강타, 재앙, 상처). 같은 표현 ⇒ (눅12:48), (행16:23,33),
(고후6:5,11:23), (계9:18,11:6,13:3,12,14,15:1,6,8,16:9,21,18:4,8,21:9,22:18).
778) 플라나오(πλανάω : 미혹하다, 죄를 지어 길을 잃게 하다). 같은 표현 ⇒
(마18:12,22:29,24:4,11,24), (막12:24,13:5), (요7:12), (고전6:9,15:33), (갈6:7), (딛3:3),
(히3:10,5:2,11:38), (약1:16), (벧전2:25), (벧후2:15), (요일2:26,3:7),
(계2:20,12:9,13:14,19:20,20:3,8,10).
779) 카라그마(χάραγμα : 표 자국, 새김). 같은 표현 ⇒ (행17:29),
(계13:16,17,14:9,11,15:2,16:2,19:20,20:4).
☞ 크리스마(χρίσμα : 기름부음). 카리스마(χάρισμα : 은혜의 선물).
780) 누스(νους : 마음, 이성, 지각). 같은 표현 ⇒ (눅24:45),
(롬1:28,7:23,25,11:34,12:2,14:5), (고전1:10,2:16,14:14,15,19), (엡4:17,23), (빌4:7),
(골2:18), (살후2:2), (딤전6:5), (딤후3:8), (딛1:15), (계13:18,17:9).
781) 프세피조(ψηφίζω : 조약돌로 세다, 계산하다). 같은 표현 ⇒ (눅14:28), (계13:18).

244

왜냐하면(gar) 그것은 **사람**(anthropos)의 수(arithmos)이며,
또 그 짐승의 수(arithmos)는 육백 육십 육 이기 때문이다."고
하는 것이다.◑

계시록 14장

14:1 그리고 내가 보았는데(horao),
그때 보라! 시온(Zion)⁷⁸²⁾의 산(oros)에 그 어린 양(arnion)⁷⁸³⁾이
서 있고(histemi), 또 그와 함께, 이마들 위에 그(어린양)의 아버지의
이름이 쓰여 있는 십사만 사천 명이 서 있다(histemi).

14:2 그러자 내가 그 하늘로부터(ek), 많은 물의 소리와 같고 또
큰 천둥(bronte)의 소리와 같은 음성을 들었다(akouo),
또한 내가 하프 타는 자들이 자신들의 하프로 하프 타는 소리
(phone)도 들었다;

14:3 그때 그들이, 그 보좌 앞에서, 그리고 그 네 생물(zoon, 복)⁷⁸⁴⁾과
그 장로들 앞에서, 마치 새로운(kainos) 노래(ode) 같은 노래를 한다
(ado)⁷⁸⁵⁾, (다시 말해), 그 땅으로부터 구속 된(agorazo, 사다)⁷⁸⁶⁾
십사만 사천 명 외에는 누구도 그 노래(ode)를 능히 배울 수가
없었다.

14:4 **이자들**은 여자(gune)들과 더불어 더럽혀지지(moluno, 종교적으로)⁷⁸⁷⁾
않은 자들이다, 왜냐하면(gar) 그들은 정절이 있는 자(parthenos,
순결한 자, 처녀)⁷⁸⁸⁾들이기 때문이다;

---

782) 시온(Ζιών : 예루살렘 동쪽 산등성). 같은 표현 ⇒ (마21:5), (요12:15),
(롬11:26), (히12:22), (벧전2:6), (계14:1).
783) 아르니온(ἀρνίον : 어린양). 같은 표현 ⇒ (요21:15), (계5:6,12,6:1,16,7:9,14,12:11,
13:8,14:1,17:14,19:9,22:1,3). ☞ 암노스(ἀμνός : 어린양) ⇒ (요1:29,36), (행8:32),
(벧전1:19), 아렌(ἀρήν : 어린양) ⇒ (눅10:3).
784) 조온(ζωον : 생물, 짐승).
같은 표현 ⇒ (계4:6,7,8,5:6,8,11,14,6:1,3,5,6,7,7:11,14:3,15:7,19:4).
785) 아도(ᾄδω : 노래하다). 같은 표현 ⇒ (엡5:19), (골3:16), (계5:9,14:3,15:3).
786) 아고라조(ἀγοράζω : 사다). 같은 표현 ⇒ (마13:44,27:7), (눅22:36),
(고전6:20,7:23), (벧후2:1), (계3:18,5:9,14:3,4).
787) 몰뤼노(μολύνω : 종교적 도덕적으로 더럽히다).
같은 표현 ⇒ (고전8:7), (계3:4,14:4).
788) 파르데노스(παρθένος : 소녀, 처녀). 같은 표현 ⇒ (마1:23,25:1,7,11), (눅1:27),
(행21:9), (고전7:25,28,34,36,37,38), (고후11:2), (계14:4).

이자들은 그 <u>어린 양</u>(arnion)이 어디로 가든지(hupago), 그(어린 양)를 <u>좇아가는 자</u>(akolutheo)[789]들이다.
이자들은 그 하나님(theos) 즉 그 어린 양(arnion)에게 <u>첫 열매</u> (aparche)[790]로서 그 사람들로부터(apo) <u>구속 받았다</u>(agorazo, 사다).

14:5 또한 그들의 입(stoma)에서는 계략(dolos)[791]이 발견되지(heurisko) 않았다, 왜냐하면(gar) 그들은 그 하나님의 보좌 앞에 <u>흠이 없기</u> (amomos) 때문이었다.◑

14:6 그리고 내가 보았는데(horao),
한 다른(allos) 천사가 중천(mesouranema)에 날아다니고 있었다 (petomai), 그때 그(천사)는 그 땅 위에 <u>거주하는 자</u>(katoikeo)들에게 즉 모든 민족(ethnos)과 족속(phule)과 언어(glossa)와 백성(laos)에게 전할(euagghelizo) 영원한 복음(euanggelion)을 갖고 있어,

14:7 큰 음성으로 말하기를,
"너희는 그 하나님을 경외하라(phobeo, 명),
너희는 그분에게 영광(doxa)[792]을 돌려라(didomi, 명),
왜냐하면(hoti) 그분의 심판(krisis)의 시점(hora)이
이르렀기(erchomai) 때문이다,
또한 너희는 그 하늘과 그 땅과 바다와 물(hudor, 복)의 원천을
<u>지으신 이</u>께 경배하라(proskuneo, 명)."고 하는 것이다.

14:8 그러자 한 다른(allos) 천사가 좇아가며(akolutheo), 말하기를,
"무너졌도다(pipto), 무너졌도다(pipto),
그 큰 성읍(polis) 바빌론이여,
왜냐하면(hoti) 그녀(바빌론)가 자신의 음행(porneia)[793]의

---

789) 아코루데오(ἀκολουθέω : 좇아가다, 따르다). 같은 표현 ⇒ (행12:8,9,13:43,21:36), (고전10:4), (계6:8,14:4,8,9,13,19:14).
790) 아파르케(ἀπαρχή : 첫 열매). 같은 표현 ⇒ (롬8:23,11:16,16:5), (고전15:20,23,16:15), (약1:18), (계14:4).
791) 돌로스(δόλος : 계략, 기만, 올가미). 같은 표현 ⇒ (마26:4), (막7:22,14:1), (요1:47), (행13:10), (롬1:29), (고후12:16), (살전2:3), (벧전2:1,22), (계14:5).
792) 독사(δόξα : 영광, 광채, 영화). ☞ 도케오(δοκέω : 생각하여 추정하다, 간주하다, 평가하다)에서 유래. 같은 표현 ⇒ (계1:6,4:9,11,5:12,13,7:12,11:13,14:7,15:8,16:9, 18:1,19:1,7,21:11,23,24,26).
793) 포르네이아(πορνεία : 음행, 부정한 성교). 같은 표현 ⇒ (마5:32,15:19,19:9),

분노(thumos)794)의 포도주로 모든 민족(ethnos)들을 <u>마시게 하기</u> (potizo,완) 때문이다.”고 하는 것이다.

14:9 그리고 (한 다른 천사) 셋째 <u>천사</u>가 그들을 좇아가며(akolutheo), 큰 음성으로 말하기를, “만일 누구든지 그 짐승(therion)795)과 그것의 형상(eikon)에게 경배하고(proskuneo), 자신의 이마 위에(epi) 혹은 자신의 손 위에 <u>표 자국</u>(charagma)796)을 받으면(lambano),

14:10 심지어 그도 진노(orge)의 잔(poterion)797)에 <u>섞인 것 없이</u> 부어지는 (kerannumi) 그 하나님의 <u>분노</u>(thumos)의 포도주를(ek) <u>마실 것이니</u> (pino,래), 즉 그는 그 거룩한 천사들 앞에서와 그 <u>어린 양</u>(arnion) 앞에서 불(pur)과 유황(theion)으로 <u>고통을 받을 것이다</u> (basanizo, 래)798),

14:11 또한 그들의 고통(basanismos,괴롭히기)799)의 연기(kapnos)가 영원 영원히 올라갈 것이니(anabaino), 그때 그 짐승과 그것의 형상(eikon) 에게 경배하는 자(proskuneo)들은 밤낮 쉼(anapausis)을 얻지(echo) 못할 것이고, 또 만약 누구든지 그것(짐승)의 이름의 표 자국 (charagma)을 받으면(lambano),

---

(막7:21), (요8:41), (행15:20,29,21:25), (고전5:1,6:13,18,7:2), (고후12:21), (갈5:19), (엡5:3), (골3:5), (살전4:3), (계2:21,9:21,14:8,17:2,4,18:3,19:2).

794) 뒤모스(θυμός : 분노, 욕구). 같은 표현 ⇒ (눅4:28), (행19:28), (롬2:8), (고후12:20), (갈5:20), (엡4:31), (골3:8), (히11:27), (계14:8,10,19,15:1,7,16:1,19,18:3,19:15).

795) 데리온(θηρίον : 짐승). 같은 표현 ⇒ (막1:13), (행11:6,28:4), (딛1:12), (히12:20), (약3:7), (계6:8,11:7,13:1,2,3,4,11,12,14,17,18,14:9,11,15:2,16:2,10,13,17:3,8,11,13,16,17, 19:19,20,20:4,10).

796) 카라그마(χάραγμα : 표 자국, 새김). 같은 표현 ⇒ (행17: (계13:16,17,14:9,11,15:2,16:2,19:20,20:4). ☞ 크리스마(χρίσμα : 기름부음). 카리스마(χάρισμα : 은혜의 선물).

797) 포테리온(ποτήριον : 잔). 같은 표현 ⇒ (마10:42,20:22,23,23:25,26:27,39), (막7:4,9:41,10:38,39,14:23,36), (눅11:39,22:17,20,42), (요18:11), (고전10:16,21,11:25,26,27,28), (계14:10,16:19,17:4,18:6).

798) 바산니조(βασανίζω : 고통을 주다, 괴롭히다, 고문하다). 같은 표현 ⇒ (마8:6,29,14:24), (막5:7,6:48), (눅8:28), (벧후2:8), (계9:5,11:10,12:2,14:10,20:10).

799) 바산니스모스(βασανισμός : 고문, 괴롭히기, 시금석으로 시험하기). ☞ 바산니조(고통을 주다). 같은 표현 ⇒ (계9:5,14:11,18:7,10,15).

248

그도 (밤낮 쉼을 얻지 못할 것이다)."라고 하는 것이다.

14:12 (이런 일을 증언하는 이가 말하기를),
    여기에, 그 성도들의 인내(hupomone, 참고 기다림)가 있고,
    여기에, 그 하나님의 계명(entole, 복)800)과 예수의 믿음이
    지켜지는 자들이 있다."고 하는 것이다.◗

14:13 그리고 내가 그 하늘로부터(ek) 한 음성(phone)을 들었는데(akouo),
    (그 음성이) 나에게 말하기를,
    "너는 기록하라(grapho),
    지금으로부터 주님으로 인하여(en) 죽는(apothnesko) 그 죽은 자
    (nekros)들은 복되다(makarios)801).
    그 영(pneuma)이 말하기를, '그렇다.
    그들은 자신들의 수고(kopos)들로 인하여(ek) 쉼을 얻을 것이고
    (anapauo)802), 또 그들의 행함(ergon, 복)이 그들과 더불어 좇아갈
    것이다(akoloutheo).' "라고 하는 것이다.

14:14 그리고 내가 보았는데(horao), 보라! 흰 구름이다,
    그 구름 위에 인자 같은 이(homoios)가 앉아 있고(kathemai),
    또 그가 자신의 머리 위에 금 면류관(stephanos)803)을 쓰고 있고,
    또 그의 손에는 예리한 낫(drepanon)을 갖고 있다.

14:15 그때 한 다른(allos) 천사가 그 성전(naos)에서(ek) 나와서,
    그 구름 위에 앉으신 이에게 큰 음성으로 소리 지르기를(krazo),
    "당신은 당신의 낫(drepanon)을 보내어(pempo, 명),
    추수하십시오(therizo, 명)804),

---

800) 엔토레(εντολή : 명령, 계명, 지시). 같은 표현 ⇒ (요10:18,11:57,12:49,50,13:34,
    14:15,21,15:10,12), (요일2:3,4,7,8,3:22,23,24,4:21,5:2,3), (요이1:4,5,6), (계12:17,14:12).
801) 마카리오스(μακάριος : 복되는, 행복한).
    같은 표현⇒ (계1:3,14:13,16:15,19:9,20:6,22:7,14).
802) 아나파우오(ἀναπαύω : 쉼을 주다, 쉬다, 기운 나게 하다).
    같은 표현 ⇒ (마11:28,26:45), (막14:41), (눅12:19), (고전16:18), (고후7:13),
    (몬1:7,20), (벧전4:14), (계6:11,14:13).
803) 스테파노스(στέφανος : 왕관, 면류관). 같은 표현 ⇒ (마2   막15:17),
    (요19:2,5), (고전9:25), (빌4:1), (살전2:19), (딤후2:5,4:8), (벧전5:4), (약1:12),
    (계2:10,3:11,4:4,10,6:2,9:7,12:1,14:14).
804) 데리조(θερίζω : 거두다, 추수하다). 같은 표현 ⇒ (마6:26,25:24,26), (눅12:24,

249

왜냐하면(hoti) 추수할(therizo) 시점(hora)이 당신에게 이르렀기 때문이고, 또 그 땅의 추수(therismos)805)가 익었기(xeraino, 마르다) 때문입니다."고 하는 것이다.

14:16 그러자 그 구름 위에 앉아 있는 이(kathemai)가 그 땅 위에 자신의 낫(drepanon)을 던지니, 그때 그 땅이 추수되었다(therizo).◗

14:17 그리고 한 다른(allos) 천사가 그 하늘에 있는 그 성전(naos)에서(ek) 나왔으니(exerchomai),
그때 심지어 그도 예리한 낫(drepanon)을 갖고 있었다(echo).

14:18 또한 그 불(pur)에 대한 권세를 가진(echo) 한 다른(allos) 천사가 그 제단(thusiasterion)에서(ek) 나와(exerchomai), 그 예리한 낫(drepanon)을 가진 자(천사)에게 큰 외침으로 소리 내며(phoneo), 말하기를, "너는 너의 예리한 낫(drepanon)을 휘둘러(pempo), 그 땅의 포도송이(botrus)들을 모아드려라(trugao)806),
왜냐하면(hoti) 그 땅의 포도(staphule)가 익었기(한창 때에 있기) 때문이다."고 하는 것이다,

14:19 그러자 그 천사가 자신의 낫(drepanon)을 그 땅으로 던져(ballo), 그 땅의 포도나무(ampelos)를 모아드렸고(trugao), 또 그 하나님의 분노(thumos)의 큰 포도주틀(lenos)에 (그것을) 던졌다(ballo),

14:20 그런즉 그 성읍(polis) 밖에서 그 포도주틀(lenos)이 짓밟혔으니 (pateo)807), 그때 피(haima)가 그 포도주틀(lenos)에서(ek) 나와서 (exerchomai) 말의 굴레(고삐)까지 (닿았고), 일천 육백 스다디온 (stadion)808)에 (퍼졌다).◗

19:21,22), (요4:36,37,38), (고전9:11), (고후9:6), (갈6:7,8,9), (약5:4), (계14:15,16).
805) 데리스모스(θερισμός : 추수). 같은 표현 ⇒ (마9:37,38,13:30,39), (막4:29), (눅10:2), (요4:35), (계14:15).
806) 트뤼가오(τρυγάω : 모아들이다). 같은 표현 ⇒ (눅6:44), (계14:18,19).
807) 파테오(πατέω : 밟다, 짓밟다). 같은 표현 ⇒ (눅10:19,21:24), (계11:2,14:20,19:15).
808) 스타디온(στάδιον : 길이의 단위, 600 피이트).

계시록 15장

15:1 그리고 내가 보았는데(horao), 그 하늘에(en) 크고 기이한
(thaumastos)809) 한 다른 표적(semeion)810) 곧 그 마지막 일곱 재앙
(plege)811)들을 갖고 있는(echo) 일곱 천사들이다,
왜냐하면(hoti) 바로 그것들로 인하여(en) 그 하나님의 분노(thumos)812)
가 끝을 내기(teleo)813) 때문이다.◖

15:2 또한 내가 불이 섞이어 있는 유리(hualinos) 바다와 같은 것과
      그 유리(hualinos) 바다 위에(epi)
      그 짐승(therion)814)에 속하지 않고(ek)
      그 짐승의 형상(eikon)에 속하지 않고(ek)
      그 짐승의 표 자국(charagma)815)에 속하지 않고(ek)
      그 짐승의 이름의 수(arithmos)에 속하지 않고(ek),
      그 하나님의 하아프(kithara)를 가지고(echo), 서 있는(histemi)

---

809) 다우마스토스(θαυμαστός : 기이한, 놀라운).
     같은 표현 ⇒ (마21:42), (막12:11), (요9:30), (벧전2:9), (계15:1,3).
810) 세메이온(σημειον : 표적, 이적). ☞ 세마이노(σημαίνω : 나타내 알리다)의 명사.
     같은 표현 ⇒ (행2:19,22,43,4:16,30,5:12,6:8,7:36,8:6,13,14:3,15:12),
     (롬4:11), (고전1:22,14:22), (고후12:12), (살후2:9,3:17), (히2:4),
     (계12:1,3,13:13,14,15:1,16:14,19:20).
811) 플레게(πληγή : 강타, 재앙, 상처). 같은 표현 ⇒ (눅12:48), (행16:23,33),
     (고후6:5,11:23), (계9:18,11:6,13:3,12,14,15:1,6,8,16:9,21,18:4,8,21:9,22:18).
812) 뒤모스(θυμός : 분노, 욕구). 같은 표현 ⇒ (눅4:28), (행19:28),
     (롬2:8), (고후12:20), (갈5:20), (엡4:31), (골3:8), (히11:27),
     (계14:8,10,19,15:1,7,16:1,19,18:3,19:15).
813) 텔레오(τελέω : 끝으로 이루다, 끝내다, 끝나다, 세금을 내다, 다 지불하다).
     같은 표현 ⇒ (마7:28,10:23,11:1,13:53,17:24,19:1,26:1), (눅2:39,12:50,18:31,22:37),
     (요19:28,30), (행13:29), (롬2:27,13:6), (딤후4:7), (약2:8), (계10:7,11:7,15:1,20:3,5,7).
814) 데리온(θηρίον : 짐승). 같은 표현 ⇒ (막1:13), (행11:6,28:4), (딛1:12), (히12:20),
     약3:7), (계6:8,11:7,13:1,2,3,4,11,12,14,17,18,14:9,11,15:2,16:2,10,13,17:3,8,11,13,16,17,
     19:19,20,20:4,10).
815) 카라그마(χάραγμα : 표 자국, 새김). 같은 표현 ⇒ (행17:29),
     (계13:16,17,14:9,11,15:2,16:2,19:20,20:4).
     ☞ 크리스마(χρίσμα : 기름부음). 카리스마(χάρισμα : 은혜의 선물).

251

<u>이기는 자</u>(nikao)816)들을 보았는데(horao),

15:3 그때 그들이 <u>모세</u> 그 하나님의 종의 노래(ode)와
그 <u>어린양</u>의 노래(ode)를 부르며(ado)817), 말하기를,
"주, 그 하나님, 그 전능자(pantokrator)818)여,
당신의 <u>일하심</u>(ergon, 복)은 크고 <u>기이하며</u>(thaumastos),
그 성도들의 왕(basileus)이여,
당신의 길(hodos, 복)은 의롭고(dikaios) <u>실제로 존재합니다</u>(alethinos)819).

15:4 주여, 누가 당신을 경외하지 않으며,
당신의 이름을 영광스럽게 하지(doxazo) 않겠습니까?
왜냐하면(hoti) 한분 (당신)만이 거룩하기(hosios, 경건한) 때문이고,
또 모든 민족(ethnos)들이 와서(heko)820),
당신 앞에서 경배할 것이기(proskuneo) 때문이고,
또 당신의 <u>의로운 행위</u>(dikaioma)821)가 <u>빛으로 밝히 나타나 보여</u>
<u>졌기</u>(phaneroo)822) 때문입니다."라고 하는 것이다.◗

15:5 그리고 이런 일들 후에, 내가 보았는데(horao),
그때 보라! 그 하늘에(en) 그 증거(marturion)의 장막(skene)의 성전(naos)
이 열리니(anoigo),

15:6 그러자 그 일곱 천사들이 나왔다(exerchomai),

---

816) 니카오(νικάω : 이기다). 같은 표현 ⇒ (눅11:22), (요16:33), (롬3:4, 12:21),
(요일2:13, 14, 4:4, 5:4), (계2:7, 11, 17, 26, 3:5, 12, 21, 5:5, 6, 6:2, 11:7, 12:11, 13:7, 15:2, 17:14, 21:7).
817) 아도(ᾄδω : 노래하다). 같은 표현 ⇒ (엡5:19), (골3:16), (계5:9, 14:3, 15:3).
818) 판토크라토르(παντοκράτωρ : 전능자). ☞ 크라테오(κρατέω : 붙잡다),
크라토스(κράτος : 힘, 세력)에서 유래. 같은 표현 ⇒ (고후6:18),
(계1:8, 4:8, 11:17, 15:3, 16:7, 14, 19:6, 15, 21:22).
819) 알레디노스(ἀληθινός : 진짜의, 실제로 존재하는).
같은 표현 ⇒ (요1:9, 4:23, 37, 6:32, 7:28, 8:16, 15:1, 17:3, 19:35), (요일2:8, 5:20),
(계3:7, 14, 6:10, 15:3, 16:7, 19:2, 9, 11, 21:5, 22:6).
820) 헤코(ἥκω : 오다). 같은 표현 ⇒ (요2:4, 4:47, 6:37, 8:42), (요일5:20),
(계2:25, 3:3, 9, 15:4, 18:8).
821) 디카이오마(δικαίωμα : 의로운 행위, 예법).
같은 표현 ⇒ (눅1:6), (롬1:32, 2:26, 5:16, 18, 8:4), (히9:1, 10), (계15:4, 19:8).
822) 파네로오(φανερόω : 빛으로 밝게 나타내 보여주다, 계시하다).
☞ 파네로스(φανερός : 잘 보이는, 명백한). 같은 표현 ⇒
(요1:31, 2:11, 3:21, 7:4, 9:3, 17:6, 21:1, 14), (요일1:   계3:18, 15:4).

그때 그들(일곱 천사)은 그 성전(naos)에서(ek) 그 일곱 재앙(plege)들을
갖고 있고, 또 그들은 깨끗하고 빛나는 세마포 옷(linon)을 입고,
그 가슴들 주위에 금띠들을 둘러 띠었다.

15:7 그러자 그 네 생물(zoon,복)823) 중에(ek) 하나가 영원무궁토록
사시는 그 하나님의 분노(thumos)로 가득 차 있는(gemo)
일곱 금 대접(phiale,복)824)을 그 일곱 천사들에게 주었다.

15:8 또한 그 성전(naos)은 그 하나님의 영광(doxa)825) 즉 그분의 능력
(dunamis)에서(ek) 나오는 연기(kapnos)로 가득 차 있었다(gemizo),
그때 어느 누구도, 그 일곱 천사들의 일곱 재앙(plege)들이 끝날(teleo)
때까지, 그 성전(naos)에 들어 갈 수(dunamai eiserchomai)가 없었다.◑

---

823) 조온(ζωον : 생물, 짐승).
    같은 표현 ⇒ (계4:6,7,8,5:6,8,11,14,6:1,3,5,6,7,7:11,14:3,15:7,19:4).
824) 피알레(φιάλη : 대접, 사발).
    같은 표현 ⇒ (계5:8,15:7,16:1,2,3,4,8,10,12,17,17:1,21:9).
825) 독사(δόξα : 영광, 광채, 영화). ☞ 도케오(δοκέω : 생각하여 추정하다, 간주하다,
    평가하다)에서 유래. 같은 표현 ⇒ (계1:6,4:9,11,5:12,13,7:12,11:13,14:7,15:8,16:9,
    18:1,19:1,7,21:11,23,24,26).

계시록 16장

16:1 그리고 내가 그 성전(naos)으로부터(ek) 큰 음성(phone)을 들었는데
(akouo), 그때 (큰 음성)이 그 일곱 천사들에게 말하기를,
"너희는 떠나가서(hupago), 그 하나님의 분노(thumos)826)의
일곱 대접(phiale, 복)827)을 쏟아 부어라(ekcheo)828)."고 하는 것이다,

16:2 그러자 그 첫째(천사)가 떠나가서(aperchomai), 자신의 대접(phiale)을
그 땅 위에(epi) 쏟아 부으니(ekcheo), 그때 그 짐승(derion)829)의
표 자국(charagma)830)을 가진 사람들 즉 그 짐승의 형상(eikon)에게
경배하는 자(proskuneo)들에게 악하고 독한 종기(helkos)가 생겨났다
(ginomai).◑

16:3 그리고 그 둘째(천사)가 자신의 대접(phiale)을 그 바다에게로(eis)
쏟아 부으니(ekcheo), 그때 그것(바다)이 그 죽은 자의 (피 같이)
피흘림(haima)이 되었다(ginomai),
즉 살아 있는 모든 생명(psuche, 목숨)이 그 바다에서 죽었다(apothnesko).
◑

16:4 그리고 그 셋째(천사)가 자신의 대접(phiale)을 그 강(potamos, 복)
즉 그 물의 샘(pege, 복)831)에게로(eis) 쏟아 부으니(ekcheo),

---

826) 뒤모스(θυμός : 분노, 욕구). 같은 표현 ⇒ (눅4:28), (행19:28),
(롬2:8), (고후12:20), (갈5:20), (엡4:31), (골3:8), (히11:27),
(계14:8,10,19,15:1,7,16:1,19,18:3,19:15).
827) 피알레(φιάλη : 대접, 사발).
같은 표현 ⇒ (계5:8,15:7,16:1,2,3,4,8,10,12,17,17:1,21:9).
828) 엑케오(ekχέω : 붓다, 쏟아내다, 피를 흘리다). 같은 표현 ⇒ (마9:17,23:35,26:28),
(막14:24), (눅5:37,11:50,22:20), (요2:15), (행2:17,18,33,22:20), (롬3:15,5:5), (딛3:6),
(유1:11), (계16:1,2,17).
829) 데리온(θηρίον : 짐승). 같은 표현 ⇒ (막1:13), (행11:6,28:4), (딛1:12), (히12:20),
(약3:7), (계6:8,11:7,13:1,2,3,4,11,12,14,17,18,14:9,11,15:2,16:2,10,13,17:3,8,11,13,16,17,
19:19,20,20:4,10).
830) 카라그마(χάραγμα : 표 자국, 새김). 같은 표현 ⇒ (행17:29),
(계13:16,17,14:9,11,15:2,16:2,19:20,20:4).
☞ 크리스마(χρίσμα : 기름부음). 카리스마(χάρισμα : 은혜의 선물).

254

그때 그것들(샘)이 피흘림(haima)이 되었다(ginomai).

16:5 그때 내가 그 물의 천사가 말하고 있는 것을 들었는데(akouo),
"오 주여, (지금) 계시는, (전에) 계시었던 당신은 의롭습니다(dikaios),
(다시 말해), 그 거룩하신 이(hosios, 경건한)여, (당신은 의롭습니다).
왜냐하면(hoti) 당신이 이렇게 심판하였기 때문입니다,

16:6 왜냐하면(hoti) 그것들(샘)이 성도들과 예언자들의 피흘림(haima)을
쏟아 붓게 하였고(ekcheo), 또한 당신도 그것들(샘)에게 피흘림
(haima)을 마시도록(pino) 하였기(didomi) 때문입니다,
왜냐하면(gar) 그것들(샘)은 합당하기(axios) 때문입니다."고
하는 것이다.

16:7 그리고 내가 그 제단(thusiasterion)으로부터(ek) 한 다른(allos) (천사)가
말하는 것을 들었는데(akouo),
"그렇습니다, 주 그 하나님 그 전능자(pantokrator)832)여,
당신의 심판(krisis, 복)은 실제로 존재하고(alethinos)833) 의롭습니다
(dikaios)."고 하는 것이다.◑

16:8 그리고 그 넷째(천사)가 자신의 대접(phiale)을 그 해(helios) 위에(epi)
쏟아 부으니(ekcheo), 그때 그 사람들을 불(pur)로 태우는(kaumatizo)
그것(권세)이 그것(해)에게 주어졌다,

16:9 그러자 그 사람(anthropos)들이 큰 열기(kauma)로 태워졌다(kaumatizo),
그럼에도 불구하고, 그들이 바로 이 재앙(plege)834)들에 권세(exousia)
를 갖고 있는(echo) 그 하나님의 이름을 모독하였고(blasphemeo,
조롱하다), 또 그들은 그분에게 영광(doxa)835)을 돌리기(didomi) 위해

---

831) 페게(πηγή : 샘, 원천). 같은 표현 ⇒ (막5:29), (요4:6,14), (벧후2:17), (약3:11),
(계7:17,8:10,16:4,21:6).

832) 판토크라토르(παντοκράτωρ : 전능자). ☞ 크라테오(κρατέω : 붙잡다),
크라토스(κράτος : 힘, 세력)에서 유래. 같은 표현 ⇒ (고후6:18),
(계1:8,4:8,11:17,15:3,16:7,14,19:6,15,21:22).

833) 알레디노스(ἀληθινός : 진짜의, 실제로 존재하는).
같은 표현 ⇒ (요1:9,4:23,37,6:32,7:28,8:16,15:1,17:3,19:35), (요일2:
(계3:7,14,6:10,15:3,16:7,19:2,9,11,21:5,22:6).

834) 플레게(πληγή : 강타, 재앙, 상처). 같은 표현 ⇒ (눅12:48), (행16:23,33),
(고후6:5,11:23), (계9:18,11:6,13:3,12,14,15:1,6,8,16:9,21,18:4,8,21:9,22:18).

835) 독사(δόξα : 영광, 광채, 영화). ☞ 도케오(δοκέω : 생각하여 추정하다, 간주하다,

회개하지(metanoeo)⁸³⁶⁾도 않았다.◑

16:10 그리고 그 다섯째(천사)가 자신의 대접(phiale)⁸³⁷⁾을 그 짐승(therion)
의 보좌(thronos)위에(epi) **쏟아 부으니**(ekcheo),
그때 이런 일이 있었다,
곧 그것(짐승)의 나라(basileia)가 어둡게 되고(skotoo),
또한 그들은 그 아픔(ponos,고통)으로 인하여(ek) 자신들의 혀(glossa,복)
를 깨물고 있었다,

16:11 그럼에도 불구하고, 그들은 자신들의 아픔(ponos)으로 인하여(ek)
즉 자신들의 종기(elkos)로 인하여(ek) 그 하늘의 하나님을 모독
하였다(blasphemeo,조롱하다), 또한 그들은 자신들의 행위(ergon,복)를
(ek) 회개하지도(metanoeo) 않았다.◑

16:12 그리고 그 여섯째(천사)가 자신의 대접(phiale)을 그 큰 강
그 유브라데(Euphrates)⁸³⁸⁾ 위에(epi) **쏟아 부으니**(ekcheo),
그때 그곳의 물(hudor)이, 해의 동쪽에(apo) 있는 그 왕들의 길
(hodos)이 준비되어 지도록(hetoimazo), 말랐다(exeraino).

16:13 그러자 내가 그 개구리들과 같은(homoios) 더러운 세 **영**(pneuma,복)
이 그 용(drakon)의 입(stoma)에서(ek), 그 짐승(therion)의 입에서(ek),
그 거짓 예언자(pseudoprophetes)⁸³⁹⁾의 입에서(ek) (나오는 것)을 보았다
(horao),

16:14 왜냐하면(gar) 그것들은 표적(semeion,복)⁸⁴⁰⁾을 행하는 귀신

평가하다)에서 유래. 같은 표현 ⇒ (계1:6,4:9,11,5:12,13,7:12,11:13,14:7,15:8,16:9,
18:1,19:1,7,21:11,23,24,26).
836) 메타노에오(μετανοέω : 마음의 선택을 바꾸다, 회개하다). 같은 표현 ⇒
(마3:2,4:17,11:20), (막1:15,6:12), (눅13:3,15:7,10,16:30,17:3), (행2:38,3:19,8:22,17:30).
(고후12:21), (계2:21,22,3:3,19,9:20,16:9,11).
837) 피알레(φιάλη : 대접, 사발).
같은 표현 ⇒ (계5:8,15:7,16:1,2,3,4,8,10,12,17,17:1,21:9).
838) 유프라테스(Εὐφράτης : 유프라데). 같은 표현 ⇒ (계9:14,16:12).
839) 프슈도프로페테스(ψευδοπροφήτες : 거짓 예언자). 같은 표현 ⇒ (마2
(막13:22), (눅6:26), (행13:6), (벧후2:1), (요일4:1), (계16:13,19:20,20:10).
840) 세메이온(σημειον : 표적, 이적). ☞ 세마이노(σημαίνω : 나타내 알리다)의 명사.
같은 표현 ⇒ (행2:19,22,43,4:16,30,5:12,6:8,7:36,8:6,13,14:3,15:12),
(롬4:11), (고전1:22,14:22), (고후12:12), (살후2:9,3:17), (히2:4),

256

(daimon)841)들의 **영**(pneuma, 복)이기 때문이다,

그때 그것들(귀신의 영)은 그 땅 즉 그 온 세상(oikoumene)의 왕
(basileus)들 위에(epi) 흘러나가(ekporeuomai),

그 하나님 그 전능자(pantokrator)의 바로 그 큰 날(hemera)의 전쟁
(polemos)에 그들(왕)을 모을 것이다(sunago).

16:15 (이런 일들을 증언하는 **이**(예수)가 말하기를),

"보라! 내(예수)가 도적(kleptes) 같이 갈 것이다(erchomai),
벌거벗은 채 살아가지(peripateo) 않도록 즉 자신의 <u>부끄러운 행위</u>
(aschemosune)842)를 보지 않도록, <u>정신 차려 깨어있는 자</u>
(gregoreo)843) 즉 자신의 옷(imation, 복)이 <u>지켜지는 자</u>(tereo)는
복되다(makarios)844)."고 하는 것이다.

16:16 그런즉 그것(귀신의 영)이 <u>히브리 음</u>으로 <u>아마겟돈</u>(Armageddon)845)
이라고 부르는 장소(topos)에 그들(왕)을 모았다(sunago).◗

16:17 그리고 그 일곱째(천사)가 자신의 대접(phiale)을 그 공중(aer)에게로
(eis) <u>쏟아 부으니</u>(ekcheo),

그때 그 하늘의 성전(naos)으로부터(ek) 큰 음성(phone)이 그 보좌
(thronos)로부터(apo) 나오며(exerchomai), 말하기를,

"그것이 <u>이루어진다</u>(ginomai, 완)846)."고 하는 것이다,

16:18 그러자 음성들과 천둥(bronte)들과 번개(astrape)들이 있었고(ginomai),
또 큰(megas) 지진(seismos)이 있었다(ginomai),

(계12:1,3,13:13,14,15:1,16:14,19:20).

841) 다이몬(δαίμων : 귀신). ☞ 다이오(δάω : 나누다, 분배하다)에서 유래,
다이모니온(δαιμόνιον : 귀신). 같은 표현 ⇒ (마8:31), (막5:12), (눅8:29),
(계16:14,18:2).

842) 아스케모수네(ἀσχημοσυνε : 부끄러운 행위). 같은 표현 ⇒ (롬1:27), (계16:15).

843) 그레고레오(γρηγορέω : 정신 차리고 있다, 지켜보다, 정신 차려 깨어 있다).
같은 표현 ⇒ (마24:42,43,25:13,26:38,40,41), (막13:34,35,37,14:34,37,38),
(눅12:37,39), (행2   고전16:13), (골4:2), (살전5:6,10), (벧전5:8), (계3:2,3,16:15).

844) 마카리오스(μακάριος : 복되는, 행복한).
같은 표현⇒ (계1:3,14:13,16:15,19:9,20:6,22:7,14).

845) 아르마게돈(Αρμαγεδδών : 므깃도). ☞ 이곳에 한번 쓰임.

846) 기노마이(γίνομαι : 이루어지다). 같은 표현 ⇒ (마26:56), (고후5:17),
(계12:10,16:17,21:6). ☞ 텔레오(τελέω : 끝으로 이루다, 다 지불하다).
같은 표현 ⇒ (요19:28,30), (롬13:6).

257

(다시 말해), 그 땅위에 그 사람들이 있은 이래로, 이와 같이
<u>그렇게 강력하고</u>(telikoutos) 큰(megas) 지진(seismos)이 있은 적이
없었다.

16:19 그때 그 큰 성읍(polis)이 세 부분으로 나뉘었고(ginomai),
또 그 민족(ethnos)들의 성읍(polis)들이 무너졌다(pipto),
(다시 말해), 그 큰 <u>바빌론</u>이 그 하나님 앞에 <u>기억하게 되었으니</u>
(mnaomai), 그분(하나님)이 그녀(바빌로)에게 자신의 진노(orge)
즉 분노(thumos)847)의 포도주 잔(poterion)848)을 주기 위해서
이었다.

16:20 그때 모든 섬이 떠나갔고(pheugo),
심지어 산들도 보이지(heurisko) 않았다.

16:21 또 <u>무게가 한 달란트</u> 되는 큰 우박이 그 하늘에서(ek) 그 사람들
위에(epi) 내리니(katabaino, 현), 그때 그 사람들이 그 우박의 재앙
(plege)849)으로 인하여(ek) 그 하나님을 모독하였다(blasphemeo),
왜냐하면(hoti) 그것의 재앙(plege)이 심히 크기 때문이었다. ◑

---

847) 뒤모스(θυμός : 분노, 욕구). 같은 표현 ⟹ (눅4:28), (행19:28),
(롬2:8), (고후12:20), (갈5:20), (엡4:31), (골3:8), (히11:27),
(계14:8,10,19,15:1,7,16:1,19,18:3,19:15).
848) 포테리온(ποτήριον : 잔). 같은 표현 ⟹ (마10:42,20:22,23,23:25,26:27,39),
(막7:4,9:41,10:38,39,14:23,36), (눅11:39,22:17,20,42), (요18:11),
(고전10:16,21,11:25,26,27,28), (계14:10,16:19,17:4,18:6).
849) 플레게(πληγή : 강타, 재앙, 상처). 같은 표현 ⟹ (눅12:48), (행16:23,33),
(고후6:5,11:23), (계9:18,11:6,13:3,12,14,15:1,6,8,16:9,21,18:4,8,21:9,22:18).

258

계시록 17장

17:1 그리고 그 일곱 대접(phiale)850)을 가진 그 일곱 천사들 중(ek)
하나(천사)가 와서(erchomai), 나와 함께 말하였으니(laleo),
나에게 말하기를,
"너는 이리 오라, 내가 너에게 그 많은 물(hudor, 복) 위에 앉아 있는
(kathemai) 그 큰 음녀(porne)851)의 형벌(krima, 결정행위)852)을 보여 줄
것이다(deknuo),

17:2 그때 그 땅의 왕(basileus)들이 그녀와 더불어 음행하였고(porneuo)853),
또 그 땅에 거주하는 자(katoikeo)들도 그녀의 음행(porneia)854)의
포도주로 취하였다(methuo)."고 하는 것이다,

17:3 그러자 그(천사)는 나(요한)를 영(pneuma)의 상태로(en) 한 광야(eremos)
에 데리고 갔다(apophero).
그때 내가 한 여자(gune)가 붉은 짐승(therion)855) 위에 앉아 있는 것
(kathemai)을 보았는데(horao),
그녀는 모독(blasphemia)856)의 이름들로 가득 차 있고(gemo),

---

850) 피알레(φιάλη : 대접, 사발).
　　같은 표현 ⇒ (계5:8,15:7,16:1,2,3,4,8,10,12,17,17:1,21:9).
851) 포르네(πόρνη : 창녀, 매춘부). 같은 표현 ⇒ (마21:31,32), (눅15:30),
　　(고전6:15,16), (히11:31), (약2:25), (계17:1,5,15,16,19:2).
852) 크리마(κρίμα : 결정행위, 형벌, 심판). 같은 표현 ⇒ (마7:2,23:14), (막12:40),
　　(눅20:47,23:40,24:20), (요9:39), (행24:25), (롬2:2,3,3:8,5:16,11:33,13:2),
　　(고전6:7,11:29,34), (갈5:10), (히6:2), (약3:1), (벧전4:17), (벧후2:3), (유1:4),
　　(계17:1,18:20,20:4).
853) 포르뉴오(πορνεύω : 음행하다, 창녀가 되다). 같은 표현 ⇒ (고전6:18,10:8),
　　(계2:14,20,17:2,18:3,9).
854) 포르네이아(πορνεία : 음행, 부정한 성교). 같은 표현 ⇒ (마5:32,15:19,19:9),
　　(막7:21), (요8:41), (행15:20,29,21:25), (고전5:1,6:13,18,7:2), (고후12:21), (갈5:19),
　　(엡5:3), (골3:5), (살전4:3), (계2:21,9:21,14:8,17:2,4,18:3,19:2).
855) 데리온(θηρίον : 짐승). 같은 표현 ⇒ (막1:13), (행11:6,28:4), (딛1:12), (히12:20),
　　(약3:7), (계6:8,11:7,13:1,2,3,4,11,12,14,17,18,14:9,11,15:2,16:2,10,13,17:3,8,11,13,16,17,
　　19:19,20,20:4,10).
856) 블라스페미아(βλασφημία : 비방, 중상, 모독). 같은 표현 ⇒ (마12:31,26:65),

또 그녀는 일곱 머리(kophale, 복)와 열 뿔(keras, 복)을 갖고 있고(echo),

17:4 또 그 여자(gune)는 자주 빛과 붉은 빛(kokkinos)으로
옷 입고(periballo), 금과 보석과 진주로 장식하고(chrusoo),
또 그녀는 자신의 손에 **가증한 짓**(bdelugma)857)들
즉 자신의 음행(porneia)의 더러운 짓들로 가득 차 있는(gemo)
금으로 된 잔(poterion)858)을 갖고 있었다,

17:5 또한 그녀의 이마 위에 한 이름(onoma)이 글로 쓰여 있기를
(grapho, 완, 수), '비밀(musterion, 신비)859),
그 크고, 땅의 음녀(porne)들 즉 **가증한 짓**(bdelugma)들의
어미(meter) 바빌론'이라고 쓰여 있다.◗

17:6 그때 나(요한)는 그 여자(gune)가 그 성도들의 피흘림(haima)으로
인해서(ek) 즉 예수의 증인들의 피흘림(haima)으로 인해서(ek)
술 취한 것(methuo)을 보았는데(horao),
내가 그 여자를 보자(horao),
정말 크게 기이히 여겼다(thauma860) thaumazo861)).

17:7 그러자 그 천사가 나(요한)에게 말하기를,
"어찌하여 네가 기이히 여기느냐(thaumazo)?
내가 너에게 그 여자(gune)의 비밀(musterion, 신비)
즉 그녀를 태우고 있으며 또 일곱 머리(kophale, 복)와 열 뿔(keras, 복)
을 갖고 있는 그 짐승(deirion)의 (비밀을) 말할 것이다,

(막3:28,7:22,14:64), (눅5:21), (요10:33), (엡4:31), (골3:8), (유1:9), (계2:9,13:1,5,17:3).
857) 브델뤼그마(βδέλυγμα : 가증한 짓, 더러운 행위).
　　☞ 브델륏소(βδελύσσω : 악취 때문에 몹시 싫어하다).
　　같은 표현 ⇒ (마24:15), (막13:14), (눅16:15), (계17:4,5,21:27).
858) 포테리온(ποτήριον : 잔). 같은 표현 ⇒ (마10:42,20:22,23,23:25,26:27,39),
　　(막7:4,9:41,10:38,39,14:23,36), (눅11:39,22:17,20,42), (요18:11),
　　(고전10:16,21,11:25,26,27,28), (계14:10,16:19,17:4,18:6).
859) 뮈스테리온(μυστήριον : 비밀, 신비). ☞ 뮈오(μύω : 입을 다물다)에서 유래.
　　같은 표현 ⇒ (마13:11), (막4:11), (눅8:10), (롬11:25,16:26), (고전2:7,4:1,13:2,
　　14:2,15:51), (엡1:9,3:3,4,9,5:32,6:19), (골1:26,27,2:2,4:3), (살후2:7), (딤전3:9,16),
　　(계1:20,10:7,17:5,7).
860) 다우마(θαυμα : 놀람, 기이한 일). 같은 표현 ⇒ (고후11:4), (계17:6).
861) 다우마조(θαυμάζω : 기이히 여기다). 같은 표현 ⇒ (요3:7,4:27,5:20,28,7:15,21),
　　(행2:7,3:12,4:13,7:31), (갈1:6), (살후1:10), (요일3:13), (계13:3,17:6,8).

260

17:8 네가 본(horao,과) 그 짐승(therion)은, 이전에 있었고, 지금 없으나,
그 무저갱(abussos)862)에서(ek) 장차 올라와서(mello anabaino,래),
멸망(apoleia)863)으로 떠나갈 것이다(hupago,래),
그때 그 땅에 거주하는 자(katoikeo)들은,
즉 그들의 이름들이 세상의 기초가 놓인(katabole864)kosmou) 이래로
생명(zoe)의 책(biblion)865)에 기록되어 있지 않는 자(ou grapho,완,수)들
은, 이전에 있었고 지금 없으나 앞으로 있을 그 짐승(therion)을
눈으로 보고(blepo), 기이히 여기게 될 것이다(thaumazo).

17:9 (이런 일을 증언하는 이가 말하기를),
"여기에, 지혜가 있는 지각(nous,이성)866)이 있다.
(네가 본) 그 일곱 머리는 그 여자가 그것들(산) 위에 앉아 있는
일곱 산이다,

17:10 (다시 말해), 그것들(산)은 일곱 왕(basileus)들이니,
곧 그 다섯은 쓸어졌고(pipto), 그 하나는 있고,
그 다른 것(allos)은 아직 이르지(erchomai) 않았다,
그러나 그것이 이르렀을 때,
그것은 아주 잠깐 동안(oligos)만 머물러야 한다(dei meno).

17:11 (다시 말해), 이전에 있었고 지금 없는 그 짐승(therion)
즉 바로 그것은 여덟째 이고, 또 그 일곱에(ek) 속하며,
멸망(apoleia)으로 떠나갈 것이다(hupago,현).

---

862) 아빗소스(ἀβυσσοσ : 무저갱, 심연). 같은 표현 ⇒ (눅8:31), (롬10:7),
(계9:1,2,11,11:7,17:8,20:1,3).
863) 아폴레이아(ἀπώλεια : 멸망). ☞ 아폴뤼미(ἀπόλλυμι : 멸망시키다)의 명사.
같은 표현 ⇒ (마7:13), (롬9:22), (빌1:28,3:19), (살후2:3), (딤전6:9), (벧후2:1),
(계17:8).
864) 카타볼레(καταβολή : 기초, 창설, 시작). ☞ 카타발로(καταβάλλω : 아래로 던지다)
의 명사. 같은 표현 ⇒ (마13:   눅11:50), (요17:24), (엡1:4),
(히4:3,9:26,11:11), (벧전1:20), (계13:8,17:8).
865) 비블리온(βιβλίον : 책). 같은 표현 ⇒ (눅4:17), (요20:30),
(계1:11,5:1,6:14,17:8,20:12,21:27,22:9,10,19).
☞ 비블로스(βίβλος : 책), 비블라리디언(βιβλαρίδιον : 작은 책).
866) 누스(νους : 마음, 이성, 지각). 같은 표현 ⇒ (눅24:45),
(롬1:28,7:23,25,11:34,12:2,14:5), (고전1:10,2:16,14:14,15,19), (엡4:17,23), (빌4:7),
(골2:18), (살후2:2), (딤전6:5), (딤후3:8), (딛1:15), (계13:18,17:9).

17:12 또한 네가 본(horao) 열 뿔(keras,복)은 열 왕들이다,
그때 그들은 한 왕국(basileia)을 아직 취하지 못하였으나(oupo
lambano,과), 오직 한 시점(hora) 동안, 그 짐승과 더불어(meta) 왕과
같은 권세(exousia)를 취할 것이다(lambano,현).

17:13 이자들(열왕)은 한 마음(gnome,의견,뜻)867)을 가지고, 그 짐승(therion)
에게 자신들의 능력과 권세를 넘겨 줄 것이다(diadidomi,현).

17:14 (그때) 이자들(열왕)이 그 어린 양(arnion)868)과 더불어 전쟁할 것
이나(polemeo,래), 그 어린 양(arnion)이 그자들(열왕)을 이길 것이니
(nikao,래)869), 왜냐하면(hoti) 그(어린 양)는 주(kurios)들의 주(kurios)요
왕(basileus)들의 왕(basileus)이기 때문이다,
또한 그(어린 양)와 함께(meta) 있는 자들도 곧 부름 받은 자(kletos)
들이요 택함 받은 자(eklektos)870)들이요 믿음 있는 자(pistos)들도
(그자들을 이길 것이다)."라고 하는 것이다.◖

17:15 또 그(천사)가 나에게 말하기를,
"네가 본(horao) 그 물(hudor,복), 그곳에
그 음녀(porne)871)가 앉아 있다(kathemai,현),
곧 그것들(물)은 백성(laos)들과 무리(ochlos)들이요,
또 민족(ethnos)들과 언어(glossa)들이다,

17:16 그때 네가 그 짐승(therion)에서(epi) 본(horao) 열 뿔(keras,복),
바로 이자들(열뿔)이 그 음녀(porne)를 미워할 것이다(miseo),

---

867) 그노메(γνώμη : 의향, 마음, 뜻, 의견, 결정).
☞ 기노스코(γινώσκω : 깨달아 알다)에서 유래.
같은 표현 ⇒ (행20:3), (고전1:10,7:25,40), (고후8:10), (몬1:13), (계17:13,17).
868) 아르니온(ἀρνίον : 어린양). 같은 표현 ⇒ (요21:15), (계5:6,12,6:1,16,7:9,14,12:11,
13:8,14:1,17:14,19:9,22:1,3). ☞ 암노스(ἀμνός : 어린양) ⇒ (요1:29,36), (행8:32),
(벧전1:19), 아렌(ἀρήν : 어린양) ⇒ (눅10:3).
869) 니카오(νικάω : 이기다). 같은 표현 ⇒ (눅11:22), (요16:33), (롬3:4,12:21),
(요일2:13,14,4:4,5:4), (계2:7,11,17,26,3:5,12,21,5:5,6:2,11:7,12:11,13:7,15:2,17:14,21:7).
870) 에클렉토스(ἐκλεκτός : 선택된). ☞ 에클레고(ἐκλέγω : 선택하다)에서 유래.
같은 표현 ⇒ (마22:14,24:22,24,31), (막13:20,22,27), (눅18:7,23:35), (롬8:33,16:13),
(골3:12), (딤전5:21), (딤후2:10), (딛1:1), (벧전1:1,2:4,6,9), (요이1:1,13), (계17:14).
871) 포르네(πόρνη : 창녀, 매춘부). 같은 표현 ⇒ (마21:31,32), (눅15:30),
(고전6:15,16), (히11:31), (약2:   계17:1,5,15,16,19:2).

262

(다시 말해), 이자들(열뿔)이 그녀(음녀)를 황폐하게 되어(eremoo)
심지어 벌거벗게 행할 것이고(poieo),
또 그녀의 육신(sarx, 복)을 먹을 것이며,
그녀를 불(pur)로 태워버릴 것이다(katakaio),

17:17 왜냐하면(gar) 그 하나님의 말(rhema, 복)이 끝날(teleo) 때까지,
그 하나님이 자신의 결정(gnome, 의견)을 그들(열뿔)의
마음(kardia)에게로(eis) 행하도록 즉 한 의향(gnome)을 행하도록
하였기(didomi) 때문이다,
(다시 말해), 그 하나님이 이자들(열뿔)의 왕국을 그 짐승(therion)
에게 주도록(didomi) 하였기 때문이다.◗

17:18 그리고 네가 보았던(horao, 과,완) 그 여자(gune)는 그 땅의 왕(basileus)
들 위에(epi) 한 왕국(basileia)을 갖고 있는 큰 성읍(polis)이다."고
하는 것이다.◗

263

계시록 18장

18:1 그리고 이런 일들 후에, 내(요한)가 보았는데(horao),
   큰 권세를 가지고 있는 다른 천사가 그 하늘로부터(ek) 내려오고
   있었다(katabaino),
   그때 그 땅이 그(천사)의 영광(doxa)[872]으로 인해(ek)
   빛으로 밝게 비추어졌다(photizo)[873].

18:2 그러자 그(천사)가 힘 있는(ischulos) 큰 음성으로 외치며(krazo),
   말하기를,
   "무너졌다(pipto), 무너졌다(pipto), 그 큰 바빌론이여,
   그때 이런 일이 있었으니,
   곧 (그곳이) 귀신(daimon)[874]들의 처소(katoieketerion)[875],
   즉 온갖 더러운 영(pneuma)의 모이는 곳(phulake),
   (다시 말해), 온갖 더럽고 미움 받는 새(orneon)[876]의
   모이는 곳(phulake)이 (되었다),

18:3 왜냐하면(hoti) 그 모든 민족(ethnos)들이 그녀(바빌론)의 음행
   (porneia)[877]의 욕구(thumos)[878]의 포도주를(ek) 마시니(pino,완),

---

872) 독사(δόξα : 영광, 광채, 영화). ☞ 도케오(δοκέω : 생각하여 추정하다, 간주하다,
   평가하다)에서 유래. 같은 표현 ⇒ (계1:6,4:9,11,5:12,13,7:12,11:13,14:7,15:8,16:9,
   18:1,19:1,7,21:11,23,24,26).
873) 포티조(φωτίζω : 빛으로 비추다).   같은 표현 ⇒ (눅11:36), (요1:9), (고전4:5),
   (엡1:18,3:9), (딤후1:10), (히6:4,10:32), (계18:1,21:23,22:5).
874) 다이몬(δαίμων : 귀신). ☞ 다이오(δαίω : 나누다, 분배하다)에서 유래,
   다이모니온(δαιμόνιον : 귀신). 같은 표현 ⇒ (마8:31), (막5:12), (눅8:29),
   (계16:14,18:2).
875) 카토이케테리온(κατοικητήριον : 거처, 거주지). 같은 표현 ⇒ (엡2:22), (계18:2).
876) 오르네온(ὄρνεον : 새). 같은 표현 ⇒ (계18:2,19:17,21).
   ☞ 페테이논(πετεινόν   : 새) ⇒ (마6:26,13:32).
877) 포르네이아(πορνεία : 음행, 부정한 성교). 같은 표현 ⇒ (마5:32,15:19,19:9),
   (막7:21), (요8:41), (행15:20,29,21:25), (고전5:1,6:13,18,7:2), (고후12:21), (갈5:19),
   (엡5: 골3:5), (살전4:3), (계2:21,9:21,14:8,17:2,4,18:3,19:2).
878) 뒤모스(θυμός : 분노, 욕구). 같은 표현 ⇒ (눅4:28), (행19:28),
   (롬2:8), (고후12:20), (갈5:20), (엡4:31), (골3:8), (히11:27),

264

그런즉 그 땅의 왕(basileus)들이 그녀와 더불어 음행하였으며
(poreuo, 과)879), 또 그 땅의 무역상인(emporos)880)들도 그녀의 사치의
능력(dunamis)으로부터(ek) 치부하였기(plouteo, 과) 때문이다."라고
하는 것이다.◐

18:4 그리고 내가 그 하늘로부터(ek) 한 다른(allos) 음성을 들었는데
(akouo), 그것(음성)이 말하기를,
"나의 백성(laos)아,
너희는 그녀(바빌론)에서(ek) 나오라(exerchomai),
즉 너희가 그녀의 죄(hamartia, 복)881)에 함께 참여하지(sungkoinoeo)
않도록 하기 위해서 이고,
또 너희가 바로 그녀의 재앙(plege)882)들을(ek) 받지(lambano) 않도록
하기 위해서이다.

18:5 왜냐하면(hoti) 그녀(바빌론)의 죄(hamartia, 복)가 그 하늘에까지
좇아왔고(akoloutheo), 또한 그 하나님도 그녀의 부정한 행위
(adikema)883)들을 기억하였기 때문이다.

18:6 너희는, 바로 그녀(바빌론)가 너희에게 갚아 준(apodidomi) 만큼,
그녀에게 갚아 주어라(apodidomi),
즉 그녀의 행함(ergon, 복)을 좇아(kata) 갑절로 배로 주어라(diploo),
곧 그녀가 섞어준 잔(poterion)884)으로, 그녀에게 갑절로
섞어 주어라(kerannumi).

(계14:8,10,19,15:1,7,16:1,19,18:3,19:15).
879) 포르뉴오(πορνεύω : 음행하다, 창녀가 되다). 같은 표현 ⇒ (고전6:18,10:8),
    (계2:14,20,17:2,18:3,9).
880) 엠포로스(ἐμπορος : 무역상인, 장사꾼). 같은 표현 ⇒ (마13:45), (계18:3,11,15,23).
881) 하마르티아(ἁμαρτία : 죄). 같은 표현 ⇒ (요1:29,8:21,24,34,46,9:41,15:22,24,16:8,9,
    19:11,20:23), (요일1:7,8,9,2:2,12,3:4,5,8,9,4:10,5:16,17), (계1:5,18:4,5).
882) 플레게(πληγή : 강타, 재앙, 상처. 같은 표현 ⇒ (눅12:48), (행16:23,33),
    (고후6:5,11:23), (계9:18,11:6,13:3,12,14,15:1,6,8,16:9,21,18:4,8,21:9,22:18).
883) 아디케마(ἀδίκημα : 부정한 행위, 잘 못한 행위).
    같은 표현 ⇒ (행18:14,24:20), (계18:5).
    ☞ 아디케오(ἀδικέω : 잘못 행하다, 부당하게 행하다, 해를 입히다).
884) 포테리온(ποτήριον : 잔. 같은 표현 ⇒ (마10:42,20:22,23,23:25,26:27,39),
    (막7:4,9:41,10:38,39,14:23,36), (눅11:39,22:17,20,42), (요18:11),
    (고전10:16,21,11:25,26,27,28), (계14:10,16:19,17:4,18:6).

265

18:7 그녀가 얼마나 자기 자신을
영광스럽게 하였고(doxazo) 사치하였느냐?
곧 너희는 그녀에게 그것만큼 고통(basanismos,괴롭히기)885)과
애통(penthos)을 주어라(didomi),
왜냐하면(hoti) 그녀(바빌론)가 바로 자신의 마음(kardia) 속으로
'나는 여왕으로 앉아 있고, 과부가 아니다, 또 나는 결단코
애통(penthos)을 보지(horao) 않는다.'고 말하였기 때문이다.

18:8 이런 일로 인하여, 하루(hemera)만에
그녀의 재앙(plege)들이 곧 죽음과 애통(penthos)과 기근이 올 것이고
(heko)886), 또 그녀는 불(pur)로 태워질 것이다(katakaio),
왜냐하면(hoti) 그녀를 심판하는(krino) 주 그 하나님은
정말 힘이 강하시기(ischuros) 때문이다.

18:9 그때 그녀와 함께 음행하고(poreuo) 사치한 그 땅의 왕(basileus)들이,
그녀의 불붙은 연기(kapnos)를 눈으로 볼(blepo) 때, 그들은 그녀로
인해(epi) 울며(klaio) 자기 가슴을 치며 통곡할 것이다(kopto)887),

18:10 또한 그들(그 땅의 왕)은 그녀의 고통(basanismos,괴롭히기)의
두려움으로 인하여(dia) **멀리 서 있으면서**, 말하기를,
'화로다, 화로다, 그 큰 성읍(polis), 바빌론이여,
그 힘 있는(ischuros) 성읍(polis)이여!
왜냐하면(hoti) 한 순간(hora)에 너의 심판(krisis)이 이르렀기(erchomai)
때문이다.'고 할 것이다,

18:11 또한 그 땅의 무역상인(emporos)들도 그녀로 인해(epi) 울고(klaio),
애통할 것이다(pentheo),
왜냐하면(hoti) 누구도 더 이상 자신들의 **상품**(gomos)을 사지(agorazo)
못할 것이기 때문이다,

18:12 곧 금과 은과 보석과 진주와 세마포와 자주빛 옷감과 비단과

---

885) 바산니스모스(βασανισμός : 고문, 괴롭히기, 시금석으로 시험하기).
     ☞ 바산니조(basanivzw: 고통을 주다). 같은 표현 ⇒ (계9:5,14:11,18:7,10,15).
886) 헤코(ἥκω : 오다). 같은 표현 ⇒ (요2:4,4:47,6:37,8:42),
     (요일5:20), (계2:25,3:3,9,15:4,18:8).
887) 콥토(κόπτω : 가슴을 치며 통곡하다).
     같은 표현 ⇒ (마11:17,24:30), (눅23:27), (계1:7,18:9).

266

붉은 색 옷감(kokkinos)의 **상품**(gomos)을,
그리고 각종 향목을, 그리고 각종 상아 기명(skeuos)을,
그리고 값진 나무, 구리, 철, 옥석으로 만든 각종 기명(skeuos)을,

18:13 그리고 계피, 향로, 향(thumiama)[888], 향유(muron, 몰약)[889], 유향,
포도주(oinos), 감람유(elaion), 고운 밀가루, 밀, 가축(ktenos),
양(probaton)을,
그리고 말, 마차, 노예(soma)들의 **상품**(gomos)을,
그리고 사람들의 영혼(psuche)들의 **상품**(gomos)을
(사지 못할 것이기 때문이다).

18:14 이제 네 영혼의 정욕(epithumia)의 <u>익은 열매</u>(opora)가 너에게서(apo)
떠나갔으니(aperchomai), 즉 모든 <u>살찐 것들과 모든 화려한 것들</u>이
너에게서(apo) 떠나갔으니(aperchomai),
그때 너는 더 이상 그런 것들을 결코 찾아내지(heurisko) 못할
것이다.

18:15 그녀(바빌론)로부터 치부한(plouteo) 이런 것(상품)들의 무역상인
(emporos)들이, 그녀의 고통(basanismos, 괴롭히기)의 두려움으로 인해
(dia), 울고(klaio) 애통해하면서(pentheo), 멀리 서 있을 것이니
(histemi, 래),

18:16 그때 말하기를, '화로다(ouai), 화로다(ouai),
세마포와 자주와 <u>붉은 것</u>(kokkinos)으로 옷 입고(periballo),
또 금과 보석과 진주로 장식하고 있는(chrusoo),
그 큰 성읍(polis)이여!

18:17 왜냐하면(hoti) 한 순간(hora)에 그렇게 많은 풍부함(ploutos)이
<u>황폐하게 되었기</u>(eremoo) 때문이다.'고 할 것이다,
또한 모든 선장, 모든 승객들과 선원들,
또는 바다에서 일하는 <u>많은</u> 자들도 멀리 <u>서 있어</u>(histemi, 과),

18:18 그녀의 불붙는 연기(kapnos)를 <u>눈으로 보며</u>(blepo),

---

888) 뒤미아마(θυμίαμα : 분향, 향을 태움, 향).
　　같은 표현 ⇒ (눅1:11,12), (계5:8,8:3,4,18:13).
889) 뮈론(μύρον : 향유). 같은 표현 ⇒ (마26:7,12), (막14:3,4,5),
　　(눅7:37,38,46,23:56), (요11:2,12:3,5), (계18:13).

소리 외치고 있었으니(krazo), 말하기를,
'어느 것이 그 큰 성읍(polis)과 같겠느냐(homoios)?' 하고,

18:19 또 그들은 자신들의 머리(kophale,복)에 티끌을 뿌리고, 울며(klaio)
애통해하며(pentheo), 소리 외치고 있었으니(krazo,미), 말하기를,
'화로다(ouai), 화로다(ouai),
그 바다에 배들을 가진 모든 자들이 그곳(성읍)으로 인하여(en)
그녀의 값비싼 상품(timiotes)으로써(ek) 치부한(plouteo)
그 큰 성읍(polis)이여!
왜냐하면(hoti) 한 순간(hora)에 그녀(성읍)가 황폐하게 되었기
(eremoo) 때문이다.'고 하였다,

18:20 하늘(ouranos)이여,
거룩한 사도(apostolos)들과 예언자(prophetes)들아,
너희는 그녀로 인하여(epi) 즐거워하라(euphraino),
왜냐하면(hoti) 그 하나님이 그녀로 인하여(ek) 너희의 결정행위
(krima)890)를 판결하였기(krino) 때문이다."고 하는 것이다. ◖

18:21 그러자 한 힘 있는(ischulos) 천사(anggelos)가 큰 맷돌 같은 돌을
들어 올려(airo,과), 그 바다로 던지며(ballo,과), 말하기를,
"바빌론, 그 큰 성읍(polis)은 이와 같이 난폭하게 던지어져(ballo),
더 이상 그곳이 결코 발견되지(heurisko) 못할 것이다,

18:22 또한 수금 연주자들, 음악 하는 자들, 피리 부는 자들,
나팔 부는 자들의 소리(phone)도
더 이상 너희 중에서(en) 결코 들리지 않을 것이고,
또한 어떤 세공의 세공업자도
더 이상 너희 중에(en) 결코 발견되지(heurisko) 않을 것이며,
또한 맷돌 소리(phone)가
더 이상 너희 중에(en) 결코 들리지 않을 것이다,

18:23 또한 등불(luchnos)891)의 빛(phos)이 더 이상 너희 중에(en)

---

890) 크리마(κρίμα : 결정행위, 형벌, 심판). 같은 표현 ⇒ (마7:2,23:14), (막12:40),
(눅20:47,23:40,24:20), (요9:39), (행24:25), (롬2:2,3,3:8,5:16,11:33,13:2),
(고전6:7,11:29,34), (갈5:10), (히6:2), (약3:1), (벧전4:17), (벧후2:3), (유1:4),
(계17:1,18:20,20:4).
891) 뤼크노스(λυχνος : 등불, 빛). 같은 표현 ⇒ (마5:15,6:22), (막4:21),

결코 빛으로 빛나지(phaino)892) 못할 것이고,
또 신랑(numphios)과 신부(numphe)의 음성(phone)도
더 이상 너희 중에(en) 결코 들리지 않을 것이다,
왜냐하면(hoti) 너의 무역상인(emporos)들이
그 땅의 귀족(megistanes)들이었기 때문이고,
왜냐하면(hoti) 그 모든 민족(ethnos)들이
너의 복술(pharmakeia)893)로 미혹되었으니(planao,과)894),

18:24 그런즉 그녀(바벨론)로 인하여(en)
예언자들과 성도들의 피흘림(haima)이 보였고(heurisko,과),
또 (그녀로 인하여)
그 땅에서(epi) 살해되는(sphazo)895) 모든 자들의
(피흘림도 보였기) 때문이다."고 하였다. ◑

(눅8:16,11:33,12:35,15:8), (요5:35), (벧후1:19), (계18:23,21:23,22:5).
892) 파이노(φαίνω :빛나다, 등불이 빛나다, 빛으로 보이게 하다). 같은 표현 ⇒
    (마1:20,2:7,13,19,6:5,16,13:26,23:27,24:27), (막14:64,16:9), (눅9:8,24:11), (요1:5,5:35),
    (요일2:8), (계1:16,8:12,18:23,21:23).
893) 파르마케이아(φαρμακεία : 복술, 술수, 점술). 같은 표현 ⇒ (갈5:6), (계9:21,18:23).
894) 플라나오(πλανάω : 미혹하다, 죄를 지어 길을 잃게 하다). 같은 표현 ⇒
    (마8:12,22:29,24:4,11,24), (막12:24,13:5), (요7:12), (고전6:9,15:33), (갈6:7), (딛3:3),
    (히3:10,5:2,11:38), (약1:16), (벧전2:   벧후2:15), (요일1:26,3:7),
    (계2:20,12:9,13:14,19:20,20:3,8,10).
895) 스파조(σφάζω : 죽이다, 도살하다). 같은 표현 ⇒ (요일3:12),
    (계5:6,9,6:4,9,13:3,8,18:24). ☞ 스파게(σφαγή : 도살, 살육). 같은 표현 ⇒ (행8:32),
    (롬8:36), (약5:5).

269

계시록 19장

19:1 그리고 이런 일들 후에,
내가 그 하늘에(en) 많은 무리의 큰 음성(phone)을 들었는데(akouo),
(많은 무리가) 말하기를,
"할렐루야896), 그 구원(soteria)897)과 그 영광(doxa)898)과
존귀(time)와 그 능력(dunamis)이,
주(kurios) 우리의 그 하나님(theos)에게 있습니다,

19:2 왜냐하면(hoti) 그분의 심판(krisis, 복)은 실제로 존재하고(alethinos)899)
의롭기(dikaios) 때문이고,
또 왜냐하면(hoti) 그분이 음행(porneia)900)으로(en) 그 땅을 부패하게
한(phtheiro)901) 그 큰 음녀(porne)902)를 심판하여(krino), 그녀의 손
에서(ek) 자신의 종(doulos)들의 피흘림(haima)을 갚으셨기(ekdikeo,
보복하였다) 때문입니다."고 하는 것이다,

19:3 그러자 두 번째 그들이 말하기를(ereo), "할렐루야" 하니,
그때 그녀의 연기(kapnos)가 영원 영원히 올라간다(anabaino).

19:4 그러자 그 이십사 장로들과 그 네 생물(zoon, 복)903)이 엎드려,

---

896) 할렐루이아(ἀλληλουια : 하나님을 찬양하라). 같은 표현 ⇒ (계19:1,3,4,6).
897) 소테리아(σωτηρία : 구원). 같은 표현 ⇒ (요4:22), (계7:10,12:10,19:1).
898) 독사(δόξα : 영광, 광채, 영화). ☞ 도케오(δοκέω : 생각하여 추정하다, 간주하다,
평가하다)에서 유래. 같은 표현 ⇒ (계1:6,4:9,11,5:12,13,7:12,11:13,14:7,15:8,16:9,
18:1,19:1,7,21:11,23,24,26).
899) 알레디노스(ἀληθινός : 진짜의, 실제로 존재하는).
같은 표현 ⇒ (요1:9,4:23,37,6:32,7:28,8:16,15:1,17:3,19:35), (요일2:8,5:20),
계3:7,14,6:10,15:3,16:7,19:2,9,11,21:5,22:6).
900) 포르네이아(πορνεία : 음행, 부정한 성교). 같은 표현 ⇒ (마5:32,15:19,19:9),
(막7:21), (요8:41), (행15:20,29,21:25), (고전5:1,6:13,18,7:2), (고후12:21), (갈5:19),
(엡5:3), (골3:5), (살전4:3), (계2:21,9:21,14:8,17:2,4,18:3,19:2).
901) 프데이로(φθείρω : 부패시키다, 파괴하다). 같은 표현 ⇒ (고전3:17,15:33),
(고후7:2,11:3), (엡4:22), (벧후2:12), (유1:10), (계11:18,19:2).
902) 포르네(πόρνη : 창녀, 매춘부). 같은 표현 ⇒ (마21:31,32), (눅15:30),
(고전6:   히11:31), (약2:25), (계17:1,5,15,16,19:2).
903) 조온(ζῷον : 생물, 짐승).

270

그 보좌(thronos) 위에 앉아 있는 그 하나님께 절하며(proskuneo),
말하기를, "아멘, 할렐루야." 하니,

19:5 그때 그 보좌(thronos)로부터(ek) 한 음성(phone)이 나오며(exerchomai),
말하기를(lego),
"그분의 모든 종들아,
즉 그분을 경외하는(phobeo) 그 작거나 큰 자들아,
너희는 우리의 하나님을 찬양하라(aineo)904)."고 하는 것이다. ◑

19:6 그리고 내가, 많은 무리의 음성(phone)과 같고,
많은 물의 소리(phone)와 같고,
힘 있는 천둥의 소리(phone)와 같은 것을 들었으니(akouo),
(많은 무리)가 말하기를, "할렐루야,
왜냐하면(hoti) 주(kurios) 그 하나님 그 전능자(pantokrator)905)가
통치할 것이기(basileuo, 과)906) 때문입니다,

19:7 우리가 기뻐하고(chairo), 크게 즐거워하며(agalliao),
그분에게 그 영광(doxa)을 돌리자(didomi),
왜냐하면(hoti) 그 어린 양(arnion)의 혼인식(gamos)907)이 이르렀기
(erchomai) 때문입니다,
이제 그(어린 양)의 신부(gune)가 자기 자신을 준비하였습니다
(hetoimazo),

19:8 그러자 빛나고 깨끗한 **세마포**로 옷 입히어 지도록(periballo),
그것이 그녀에게 주어졌다(didomi),
왜냐하면(gar) 그 세마포는 그 성도들의 의로운 행위(dikaioma,
예법)908)들이기 때문이다."고 하였다,

같은 표현 ⇒ (계4:6,7,8,5:6,8,11,14,6:1,3,5,6,7,7:11,14:3,15:7,19:4).

904) 아이네오(αἰνέω : 찬양하다). 같은 표현 ⇒ (눅2:13,20,19:37),
(행2;47,3:8,9), (롬15:11), (계19:5).

905) 판토크라토르(παντοκράτωρ : 전능자). ☞ 크라테오(κρατέω : 붙잡다),
크라토스(κράτος : 힘, 세력)에서 유래. 같은 표현 ⇒ (고후6:18),
(계1:8,4:8,11:17,15:3,16:7,14,19:6,15,21:22).

906) 바실류오(βασιλεύω : 통치하다, 다스리다, 왕 노릇하다). 같은 표현 ⇒ (마2:
(눅1:33,19:14), (롬5:14,17,21,6:12), (고전4:8,15:25), (계5:10,11:15,17,19:6,20:4,6,22:5).

907) 가모스(γάμος : 결혼, 결혼식, 혼인잔치). 같은 표현 ⇒ (마22:2,3,4,8,9,10,11,12,
25:10), (눅12:36), (요2:1,2), (히13:4), (계19:7,9).

19:9 또한 그(한 음성)가 나(요한)에게 말하기를,
　　　"너는 기록하라,
　　　그 어린 양(arnion)909)의 혼인식(gamos)의 만찬(deipnon)에
　　　초대 받는 자(kaleo)들은 복되다(makarios)910)." 하고,
　　　또 그(한 음성)가 나(요한)에게 말하기를,
　　　"이것들은 그 하나님의 실제로 있는(alethinos) 말(logos, 복)이다."고
　　　하는 것이다,

19:10 그러자 내(요한)가 그(한 음성)에게 절하려고(proskuneo) 그의 발 앞
　　　에 엎드리니, 그때 그(한 음성)가 나(요한)에게 말하기를,
　　　"너는 주의하여(horao) 그리하지 말라,
　　　나(한 음성)는 너(요한)와 그 예수의 증거(marturia)를 갖고 있는
　　　너의 형제들의 동료 종(sundoulos)이다.
　　　너는 그 하나님에게 절하라(proskuneo, 경배하라),
　　　왜냐하면(gar) 그 예수의 증거(marturia)은
　　　그 예언(propheteia)911)의 영(pneuma)이기 때문이다."고 하는 것이다.
　　　◑

19:11 그리고 내(요한)가 보았는데(horao),
　　　그 하늘이 열리는 것이다(anoigo),
　　　그때 보라! 흰 말(hippos)과 그것 위에 앉아 있는 이,
　　　곧 신실하고(pistos) 실제로 존재한다(alethinos)고 불리어 지는 이,
　　　이제 그가 의로움(dikaiosune)으로(en) 심판하고(krino) 또 싸운다
　　　(polemeo, 헌).

19:12 그런데 그의 눈은 불꽃(phlox)과 같고, 또 그의 머리 위에는
　　　그 자신 외에 누구도 알지 못하는 한 이름이 기록되어 있는

---

908) 디카이오마(δικαίωμα : 의로운 행위, 예법).
　　　같은 표현 ⇒ (눅1:6), (롬1:32,2:26,5:16,18,8:4), (히9:1,10), (계15:4,19:8).
909) 아르니온(ἀρνίον : 어린양). 같은 표현 ⇒ (요21:15), (계5:6,12,6:1,16,7:9,14,12:11,
　　　13:8,14:1,17:14,19:9,22:1,3). ☞ 암노스(ἀμνός : 어린양) ⇒ (요1:29,36), (행8:32),
　　　(벧전1:19). 아렌(ἀρήν : 어린양) ⇒ (눅10:3).
910) 마카리오스(μακάριος : 복되는, 행복한).
　　　같은 표현⇒ (계1:3,14:13,16:15,19:9,20:6,22:7,14).
911) 프로페테이아(προφητεία : 예언). 같은 표현 ⇒ (마13:14), (고전12:10,13:2,8,
　　　14:6,22), (살전5:20), (딤전1:18,4:14), (벧후1:20), (계1:3,11:6,19:10,22:7,10,18).

272

(grapho), 많은 왕관(diadema, 왕권)912)들이 있으니,

19:13 그때 그는 피흘림(haima)으로 적셔지는(bapto) 옷(himation)을
입고 있다(periballo),
또한 그의 이름(onoma)은 그 하나님의 말(logos)로 불린다(kaleo, 현).

19:14 그러자 그 하늘에 있는 군대(strateuma)들이 희고 깨끗한 세마포로
옷 입고(enduo) 흰 말(hippos, 복)을 타고(epi) 그를 좇고 있었다
(akoloutheo, 미)913).

19:15 그때 예리한 두 날 가진 날선 검(romphaiha)914)이 그의 입(stoma)
에서(ek) 흘러나오니(ekporeuomai, 현), 즉 그가 그 민족(ethnos)들을
그것(검)으로 치기(patasso)915) 위해서이다.
그런 후, 그는 친히 그들(민족)을 그 철 막대기로 양 치듯 할 것
이다(poimaino, 래)916),
또한 그는 친히 그 하나님 그 전능자(pantokrator)의 진노(orge)와
분노(thumos)917)의 그 포도주 틀(lenos)을 짓밟고(pateo, 현)918),

19:16 또한 그는 그 옷(himation) 위에 그리고 자신의 다리 위에,
'왕들의 왕이요 주(kurios)들의 주'라고 기록되어 있는 그 이름을
갖고 있다(echo, 현). ◗

19:17 그리고 내가 보았는데(horao),
그 해(helios) 안에(en) 한 천사가 서 있었다(histemi)
그때 그(천사)가 큰 음성으로 소리 지르며,
중천(mesouranema) 중에 날아가는(petomai) 모든 새(orneon)919)들

---

912) 디아데마(διάδημα : 머리띠, 왕관, 왕권). 같은 표현 ⇒ (계12:3,13:1,19:12).
913) 아코루데오(ἀκολουθέω : 좇아가다, 따르다). 같은 표현 ⇒ (행12:8,9,13:43,21:36),
(고전10:4), (계6:8,14:4,8,9,13,19:14).
914) 롬파이하(ρομφαία : 길고 날이 넓은 투창 또는 검).
같은 표현 ⇒ (눅2:35), (계1:16,2:12,16,6:8,19:15,21).
915) 파탓소(πατάσσω : 치다, 때리다). 같은 표현 ⇒ (마26:31,51), (막14:27),
(눅22:49,50), (행7:24,12:7,23), (계11:6,19:15).
916) ☞ (계2:27), (계12:5), (19:15). 철 막대기로 양 치듯 할 것이다.
917) 뒤모스(θυμός : 분노, 진노). 같은 표현 ⇒ (눅4:28), (행19:28),
(롬2:8), (고후12:20), (갈5:20), (엡4:31), (골3:8), (히11:27),
(계14:8,10,19,15:1,7,16:1,19,18:3,19:15).
918) 파테오(πατέω : 밟다, 짓밟다). 같은 표현 ⇒ (눅10:19,21:24), (계11:2,14:20,19:15).

에게 말하기를,
"너희는 와서, 그 크신 하나님의 만찬(deipnon)에 모여라(sunago),

19:18 즉 너희가 왕들의 고기(sarx)들, 군사 지휘관들의 고기(sarx)들,
힘센 자들의 고기(sarx)들, 말(hippos)들과 그것 위에 탄자들의
고기(sarx)들, (다시 말해), 모든 자들의 고기(sarx)들을,
곧 자유자들과 종들 또는 작은 자들과 큰 자들의 고기(sarx)들을
먹기(phago) 위해서 이다."고 하는 것이다. ◑

19:19 그리고 내(요한)가 보았는데(horao),
그 짐승(therion)920)과 그 땅의 왕들과 그들(왕)의 군대(strateuma)들
이, 그 말(hippos) 위에 탄 이와 그의 군대(strateuma)와 대항하여
그 전쟁(polemos)을 하려고 모이는 것이다(sunago),

19:20 그러자 그 짐승(therion)이 잡혔고(piazo), 또 그 짐승 앞에서
그 표적(semeion, 복)921)을 행한 그 거짓 예언자(pseudoprophetes)922)도
그 짐승과 함께 (잡혔다),
그때 그(거짓 예언자)는 그 짐승(therion)의 표 자국(charagma)923)을
받은 자들 즉 그 짐승의 형상(eikon)에게 경배하는 자들을 그것들
(표적)로 미혹하였다(planao)924),

---

919) 오르네온(ὄρνεον : 새). 같은 표현 ⇒ (계18:2,19:17,21).
　　☞ 페테이논(πετεινόν : 새) ⇒ (마6:26,13:32).
920) 데리온(θηρίον : 짐승). 같은 표현 ⇒ (막1:13), (행11:6,28:4), (딛1:12), (히12:20),
　　(약3:7), (계6:8,11:7,13:1,2,3,4,11,12,14,17,18,14:9,11,15:2,16:2,10,13,17:3,8,11,13,16,17,
　　19:19,20,20:4,10).
921) 세메이온(σημειον : 표적, 이적). ☞ 세마이노(σημάινω : 나타내 알리다)의 명사.
　　같은 표현 ⇒ (행2:19,22,43,4:16,30,5:12,6:8,7:36,8:6,13,14:3,15:12),
　　(롬4:11), (고전1:22,14:22), (고후12:12), (살후2:9,3:17), (히2:4),
　　(계12:1,3,13:13,14,15:1,16:14,19:20).
922) 프슈도프로페테스(ψευδοπροφήτες : 거짓 예언자). 같은 표현 ⇒ (마24:11,24),
　　(막13:22), (눅6:26), (행13:6), (벧후2:1), (요일4:1), (계16:13,19:20,20:10).
923) 카라그마(χάραγμα : 표 자국, 새김). 같은 표현 ⇒ (행17:29),
　　(계13:16,17,14:9,11,15:2,16:2,19:20,20:4).
　　☞ 크리스마(χρίσμα : 기름부음). 카리스마(χάρισμα : 은혜의 선물).
924) 플라나오(πλανάω : 미혹하다, 죄를 지어 길을 잃게 하다). 같은 표현 ⇒
　　(마18:12,22:29,24:4,11,24), (막12:24,13:5), (요7:　　고전6:9,15:33), (갈6:7), (딛3:3),
　　(히3:10,5:2,11:38), (약1:16), (벧전2:25), (벧후2:15), (요일2:26,3:7),
　　(계2:20,12:9,13:14,19:20,20:3,8,10).

274

바로 이 둘은 그 유황(theion)으로 불타는(kaio) 그 불의 못(limne)으로, 살아 있는 채로 던져졌다(ballo).

19:21 또한 그 남은 자(loipoi)들도 그 말(hippos) 위에 앉아 있는 이의 입(stoma)에서(ek) 나오는 두 날 가진 날선 검(romphaiha)으로 죽임을 당했으니(apokteino), 그때 그 모든 새(orneon)들이 그들의 고기(sarx)들로 배불리 채웠다(chortazo). ◗

계시록 20장

20:1 그리고 내(요한)가 보았는데(horao),
그 하늘로부터(ek) 자신의 손에 그 <u>무저갱</u>(abussos)925)의 열쇠(kleis)
와 큰 쇠사슬을 가지고 있는 한 천사가 내려오는 것이다(katabaino),

20:2 그때 그(천사)가 그 용(drakon), 곧 마귀(diabolos)926)요
사탄(Satan)927)인 그 옛(archaios)928) 뱀(ophis)을 붙잡아(krateo),
그(옛 뱀)를 일천 년 동안 결박하여서(deo),

20:3 그(옛 뱀)를 그 무저갱(abussos)으로 던져(ballo), 그것(무저갱)을 잠그고
(kleio,닫다), 그것(무저갱) 위에 (도장으로) 인봉하였다(sphrgizo)929),
즉 그(옛 뱀)가 그 천 년이 끝날(teleo)930) 때까지,
더 이상 민족(ethnos)들을 미혹하지(planao)931) 못하게 하기 위해서
이었다,
그리고 이런 일들 후에, 짧은 기간(kronos) 동안,

---

925) 아빗소스(ἀβυσσος : 무저갱, 심연). 같은 표현 ⟹ (눅8:31), (롬10:7),
(계9:1,2,11,11:7,17:8,20:1,3).
926) 디아볼로스(διάβολος : 마귀, 비방자). ☞ 디아발로(διαβάλλω : 고소하다).
같은 표현 ⟹ (마4:1,5,8,11,13:39,25:41), (눅4:2,3,13,8:12), (요6:70,8:44,13:2),
(행10:38,13:10), (요일3:8,10), (계2:10,12:9,12,20:2,10).
927) 사타나스(Σατανας : 사탄, 대적자). 같은 표현 ⟹ (마4:10,12:26,16:23),
(막1:13,3:23,26,4:15,8:33), (눅10:18,11:18,13:16,22:3,31), (요13:27), (행5:3,26:18),
(계2:9,13,24,3:9,12:9,20:2,7).
928) 아르카이오스(ἀρχαιος : 오래된, 옛것의). ☞ 아르케(ἀρχή : 시작)에서 유래.
같은 표현 ⟹ (마5:21), (눅9:8), (행15:7,21), (고후5:17), (벧후2:5), (계12:9,20:2).
929) 스프라기조(σφραγίζω : 인으로 새기다, 봉인하다). 같은 표현 ⟹ (마27:66),
(요3:33,6:27), (롬15:28), (고후1:22), (엡1:13,4:30), (계5:1,7:3,10:4,20:3,22:10).
930) 텔레오(τελέω : 끝으로 이루다, 끝내다, 끝나다, 세금을 내다, 다 지불하다).
같은 표현 ⟹ (마7:28,10:23,11:1,13:53,17:24,19:1,26:1), (눅2:39,12:50,18:31,22:37),
(요19:28,30), (행1   롬2:27,13:6), (딤후4:7), (약2:8), (계10:7,11:7,15:1,20:3,5,7).
931) 플라나오(πλανάω : 미혹하다, 죄를 지어 길을 잃게 하다). 같은 표현 ⟹
(마18:12,22:29,24:4,11,24), (막12:24,13:5), (요7:12), (고전6:9,15:33), (갈6:7), (딤3:3),
(히3:10,5:2,11:38), (약1:16), (벧전2:25), (벧후2:15), (요일2:26,3:7),
(계2:20,12:9,13:14,19:20,20:3,8,10).

그(옛 뱀)는 풀어 놓여야 한다(dei luo). ◑

20:4 그리고 내(요한)가 **보좌**(thronos)들을 보았는데(horao),
그때 **그들이** 그것들(보좌) 위에 앉아있었고(kathizo, 과),
판결(krima, 결정행위)932)이 그들에게 주어졌었다(didomi, 과, 수),
또한 내(요한)가 예수의 증거(marturia)로 인하여(dia) 즉 그 하나님의
말(logos)로 인하여 도끼로 목 베임을 당하는 자(pelekizo)들의 **영혼**
(psuche)들을 (보았는데),
그때 바로 **그자들**은 그 짐승(therion)933)에게 또는 그 짐승의 형상
(eikon)에게 경배하지 않았고(ou proskuneo),
자신들의 이마 위에 또는 자신들의 손에 그 짐승의 표 자국
(charagma)934)을 취하지 않았다(lambano),
그런즉 **그들**은 살아서(zao, 과), **그리스도**(Christos)와 함께
그 천 년 동안 통치하였다(basileuo, 과)935),

20:5 그렇지만 그 죽은 자들의 나머지(loipoi)들은, 그 천 년이 끝날(teleo)
때까지, 다시 살지 못하였다(ou anazao, 과)936),
이것이 그 첫째 부활(anastasis)937) 이다.

20:6 그때 그 첫째 부활(anastasis)에 참여하는 자(echo meros)는
복되고(makarios)938) 거룩하다(hagios).

---

932) 크리마(κρίμα : 결정행위, 형벌, 심판). 같은 표현 ⇒ (마7:2,23:14), (막12:40),
(눅20:47,23:40,24:20), (요9:39), (행24:25), (롬2:2,3,3:8,5:16,11:33,13:2),
(고전6:7,11:29,34), (갈5:10), (히6:2), (약3:1), (벧전4:17), (벧후2:3), (유1:4),
(계17:1,18:20,20:4).
933) 데리온(θηρίον : 짐승). 같은 표현 ⇒ (막1:13), (행11:6,28:4), (딛1:12), (히12:20),
(약3:7), (계6:8,11:7,13:1,2,3,4,11,12,14,17,18,14:9,11,15:2,16:2,10,13,17:3,8,11,13,16,17,
19:19,20,20:4,10).
934) 카라그마(χάραγμα : 표 자국, 새김). 같은 표현 ⇒ (행17:29),
(계13:16,17,14:9,11,15:2,16:2,19:20,20:4).
    ☞ 크리스마(χρίσμα : 기름부음). 카리스마(χάρισμα : 은혜의 선물).
935) 바실류오(βασιλεύω : 통치하다, 다스리다, 왕 노릇하다). 같은 표현 ⇒ (마2:22),
(눅1:33,19:14), (롬5:14,17,21,6:12), (고전4:8,15:25), (계5:10,11:15,17,19:6,20:4,6,22:5).
936) 아나자오(ἀναζάω : 다시 살다). 같은 표현 ⇒ (눅15:24,32), (롬7:9,14:9), (계20:5).
937) ☞ 첫째 부활. 같은 표현 ⇒ (계20:5,6).
938) 마카리오스(μακάριος : 복되는, 행복한).
    같은 표현⇒ (계1:

277

이자들에게는 그 둘째 죽음(thanatos)939)이 권세(exousia)를 갖지
못한다,
오직 그들(첫째 부활 참여자들)은 그 하나님과 그 그리스도(Christos)
의 제사장들이 되어, 그(그리스도)와 함께 그 천 년 동안을
통치할 것이다(basileuo, 래). ☽

20:7 그런 후, 그 천 년이 끝날(teleo) 때,
그 사탄이 자신의 옥(phulake)에서(ek) 풀어 놓일 것이니(luo),

20:8 즉 그(사탄)가 (자신의 옥에서) 나올 것이니(exerchomai),
곧 그가 그 땅의 네 모퉁이에 있는 그 민족(ethnos)들 그 곡 즉
그 마곡을 미혹하기(planao) 위해서,
(다시 말해), 그들(민족)의 수(arithmos)가 그 바다 의 모래와 같은(hos)
그들(민족)을 전쟁(polemos)에 모으기(sunago) 위해서이다,

20:9 그때 그들(민족)이 그 땅의 넓은 곳 위에 올라가(anabaino),
그 성도들의 진영(parembole)940) 즉 그 사랑받은(agapao)941) 도성
(polis, 새 예루살렘)942)을 에워쌌다;
그러자 그 하나님으로부터(apo) 불(pur)이 그 하늘에서(ek) 내려와
(katabaino), 그들(민족)을 삼켜버렸다(katesthio).

20:10 또한 그들을 미혹하는(planao) 그 마귀(diabolos)도 그 불과 유황
(theion)의 못(limne)으로 던져졌으니(ballo),
그곳에는 그 짐승(therion)과 그 거짓 예언자(pseudoprophetes)943)가
있었다; 그런즉 그들(마귀와 짐승과 거짓 예언자)은 밤낮 영원 영원히

---

939) ☞ 둘째 죽음. 같은 표현 ⇒ (요5:24,8:51),
(롬6:9,21,23,7:5,10,13,24,8:6), (계2:11,20:6,14,21:8).
940) 파렘볼레(παρεμβολή : 야영지, 진지).
같은 표현 ⇒ (행21:34,23:10), (히11:34,13:11,13), (계20:9).
941) 아가파오(ἀγαπάω : 사랑하다). 같은 표현 ⇒ (요3:35,5:42,8:42,10:17,11:5,13:1,23,34,
14:15,28,31,15:9,12,17:23,21:15), (요일2:10,15,3:10,11,14,18,23,4:7,11,19,20,21,5:1,2),
(요이1:1), (요삼1:1), (계1:5,3:9,20:9).
942) 폴리스(πολις : 성읍,도성). 같은 표현 ⇒ (히11:10,16,12:22,13:14),
(계3:12,20:9,21:2,10). ☞ (요14:2): 한 장소 준비, (히12:22): 하나님의 도성(polis),
(계21: 거룩한 도성(πολις) 새 예루살렘.
943) 프슈도프로페테스(ψευδοπροφήτες : 거짓 예언자). 같은 표현 ⇒ (마24:11,24),
(막13:22), (눅6:26), (행13:6), (벧후2:1), (요일4:1), (계16:13,19:20,20:10).

<u>고통을 받을 것이다</u>(basanizo, 래)944). ◖

20:11 그리고 내(요한)가 크고 흰 보좌(thronos)와 그것 위에 <u>앉아 있는 이</u>를 보았는데(horao), 그때 그이 앞에서 그 땅(ge)과 그 하늘(ouranos)이 떠나가니(pheugo, 과), 그러자 그것들(땅과 하늘)의 장소(topos)가 <u>찾아보아도 보이지 않았다</u>(ou heurisko, 과).

20:12 또한 내(요한)가 그 <u>죽은 자</u>(nekros)들 곧 <u>작은 자들</u>과 <u>큰 자들</u>을 보았는데(horao),
그때 그들(죽은 자)은 그 보좌 앞에 <u>서 있었다</u>(histemi),
또한 책(biblion)들도 펴져 있었고(anoigo),
또 다른(allos) 책(biblion)945) 즉 그 <u>생명</u>(zoe)의 책(biblion)도 펴져 있었다(anoigo),
그때 그 죽은 자(nekros)들이 자신들의 행함(ergon, 복)에 따라(kata)
그 책(biblion, 복)에 기록되어 있는 것들로써(ek) <u>심판을 받았다</u>(krino).

20:13 (다시 말해), 그 바다(thalassa)가 자신 안에 있는 그 죽은 자(nekros)들을 주었으니(didomi), 즉 그 죽음 곧 그 음부(hades)946)가 자신 안에 있는 그 <u>죽은 자</u>(nekros)들을 주었다(didomi),
그때 (죽은 자들) 각자가 자신들의 행함(ergon, 복)에 따라(kata)
<u>심판을 받았고</u>(krino),

20:14 또한 그 죽음(thanatos) 즉 그 음부(hades)도
그 불의 못(limne)으로 던져졌으니(ballo).
이것이 그 둘째 죽음(thanatos) 곧 그 불의 못이다.

20:15 그리고, 만일 누구든지 기록되어 있는 그 생명(zoe)의 책(biblos)947)에 발견되지(heurisko) 않으면,
그는 그 불의 못(limne)으로 던져졌다(ballo). ◖

---

944) 바산니조(βασανίζω : 고통을 주다, 괴롭히다, 고문하다). 같은 표현 ⇒
(마8:6,29,14:24), (막5:7,6:48), (눅8:28), (벧후2:8), (계9:5,11:10,12:2,14:10,20:10).
945) 비블리온(βιβλίον : 책). 같은 표현 ⇒ (눅4:17), (요20:30),
(계1:11,5:1,6:14,17:8,20:12,21:27,22:9,10,19).
☞ 비블로스(βίβλος : 책), 비블라리디언(βιβλαρίδιον : 작은 책).
946) 하데스(άδης : 음부, 죽은 자의 거처). 같은 표현 ⇒ (마11:23,16:18),
(눅10:15,16:23), (행2:27,31), (계1:18,6:8,20:13,14).
947) 비블로스(βίβλος : 책). 같은 표현 ⇒ (마1:1), (막12: 눅3:4),
(행1:20,7:42,19:19), (계3:5,13:8,20:15). ☞ 비블리온(βιβλίον : 책).

계시록 21장

21:1 그리고 내(요한)가 새로운(kainos) 하늘과 새로운(kainos) 땅을 보았는데(horao), 왜냐하면(gar) 그 시작의(protos) 하늘과 그 시작의(protos) 땅은 떠나갔고(aperchomai), 심지어 그 바다(thalassa)도 더 이상 있지 않기 때문이다.

21:2 또한 나 요한이 그 거룩한 **도성**(polis)948) 새 예루살렘을 보았는데 (horao), 그때 그것이 남편(aner)을 위해 단장되어지는(kosmeo) **신부** (numphe)949)와 같이 준비되어(hetoimazo), 그 하늘에서(ek) 그 하나님 으로부터(apo) 내려오고 있었다(katabaino),

21:3 그러자 내(요한)가 그 보좌(thronos)로부터(ek) 큰 음성(phone)을 들었는데(akouo), 그(큰 음성)가 말하기를,
"보라! 그 하나님의 장막(skene)이 그 사람들과 함께 있고,
그분(하나님)이 그들과 함께 거주할 것이다(skenoo)950),
이제 그들은 친히 그 하나님의 백성들이 될 것이고,
그 하나님은 친히 그들과 함께 있을 것이다.

21:4 또 그 하나님이 그들의 눈(ophthalmos,복)에서(apo) 모든 눈물도 씻어 줄 것이며(exaleipho)951), 심지어 그 죽음(thanatos)도 더 이상 있지 않을 것이고, 또 애통(penthos)도 울부짖음도 아픔(ponos,고통)도 더 이상 있지 않을 것이다,
왜냐하면(hoti) 그 시작의 것(protos)들이 떠나갔기(aperchomai) 때문이다."고 하는 것이다,

21:5 그러자 그 보좌(thronos) 위에 앉아 있는 이(예수)가 말하기를,

---

948) 폴리스(πολις : 성읍,도성). 같은 표현 ⇒ (히11:10,16,12:22,13:14), (계3:12,20:9,21:2,10). ☞ (요14:2): 한 장소 준비, (히12:22): 하나님의 도성(polis), (계21:2): 거룩한 도성(πολις) 새 예루살렘.
949) 뉨프헤(νύμφη : 신부). 같은 표현 ⇒ (계21:2,9,22:17).
950) 스케노오(σκηνόω : 장막에 거주하다).
   같은 표현 ⇒ (요1:14), (고후12:9), (계7:15,12:12,13:6,21:3).
951) 엑살레이포(ἐξαλείφω : 씻어버리다, 지워버리다). 같은 표현 ⇒ (행3:   골2:14), (계3:5,7:17,21:4).

"보라! 내가 새로운(kainos) 만물(pas)들을 만든다(poieo)." 하고,
또 그이(예수)가 나(요한)에게 말하기를,
"너는 기록하라(grapho,명),
왜냐하면(hoti) 이 말(logos,복)은 <u>사실에 근거한 것이고</u>(alethinos)952)
신실하기(pistos) 때문이다." 하고,

21:6 또한 그이(예수)가 나(요한)에게 말하기를,
"<u>그것이 이루어진다</u>(ginomai,완)953).
나는 그 알파와 그 오메가요,
곧 그 처음(arche)954)과 그 끝(telos)이다.
내가 <u>목마른 자</u>(dipsao)955)에게 그 생명(zoe)의 물(hudor)956)의 **샘**
(pege)957)을(ek) <u>값없이</u>(dorean,선물로) 줄 것이다(didomi),

21:7 <u>이기는 자</u>(nikao)958)는 모든 것들을 <u>상속받을 것이니</u>(kleronomeo)959),
그때, '나는 그에게 하나님이 될 것이고,
그는 나에게 그 아들이 될 것이다.'960)

---

952) 알레디노스(ἀληθινός : 진짜의, 실제로 존재하는).
　　같은 표현 ⇒ (요1:9,4:23,37,6:32,7:28,8:16,15:1,17:3,19:35), (요일2:8,5:20),
　　(계3:7,14,6:10,15:3,16:7,19:2,9,11,21:5,22:6).
953) 기노마이(γίνομαι : 이루어지다). 같은 표현 ⇒ (마26:56), (고후5:17),
　　(계12:10,16:17,21:6). ☞ 텔레오(τελέω : 끝으로 이루다, 다 지불하다).
　　같은 표현 ⇒ (요19:28,30), (롬13:6).
954) 아르케(ἀρχή : 처음, 시작, 통치). 같은 표현 ⇒ (행10:11,11:15,26:4), (롬8:38),
　　(엡1:21,3:10,6:12), (빌4:15), (골1:16,18,2:10), (살후2:　딛3:1), (히1:10,3:14),
　　(벧후3:4), (요일1:2,2:7,13,14,24,3:8,11), (요이1:5,6), (유1:6), (계3:14,21:6,22:13).
955) 딥사오(διψάω : 목마르다). 같은 표현 ⇒ (요4:13,14,6:35,7:37,19:28),
　　(계7:16,21:6,22:17).
956) ☞ 살게 하는 물(생명수)(ὕδωρ ζάω).
　　같은 표현 ⇒ (요4:10,11,7:38),(계7:17,21:6,22:1,17).
957) 페게(πηγή : 샘, 원천). 같은 표현 ⇒ (막5:29), (요4:6,14), (벧후2:17), (약3:11),
　　(계7:17,8:10,16:4,21:6).
958) 니카오(νικάω : 이기다). 같은 표현 ⇒ (눅11:22), (요16:33), (롬3:4,12:21),
　　(요일2:13,14,4:4,5:4), (계2:7,11,17,26,3:5,12,21,5:5,6:2,11:7,12:11,13:7,15:2,17:14,21:7).
959) 클레로노메오(κληρονομέω : 상속하다, 받다). 같은 표현 ⇒ (마5:5,25:34),
　　(막10:17), (눅10:25,18:18), (고전6:9,10,15:50), (갈4:30,5:21), (히1:4,14,6:12,12:17),
　　(벧전3:9), (계21:
960) ☞ (삼하7:14). 같은 표현 ⇒ (히1:5), (계21:7).

281

21:8 그러나 무서워하는 자(deilos)961)들, 믿음 없는 자(apistos)들,
　　　가증하게 여겨지는 자(bdelusso)962)들, 살인자(phoneus)963)들,
　　　음행자(pornos)964)들, 점술가(pharmakos)965)들,
　　　우상 숭배자(eidololatres)들과 모든 거짓말하는 자(pseudes)들에게는,
　　　불(pur)과 유황(theion)으로 불타는(kaio) 그 **못**(limne) 안에,
　　　그들의 몫(meros)이 있을 것이니,
　　　그것(몫)이 그 둘째 죽음(thanatos)966)이다.”고 하는 것이다.◗

21:9 그런 후, 그 마지막의 일곱 재앙(plege)967)들로 가득 찬(gemo)
　　　그 일곱 대접(phiale)968)을 가진 그 일곱 천사들 중 하나가 나(요한)
　　　에게로 와서(erchomai), 나와 함께 말하였으니(laleo), 말하기를(lego),
　　　“너는 이리 오라(deuro), 내가 너에게 그 어린 양(arnion)의 **신부**
　　　(numphe) 그 아내(gune)를 보여주겠다(deiknuo).” 하고,

21:10 그(일곱 천사 중 하나)가 나(요한)를 영(pneuma)의 상태로(en) 크고 높은
　　　산 위에(epi) 데리고 가(apophero), 나(요한)에게 그 하늘에서(ek)
　　　그 하나님으로부터(apo) 내려오는(katabaino) 그 큰 **도성**(polis)
　　　곧 그 거룩한 예루살렘을 보여주었는데(deiknuo),

21:11 그때 그곳에 그 하나님의 영광(doxa)969)이 있어,

---

961) 데일로스(δειλός : 무서운, 비겁한).　같은 표현 ⇒ (마8:26), (막4:40), (계21:8).
962) 브델륏소(βδελύσσω : 악취 때문에 몹시 싫어하다, 가증히 여기다).
　　　같은 표현 ⇒ (롬2:22), (계21:8).
　　　☞ 브데오(βδέω : 조용히 방귀 끼다, 고약한 냄새가 나다),
　　　브델뤼그마(βδέλυγμα : 가증한 것, 더러운 행위).
963) 포뉴스(φονεύς : 살인자). 같은 표현 ⇒ (마22:7), (행3:14,7:52,28:4),
　　　(벧전4: 계21:8,22:15).
964) 포르노스(πόρνος : 음행자). 같은 표현 ⇒ (고전5:9,10,11,6:9), (엡5:5), (딤전1:10),
　　　(히12:16,13:4), (계21:8,22:15).
965) 파르마코스(φαρμακός : 복술, 점술, 점술가, 복술가). 같은 표현 ⇒ (계21:8,22:15).
966) ☞ 둘째 죽음. 같은 표현 ⇒ (요5:24,8:51),
　　　(롬6:9,21,23,7:5,10,13,24,8:6), (계2:11,20:6,14,21:8).
967) 플레게(πληγή : 강타, 재앙, 상처). 같은 표현 ⇒ (눅12:48), (행16:23,33),
　　　(고후6:5,11:23), (계9:18,11:6,13:3,12,14,15:1,6,8,16:9,21,18:4,8,21:9,22:18).
968) 피알레(φιάλη : 대접, 사발).
　　　같은 표현 ⇒ (계5:8,15:7,16:1,2,3,4,8,10,12,17,17:1,21:9).
969) 독사(δόξα : 영광, 광채, 영화). ☞ 도케오(δοκέω : 생각하여 추정하다, 간주하다,
　　　평가하다)에서 유래. 같은 표현 ⇒ (계1:6,4:9,11,5:12,13,7:12,11:13,14:7,15:8,16:9,

그곳의 빛남(phoster)970)은 수정같이 맑고 투명한 벽옥 같은(hos)
가장 귀한 보석과 같았다(homoios),

21:12 또 (그곳은) 크고 높은 성곽과 열두 대문(pulon)들도 갖고 있고,
또 그 대문(pulon)들 위에 열두 천사들을 갖고 있고,
또 이스라엘 자손 열두 지파가 속하는 이름들이 (그것들 위에)
기록되어 있다(epigrapho),

21:13 곧 동편에(apo) 세 개의 대문(pulon)들,
북편에(apo) 세 개의 대문(pulon)들,
남편에(apo) 세 개의 대문(pulon)들,
서편에(apo) 세 개의 대문(pulon)들 이다,

21:14 또한 그 도성(polis)의 성곽은 열두 기초석(themelios)들과
그것들에 그 어린 양(arnion)의 십이 사도(apostolos)971)들의 열두
이름들을 갖고 있다.

21:15 또한 나(요한)와 함께 말하는 자(laleo)는 금으로 된 측량 막대기를
갖고 있었다(echo), 즉 그(일곱 천사 중 하나)가 그 도성(polis),
곧 그곳의 대문(pulon)들과 그곳의 성곽을 측량하기(metreo) 위해서
이다,

21:16 그때 그 도성(polis)은 정사각형 이며(keimai), 그곳의 길이와
너비의 크기가 같다.
또한 그가 그 측량 막대기로 그 도성(polis)을 측량하니(metreo),
그것은 일만 이천 스타디온(stadion)972) 이었고,
그곳의 길이와 너비와 높이가 같았다.

21:17 또 그가 그곳의 성곽을 측량하였으니(metreo),
그것은 천사의 측량인 사람의 측량으로 일백 사십 사 큐빗
(pechus)973)이다,

18:1,19:1,7,21:11,23,24,26).
970) 포스테르(φωστήρ : 빛남, 발광체, 광채). 같은 표현 ⇒ (빌2:15), (계21:11).
971) 아포스톨로스(ἀπόστολος : 보냄 받은 자, 사도). ☞ 12사도
같은 표현 ⇒ (행1:26), (계21:14).
972) 스타디온(στάδιον : 길이의 단위, 600 피이트).
973) 페퀴스(πηχυς : 길이의 단위, 손에서 팔꿈치의 길이).

283

21:18 그때 그곳의 성곽의 구조물(endomesis,세워진 것)은 벽옥이었고,
그 도성(polis)은 맑은 유리와 같은(homoios) 정금 조각(chrusion)
이었다.

21:19 또 그 도성(polis)의 성곽의 기초(themelios)들은 모든 보석으로
단장되었으니(kosmeo),
곧 그 첫째 기초(themelios)는 벽옥, 그 둘째는 남보석,
그 셋째는 옥수, 그 넷째는 녹보석,

21:20 그 다섯째는 홍마노, 그 여섯째는 홍보석,
그 일곱째는 황옥, 그 여덟째는 녹옥,
그 아홉째는 담황옥, 그 열째는 비취옥,
그 열한째는 청옥, 그 열둘째는 자수정 이었다.

21:21 또 그 열두 대문(pulon)들은 열두 진주들이다,
그 대문(pulon)들의 각각 하나하나는
하나의 진주로(ek) 되어 있었고,
또 그 도성(polis)의 큰 길(plateia)974)은 맑은 유리와 같은(hos)
정금 조각 이었다.◑

21:22 그런 후, 나(요한)는 그곳(도성)에서 성전(naos)을 보지(horao) 못하
였다, 왜냐하면(gar) 그 주, 그 하나님, 그 전능자(pantokrator)975)가
그곳의 성전(naos)이니,
(다시 말해), 그 어린 양(arnion)이 (그곳의 성전이기) 때문이었다.

21:23 그때 그것들(해와 달)이 그곳 안에서(en) 빛을 비추기(phaino)976)
위해서, 그 도성(polis)은 그 해와 그 달을 필요로 하지 않는다,
왜냐하면(gar) 그 하나님의 **영광**(doxa)이 그곳을 빛으로 밝게

---

974) 플라테이아(πλατεια : 넓은 길, 거리). 같은 표현 ⇒ (마6:5,12:19),
(눅10:10,13:26,14:21), (행5:15), (계11:8,21:21,22:2).

975) 판토크라토르(παντοκράτωρ : 전능자). ☞ 크라테오(κρατέω : 붙잡다),
크라토스(κράτος : 힘, 세력)에서 유래. 같은 표현 ⇒ (고후6:18),
(계1:8,4:8,11:17,15:3,16:7,14,19:6,15,21:22).

976) 파이노(φαίνω :빛나다, 등불이 빛나다, 빛으로 보이게 하다). 같은 표현 ⇒
(마1:20,2:7,13,19,6:5,16,13:26,23:27,24:27), (막14:64,16:9), (눅9:   요1:5,5:35),
(요일2:8), (계1:16,8:12,18:23,21:23).

비추어 주었으니(photizo)977), (다시 말해), 그 어린 양(arnion)이 그곳의 등불(luchnos,햇불)978)이기 때문이었다.

21:24 그때 <u>구원 되는 자</u>(sozo,현,수)들의 그 민족(ethnos)들은 그곳의 빛 (phos) 속에서(en) <u>살아갈 것이고</u>(peripateo), 또 그 땅의 왕(basileus)들은 자신들의 영광(doxa)과 존귀(time)를 그곳으로(eis) <u>가져 갈 것이다</u>(phero).

21:25 그때 낮에 그곳의 문(pulon)들은 결코 닫히지 않을 것이다, 왜냐하면(gar) 그곳에는 밤이 없을 것이기 때문이다.

21:26 그때 그들(왕)은 그 민족(ethnos)들의 영광(doxa)과 존귀(time)를 그곳으로(eis) <u>가져 갈 것이다</u>(phero).

21:27 그때 부정한(koinos)979) 어떤 자도 그곳으로 결코 들어가지 못할 것이다, (다시 말해), <u>가증한 짓</u>(bdelugma)980)이나 거짓(pseudos)을 <u>행하는 자</u>(poieo)는 (그곳으로 결코 들어가지 못할 것이다), 그 어린 양(arnion)의 생명(zoe)의 책(biblion)981)982)에 기록된 자 (grapho,완,수)들 외에는, (어떤 자도 그곳으로 결코 들어가지 못할 것이다).
◑

---

977) 포티조(φωτίζω : 빛으로 비추다). 같은 표현 ⇒ (눅11:36), (요1:9), (고전4:5), (엡1:18,3:9), (딤후1:10), (히6:4,10:32), (계18:1,21:23,22:5).

978) 뤼크노스(λυχνος : 등불, 빛). 같은 표현 ⇒ (마5:15,6:22), (막4:21), (눅8:16,11:33,12:35,15:8), (요5:35), (벧후1:19), (계18:23,21:23,22:5).

979) 코이노스(κοινός : 부정한, 공동의, 보통의, 세속의). 같은 표현 ⇒ (막7:2,5), (행2:44,4:32,10:14,28,11:8), (롬14:14), (딛1:4), (히10:29), (유1:3), (계21:27).

980) 브델뤼그마(βδελυγμα : 가증한 짓, 더러운 행위).
☞ 브델륏소(βδελύσσω : 악취 때문에 몹시 싫어하다).
같은 표현 ⇒ (마24:15), (막13:14), (눅16:15), (계17:4,5,21:27).

981) ☞ 그 어린양의 생명의 책. 같은 표현 ⇒ (계13:8,21:27).

982) 비블리온(βιβλίον : 책). 같은 표현 ⇒ (눅4:17), (요20:30), (계1:11,5:1,6:14,17:8,20:12,21:27,22:9,10,19).
☞ 비블로스(βιβλος : 책), 비블라리디언(βιβλαρίδιον : 작은 책).

계시록 22장

22:1 그런 후, 그(일곱 천사 중 하나)가 나(요한)에게 수정 같이 투명하고,
깨끗한 **생명의 물**(hudor zoe)983)의 **강**(potamos)을 보여 주었는데
(deiknumi),
그때 그것(강)은 그 하나님 즉 그 어린 양(arnion)984)의 보좌(thronos)
에서(ek) 흘러나오고 있었다(ekporeuomai).

22:2 그곳(도성)의 **큰 길**(plateia)985) 가운데와 그 강(potamos) 좌우에는,
생명(zoe)의 **나무**(xulon)986)가 있는데,
그때 그것은 열두 가지 열매(karpos)들을 맺으니(poieo),
곧 각각의 달에 따라 그것의 열매(karpos)를 맺는다(apodidomi),
또한 그 나무(xulon)의 잎사귀들은 그 민족(ethnos)들의 치료
(therapeia)를 위해 있다.

22:3 이제 어떤 **저주받음**(katanathema)987)도 더 이상 없을 것이다,
또한 그곳에 그 하나님 즉 그 어린 양(arnion)의 보좌(thronos)가
있을 것이니,
그때 그분의 종(doulos)들이 그분을 **섬길 것이다**(latreuo)988).

---

983) ☞ 살게 하는 물(생명수)(ὕδωρ ζάω).
　같은 표현 ⇒ (요4:10,11,7:38), (계7:17,21:6,22:1,17).
984) 아르니온(ἀρνίον : 어린양). 같은 표현 ⇒ (요21:15), (계5:6,12,6:1,16,7:9,14,12:11,
　13:8,14:1,17:14,19:9,22:1,3). ☞ 암노스(ἀμνός : 어린양) ⇒ (요1:29,36), (행8:32),
　(벧전1:19). 아렌(ἀρήν : 어린양) ⇒ (눅10:3).
985) 플라테이아(πλατεῖα : 넓은 길, 거리). 같은 표현 ⇒ (마6:5,12:19),
　(눅10:10,13:26,14:21), (행5:15), (계11:8,21:21,22:2).
986) 크쉴론(ξύλον : 목재, 막대기, 나무, 교수대, 십자가). 같은 표현 ⇒ (눅23:31),
　(행5:30), (갈3:13), (벧전2:24), (계2:7,22:2,14).
987) ☞ 카타나데마(κατανάθεμα : 신에게 바친 것, 하나님의 저주 아래 놓인 것),
　한번 쓰임. ☞ 아나데마(ἀνάθεμα : 저주 받은 것, 신에게 바쳐진 것,
　파멸로 저주 아래 놓인 것).
988) 라트류오(λατρεύω : 섬기다, 봉사하다). 같은 표현 ⇒ (마4:10), (눅1:74,2:37,4:8),
　(행7:7,42,24:14,27:23), (롬1:9,25), (빌3:3), (딤후1:3), (히8:5,9:9,14,10:2,12:28,13:10),
　(계7:15,22:3).

22:4 또한 그들(하나님의 종)은 그분의 얼굴을 볼 것이고(horao),
　　또 그들의 이마들 위에(epi) 그분의 이름이 있을 것이다.

22:5 또한 그곳(도성)에는 밤이 없을 것이다,
　　(다시 말해), 그들은 등불(luchnos, 햇불)989)과 해의 빛(phos)을
　　필요로 하지 않을 것이다,
　　왜냐하면(hoti) 주 그 하나님이 그들에게 빛으로 밝게 비추어 줄
　　것이기(photizo)990) 때문이다,
　　그때 그들(하나님의 종)이 영원 영원히 통치할 것이다(basileuo, 래)991).
　　◑

22:6 그런 후, 그(그 일곱 천사들 중 하나)가 나(요한)에게 말하기를,
　　"바로 이 말(logos, 복)은 신실하고(pistos) 사실에 근거한 것이다
　　(alethinos)992),
　　이제 그 거룩한 예언자(prophetes)들의 주 그 하나님이 자신의 종들
　　에게 신속히(tachu, 빠름) 일어나야 하는 일(dei ginomai)993)들을 보여
　　주려고(deiknumi) 자신의 천사를 보내었다(apostello)."고 하는 것이다.

22:7 (이런 일들을 증언하는 이)(예수)가 말하기를),
　　"보라! 내(예수)가 신속히(tachu) 갈 것이다(erchomai),
　　바로 이 책(biblion)의 예언(propheteia)994)의 말(logos, 복)이
　　지켜지는 자(tereo)는 복되다(makarios)995)."라고 하는 것이다,

22:8 그때 이런 일들을 눈으로 보고(blepo) 듣는 자(akouo)는 나 요한

---

989) 뤼크노스(λυχνος : 등불, 빛). 같은 표현 ⇒ (마5:15,6:22), (막4:21),
　　(눅8:16,11:33,12:35,15:8), (요5:35), (벧후1:19), (계18:23,21:23,22:5).
990) 포티조(φωτίζω : 빛으로 비추다). 같은 표현 ⇒ (눅11:36), (요1:9), (고전4:5),
　　(엡1:18,3:9), (딤후1:10), (히6:4,10:32), (계18:1,21:23,22:5).
991) 바실류오(βασιλεύω : 통치하다, 다스리다, 왕 노릇하다). 같은 표현 ⇒ (마2:22),
　　(눅1:33,19:14), (롬5:14,17,21,6:12), (고전4:8,15:25), (계5:10,11:15,17,19:6,20:4,6,22:5).
992) 알레디노스(ἀληθινός : 진짜의, 실제로 존재하는).
　　같은 표현 ⇒ (요1:9,4:23,37,6:32,7:28,8:16,15:1,17:3,19:35), (요일2:8,5:20),
　　(계3:7,14,6:10,15:3,16:7,19:2,9,11,21:5,22:6).
993) ☞ (계1:1), (계22:6). 신속히 일어나야 하는 일.
994) 프로페테이아(προφητεία : 예언). 같은 표현 ⇒ (마13:14), (고전12:10,13:2,8,
　　14:6,22), (살전5:20), (딤전1:18,4:14), (벧후1:20), (계1:3,11:6,19:10,22:7,10,18).
995) 마카리오스(μακάριος : 복되는, 행복한).
　　같은 표현⇒ (계1:3,14:13,16:15,19:9,20:6,22:7,14).

287

이다, 그러자 내가 듣고(akouo) <u>눈으로 볼</u>(blepo) 때,
나는 자신에게 이 일들을 보여준(deiknumi) 그 천사의 발 앞에
절하려고(proskuneo) 엎드렸다(pipto).

22:9 그때 그(그 일곱 천사들 중 하나)가 나(요한)에게 말하기를,
"너는 주의하고(horao), 그렇게 하지 말라,
왜냐하면(gar) 나는 너의 <u>동료 종</u>(sundoulos), (다시 말해), 네 형제들
곧 그 예언자(prophetes)들과 바로 이 책(biblion)996)의 말(logos,복)이
<u>지켜지는 자</u>(tereo)들의 <u>동료 종</u>(sundoulos)이기 때문이다,
너는 그 하나님께 절하라(proskuneo,경배하라)."고 하는 것이다.

22:10 또 그(그 일곱 천사들 중 하나)가 나(요한)에게 말하기를,
"너는 바로 이 책(biblion)의 예언(propheteia)의 말(logos, 복)을
(도장으로) 인봉하지(sphrgizo)997) 말라,
왜냐하면(hoti) 그 정해진 날(kairos)998)이 가깝기(enggus) 때문이다.

22:11 <u>불의를 행하는 자</u>(adikeo)999)는, 그대로 <u>불의를 행하라</u>(adikeo),
<u>더러운 자</u>(rhuparos)는, 그대로 <u>더럽게 하라</u>(rhupaino),
심지어 그 <u>의로운 자</u>(dikaios)도, 그대로 <u>의롭게 하라</u>(dikaioo)1000),
그 <u>거룩한 자</u>(hagios)도, 그대로 <u>거룩하게 하라</u>(hagiazo)."고 하는
것이다.

22:12 그때 (이런 일들을 증언하는 이)(예수)가 말하기를),
"보라! 내(예수)가 신속히(tachu) 갈 것이고(erchomai),

---

996) 비블리온(βιβλίον : 책). 같은 표현 ⇒ (눅4:17), (요20:30),
(계1:11,5:1,6:14,17:8,20:12,21:27,22:9,10,19).
☞ 비블로스(βίβλος : 책), 비블라리디언(βιβλαρίδιον : 작은 책).
997) 스프라기조(σφραγίζω : 인으로 새기다, 봉인하다). 같은 표현 ⇒ (마27:66),
(요3:33,6:27), (롬15:28), (고후1:22), (엡1:13,4:30), (계5:1,7:3,10:4,20:3,22:10).
998) 카이로스(καιρός : 정해진 때, 시간). 같은 표현 ⇒ (계1:3,22:10).
☞ 계시록에서 같은 의미.
999) 아디케오(ἀδικέω : 잘못 행하다, 부당하게 행하다, 해를 입히다).
같은 표현 ⇒ (마20:13), (눅10:19), (행7:24,26,27,25:10,11), (고전6:7,8), (고후7:2,12),
(갈4:12), (골3:25), (몬1:18), (벧후2:13), (계2:11,6:6,7:2,3,9:4,10,19,11:5,22:11).
1000) 디카이오오(δικαιόω : 의롭다하다, 무죄로 선고하다).
같은 표현 ⇒ (마11:19,12:37), (눅7:29,10:29,16:15), (행13:39), (롬2:13,3:4,24,6:7,
8:33), (고전4:4), (갈2:16,3:8,11), (딤전3:16), (약2:21), (계22:11).

288

또 나의 보상(misthos, 품삯)이 나에게(meta) 있어,
그의 행함(ergon) 대로(hos), 각자에게 **갚아 줄 것이다**(apodidomi),

22:13 나는 그 알파(Alpha)와 그 오메가(Omega),
곧 처음(arche)[1001]과 끝(telos)이요,
그 시작(protos)과 그 나중(eschatos)이다,

22:14 그분의 계명(entole)들이 행하여지는 자(poieo)들은 복되다(makarios),
즉 그들이 그 생명(zoe)의 **나무**(xulon)[1002]에(epi) 권세(exousia)가 있어,
그 문(pulon)들을 통해 그 도성(polis)으로 들어가기 위해서이다.

22:15 그러나 그 개(자식)(kuon)[1003]들과 그 점술가(pharmakos)[1004]들과
그 음행자(pornos)[1005]들과 그 살인자(phoneus)[1006]들과
그 우상 숭배자(eidololatres)들과
거짓(pseudos)을 좋아하고(phileo)[1007] 행하는 모든 자들은,
(도성) 밖에 있을 것이다.

22:16 나 **예수**가, 그 교회(ekklesia, 복)의 이런 일들을 너희에게 증거
하도록(martureo), 나의 천사(anggelos)를 보내었다(pemto),
나는 그 다윗의 뿌리(rhiza)고 종족(genos)이요,
빛나는(lampros) 이른 아침의 별(aster)이다."라고 하는 것이다.

22:17 그러자 그 **영**(pneuma) 즉 그 **신부**(numphe)[1008]가 말하기를,

1001) 아르케(ἀρχή : 처음, 시작, 통치). 같은 표현 ⇒ (행10:11,11:15,26:4), (롬8:38),
(엡1:21,3:10,6:12), (빌4:15), (골1:16,18,2:10), (살후2:13), (딛3:1), (히1:10,3:14),
(벧후3:4), (요일1:1,2:7,13,14,24,3:8,11), (요이1:5,6), (유1:6), (계3:14,21:6,22:13).
1002) 크쉴론(ξύλον : 목재, 막대기, 나무, 교수대, 십자가). 같은 표현 ⇒ (눅23:31),
(행5:30), (갈3:13), (벧전2:24), (계2:7,22:2,14).
1003) 퀴온(κυων : 개). 같은 표현 ⇒ (마7:6), (빌3:2), (계22:
1004) 파르마코스(φαρμακός : 복술, 점술, 점술가, 복술가).
같은 표현 ⇒ (계21:8,22:15).
1005) 포르노스(πόρνος : 음행자). 같은 표현 ⇒ (고전5:9,10,11,6:9), (엡5:5), (딤전1:10),
(히12:16,13:4), (계21:8,22:15).
1006) 포뉴스(φονεύς : 살인자). 같은 표현 ⇒ (마22:7), (행3:14,7:52,28:4), (벧전4:15),
(계21:8,22:15).
1007) 필레오(φιλέω : 가치가 있어 사랑하다, 좋아하다).
같은 표현 ⇒ (요5:20,11:3,36,12:25,15:19,16:27,20:2,21:15,16,17), (계3:19,22:15).
1008) 넘프헤(νύμφη : 신부). 같은 표현 ⇒ (계21:2,9,22:17).

"너는 오라(erchomai)고 하며,
또 **듣는 자**(akouo)도 말하게 하기를, '너는 오라(erchomai).'고 하라.
그런즉 <u>목마른 자</u>(dipsao)[1009]는 오라(erchomai),
(다시 말해), <u>원하는 자</u>(thelo)는 생명(zoe)의 **물**(hudor)[1010]을 값없이
<u>취하라</u>(lambano),

22:18 왜냐하면(gar) **내**(예수)가 바로 이 책의 예언(propheteia)[1011]의 말
(logos,복)을 듣는(akouo) <u>모든 자</u>에게 <u>증언하기</u>(martureo) 때문이니,
만약 누구든지 이것들에 더하면(epitithemi),
그 하나님(Theos)이 그에게 바로 이 책(biblion)에 기록되어 있는
재앙(plege)[1012]들을 <u>더할 것이요</u>(epitithemi),

22:19 또 만약 누구든지 바로 이 예언(propheteia)의 책(biblion)[1013]의 말
(logos,복)을(apo) 제거하면(aphaireo),
그 하나님(Theos)이 바로 이 책(biblion)에 기록되어 있는 (어린 양)의
그 생명(zoe)의 책(biblion)에서(apo)
즉 그 거룩한 도성(polis)에서(ek), 그의 몫(meros)을 <u>제거할 것이다</u>
(aphaireo)."고 하는 것이다.◗

22:20 이런 일들을 <u>증언하는 이</u>(예수)가 말하기를,
"그렇다(nai), **내**(예수)가 신속히(tachu) <u>갈 것이다</u>(erchomai)."고 하니,
(나 요한이 말하기를),
"아멘, 주 예수여, 오시옵소서(erchomai)."라고 하였다.◗

22:21 우리 주 예수의 은혜(charis)가 너희 모두와 함께 하기를, 아멘.◗

1009) 딥사오(διψαω : 목마르다). 같은 표현 ⇒ (요4:13,14,6:35,7:37,19:28),
(계7:16,21:6,22:17).
1010) ☞ 살게 하는 물(생명수)(ύδωρ ζάω).
같은 표현 ⇒ (요4:10,11,7:38), (계7:17,21:6,22:1,17).
1011) 프로페테이아(προφητεία : 예언). 같은 표현 ⇒ (마13:14), (고전12:10,13:2,8,
14:6,22), (살전5:20), (딤전1:18,4:14), (벧후1:20), (계1:3,11:6,19:10,22:7,10,18).
1012) 플레게(πληγή : 강타, 재앙, 상처). 같은 표현 ⇒ (눅12:48), (행16:23,33),
(고후6:5,11:23), (계9:18,11:6,13:3,12,14,15:1,6,8,16:9,21,18:4,8,21:9,22:18).
1013) 비블리온(βιβλίον : 책). 같은 표현 ⇒ (눅4:17), (요20:30),
(계1:11,5:1,6:14,17:8,20:12,21:27,22:9,10,19).
☞ 비블로스(βίβλος : 책), 비블라리디언(βιβλαρίδιον : 작은 책).

290